DR

Différence et Répétition
差異與重複

Gilles Deleuze
法國當代哲學巨擘
德勒茲 —— 著 —— 德勒茲

畢生代表作

江薦新｜廖芊喬 —— 譯

地球觀 53

差異與重複 Différence et répétition

法國當代哲學巨擘德勒茲畢生代表作

作　者　德勒茲Gilles Deleuze
譯　者　江薦新、廖芊喬

野人文化股份有限公司

社　長　張瑩瑩
總編輯　蔡麗真
主　編　鄭淑慧
責任編輯　徐子涵
協力編輯　林昌榮
行銷企劃　林麗紅
封面設計　井十二設計研究室
內頁排版　洪素貞

讀書共和國出版集團

社　長　郭重興
發行人兼出版總監　曾大福
業務平臺總經理　李雪麗
業務平臺副總經理　李復民
實體通路協理　林詩富
網路暨海外通路協理　張鑫峰
特販通路協理　陳綺瑩
印　務　黃禮賢、李孟儒

出　版　野人文化股份有限公司
發　行　遠足文化事業股份有限公司
地址：231新北市新店區民權路108-2號9樓
電話：（02）2218-1417　傳真：（02）8667-1065
電子信箱：service@bookrep.com.tw
網址：www.bookrep.com.tw
郵撥帳號：19504465遠足文化事業股份有限公司
客服專線：0800-221-029
法律顧問　華洋法律事務所　蘇文生律師
印　製　成陽印刷股份有限公司
初版首刷　2019年10月

國家圖書館出版品預行編目資料

差異與重複：法國當代哲學巨擘德勒茲畢生代表作 / 德勒茲 (Gilles Louis René Deleuze) 作；江薦新，廖芊喬譯 . -- 初版 . -- 新北市：野人文化出版：遠足文化發行，2019.10
面；　公分 . -- (地球觀；53)
譯自：Différence et répétition
ISBN 978-986-384-382-5(精裝)

1. 德勒茲 (Deleuze, Gilles, 1925-1995) 2. 學術思想 3. 哲學

146.79　　108015656

差異與重複

線上讀者回函專用 QR CODE，你的寶貴意見，將是我們進步的最大動力。

野人文化官方網頁　野人文化讀者回函

目次

Chapitre I
差異於其自身 97

Chapitre III 思想的形象 265

Chapitre IV
差異之理念性綜合 331

Chapitre V 感性之非對稱綜合

參考書目

專家導讀
與
譯者序

專家導讀 1

有一天，可能，將會是德勒茲的世紀

巴黎第八大學哲學系榮譽教授
帕特里斯・維爾梅翰
（Patrice Vermeren）
二〇一九年五月於巴黎

無疑地，《差異與重複》是德勒茲最不合時宜的書了。自尼采和弗朗索瓦茲・普魯斯特（Françoise Proust）以來，不合時宜可意味著兩件事：或者，並非對抗其時間的思考與行動，而是與之相反者。或者是，取自其背面、反向時間者：當目光、思想、行動皆處於現在的狀況、在引自現在的理念中，它們卻不是同時代者。此即簽署了現在的非現實者。不合常理地，德勒茲自己在他的著作序言中寫道，他所論述的主題是與時俱進的，其正是普遍的反黑格爾主義，在此，差異和重複接替了同一和負面否定、同一性和矛盾。不過他在法國大學哲學教育中的思想扎根，以及對於學院理論之藉助，對於比他年輕的同輩人而言，亦即對於透過結構主義者的影響而有所領會的人來說，都是「令人驚奇的」（洪席耶）。不過，有一天，可能，將會是德勒茲的世紀，傅柯已如此預言，在〈哲學的戲劇〉

一文中（一九七〇），他將《差異與重複》提升至顯要地位，他如此描述：「哲學並非作為思想，而是作為戲劇：多重、短暫且瞬時的場景之啞劇，諸手勢在此，不被看到，即產生了符號」。德勒茲對他的回應讓傅柯堅信自己的判斷：吉爾．德勒茲就是他這一代哲學家中最天真的，既不從結構、亦不從語言學或心理分析、科學或甚至是歷史來進行研究，因為他認為，哲學有它的天然材料，可使他更加有必要進入這些其他學科的外部關係中：「最天真，也就是說最單純無邪，最缺乏履行哲學的負罪感」。而且他同樣援引哲學史，不過僅在作為「哲學的延異活動」之條件下。在《差異與重複》出版的半個世紀後，提問在今日仍然續存，即哲學家在其他文本中所做的，他是如何將這個歷史性接續變成一種諸特異性部署的地緣多重性，而這些特異性就諸部署的無窮性而言是不受拘束的（根據洪席耶在白仁高志（Takashi Shirani）的《德勒茲與一內在哲學》（*Deleuze et une philosophie de l'immanence*）序言中的表述，白仁高志具代表性的，在於嘗試與德勒茲一起去思考，使我們自再現中解放出來的方法）。提問，就在於這本不合時宜的著作所產生之效應，亦即抵抗的作用（如弗朗索瓦茲．普魯斯特對三種時間綜合與三種重複提出新的看法）或解放的作用（以哲學家無能為力真正去開始的觀點看來，也就是說並非藉由建立，而是透過放棄建立和藉由開始形成問題，為了讓外部放棄其超驗性，且變成內在的條件（參見帕特里克．沃德伊〔Patrick Vauday〕在他關於開端之理念的變異中所提到的這個要點）。《差異與重複》因此依然是比任何其他的書還要更當代——因為它是不合時宜的，阿蘭．巴迪烏（Alain Badiou）曾說過，未來的當代——彷彿德勒茲的革命仍然即將到來。

專家導讀 2

開啟了一種變形的邏輯

巴黎第八大學哲學系暨意義的實踐與理論博士學院（LLCP）實驗室與教育（系）所（EXPERICE）實驗室跨領域教授
迪迪埃．莫侯
（Didier Moreau）
二〇一九年三月於巴黎

我第一次接觸德勒茲的著作《差異與重複》，是在高中哲學課期間，而我當時正在準備進入大學的會考。我的哲學老師得知我對於此學科感興趣，有一天他告訴我：「在偉大的古典哲學家們身旁，面對他們，目前有三位前途無量的法國作家，因為他們對哲學的傳統以批判的方式再提問：如米榭爾．傅柯（Michel Foucault）、賈克．德希達（Jacques Derrida）和吉爾．德勒茲（Gilles Deleuze）。」當時是一九七二年，且對於閱讀難以抗拒的欲望之鼓動下進入大學學習，我買的第一本書即是《詞與物》（*Les mots et les choses*），接著是《書寫與差異》（*L'écriture et la différence*），以及德勒茲的《差異與重複》。我覺得最容易入門的是傅柯的書，不過對我而言似乎比形而上學更加知識論，且較不符合我年輕學習階段的探索。因此，德希達的這本書較接近我的興趣，且較接近海德格的啟發，以教育為方針之哲學理解。德勒茲的作品在我看來似乎是最令人擔憂的，因為它與我能進行閱讀的歷史上其他作者之古典讀本是疏遠的。這就是為什麼，他的作品對我更具一種神祕的、與德希達和傅柯的作品確實有著同樣深刻的作用。一九六八年以後法國大學哲學教育者（特別是我就讀過的索邦大學）所默許的如下：倘若人們不正面援引德勒茲的話，那麼有可能是為了闡釋問題才會去挪用他的分析。對於傅柯來說則沒有這種問題，由於他在官方的馬克思主義邊緣之政治投入，對於非正統左派的教育者是可被容許的，而德希達，在沒讀過他的著作之人眼中，他是一位文學家而非哲學家。但是德勒茲呀！某位教授以跟他所指出的那些人相同的態度對我說：「除了《經驗主義與主體性》之外，沒有任何會考評委（我打算之後準備哲學教師會考）會接受關於德勒茲的作品！」

因此我曾決定以不那麼組織性的方式去閱讀，而是比較關心與這本書所涉及的問題和主題具體匯合之事物。而我正是在此發現了取之不竭的寶藏。這就是我成為德勒茲研究者，而絕不是「一位」德勒茲主義者……我將力圖澄清這一點。

德勒茲思想並非像是德希達的解構或傅柯的系譜，而是在於古典範疇自己產生的流動性和能力，使其穩定性消失，然而正是這項舉動，甚至打動了不太關注這本書的讀者。這是為了作出一種「生成變異」的大致過程，實在性透過它合理地被領會，德勒茲經常稱之為：完全變形（la métamorphose），這是他引用自尼采的術語，後來也在斯多噶學派（Stoïciens）和萊布尼茲的思想中重新發現它。從這一點看來，《差異與重複》確實開啟了一種變形的邏輯。所有假設了絕對和超驗性的傳統本體論，則因此處於不穩定的狀態。德勒茲採用海德格對於破壞（Destruktion）的姿態，透過將此運用在同一性變形史的三個時刻：首先是鄧斯．司各脫（Duns Scott）的存有之單義性（引自海德格早期的論文：《司各脫的範疇及涵義學說》〔*Traité des catégories et de la signification chez Duns Scott*〕，1916出版），接著是史賓諾沙以微分本體論來反對笛卡兒類似的同一性，最後，自尼采永劫回歸（Eternel Retour）式結構的任何本體論之超越自身，去反對以黑格爾辯證法為目的之同一性。他不小心寫出：「回返，就是由差異產生的同一性，正是重複。……永劫回歸、回返，表達了所有完全變形的共同存有，全部極端者、所有被實現的力度之度量和共同存有。」（一二一頁）

假使唯一的存有，就是生成變異的回歸，那麼實在性就停止被設想成穩定的、永久的實體模式，在存有的各層級裡通過類比法的方式進行聯繫。德勒茲的作品無疑是當代哲學中最激進的，不是因為他顛覆實體和存在的形而上學，而是因為他使實體論哲學的任何方案本身從今以後變得不可能。當輪到傅柯將虛無主義主題化時，他並沒有弄錯，而且德勒茲意識到傅柯所努力的平行論，在德勒茲獻給他的作品裡，最終將傅柯的去主體化行動歸

1 傅柯，〈哲學的戲劇〉收錄於《批判雜誌》（*Theatrum philosophicum, Critique*, n° 282, 1970, p. 885）。

並於他自己的見識中：《論傅柯》（Foucault），一九八六年出版。在傅柯的生命最終之前，已曾預斷，根據仍舊著名的格言：「有一天，可能，將會是德勒茲的世紀」[1]。隔開德勒茲和傅柯的，正是他們都各自給予實在性維度一種優先性：對於德勒茲而言是內在空間，而對於傅柯來說則是時間和史實性。

如果在《差異與重複》裡展開的思想完全是一種變形的邏輯的話，必須平行閱讀他同一年出版的補充論文《史賓諾沙與表達的問題》（*Spinoza et le problème de l'expression*），實在性在這本書中被組織成一完全的內在平面，自任何在後的世界被解放出來：因此，作為諸變形的遊戲空間。如果傅柯藉由絕對的辯證法批判解放歷史上的決定論主體，以及恢復此主體自己的主體化之可能性，那麼，德勒茲則從另一種約束中解放之：它的雙重禁閉，即於其自身之禁閉以及在自身親系的圓之中的禁閉。《差異與重複》由此顯而易見地，透過變形的邏輯，準備對於「家族的」精神分析批判的往後工作，以戲劇將主體圍繞，其命運已在此預先演出，如與瓜達里（*Félix Guattari*）在《反俄狄浦斯》（*Anti-Œdipe*）和《千高原》（*Mille plateaux*）聯手進行的工作。

吉爾．德勒茲在萬森納（Vincennes）實驗中心開始了他的大學教學生涯，該研究中心後來改名為巴黎第八大學。大家都知道他的教學從教育的觀點看來是令人欽佩的。我有幸在這同一所大學裡任教，遇見江薦新和廖芊喬，他們也成了我的博士研究生。他們研究德勒茲，並認為把德勒茲思想「占據」的最佳方式在於，用他們的語言去翻譯他的主要著作！由於他們的行動具有可預見的規模和迴響，此行動因而是非凡的。實際上，給予中文讀者進入《差異與重複》的通道，這是開啟與這本書的第一層溝通之門，在法國以及可能在別處，我們將此視作為進入自由思想的通道，消除所有束縛的虛構和奴役。

譯者序

萬森納的迴盪

江薦新、廖芊喬
二〇一九年五月於巴黎

迴盪，在德勒茲的差異和重複之嚴格意義下，遠非僅限於再現系統中之客觀物質狀態的物理性共振，反之，其正是在於那些不相稱的、異質的諸多事件之間，進行著多重交互且涉及了前所未聞的完全變形之生成。像這樣的事件，我們或可稱之為「純粹事件」。

正如法國的六八學運，不只是一場簡單的抗爭運動，而是一個持續輻散播送著諸多特異性的「純粹事件」，其使我們能夠不斷提出與面對，關於我們當前的「真理」、積極抵抗能力之強度以及諸多新型態的主體化過程之問題。因此，諸多的嶄新抗爭事件隨著六八學運而孕生，我們在此特別關注，由傅柯（Michel Foucault）、夏特列（François Châtelet）、德勒茲（Gilles Deleuze）、李歐塔（François Lyotard）、巴迪烏（Alain Badiou）、洪席耶（Jacques Rancière）、謝黑（René Schérer）等法國當代哲學家們所參與創立的萬森納大學實驗中心（Centre universitaire expérimental de Vincennes）哲學系（巴黎第八大學哲學系的前身）所帶來的影響和迴盪，既然它不是普通的學校，而是純粹事件。

然而，貌似虛無飄渺或難以理解的純粹事件究竟意味著什麼呢？首先，如德勒茲與瓜達里曾提及的：「在一些歷史的現象中，如一七八九年（法國）的革命與一九一七年（俄國）的革命，始終存在著一個「事件」（événement）的面向，無法被化約成社會決定論、因果系列。（…）法國的六八學運，更恰當地說，是在一種純粹事件的秩序中，不受任何正規或標準的因果性所約束。」[1] 換言之，事件並不只是慣常地或正規地從屬於，根據事物狀態（l'état de chose）而被再現及構建起的因果性事實或真相，誠如德勒茲在《意義的邏輯》中指出的：「在任何事件中，確實存在著具體實現的當前時刻，在此，事件被具體化於一事物狀態、個體、個人之中，人們通過述說著：『就是現在，時候到了』以指示之；而且事件的過去與未來只根據這個決定性的現在、從使得事件具體化的這個現在之觀點被判斷。然而另一方面，存在著屬於握在其自身中之事件的過去與未來，此事件回避所有的現在，因為它不受事物狀態的諸限制所約束，處於非人稱與前－個體的、中性的、既非一般亦非特殊的狀態……」，在此意義上，任何事件的實在性皆包含著兩個面向，即現實的與潛在的面向。

再者，若我們以「死亡」為例來談論上述的純粹事件之面向的話，那麼「死亡」在此，不再受到事物狀態的限制約束，也就是說，它已處於再現的四重根（同一性、類比法、

1 參照自德勒茲與瓜達里，《法國六八學運未曾發生》一文（Mai 68 n'a pas eu lieu, Les nouvelles, 3 au 9 mai 1984）。

對立性、相似性）所支撐起的公理系統之外，它不再是名詞或形容詞，而是作為「動詞」。死亡，若作為「非物質的」（incorporel）結果或效應的話，那麼它指的是與「逝去」有關的、具特異表述力的「動詞」，其表達了一切內在變異的、未受條件限制之純粹時—空動力論條件的「純粹事件」，亦即「內在原因」（cause immanente），有別於在時間、質性與廣延度的一般公理系統中可被再現之原因（以物質典型為基礎）。在此廣大無垠的時間之空形式（《差異與重複》第二章的重點）中，死亡即是一頓挫（césure），屬於尼采式永劫回歸的無限生成之頓挫，此生成並非只是跳躍，而是酒神之舞，指涉著所有人們未曾見聞的、最為瘋狂的概念創造—完全變形[2]。於是乎成問題的諸理念在此油然而生，這些有別且模糊的理念，具有肯定異質輻散的正面力量，於它們之間引發著迴盪共鳴，「生」，正是在此萬頭攢動的無名之境醞釀、湧現出來，一種強度的、正面積極的表現力與創造力。

正如德勒茲在《差異與重複》中，比較了齊克果的重複以及尼采的永劫回歸。根據德勒茲在前言所提到的，齊克果和尼采之間的差別在於，前者提出信仰的、精神上運動的戲劇，後者則是無信仰的、暈眩運動的戲劇。簡言之，當齊克果在《恐懼與顫慄》中重述，亞伯拉罕的故事包含著道德的現實目的論之懸置，在此情況下，導致亞伯拉罕在內心深處的喪失，但同時他也找到了他的兒子之特異性，也就是「另一種存有」。德勒茲將這樣的信仰運動稱之為「跳躍」（sauter），但這似乎還不夠，就像普魯斯特找回的時間一樣，尚缺中心偏移的無限回返，換句話說，必須到達尼采所云之酒神般的、暈眩般的「跳舞」

（danser）。

齊克果在《重複》一書中的開頭就已提及：「……因為『重複』是希臘哲學對於『不朽靈魂之回憶』的基本表達。……萊布尼茲是唯一有物的觀念之現代哲學家。重複和回憶呈現出一樣的運動，不過是在相反的意義之中；因為被憶起的事物『曾經已是』，這是在後的重複。相反地，人們透過朝向之前而想起真正的重複。這就是為什麼，當它有可能的時候，重複使人快樂，然而回憶則使人不幸，……」。自此觀點看來，在普魯斯特的《追憶似水年華》裡，有兩種系列同時進行著，其一為「曾經已是的現在」，另一個則為「當前的現在」。對於齊克果而言，必須透過愛才能在重新找回的上帝和自我之間有一種跳躍，唯有愛才能使利己主義者的私心消失，以「阿涅斯和人魚」（Agnès et le Triton）的故事為例。

除此之外，根據《追憶似水年華》裡最著名的一篇章，意即，激起貢布雷兒時回憶的，不就是瑪德蓮的味道嗎？貢布雷並不意味著先前的現在被再現於遺忘之外的回憶裡，如同德勒茲在《差異與重複》的第二章所言：「貢布雷在一種未曾在場的過去之形式下，

2 參照自德勒茲，《差異與重複》頁：七九。「死亡與一物質典型無關。反之，其足以在它與面具和變裝的精神關係裡包含著死亡本能。重複確實是透過被建立而偽裝自己者、僅透過偽裝自己而被建立者。重複不在面具之下，但它從一個面具到另一個，如同從一個顯著點到另一個、從一個特殊瞬間到另一個，以變形方式及在變形之中被形構而成。」

突然出現：即貢布雷之在己（l'en-soi）。」其自身，即永遠無法追憶者。那麼在此意義上，瑪德蓮的味道喚起了馬塞爾在貢布雷的兒時場景，這難道不是一種追憶嗎？男主人翁一旦建構起這一段回憶時，就已經將此再現於主動綜合之中了，因為真正的貢布雷就在遺忘中，誠如普魯斯特在最後一卷〈重現的時光〉中所述：「因為，真正的天堂是已失去的天堂」[3]。如果沒有時間的第三綜合的話，不朽靈魂之回憶只不過是單一中心的圓、回返至相同的圓罷了！因此，味道作為這兩種共存且對立的系列間之潛在物質，亦即物質的感性跡象（符號）（《普魯斯特與符號》），正引發著，根據頓挫的兩端而前往另一中心偏移之圓的特異性。

如果將齊克果的重複之愛看作對於客體的肯定，那麼尼采的永劫回歸裡之重複還需要對於其自身的肯定。前者是尚未脫離時間的英雄之變形，後者既非生病的查拉圖斯特拉亦非康復中的查拉圖斯特拉，而是在時間的空形式裡被考驗者。對於尼采來說，第二個肯定指向突然下墜、甚至是死亡者，這就是為何德勒茲如此強調死亡的理念，其促使起點與終點不一致的去－返運動。

活著，並非單純地與「死去」對立，亦即並非在一般性定義操作下的「非死即生」，這是一種「既死且生的堅持」、「既外又內的折曲運動」，所有的現實化運動正是由於作為感性之存有、處於非人稱與前個體的潛在性幼蟲般主體狀態，同時「能夠」作為過多與缺乏、潛得最深也浮昇得最快者。簡言之，這是一種不可名狀的遍歷運動，在此運動中，誠然，正是此主體（總是處於未完成狀態），作為唯一能經受完全變形運動者。那麼像這樣的一種主體，具體地說，到底在哪裡呢？我們所能確定的，即如德勒茲所言：「只要不是它必須存在的地方，就是它存在之處。」[4] 然而，值得注意的是，在德勒茲思想中，內在（Immanence）並非屬於天賦性（原初，即被給定），而是與一個生命（une vie）之內折運動、永劫回歸的完全變形之過程一同進行著。內在，即此生命之單義性的存有，也就是說，於其自身之差異。那麼顯然地，其完全變形之過程，即是重複。能夠死且生之「回返」者，就是於其自身且在一他處、具有內在差異之重複者。

差異是內在的（interne），但並非是內在固有的（intrinsèque），如德勒茲所云：「有一些重複，不僅僅是外在差異的重複；有一些內在差異，並不是內在固有或概念式的。」[5] 因此，我們不能將差異與概念式的差異混為一談，確切地說，差異，即異質的多重性，然而此多重性並不是相對於「一」且作為負面否定性的「多」。換句話說，這不再是相較於

3 普魯斯特，《追憶似水年華》，引自第五部，〈重現的時光〉：「是的，如果說全靠遺忘的回憶，不能夠在它和當前片刻之間建立任何聯繫、設置任何環節，如果它依然停留在它的位置、它的日期上，如果它在谷底或頂點高峰保持它的距離、它的孤獨的話；它會使我們突然呼吸到一股新鮮空氣，因為這正是從前曾吸入的空氣；這種空氣比詩人們枉費心機力圖使之充斥天堂的更純淨，以及只在已經呼吸過的情況下，才可能給予這種深刻的更新感，因為，真正的天堂是已失去的天堂。」

4 德勒茲，《差異與重複》，頁：二二〇。

5 德勒茲，《差異與重複》，頁：九四。

本質之表象、相較於一之多，事實上，這正如一場「多重性的戲劇」，而非「再現式的戲劇」。根據德勒茲的觀點：「多重性的戲劇全然不同於所有關於再現的戲劇，且不讓被再現的事物、作者、觀眾、登場人物的同一性續存，沒有任何再現能通過劇情的變動而使一項最終的認識或知的靜思成為客體，而是，使總是開放的問題與提問成為戲劇，引動著觀眾、場景與人物，在屬於整個非意識的學習過程之實在運動中，其最後的組成要素仍為諸問題自身。」[6]

誠然，作為多重性之差異，不應受到負面否定之詛咒而於再現之中介化過程自行消除，而是作為與成問題的理念（Idée problématique）有關之「問題—提問」（problème-question）的泉源。簡言之，問題—提問不同於「是『或』非」（oui ou non）的二擇一，正如，並不只是「我」和「（另一個）我」之間的普通相遇，在透過被再現而給定的質性與廣延之範疇類別下做出判斷，也就是說，在兩個相似的、同類的「我」之前提下才能區辨兩者之差異，這就是為什麼德勒茲要提出一種「事件的雙重結構（雙重面向）」以指涉「是『與』非」（oui et non）的悖論或弔詭式共存，而此共存，始終是異質多重的「另一種」實在性，其包含了虛存潛在（le virtuel）和當前現實（l'actuel）。

關係，或許總是從「（非）—關係」，或者倒不如說，自「（?）—關係」，湧現而出。這種「（?）—關係」本身就是成問題的提問，它同時涉及「有別且模糊」與「清晰卻混雜」雙重面向。更確切地說，作為「清晰卻混雜」之「湧現者」並不是一般的「解決辨法」，其足以抽象專斷地藉由再現「有別且模糊」的理念統一性而建立起範疇級別，也就是再現了差異並在此過程中使之自行消除，而是，相反地，經由每一次的現實化過程（關係之湧現或創建）成就了整個理念自身「有別且模糊的差異」之堅實稠厚的潛在多重性。在此意義上，每一現實化的適切性，就是一種具有特異表述力之純粹表現性。因此，現實化從未是一般的（général），而是多重複雜的、成問題的構成，對抗著恆定的再現結構系統。在現實與潛在之間的無限往返，正是完全變形的生成運動之實在性。

對於我們而言，將《差異和重複》翻譯成中文的過程關係到且須具有兩種全然不同的面向，其一顯然涉及了語言的一般性用法，如語法學或其他種種語言技術，亦即關乎在兩種語言之間，可普遍被認同的一致性。而另一個面向，相反地，總是進行著某種不合時宜的、對於兩種語言來說都是奇異陌生的表述。

但這種奇特，或說是怪異，正是這項工作的關鍵要點，它涉及著所有用以創造前所未聞的新事物之迫切需求。因此，我們同時處於這兩種面向的邊緣，並且盡一切努力去聯繫部署，以及更重要的是，學習如何同時去「重複」這兩種語言。在此層面上，面臨的難題已不再只是，例如：什麼語言屬於我們？或我們屬於哪種語言？這一類的問題，而是對於

6 德勒茲，《差異與重複》，頁：三七○。
7 德勒茲，《差異與重複》，頁：三七○。

「學習」該如何確切地實踐的重新思考與摸索。德勒茲在《差異和重複》第四章中對於學習有獨到的見解：「其實，理念並非知的組成要素，而是一種無限的『學』之組成要素，其與知在本性上不同。因為學，在如此般的問題之理解中、在特異性的領會和凝聚裡、在理想事件和域的構成中，全面地進化演變著。學習游泳、學習一種外語的意思是，自己的身體或語言之諸特異點，與另一面貌、另一組成要素的諸特異點一起構成，後者將我們肢解，但卻使我們進入一個問題世界裡，直至不知悉的、前所未聞的時刻。」[7]

另一方面，我們或許可以援引德勒茲對於在語言上的這種奇特怪異之看法：「作為一位異鄉人，不過，是在他自己的語言裡，而且不僅僅像是某人說著與他自己的語言不同的另一種語言而已。」[8] 這就是說，所有外顯的、可辨識的差異並不奇特，而是作為與其自身相異者才是奇特怪異的。因此，通過此翻譯過程，我們或能期許在自己的語言中創造出嶄新的「怪東西」，即想像力的錯視、問題—提問的生成，例如塞繆爾．巴特勒（Samuel Butler）的「Erewhon」，不只是一個「no-where」的偽裝，而且是一種「now-here」的動亂，《烏有之鄉》，正是一種奇怪的「理性」，屬於差異之多重與混沌，諸如游牧式的分布、無政府主義的加冕……等等。

最後，我們要特別感謝維爾梅翰（Patrice Vermeren）教授和莫侯（Didier Moreau）教授的支持，翻譯《差異與重複》的這段期間，兩位教授亦師亦友般不斷地和我們交換意見，無論是在他們的課堂上或是博士生實驗室會議中，皆給予我們正面肯定，以及第一時間毫無質疑地答應為中文讀者導讀，憑藉此肯定的力量讓我們順利完成這項任務。同時，向謝黑（René Scherer）教授致上最高敬意，年事已高的他為了協助我們的翻譯工作，花了一個下午時間在他家中與我們暢談關於德勒茲的思想以及屬於他們那激進時代的大小事件。《差異與重複》能夠在原著出版五十一年後於中文世界第一次呈現出來，最重要的推手便是野人文化出版社，感謝張瑩瑩社長、蔡麗真總編的信任，以及徐子涵責編全程的協助，也感謝讀者閱讀至此，歡迎進入德勒茲的思想世界。

8 參照自德勒茲與瓜達里，《千高原》，筆者自譯，（原文）頁：124-125。原文如下：Être un étranger, mais dans sa propre langue, et pas simplement comme quelqu'un parle une autre langue que la sienne.

本書特殊名詞解釋

永劫回歸（Éternel retour）

又譯為永恆輪迴、永劫輪迴、永恆回歸等等。《差異與重複》一書，根據尼采的觀點，重新討論永劫回歸裡的重複和其差異，同時也比較了柏拉圖的理念性輪迴、黑格爾以否定性之同一的無限循環。第一章〈差異於其自身〉一開始清楚地表達出永劫回歸在這本書中的重要性，兩位譯者認為在此書中譯作永劫回歸最為恰當的原因如下：「我們認為求助於『必要的毀滅』有兩種方式：詩人手法，以創造力之名說話，能夠在永劫回歸的持久革命狀態中，為了肯定差異而去顛覆所有秩序和所有再現；以及政治手法，首先在於否定那『不同』者的關心，為了保持、延長一個在歷史上已被建立的秩序，或者為了建立一個在世界上已請求了其再現之諸形式的歷史秩序。有可能兩者同時發生，在格外激動的一時機，但它們永遠不會一樣。能被看作是一種高尚的靈魂，沒有人不如尼采。他的靈魂極其崇高，但並非高尚靈魂之意；沒有人比他更具有暴戾的見解、破壞的風格。但確切地說，在他的全部作品中，他不停地對比著肯定、否定關係的兩項觀念。」、「永劫回歸在它全部的力量中被肯定，並沒有使得一創建─基礎之建立有可能：相反地它破壞、吞沒了每一基礎，作為使差異處於原生與衍生、物與諸擬像之間的堅決要求。永劫回歸使我們目擊了普遍的『去基底』（l'effondement）。」

一次作為全部（Une fois pour toute）

譯作「一次作為全部」而非「一勞永逸」之說明，首先尤其在第二章〈重複為其自身〉，一（l'Un）以「一次作為全部」的方式，使多重性從屬於自己，一即為全（l'Un-Tout）。對於永劫回歸而言，此為一之死亡，對於它和未來的關係來說，即多重為其自身和為了所有次的展開和闡明；德勒茲在結論中再度解釋，第三重複有別於之前（第一重複）和期間（第二重複）的重複，「那麼，在諸重複之間的差異，按照新的界限，變成了第三重複：之前和期間皆是重複且持存著作為重複，但它們只操作一次作為全部。這是第三重複，其根據時間的直線分配它們，但同樣消除它們並使其決定只運作一次作為全部，而保留著『所有次』作為唯一的第三時間」。因此，德勒茲在此書中特別以斜體標注「Une fois pour toute」，說明重複第一次、第二次、第三次，並非次數問題，而是在於每一次的重複皆作為一個偏移中心的循環，第二不與第一相似，但它們都以一次作為全部的方法重複著，即永恆，永劫回歸以偏離中心的力量驅趕著它們，使之皆不回返，而前往另一新系列。

曾經已是（il a été）；過去曾是（il était）

在第二章〈重複為其自身〉裡提及的這兩種「過去」時態，複合過去時和未完成過去時，以過去、「曾經已是」的現在和當前的現在之關係解釋了柏格森的「過去」悖論；「過去曾是」不是過去，而是潛在客體無論在過去或現在都在它的位置上缺席，德勒茲同樣在第二章以拉康對於潛在客體與愛倫．坡的《失竊的信》為例子加以說明。

虛存記憶（la Mémoire）

作者經常以大寫字母強調字義有別於一般的定義，因此將大寫字母的記憶（la Mémoire）特別譯作「虛存記憶」，意指「時間的基礎綜合，其構建過去的存有（使得現在消逝者）」，不同於習慣的被動綜合裡之記憶（la mémoire），或存於主動綜合裡的回憶（le souvenir），簡而言之，虛存記憶並非存於意識中，而是指向時間的第二綜合。

創建（Fondation）；基礎（Fondement）

前者指地、後者指天；前者建立了在土地上所有的範疇類別，故譯作「創建」。後者作為土地、物、擁有者之間關係的基礎。此外，創建與基礎特別和德勒茲的時間綜合有關，在本書第二章中有詳細分析。

頓挫（Césure）

頓挫一詞來自於荷爾德林，根據書中第二章所援引：「荷爾德林曾說，時間停止『押韻』，因為它自一『頓挫』的兩端，不勻稱地被分配，據此，開始和結束不再一致。我們可以依照頓挫，將時間的秩序定義為不均等之單純形式的分配。」作者以頓挫一詞描繪出時間的純粹形式引入我之裂痕，代表著變形且朝向時間的第三綜合。

去基底（Effondement）

此為新創詞，與崩塌（Effondrement）相近，作者主要論及「無─底」（sans fond）之意，在第四章「差異之理念性綜合」說明了理念與去基底有關：「我們或許會問，理念之起源是什麼、問題來自何方；而且我們引用偶然的骰子投擲、迫切需要與提問，而不是一種必然論證之原則，一個偶然點，於此一切皆『去基底』（s'effonde），而非堅實基礎。」

永恆（Aiôn）

L'Aiôn 與可計量的時間（Chronos）相對立，最早源自於古希臘文（Αἰών），通常被翻譯成永恆性（Éternité）。在德勒茲的思想中，他以重新敘述斯多葛學派 aiôn 和 chronos 的差別，去思考事件的外 - 時間性（extra-temporalité），或者是它的悖論時間性。

不相稱性（Disparation）；不均等（Dispars）

在第一章〈差異於其自身〉裡首先提及不相稱性（la disparation）與不均等（le dispars），主要說明差異與強度、深度有關，而非對立，「『不均等』（dispars）是重複的最終要素，它反對再現的同一性。因此，永劫回歸的循環、差異與重複的循環（其拆解了同一與矛盾的循環迴圈），是一種迂回曲折的迴圈，它所說的相同（le Même）僅屬於那相異者。」；以及在第五章「感性之非對稱綜合」強調於強度差異中感性自身的不平等，「感性之論據，即顯現者之條件，並不是空間和時間，而是本身的不平等，諸如被包含和被確定在強度差異裡、在作為差異之強度中的『不相稱性』（disparation）。」。

狀況條件（condition）

即「時—空」動力論之「狀況條件」。

問題—提問（problème-question）、成問題的提問（le problématique）

「問題—提問」並非在得出解決辦法或答案時就結束，而是不停地與一種成問題的理念有關，而這種有別且模糊的成問題式理念孕生之際，即「在此—此刻」之動亂[1]，換句話說，「問題—提問」之湧現，並非限於再現中的級別範疇所適用之多樣化，如德勒茲所言：「放棄將問題複製成可能的命題，以及放棄經由得到解決辦法的可能性去定義問題的真相。反之，這是必須取決於內在特徵的『可解決性』：其必須處於被問題的狀況條件所確定之狀態，同時，真正的解決辦法應處於在問題之中且被問題所孕育出來的狀態。若無此顛覆，著名的哥白尼式革命就什麼都不是了。因此，只要人們停留在歐幾里德的幾何學中，就不會有革命發生：必須進行直至一種充足理由的幾何學、黎曼類型的微分幾何，其

1 參照自德勒茲，《差異與重複》，頁：五二一。「巴特勒的 Erewhon，不只讓我們覺得是一個 no-where 的偽裝，而且是一種 now-here 的動亂。」

傾向從連續開始產生不連續，或趨向將解決辦法奠定於問題的狀況條件裡……諸命題只在啟發它們的隱蔽問題裡找到其意義。唯有理念、唯有問題才是普同的。這並不是解決辦法將其一般性歸於問題，而是問題將自己的普遍性借給了解決辦法。簡單境況的系列扮演著分析要素的角色來協助解決問題，這絕對是不足的；仍必須確定諸狀況條件，在這些狀況條件中，問題獲得理解和廣延的最大值，且有能力將它所特有的理念式持續性傳達給解決辦法的諸境況。」[2] 簡言之，成問題的理念與「問題—提問」之交互過程，使得問題與其狀況條件關聯起來，指涉著正面積極的異質多重生成與潛在之實在性。

出於缺乏／出於過剩（par défaut / par excès）

在此，缺乏與過剩並非物理性謂稱，而是潛在客體（objet virtuel）與成問題的理念（idée problématique）間之交互指涉。

良向／共知（bon sens / sens commun）

良向與共知作為一般性、同質性的（正統性）再現系統之建構基礎，前者為線性時間提供了方向性（即「過去—現在—未來」之進行），而後者則確定了主客體之間的同一性。誠如德勒茲在本書中所提及：「良向必然是以共同分配的規則而存，因此作為普遍天賦條件。它進行著從過去到未來，以及從特殊到一般……良向，識別著：將來、或然性、差異的消除。此條件創立了預見自身……共知以主客觀的方式被定義，主觀地，透過自我之已假定的同一性，其作為所有能力之統一與基礎，客觀地，則經由任意一個客體之同一性，所有能力都被認為與此同一性有關。」[3] 然而，依據德勒茲所言，哲學並非奠基於良向與共知之上，而是表現出其對立面，悖論（paradoxe），「哲學的表現不是良向，而是悖論……」[4]。

相異（différent）

「相異」作為「極端」，遠非在同一性系統中之對立基底上，而是與異質「重複」有關，即「重複，是所有差異之非形式的存有、基底之非形式的力量，其將一切事物都帶往這種極端的『形式』，於此，它的再現自行拆解。『不均等』（dispars）是重複的最終要素，它反對再現的同一性。因此，永劫回歸的循環、差異與重複的循環（其拆解了同一與

2 德勒茲，《差異與重複》，頁：三二二—三二三。
3 參照自德勒茲，《差異與重複》，頁：四二五—四二六。
4 參照自德勒茲，《差異與重複》，頁：四二九。

矛盾的循環迴圈），是一種迂回曲折的迴圈，它所說的相同（le Même）僅屬於那相異者。」[5] 簡言之，此相同是屬於諸相異的「單義性」（univocité），「當物之同一性已潰散，存有逃出，到達了單義性，並且繞著相異周圍盤旋著。」[6]

生成變異（le devenir）

指涉著前所未聞的完全變形（métamorphose）[7]之「新成」。

特異性（singularité）

「特異性」屬於前個體（pré-individuel）狀態[8]，有別於已被定義的個別物種之特殊性（particularité）。

內超褶／蘊涵（perplication / implication）

「內超褶」與成問題式理念之孕生有關，亦即，當理念（其特異性之強度）被表達時，某「新成」湧現於此嶄新維度的「蘊涵」（理念的內超褶）之中，此過程也就是潛在客體

（objet virtuel）與成問題的理念（idée problématique）間的交互指涉。簡言之，內超褶即潛力之蘊涵。

微分化／區分化（différentiation / différenciation）

當微分化決定了作為成問題的理念之潛在內容時，區分化則表達了此潛在的現實化與諸解答之構成。[9]

5 參照自德勒茲，《差異與重複》，頁：一四六。

6 參照自德勒茲，《差異與重複》，頁：一六〇。

7 參照自德勒茲，《差異與重複》，頁：七九。「死亡與一物質典型無關。反之，其足以在它與面具和變裝的精神關係裡包含著死亡本能。重複確實是透過被建立而偽裝自己者、僅透過偽裝自己而被建立者。重複不在面具之下，但它從一個面具到另一個，如同從一個顯著點到另一個、從一個特殊瞬間到另一個，以變形方式及在變形之中被形構而成。」

8 參照自德勒茲，《差異與重複》，頁：四六一。「吉爾貝．西蒙東近期指出，個體化首先假設一種亞穩定的狀態，亦即一種「不相稱性」的存在，作為至少兩種大小秩序或兩種異質實在性的標度，諸多潛力被分配於它們之間。然而，此前-個體的狀態並不缺乏特異性：顯著點或特異點經由潛力的分布和存在而被定義。因此出現了客觀的「成問題的」場域，通過在諸多異質秩序之間的距離而被確定。個體化湧現作為如此問題的解決行動，或者，回返至相同者，作為潛力之現實化和不相稱的交流。個體化的行動，不在於消除問題，而是將不相稱性的諸要素歸入一個確保著內部共振之聯結狀態。」

9 參照自德勒茲，《差異與重複》，頁：三九八—四〇〇。此外，任何客體都是雙重性的，具有不成對、不相等的兩個半邊。微分化擁有兩個面向，這兩個面向對應於關係的多樣化以及取決於每一多樣化值之特異點，但是對於區分化來說，亦有兩個面向，一個涉及多樣化之質的實現，另一個則是關乎特異點之量的實現。

實在，現實／潛在（le réel, l'actuel / le virtuel）

實在，由現實與潛在兩個半邊構成，如德勒茲所揭示的：「……在這一切中，唯一的危險，就是將潛在與可能相混淆。因為此可能與實在相對立；可能之過程因而是一種『實現』（réalisation）。潛在，相反地，不與實在對立；出於其自身，它擁有完全的實在性。它的過程是現實化。」[10]

潛感知（percept）

「潛感知」並非一般的感知（perception），而是獨立於主客體同一性的經驗之外，與「潛在客體」（objet virtuel）有關。

10 參照自德勒茲，《差異與重複》，頁：四〇一—四〇二。

Avant-Propos

序

一本書的不足，經常是人們無法實現的空洞意圖之對等物。在此意義上，相較於理想的書籍，意圖的宣告表明了　種實在的謙遜。人們常說，序言必須放到最後再閱讀，反之，應該先閱讀的是結論才是；誠然，先讀了這本書的結論，或許會使其餘的閱讀變得毫無用處。

在此所論述的主題顯然與其時代同步。我們可以注意到這些跡象：海德格越來越強調朝向本體論差異的哲學定位；結構主義的練習活動奠基於一個共存空間裡，微分特徵的分配上；當代小說藝術圍繞著差異與重複，不僅僅在其最抽象的反思裡，也在有實效的技術上；在各領域中，某一重複特有之力的發現，也是非意識的、語言的、藝術的發現。這一切跡象可能是由於普遍的反黑格爾主義：差異與重複取代了恆等同一和負面否定性，以及同一性和矛盾的位置。因為差異只在人們持續使它屬於恆等同一的範圍內，才有負面否定的意思，且任其導致矛盾。同一性的至上，以某些方法加以構思，定義再現的世界。然而，現代思想卻誕生於再現的垮台，而且源自於同一性的喪失，以及在恆等同一的再現下起作用的所有力量之發現。現代世界就是擬像的世界。人類在此脫離上帝而活，主體的同一性脫離實體的同一性而活。所有同一性只是經由更深層的遊戲——差異與重複的遊戲——加以擬仿、生產成視覺的「效果」。我們想去思考那於其自身之差異，以及相異與相異的關係，但不能將它們帶進相同（Même）且使它們歷經負面否定之考驗的再現形式。

我們的現代生活就像這樣，我們感覺正面對著最機械論、最刻板、在我們之外及之內的重複，我們不斷從中取出一些細微的差異，即變種和更改。相反地，取出一些隱密、偽裝和隱藏的重複，這些重複被差異的連續不斷轉移賦予生氣，在我們之內和之外重建起赤裸的、機械論和刻板的重複。在擬像中，重複已被一些重複支撐，差異也已被一些差異所支撐。這是重新發生的重複，以及，進行區分的區分者。生命的任務，在於使所有在差異分布空間裡的重複共存。這本書的開端，有兩個研究方向：一是關於無否定之差異概念，確切地說是因為差異不隸屬於恆等同一，不前往或「不需要前往」，直至對立和矛盾；另一個涉及的重複概念，諸如物理的、機械論的或赤裸的重複（相同的重複），在被隱藏的重複之最深層結構裡找到它們的理性，於此重複隱藏中，「微分」偽裝自己並移動著。這兩項研究自主地接合起來，因為「這些純粹差異與複（雜）合重複的概念」，似乎在任何場合都能合併且相混淆。在重複中的轉移和偽裝，緊密地與差異的永久輻散分歧以及中心偏移相應。

援引恆等同一之純粹的、被解放的以及成為與負面否定性無關的差異，確實有些危險。最大的危險在於陷入高尚的—靈魂之再現中：沒有什麼比可調解與可結盟的差異能作為非血腥的抗爭。高尚的—靈魂說：我們皆不同，但並不是對立的……而且我們看出，「問題的觀念」與差異的觀念聯繫在一起，似乎也培育成高尚的—靈魂狀態：唯有算入問題和提問……儘管如此，我們相信，當諸問題達到它們特有的「正面積極性」程度、且當差異變成相符的「肯定」之客體時，諸問題便解放了這股摧毀高尚的—靈魂之侵略和選擇的力量，透過撤消其同一性自身並打破其良善意志。成問題的提問法和微分確定了抗爭或毀滅，負面否定性的抗爭或毀滅與此相比，只不過是一些表象罷了，而且，與欺騙一樣多的高尚的──靈魂之祝願，在表象中被取用。成問題的提問法屬於擬像，並非作為複製品，而是顛覆所有的複製品，「同樣」透過顛覆原型：任何思想皆變成一種侵略。

一本哲學書，一部分必須是極特殊的偵探小說，而另一部分則是科幻類。就偵探小說而言，我們想要說的是，諸概念必須以在場的區域範圍之介入，去解決局部的形勢。諸概念自身與問題一起變化。它們具有一些影響範圍，並在此範圍內被運用，我們將可見到，其與「戲（悲）劇」有關且透過某種「殘酷」的手段。諸概念必須在它們之間取得一致性，但此一致性不應該來自於它們。它們必須自其他原因得到一致性。

這就是經驗主義的秘方。經驗主義絕不是對概念的反動，也不是對實際經驗的普通求助。相反地，它進行的是人們未曾見聞、最為瘋狂的概念創造。經驗主義，正是概念的神祕主義，及其數學主義。不過確切地說，它把概念看作一場相遇的客體、在此─此刻，或者更精確地說，作為《烏有之鄉》（Erewhon），自此出現了取之不盡、總是嶄新、以其他不同方式被分配的諸「在此」與「此刻」。只有經驗主義者可以說：概念就是事物自身，然而這是事物在自由和野生的狀態，超越了「人類學的謂語」之外。我創造、重新創造以及除去我創造的概念，自重複和區分這些概念運動中的水平線、總是軸偏的中心、總是位移的周邊開始。這屬於超越時間─非時間、歷史的─永恆的、特殊的─普同的二擇一現代哲學。在尼采之後，我們發現不合時宜（l'intempestif）可說比時間及永恆更為深遠：哲學既非歷史的哲學、亦非永恆不朽的哲學，而是不合時宜的，總是且僅是不合時宜的，換言之，「對抗此時間，我希望如此，而對即將到來的時間有益」。在塞謬爾・巴特勒（Samuel Butler）之後，我們發現《烏有之鄉》，像是同時意謂最初的「無處」，和已轉移、偽裝、變更、總是被再創造的「在此—此刻」。既非經驗的特殊性，亦非抽象的普同：我思（Cogito）作為解體的自我。我們相信有一個世界，在此世界中，個體性皆為非人稱的，且特異性皆為前—個體的：即「人們」（ON）的璀璨光輝。因此，科幻的面向，必然從這本《烏有之鄉》衍生出來。這本書所應呈現出的，因而正是一結構緊密之研究方向，其不再是我們的、人類的，而是屬於上帝或世界的。在此意義上，這必須是一本如同啟示錄般的書（在時間系列裡的第三時間）。

而科幻，在另一種意義上，所有不足之處皆被凸顯出來。如何做才能書寫出不同於那關於無人知曉，或者不完全知曉的事物呢？在這一點上，人們必然想像有某事物必須宣之於口。人們只會在其知（識）的尖端、在這個分離我們的知與無知的最極度尖端、「以及使它們於相互彼此中來去」而進行書寫。只有以此方式能引起人們的書寫動機。為了填補無知，把寫作交付於明日，或更確切地說，使之成為不可能。那裡可能有一種相較於以為與死亡、沉默維持關係之文體的關係，它仍更具威脅性。因此，我們以一種我們感到恰當、滿意的方法談論科學；只可惜，這並非科學式的。

時間緊迫時，幾乎不可能寫出一本哲學書，就像我們已經花很長時間書寫一般：「啊！老派……」。尼采開創了哲學表達式的新研究方法，且現今應當與某些藝術的更新有關而繼續進行，例如戲劇或電影。在這方面，我們可從現在開始對哲學史的用途提問。在我們看來，哲學史必須扮演類似於繪畫中「拼貼」的角色。哲學史，正是哲學自身的再製。在哲學史上的闡述應當作為真正的雙重性而起作用，且容許雙重性所特有的最大限度變更。（我們想像一位「在哲學上」留鬍子的黑格爾，一位「在哲學上」剃光鬍子的馬克思，如同留著大鬍子的蒙娜麗莎一樣。）終於應該要去講述一本過去哲學真實的書，彷彿這是一本想像和虛構的書。我們知道，波赫士（Borges）在虛構書的闡述裡最為出眾。但是他已超越了，當他認為一本如《唐吉訶德》真實的書，宛如這是一本想像中的書，書自身透過一位虛構的作者再生產出來，皮耶．梅納德（Pierre Ménard），換他把此書認為是真實的。那麼，最精確、最嚴謹的重複，對於相關的事物而言具有差異的最大值（「塞凡提斯〔Cervantes〕與梅納德的文章在字面上是一致的，不過後者幾乎更是文采斐然……」）哲學史的闡述必須再現文本的慢速、凝結或固定不動：它們「不僅僅」與文本有關，「而且也」寓於文本中。因此，它們具有雙重存在，以及對於理想的雙重性而言，具有舊文本和當前文本「於相互彼此中」的純粹重複。這就是為什麼，我們為了臨近此雙重存在，而可能有時已將歷史的摘錄納入我們的文本自身中。

Introduction

重複與差異

重複不是一般性。重複必須以幾種方式與一般性做區別。任何意味著它們混淆的公式，都是不恰當的：因此，當我們說兩樣東西如兩滴水般相像；或者當我們將「只有一般的科學」和「只有重複出現者的科學」視為相同的時候。差異自然是在重複和相似性之間，甚至是極端的。

一般性呈現出兩個主要的秩序，相似的質之秩序和對等的量之秩序。循環和均等皆為象徵。但無論如何，一般性表達了一種觀點，據此觀點，一個詞可與另一個詞交換或取代。諸特殊（les particuliers）的互換或取代，定義著我們與一般性相應的行為。這就是為什麼，經驗論者將一般理念描述成一種於其自身的特殊理念是無誤的，只須結合一種能夠代替它的看法，其透過在一個詞的關係下，所有與它相似的其他特殊理念進行此替換。相反地，我們確實可見重複只對於不能被取代者而言，才是必要和有根據的行為。重複作為行為和觀點，涉及一種不可互換、不可取代的特異性。反映、迴響、雙重性、靈魂皆不在於相似或對等的領域；也沒有在十足相像者（同卵雙胞）之間的可能替代、互換其靈魂之可能性。如果互換是一般性的準則，那麼竊取和贈與就是重複的準則。因此，在兩者之間有種經濟的差異。

重複，即舉止、表現，然而，就獨一無二或特異的某事物而言，重複不具有相似或對等物。而且或許此重複作為外部的行為，使之獲得的迴響是對其而言，最為隱密的振動、內在的與使其活躍之特異中最深層的重複。節慶沒有其他顯而易見的悖論：重複一個「不可重新開始者」（irrecommençable）。並非把第二和第三次加入第一次中，而是使第一次達到「n次方的」力量。在此力量關係下，重複透過自行內在化而顛覆其自身；如同佩吉（Péguy）所言，這不是紀念或再現攻占巴士底監獄的聯盟節，而是攻占巴士底監獄慶祝和預先重複所有的聯盟節慶；或者說，是莫內的第一朵睡蓮重複了所有其他的睡蓮[1]。因此，我們使一般性作為特殊的一般性，以及重複作為特異的普遍性而相對立。我們重複一件作為無概念之特異性的藝術作品，且一首詩為人牢記在心並非偶然。頭是交換的器官，但心則是重複的情感器官。（誠然，重複亦關乎於頭部，但更確切地說，因為它就是恐怖或悖論。）皮尤斯・塞爾維安（Pius Servien）正當合理地區分了兩種語言：科學的語言受平等的象徵所支配，且其中每一個字詞皆可被其他的所取代；抒情詩的語言，其每一個字詞皆為不可取代的，僅能被重複[2]。人們總是能夠去「再現」作為一極度相似或完美對等之重複。然而，或許我們能通過從一事物到另一個的眾程度等級，卻無法阻擋在這兩個事物間之本性的差異。

另一方面，一般性是屬於法則的秩序。但是，法則只確定服從於它之下的諸主體之相似性，以及它們與法則所指定的字詞之對等。法則遠非締造重複，更確切地說，其說明指

1 參見夏爾・佩吉（Charles Péguy），《Clio》，1917（N. R. F.，33版），頁：45，頁：114。
2 皮尤斯・塞爾維安（Pius Servien），《美學原則》（Principes d'esthétique）（Boivin 出版，1935），頁：3-5；《科學與詩》（Science et poésie）（Flammarion 出版，1947），頁：44-47。

出重複對法則之單純主體——即對於諸特殊而言，如何處於不可能的狀態。法則迫使諸主體改變。差異的空洞形式、變異的不變形式，法則強迫其主體只以它們自己的改變為代價去闡明之。在被法則所指定的字詞裡，大概有跟變數一樣多的恆定性；而且在自然裡，有著跟流動與變異同樣多的持久性、持續性。然而，持續性更是無法創造出重複。一種法則的恆定，反過來是更加一般的法則之變數，有點像是最堅硬的懸巖峭壁，在數百萬年地質標度規範內變成軟的和流體的物質一樣。而且在每一水平級別，相對於在自然裡的一些重大、永久的客體，法則之主體感到自己無法重複的無能，並發覺此無能已被包含進客體裡、被映照於永久的客體中；在此，主體宣讀著自己的判決。在江河巨流的永久性中，法則匯集著水的變化。論及華鐸的作品，艾利・福爾（Elie Faure）說：「他已將更短暫的過客，安排在我們的目光所及之更為持久的空間和巨大森林裡。」這是十八世紀的方法。沃爾瑪（Wolmar）先生，在《新愛洛漪絲》（La Nouvelle Héloïse）一書中，已制定了一個系統：重複的不可能性，自然法則似乎迫使所有特殊的創造物，遵循作為一般狀況條件之變化，相對於一些固定的字詞（可能這些字詞本身是多變的，相對於其他的永久性、根據其他更為一般的法則）而被領會。這就是樹叢、巖洞、「神聖的」客體之意義。聖普樂得知他不能重複，不僅僅由於他的和朱莉的變化，還鑑於自然的強烈持久性，這些取得一種象徵性價值、且確實將他從一種真正的重複中排除者。如果重複是可能的，與其說它屬於法則，倒不如說它屬於奇蹟。它是對抗法則的：反對法則的相似形式和對等內容。如果重複可以被找到，甚至是在自然裡被找到的話，這是以一種表現出反法則、在規則之下運作、可能高於規則之上的力量之名。如果重複存在的話，它同時表達出反一般之特異性、反特殊之普遍性、反慣常之顯著性、反變異之瞬時性、反持久性之永恆。無論從哪一方面來看，重複正是違抗。其對於法則提出質疑，為了一種更深入和更有藝術性的實在性之利益而揭露名義上或一般的特性。

然而，從科學實驗其自身的角度看來，似乎難以否定重複與法則的任何關係。但我們必須問的是，在哪一些狀況條件中，實驗確保著重複。自然的現象在自由樣態下發生著，在相似性的龐大循環裡的任何推論，皆是有可能的：在此意義上，一切對一切起反作用，而且一切與一切相像（多樣化與自身之相似）。但實驗卻建構起相對封閉的環境，在此，我們根據已選定的一種小數量因素來定義現象（至少兩個，例如就一般在真空裡的身體運動而言之空間和時間）。從那時起，沒有必要去自問關於數學在物理學上的應用，而是直接就是數學方式的物理學，預定的因素或封閉的環境也同樣建構起一些幾何座標系統。在這些條件裡，現象必然顯得「等同」於在已選擇的因素間之某一數量關係。因此，這是關乎在實驗裡，以一種一般性秩序取代另一種：平等的秩序取代了相似的秩序。人們解散諸相似性是為了發現一種能在實驗的特殊條件裡，識別某種現象的平等。重複在此只藉助於從一種一般性秩序到另一種的過渡期之際顯露出來。一切的發生，猶如重複在一片刻、於兩個一般性之間、在兩個一般性之下做出標記。但在此仍是冒著把在本性上相異者，看作一種程度差異之風險。因為一般性僅能再現和假設一種推測的重複：如果相同的形勢皆是被給定的，那麼……這個公式意味著：在相似的全體性裡，將總是可以保留和選擇一些恆等同一的因素，其再現著現象的成為－相等（l'être-égal du phénomène）。但人們卻因而不去解釋提出重複者、存在明確性者或在重複裡正當有用者（正當有用者，正是作為唯獨一次的力量之「n」次，不需要經過第二次、第三次）。於其本質中，重複指向一種在本性上與一般性不同之特異力量，甚至當它為了出現而利用從一般秩序到另一種人為過渡。

「斯多噶主義」的錯誤，在於等待自然法則的重複。哲人必須自我轉化成品德高尚者；夢想，即找尋一種使重複有可能之法則，走到了道德規範這一方。總是在與應然本分（Devoir）之重中混淆不清的日常生活裡，一種重新開始的任務、再次取得之忠誠。畢希納（Büchner）借丹東之口說出：「首先穿上他的襯衫，然後短褲，晚上爬上床，早晨爬下床，且總是把一隻腳放在另一隻的前面，做這些無意義的事確實相當枯燥乏味。幾乎沒有希望的是這從未改變。非常可悲的是，數百萬人已經這樣做了，而且其他在我們之後的數百萬人仍將如此，以及，從頭到尾都在市場機制上，我們被兩個半邊構成，製造出所有兩半邊皆相同的事物，因此，一切都被生產兩次。」然而，倘若道德規範不使反覆（réitération）聖化，尤其是不使反覆成為可能，給予我們立法權，自然法則卻將我們自此立法權排除，道德規範到底有什麼用呢？倫理學家有時候會在下述的類別下，去闡述善（Bien）與惡（Mal）之範疇級別：每當我們試著按照自然本性去重複，作為自然之存有時（愉悅、過去、激情之重複），我們便投入了一種魔鬼附身、已被詛咒的嘗試，這種嘗試別無脫身之法，而唯有絕望和煩惱。相反地，善給予我們重複的可能性，以及重複之成功、重複之精神性的可能性，因為善所依存之法則，不再屬於自然而是應然，而且倘若沒有同時作為立法者、合乎道德之人，我們不會是其主體。以及，如果不是一種必須確定「能」被正當再製者的思想考驗，那麼康德稱之為最高考驗的到底是什麼呢？應然（守本分）之人已發明了一種重複的「考驗」，確定了在正當（合理）觀點下的能被重複者。他因此認為已經同時克服了惡魔和乏味。而且這就像丹東之憂慮的寫照、對於這些憂慮的回應，難道都沒有道德主義，而直到在康德所製造出的驚人支撐裡、在他的傳記作者們描述得如此明確之重複的裝置裡，以及在他平常散步的固定不變中（此為就下述意義而言，即梳洗的隨便和練習的不足，是行為舉止的一部分，其準則不能無矛盾地被設想為普遍規律，因此亦非正當的重複之客體）才有嗎？

但是，意識的含糊不清是正當的重複：正當的重複只能透過提出外在的、高高在上的、不在乎自然法則的道德規範才能被思考，只能透過恢復於其自身中之自然法則的形象和典範，才能去思考道德規範的應用。因此，道德規範並非給予我們一種真正的重複，而仍是將我們留在一般性裡。這一次，一般性不再是自然的一般性，而是作為第二自然之習慣的一般性。援引傷風敗俗的、壞習慣之存在為理由只是徒勞；基本上作為合乎道德者、具有善之形式者，正是習慣的形式，如柏格森曾說過「養成習慣的習慣」（必要的一切）。

不過，在這一切或此習慣的一般性中，我們重新找到兩個重大秩序：當習慣不被養成時，相似的秩序在對一個已假定典範而言行動要素之易變一致性裡；對等的秩序，只要習慣一經養成時，具有在各種不同的情況裡之行動要素的平等。因此，習慣從未形構成一種真正的重複：有時候是行動改變了一種處於恆定狀態的意圖，並且臻於完善；有時候，在一些意圖和不同的語境裡，行動保持相等不變。在此如果重複仍然是可能的，其僅出現在改善的和整體化的這兩種一般性之間；在這兩種一般性之下，冒著顛覆它們之險，顯示出完全不同的力量。

如果重複是可能的，就是對抗道德規範，也同樣對抗自然法則。人們知悉顛覆道德規範的兩種方法。有時經由在原則裡的回升：人們議論著作為次要的、衍生的、借來的、「一般的」法則秩序；人們在法則裡揭露二手原則，此原則使力量改變方向或僭越原初能力。有時，因人們朝著結論而下，以過於完美的仔細歸順於法則，法則反而因此被顛覆得更徹底；由於不斷貼合法則，假裝服從的靈魂終於使其翻轉，並終於品嘗到被認為是此靈魂所捍衛的愉悅。在所有以歸謬法的論證裡、在熱情的怠工裡，人們確實看見了這一點，而且也可在某些藉由順從而嘲諷的被虐狂行為裡見到。顛覆法則的第一種方法是諷刺，而且諷刺在此顯現為一種諸原則、朝向諸原則之回升，以及諸原則之顛覆的藝術。第二種方法是幽默，它是一種後果和下降、懸念和崩落的藝術。是否應當去理解，重複湧現在此懸念裡及於此再升中，宛如存在一不再受到規律約束，就會重新開始和自我反覆於其自身呢？重複屬於幽默和諷刺；它出於本性即是違抗、例外，總是表達著一種特異性，其反抗從屬於法則之諸特殊（les particuliers）、一種反對製造法則的一般性之普同。

* * *

有一種共同的力量屬於「齊克果」（Kierkegaard）與「尼采」。（應該在此加入佩吉，為了形構牧師、反基督者和天主教徒的三部曲。三位中的每一位各以自己的方式，使重複不僅變成語言與思想自身的力量、感動人的修辭法和高等病理學*，而且也變成未來的哲學之基本範疇）。聖經與每一位相應，一齣戲劇也一樣，戲劇的構想*，以及在這齣戲中傑出的人物，作為重複的英雄有：約伯—亞伯拉罕，狄奧尼索斯—查拉圖斯特拉，聖女貞德—克里歐。將他們分隔開來者是值得注意、明顯且相當著名的。但沒有任何事物將抹去這個圍繞著重複思想的奇妙相遇：「他們使重複與一般性的所有形式相對立」。而且，他們不以暗喻的方式使用「重複」這個字，反之，他們有某種嚴格使用它的方法，且使它在風格中超越。我們首先要能夠且必須將標記著他們之間的疊合的主要命題編號：

（1）將重複自身變成某嶄新的事物；將重複與一種考驗、一種選擇、一種選擇性的考驗連結起來；將重複假定為意志和自由的至高無上之客體。齊克果明確指出：不是從重複中取出某嶄新的事物、不是向重複淬取某嶄新的事物。因為唯有凝思，自外凝視沉思的精神「淬取」著。反之，涉及著行動及將如此之重複變為一種新穎，亦即一種自由與自由的一項任務。以及，尼采說：透過使重複變為意願之客體自身，解放一切與意志連接者之意志，重複大概已經是連接者了；然而，如果人們因重複而死，也同樣是因它而得救和治癒，而且首先，它因另一重複而治癒。在重複中，因此同時存在著逝去和拯救之全部的神祕遊戲、死與生的整個戲劇性遊戲、疾病和健康之全部的正面積極遊戲（參見生病的查拉圖斯特拉和康復中的查拉圖斯特拉，藉由在永劫回歸裡唯一且相同的、重複之力量）。

（2）從那時候起，使得重複與自然法則對立起來。齊克果表示，他甚至完全不論及在自然裡的重複、週期或四季、交換與平等。再者：如果重複涉及意志的最內部，這是因為按照自然法則，圍繞著意志的一切皆「改變」了。根據自然法則，重複是不可能的。這就是為什麼，齊克果在美學的重複之名義下，譴責任何為了獲取自然法則之重複而做的努力，不僅如同伊比鳩魯學派，而且也像斯多噶學派一般，透過與立法原則成為同一。有人會說，在尼采那裡，狀況沒那麼清楚明確。然而，尼采的聲明是確切的。如果他在自然（Physis）本身中發現重複的話，這是因為他在自然裡，發現某事物高於規律支配：意志自身想要透過所有的變化而擁有反法則之力以及與表面規則相對立的大地內在。尼采用「他的」假設來對抗週期性的假定。他把在永劫回歸裡的重複構思成存有（Être），不過他用此存有來對抗任何合法的形式，對抗存在—相似，同樣地，對抗存在—相等。而且，將法則觀念之批判推得更遠的思考者，如何能再引入作為自然法則的永劫回歸呢？希臘的內行人，倘若他僅限於去表達這種自然天生的平庸、這種古希臘人眾所皆知的自然之一般性，他要如何有根據地去評估自己神奇和新穎的思想？查拉圖斯特拉，以兩次重新開始去修正永劫回歸的錯誤闡釋：用憤怒，對抗其惡魔（沉重之靈……不要把太多東西都簡化了！）用溫和，對抗他的動物們（淘氣鬼啊，囉唆之人啊……你們已經老調重彈了！）「老調重彈」，正是作為週期和循環、作為相似和相等而存在之永劫回歸，簡言之，作為自然動物的確實性和自然本身的感性法則之永劫回歸。

（3）用重複對抗道德規範，將它變為倫理的懸置、超越善惡之外的思想。重複顯現為孤獨、特異的邏各斯，即「私（個）人思考者」之邏各斯。在齊克果和尼采的思想裡，私（個）人思想者、思想者—彗星、「重複」的承載者發展著，與公職教師、法律學者之對立，這些教師、學者的二手演說，是經由「中介」來進行，而且在概念的一般性裡，取得說教的來源（參見齊克果反對黑格爾、尼采反對康德和黑格爾，以及自此觀點，佩吉反對索邦神學院）。約伯是無限的抗議，亞伯拉罕則是無限的順從，然而兩者是唯一且相同的事情。約伯對於法提出質疑，以諷刺的手段，拒絕所有二手的闡釋、廢黜一般（le général），為了到達作為原則、作為普同之最特異。亞伯拉罕則詼諧地服從於法，然而，在此服從中明確地重新發現，依法要求而獻祭之獨子的特異性。這就是齊克果所領會的，重複是作為精神意圖的抗議和順從之共同的超驗相關物。（而且我們在佩吉所分成的兩份中，重新找到兩個面向，聖女貞德和綺爾維絲 [Gervaise]。）在尼采鮮明的無神論中，對於法的恨和「命中的愛」（amor fati），挑釁和贊同皆為查拉圖斯特拉的雙重面貌，自聖經的冥想以及反過來對抗它者。再次以某種方法，人們看見查拉圖斯特拉與康德、以及與在道德規範裡之重複的考驗，競爭起來。永劫回歸被述說成：任何你所想要的，也同樣是以你想要永劫回歸的這種方式而去希求之。在這裡有一種在康德自己研究領域上顛覆他的「形式主義」，一項走得最遠的考驗，因為此考驗並非把重複和假定的道德規範聯繫起來，而似乎是將重複自身變為一種超越道德外的規律之唯一形式。但事實上，這仍是更複雜的。在永劫回歸裡的重複形式，正是目前立即的驟然形式、正是普同和特異合併在一起的形式，罷黜了任何一般法則，使諸中介消散、滅亡了從屬於法則之下的諸特殊。有一種法則之超越，以及法則之不及，在作為查拉圖斯特拉的諷刺與黑色幽默的永劫回歸裡，結合起來。

（4）使重複不僅僅對抗習慣的一般性，也對抗著記憶的特殊性。因為這可能是習慣終於自一種外部的被凝思之重複中「取出」某新事物。在習慣中，我們只要有一種凝思著的「微小自我（petit Moi）」在我們自身中就能行動：正是「微小自我」提取出了新穎，從一般、從特殊境況的偽—重複中所取出。以及記憶，或許，重新找到融入一般性裡的諸特殊。這些心理（學）上的運動沒那麼重要；在尼采和齊克果那裡，在確定為習慣和記憶的雙重判決之重複面前，這些運動被抹去了。重複正是透過這一點才會是未來的思想：它反對不朽靈魂之回憶的古老類型，以及反對「慣習」（habitus）的現代類型。正是在重複中，正是經由重複，遺忘（l'Oubli）變成一股正面積極的力量，而且非意識變成一種正面積極的高等無意識（例如，遺忘作為力量，是永劫回歸的過去經驗之組成部分）。一切在「力量」中被概括。當齊克果談及重複以及意識的第二力量時，「第二」並不表示第二次，而是被用來指涉唯有一次的無限、一剎那的永恆、意識的非意識，即「n」次力量。而且當尼采將永劫回歸描述為權力意志的直接表達式時，權力意志絕非意謂「想要力量」，反而是儘管人們想望著將我們想要的帶至「n 次方」之力量，亦即從中得到最高形式，這全靠在永劫回歸中思想的選擇性作用，也多虧了在永劫回歸自身裡的重複之特異性。一切存在者之最高形式（Forme supérieure），就是永劫回歸和超人（surhomme）的直接同一性[3]。

我們並非暗示在尼采的狄奧尼索斯和齊克果的上帝之間有任何相似之處。相反地，我們假定並且認為，差異是不可跨越的。而更何況是關於重複的主題、此基本的客觀之巧合到底來自何處，即使此客觀是以各種不同的方法被構思？齊克果和尼采是帶給哲學全新表達方法者。人們樂意談論關於他們的哲學的超越。不過，在他們全部的作品中所提及的，正是「運動」。他們指責黑格爾停留在假的運動、抽象邏輯之運動的狀態，亦即停留在「中介」狀態。他們想將形而上學訴諸於運動、活動力，想要使其行動、以及立即行動起來。因此，提出運動的嶄新再現對他們來說是不足；再現已成了中介。反之，此關乎在作品中製造出於任何再現之外，有能力去撼動精神之運動；關乎著使運動自身變為一部作品，而沒有通過中介；以直接符號取代間接再現；發明直達精神的震動、轉動、旋轉、萬有引力、舞蹈或跳躍。這件事，正是戲劇人物的理念、導演的理念——走在其時代之前。在此意義上，某種全新的事物與齊克果及尼采一同開始了。他們不再以黑格爾的方法思索戲劇，更不是要創作一場哲學的戲劇。他們在哲學裡發明了一種難以置信的戲劇之等同物，且藉此創建未來的戲劇，同時也是新的哲學。人們會說，至少從戲劇的觀點看來，這完全沒有實現；一八四〇年左右的哥本哈根和牧師的職業、拜羅伊特城市和華格納的決裂，都不是有利的狀況條件。然而，有一件事是肯定的：當齊克果談及古代戲劇和現代悲劇時，人們已變更了要素，不再處於反思的要素中。人們發現一位感受到面具問題之思想者，他體驗到內部的空是面具的特性，而且力圖填滿它、塞滿它，這正是透過「絕對相異」，也就是透過將全部的有限和無窮之差異放置於此，且因此創造出幽默和信仰的戲劇理念。當齊克果解釋，信仰騎士被人誤解成與一位著節日盛裝的資產者相像，必須將此哲學的徵象當作導演之察覺，指出信仰騎士應當如何被「扮演」；以及當他評論約伯或亞伯拉罕時，當他想像《阿涅斯和人魚》（Agnès et le Triton）故事的變形時，此方式並非欺騙，反而正是一種電影劇本的方法。莫札特的音樂迴盪直至亞伯拉罕和約伯故事裡；且關於「跳躍」，在此音樂的氛圍上，「我只考慮諸運動」，這就是導演的句子，提出了戲劇的最高問題，一種直達靈魂、且屬於靈魂運動的問題。[4]

對於尼采而言，有更強而有力的理由。《悲劇的誕生》不是對於古代戲劇的反思，而是一種未來戲劇的實踐基礎、一條道路之開闢，於此道路上，尼采還認為有可能推華格納一把。尼采與華格納的決裂與理論無關，亦與音樂無關；它涉及在這個尼采所夢想的戲劇中之文本、歷史、噪音、音樂、光線、歌曲、舞蹈和布景各自的角色。《查拉圖斯特拉》重新上演了關於恩培多克勒（Empédocle）的兩種戲劇性嘗試。而且，如果比才（Bizet）比華

3 在前面的比較中，我們所援引的文本皆出自於尼采和齊克果最為著名的文本。對於齊克果，是關於：《重複》（La répétition）（法譯和出版，Tisseau）；一些片段節錄於《日記》（Journal）（IV，B 117，出版於 Tisseau 譯本的附錄）；《恐懼與顫慄》（Crainte et tremblement）；極為重要的筆記節錄於《焦慮的概念》（Concept d'angoisse）（法譯：Ferlov 和 Gateau, N.R.F. 出版，頁：26-28）。以及關於記憶的批判，參見《哲學的碎片》（Miettes philosophiques）和《生命道路的各個階段》（Etapes sur le chemin de la vie）。——至於尼采，《查拉圖斯特拉》（Zarathoustra）（尤其是第二部，〈救贖〉（De la rédemption），及第三部的兩個重要段落，〈幻影和謎〉（De la vision et de l'énigme）和〈康復者〉（Le convalescent），一則涉及生病的查拉圖斯特拉和其惡魔的談判，另一則是康復的查拉圖斯特拉與其動物們的交換意見）；而還有《一八八一—一八八二年筆記》（Les notes de 1881-1882）（尼采在此明確地用「他的」假設來對抗週期性的假定，以及批判所有的相似、平等、均稱和同一性的觀念。參見《權力意志》（Volonté de puissance），法譯：Bianquis，N. R. F. 出版，t，I，頁：295-301）。最後，對於佩吉，基本上參照自《聖女貞德》（Jeanne d'Arc）和《克里歐》（Clio）。

4 參見齊克果，《恐懼與顫慄》（法譯：Tisseau，Aubler 出版，頁：52-67）關於真正的運動本性，是「重複」而非中介，與黑格爾抽象邏輯的不切實際的運動相對立，參見《日記》的評注，收錄於《重複》的附錄裡，Tisseau 法譯和出版。我們同樣可以在佩吉的著作裡找到「邏輯運動」的深入批判。佩吉揭露後者如偽—運動、守舊、蓄積和資本化的運動：參見《Clio》，N.R.F. 出版，頁：45 與下頁。這是與齊克果的批判相近的。

格納更優秀的話，這是從戲劇的觀點及對於《查拉圖斯特拉》的舞蹈來看。尼采指責華格納的，正是在於他已使運動顛倒和扭曲：一部航海戲劇，就得讓我們涉水而行與游泳，而非步行和舞蹈。《查拉圖斯特拉》完全在哲學裡被構思，也同樣完全作為場景。一切在此被配上音樂、被構成畫面，使其處於運動、步行和舞蹈狀態。如何在沒有探求高尚之人所喊出的精準聲音下閱讀它、如何在沒有開啟一切故事的走鋼絲人演出之前閱讀序幕呢？在某些時刻，這是關於可怕事物的滑稽歌劇。而且尼采並非偶然地論及超人的喜劇。我們想起阿里阿德涅（Ariane）之歌，從老巫師的口裡唱出：兩張面具，在此，重疊在一起——一個年輕女子，幾乎像一位古希臘藝術中的少女面具，被浮貼在一張令人反感的老人面具之上。演員必須去扮演正演著古希臘少女的老人角色。以及在此同樣就尼采而言，關乎在一戲劇舞台空間裡，去填滿面具內部的空：透過倍增疊合在一起的面具、透過在此重疊中記入狄奧尼索斯的無所不在、透過把作為絕對差異的真正運動之無限，放入永劫回歸的重複中。當尼采說超人與波吉亞（Borgia）相像，而非帕西法爾（Parsifal）時、當他暗示著超人同時具有耶穌會修士之等級和普魯士軍官的部隊建制時，於此仍然，只能透過將這些當作其所是者才能理解這些文章、理解導演指出超人必須如何「扮演」的評注。

戲劇，是真正的運動；且以它所使用的一切藝術，提取出真正的運動。這就是在跟我們說：此運動，運動的本質和內在，就是重複，「並非對立、並非中介」。黑格爾被揭露成一位提出抽象概念的運動，而非自然（Physis）和靈魂（Psyché）之運動者。黑格爾使用一般性概念，讓特殊的抽象關係取代了在理念中之特異和普同的真確關係。他因此停留於「再現」的已反思元素、普通的一般性裡。他再現了一些概念，而不是使諸理念戲劇化：他做出仿造的戲劇、虛偽的悲劇、假的運動。應當看出，黑格爾為了將他的辯證法建立在這種不理解的基礎上，而背棄和扭曲直接原因，且在一種只屬於他自己的思想之運動中引入中介，以及一些屬於此思想的一般性。思辨的接續取代了共存，對立遮蓋和隱藏了重複。反之，當人們談到運動時，正是論及重複，以及重複就是我們真正的劇場時，我們談及的並不是在劇本還不得而知的範圍內演員「重複排練」的努力。我們想到戲劇舞台空間、此空間之空、它被一些符號和面具所填滿、確定的方法，透過這些符號和面具，演員扮演一個演著其他角色的角色，以及重複如何自我羅織，從一個顯著點到另一個，透過包含諸差異於自身之方法。（當馬克思也同樣批判黑格爾主義者之抽象的假運動或中介時，他感受到其自身被送至一種理念，他將此理念指出而不是去發展它，這種在本質上即為「戲劇性的」理念：就歷史即戲劇而言，重複，悲劇和喜劇在重複中，形構出運動的一種狀況條件，於此狀況條件下，諸「演員」或眾「英雄」在歷史裡生產出確實新穎的東西。）重複的戲劇與再現的戲劇截然不同，就像運動與概念對立，並且與使運動和概念聯繫起來的再現相對立。在重複的戲劇中，我們體驗到純粹的力量與空間裡的動態軌跡，它們直接對精神起作用，以及直接將其與自然和歷史結合，一種在字詞創造之前便使用的語言、一些在身體被組織之前就制訂出的動作姿勢、在臉之前的面具、在人物之前的幽靈和鬼魂——全部的重複裝置作為「駭人的力量」。

那麼去談論齊克果和尼采之間的差異，就變得自在了。然而，此問題甚至不再必須於亞伯拉罕的上帝或《查拉圖斯特拉》的狄奧尼索斯之最終本性的思辨層級上被提出。更確切地說，這關於知曉「進行運動」，或者去重複、獲得重複，到底意味著什麼。這是否關於如齊克果所認為的跳躍呢？或者涉及了如尼采所思索的跳舞，他不喜歡人們將跳舞和跳躍混為一談（唯有查拉圖斯特拉的猴子，其惡魔、侏儒、小丑，才會跳躍）[5]。齊克果向我們提出信仰的戲劇；而且他使之與邏輯運動相對立的，正是精神的運動、信仰的運動。因此，他能促使我們超越任何美學的重、超越諷刺且甚至是幽默，一切透過痛苦地知曉向我們提出的，不過是如此一種對美學、諷刺和幽默的形象之超越。在尼采那裡，作為自然之無信仰的、運動的戲劇，這已是一種殘酷的戲劇。幽默和諷刺在此是不可超越的，運作於自然本性深處。以及，倘若人們忘了它是一種暈眩的運動、忘了它具有選擇的力量，作為創造的驅逐力量、作為生產的摧毀力量，而不是使一般說來的相同（Même）回返，那麼永劫回歸會是什麼呢？尼采的偉大想法，正是將重複奠定於永劫回歸裡，同時建立於上帝之死和自我的解體之基礎上。但在信仰的戲劇裡之同盟，則是完全不同的；齊克果將它想像在已被重新尋獲的上帝和自我之間。任何種類的差異都連接在一起：運動是否在精神之範圍內，或是在地球的核心深處裡，既不認識上帝也不認識自我？何處將會是他處於防止一般性、防止中介之最佳狀態呢？重複，就它在自然法則之上的這種程度看來，是否為超自然的？或者，它是否為最自然的自然意志，於其自身和表現其自身作為自然（Physis），因為自然出於其自身即高於「它自己的」支配和「它自己的」規律？齊克果，在他對「美學的」重複之批評譴責中，難道沒有混合任何種類的東西：一種偽－重複，人們將其歸因於自然的一般法則，一種在自然其自身中的真正重複；一種關於病理學模式之激情重複，一種在藝術和藝術作品裡的重複？我們目前無法解決這些問題；這足以使我們去找到在一般性和重複之間，一種不可化約的差異之戲劇性的證實。

* * *

從行為和法則的觀點看來，重複和一般性是相對立的。應該還要從概念或再現的觀點出發，明確指出第三種對立。讓我們提出一種「什麼是正當」（quid juris）的問題：概念可被合理地作為一個存在的特殊事物之概念，因此它具有無限的理解力。此無限的理解力是外延＝1之相關物。非常重要的正是理解力的這種無限作為現實的（actuel）而被提出，而非作為潛在的或只是不確定的。在此狀況條件下，謂語作為概念的時刻才得以被保存，且在它們被賦予之主語裡才具有效果。無限的理解力因而使回憶和認識、記憶和自我意識成為可能（甚至當這兩項能力對於他們而言並非是無限的時候）。我們稱再現為概念與其客體之

5 參見尼采，《查拉圖斯特拉》，第三部，〈舊榜和新榜〉，§4：「但僅僅小丑知道：人也能被躍過。」

關係，在此雙重面向之下，諸如此關係處於被實現在此記憶和此自我意識中之狀態。我們可以從中提取已普及化的萊布尼茲主義之原則，根據某一種差異的原則，任何確定性歸根究柢皆是概念的，或現實地作為概念之理解的一部分。根據某一種充足理性的原則，總有一個出自特殊事物的概念。根據交互逆命題、不可分辨之原則，總有一個出自於概念之事物，而且是唯一的。這些原則的總體，形構出作為概念式差異之差異的陳述，或作為中介之再現的發展。

但一個概念總是可以被阻礙的，在它所包含的每一確定性、每一謂語之層級上。謂語的特性作為確定性，正是在概念裡處於穩定的狀態，一切皆透過在事物裡變成其他事物（動物以人和馬之狀態變成其他事物，人類以皮耶和保羅之名變成其他事物）。概念的理解甚至因此是無窮的：在事物裡，已變成其他事物，謂語在概念中，作為另一謂語的客體。但同樣也因此，每一確定性處於一般的或被定義的相似性狀態，由於其被固定於概念中以及正當合法地適應於事物的無限性。概念在此，因而以在它實際用途裡無限地進行之理解的方式而被建構起來，不過在它的邏輯用途中，總是有可能以一種人為方式阻止。概念理解的任何邏輯限制，賦予它一種正當無限的大於 1 之外延，因此賦予它一種像是沒有任何存在個體能與它「在此與此刻」（hic et nunc）相應的一般性（理解和外延的顛倒關係之規則）。因此，差異的原則，作為在概念中之差異，並非相互對立，而是相反地保留給相似性的理解，最為重大之可能的遊戲。已然，從猜謎的角度看來，「有何差異？」總是能轉變為：

有何相似性？然而特別是在眾分類裡，物種之確定意味和假定一種諸相似性的持續評估。相似性或許不是部分的同一性；而這僅僅是因為在概念裡的謂語，根據其在事物裡之變成—其他（devenir-autre），並非此事物的一部分。

我們想要標示出，在此人為阻礙的類型與一種完全不同類型之間的差異，必須把後者稱為概念之天賦自然的阻礙。前者指向普通的邏輯，後者則指向一種先驗的邏輯或存在的辯證法。讓我們假定，事實上，一個概念被沿用在一種已確定時刻，於此，其理解是無限的，概念在空間與時間裡被強行指定一席位置，也就是說，存在通常與外延＝1相應。那麼可以說，屬（genre）、種（espèce）來到理解毫無增長的在此—此刻之存在。這種被強加給概念的外延＝1與外延＝∞之間存著分裂，這是後者不足的理解在原則上所要求的。結果將成為一種「離散的外延」，亦即對於概念而言，一種絕對同一的個體之蔓延，且於存在中具有相同的特異性（雙倍或孿生的悖論）[6]。此離散外延的現象意味著一種概念天賦自然的阻礙，它在本質上與邏輯的阻礙相異：它於存在裡形構出真正的重複，而不是在思想裡建構一種相似性的秩序。在一般性與重複之間存著重大的差異，前者總是指定概念的邏輯之力量，而後者表現出其無能力或其實際的限度。重複，是從一個概念到有限理解的純粹事實，像這樣被強制來到存在這裡：我們是否知悉此般過渡轉移的例子？伊比鳩

6 離散外延的公式和現象已為米歇爾．圖尼埃（Michel Tournier）在即將出版的一篇文章裡清楚指出。

魯學派的原子就是這些例子的其中一個；被安置於空間裡的個體，仍具有不少貧乏的理解，以離散的外延來彌補於存在著相同形式和尺寸的原子之無限性。人們可以懷疑伊比鳩魯學派的原子之存在，反過來，卻不能懷疑字詞的存在，因為它們以某種方式作為語言的原子。字詞掌握著必然有限的理解，因為在本性上，它是一種僅作為名義上之定義的客體。我們在此情況下擁有一種理性，概念的理解「無法」為此理性行至無限：人們只能以字詞的有限數量去定義一個字詞。然而，不可分離的話語和書寫，賦予字詞一種「在此—此刻」之存在；因此，體裁類型過渡到如此之存在；且外延在此仍舊以四散、離散的方法進行彌補，在一重複符號下，此重複在話語和書寫中形構語言的真正力量。

問題在於：是否有離散外延或有限理解之外的其他天賦自然的阻礙？讓我們假定一種屬於未定義的理解（潛在地無限的）概念，人們在此理解中走得相當遠，使人將能夠一直認為概念把完全同一的客體歸入。與在現實的無限（l'infini actuel）中所發生的相反，概念在此足以正當地將它的客體與「一切」其他的客體做出區別，我們覺得目前面臨一種情況，即一切總是透過歸入一種未定義客體自身之多元性，可以無定限地追求其理解。對於諸多不同的客體而言，概念於此仍是相同（Même）——不定限地相同。那麼我們應該意識到在這些客體之間，非概念的差異之存在。在一些具有僅為未定義規範之概念與一些非概念、純粹時空或對立的確定性之間（對稱客體之悖論）[7]，正是康德標記了最佳的相關性。但確切地說，這些確定性僅是重複的形貌：空間和時間自身是重複的介質；且實際的對立並不是一個差異的最大值，而是一個重複的最小值，一次重複被簡化成二，而於自身招來回歸和迴響，一次重複已找到被「定義」的方法。重複因此顯現為無概念的差異，迴避了不定限持續的概念式差異。重複在直觀裡表達出，一種屬於存在者自己的力量、一種存在者的執拗，對抗任何出自概念、人們推得如此遠的規範。康德說，您在概念中走得如此遠，您總是可以重複，亦即使好幾個客體與概念相應，至少二個以上，一個作為左邊，一個作為右邊、一個作為多，一個作為少、一個作為正面，一個作為負面。因此，概念總是在其他事物裡：概念不是在自然中，而是在凝思或觀察它、以及想像、回憶它的精神裡。這就是為什麼我們說自然是被異化的概念、精神，與自身之對立面。自身缺乏記憶的客體，亦即，於自身不具有不匯集它們自己的時刻之客體，回覆了如此之概念。我們問，自然為什麼重複：因為它是「外於份額的部分」（partes extra partes）、「瞬時的精神」（mens momentanea）。那麼，新生事物（la nouveauté）從想像、回憶著的精神這一側通過：這是因為精神擁

7 在康德那裡，確實有一種概念的無限規範；但是因為此無限僅是潛在的（未定義的），人們無法從中取出，任何有利於不可分辨的原則之立場的論據。反之，根據萊布尼茲的思想，極為重要的是，（可能或實在的）存在者之概念的理解是「現實地」無限的：萊布尼茲清楚地在《論自由》（De la liberté）裡對此肯定（「上帝唯有非確定地看見，解決之目的、未曾發生之目的……」）。當萊布尼茲使用「潛在地」這個字，為了在事實真相的境況中，描繪謂語的內在性特徵（譬如，在《形而上學論》（Discours de métaphysique，§ 8），「潛在」必須因而理解成，並非作為現實的相反面，而是作為「受包裹」、「受隱含」、「使感受的」之能指，它絕非排除現實性。在嚴謹的意義上，潛在的觀念確實為萊布尼茲所引用，但僅僅關於一種必然真理的（非互逆的命題）：參見《論自由》。

有一種記憶，或者養成習慣，它有能力形構出一些一般性概念且提取某種新事物，在它凝思的重複中篩取某新事物。

屬於有限理解之概念，是名義上（名詞）的概念；屬於未定義的理解但無記憶之概念，則是本性的概念。不過，這兩種情況尚未論盡天賦自然的阻礙之例。假設有一種屬於無限理解的個體觀念或特殊再現，具有記憶，但卻沒有自我意識。能包含理解的再現確實在於自身，記憶就在此，包含著一個行動、一場戲、一個事件、一種存有的整個特殊性。然而，就已確定的自然理性來說，缺乏者正是意識的為己（pour-soi）、認識。在記憶裡缺席的就是回憶，或確切地說是制訂（l'élaboration）。意識，於再現和我之間，建立起一種關係，其比出現在表語「我有一個再現」裡的關係更加深入；意識使再現和我聯繫在一起，以及使再現與自由能力聯繫起來，此能力不任由自己被局限在任何它的產物之中，然而對它來說，每一產物已經被思考和被認識為過去、於內在深刻的意義中之已確定的改變時機。當意識缺乏知或記憶的制訂時，知，諸如處於自身裡、僅作為其客體的重複：它被「扮演」，亦即被重複著、使之行動起來而非被認識。重複在此顯現為自由概念、知或記憶的非意識，再現之非意識。回到佛洛伊德，已指定了如此一種阻礙之天賦自然的理由：抑制、抵抗，其將重複自身變成一個真正的「限制」、「強制」。因此，這就是阻礙的第三種情況，這次它涉及了自由之概念。而且在此同樣地，從某種佛洛伊德主義的角度出發，人們可以在重複和意識、重複和回憶、重複和認識（「葬禮」或被埋葬的客體之悖論）之間，得出反向關係的原則：人們因回憶得較少、具有較少的意識去回憶，所以重複著更多的過去——讓我們記住、制作記憶，是為了不去重複[8]。在認識裡的自我意識，顯現為未來的能力或將來的功能、新的功能。誠然，會再回來的死者，唯有人們將他們埋葬得太快與太深、沒有向他們行必要告別，以及自責所表現出的回憶之過剩，少於在記憶之制作中的無能或失敗，難道不是嗎？

存在著重複的悲劇和喜劇。重複甚至總是出現二次，一次在悲劇的命運中、另一次在喜劇的特性裡。在戲劇中，英雄重新出現，確切地說是因為他與無限本質的知分離開來。這種知深入、作用於他自身中，只不過是作為被隱藏的事物、受阻的再現而起作用。喜劇與悲劇之間的差異在於兩個要素：知的本性被抑制，有時是直接天賦自然的知，即共知的普通材料，有時是難懂可怕的知；自此開始，這也同樣是人物從中被排除在外的方法、「他不知道他知道」的方法。一般性的實際問題關於此：不知必須被再現的這種知，如浸淫整個戲劇場景、使所有要素滲透於劇中、於自身中包含著本性和精神的一切力量；但同時英雄無法「回憶」它，反之，他必須作動它、扮演它、重複它。直到亞里斯多德稱為

8 佛洛伊德《回憶、重複與修通》（Remémoration, répétition et élaboration），1914（法譯：Berman，De la technique psychanalytique，Presses Universitaires de France 出版）。在心理性重複的負面闡釋這條路上（人們重複，是因為人們搞錯了、因為人們不制作記憶、因為沒有意識、因為不具本能），無人能比阿爾奇耶（Ferdinand Alquié）走得更遠與更具嚴密性，《永恆的慾望》（Le désir d'éternité）（Presses Universitaires de France 出版，1943），第2-4章。

「識別確認」的尖銳時刻，重複和再現於此被混合在一起、相互對抗，然而並沒有混淆它們的兩種層級，反射、映照於交互彼此中，雙方互相滋養，知，因此被認作相同，被再現上演與被演員重複。

* * *

離散、喪失、抑制是天賦自然的阻礙的三種情況，與名義上的概念、本性的概念和自由的概念相應。但在這一切的情況裡，我們在概念裡引用恆等同一（l'identique）之形式、於再現中引用了相同（Même）的形式，為了說明重複：重複被用來指涉確實有區別的諸要素，然而，這些要素嚴格地具有同樣的概念。重複，因此顯現為差異，不過這是一種絕對沒有概念的差異，在此意義上，即無差別的差異。「實際上」、「嚴格地」、「絕對地」這些字詞，被認為是指向天賦自然的阻礙之現象，與只能確定一般性之邏輯的阻礙相反。但有一項嚴重的缺陷危卻及了這整個嘗試。只要我們為了有區別的客體而援引概念的絕對同一性，我們就只是提出了一種負面否定的解釋，而且是出於缺乏而提出。這種被建立於概念自身或再現自身的本性裡之缺乏，並不會改變什麼。在第一種情況中，因為名義上的概念自然具有一種有限的理解而存在著重複。在第二種情況中，因為本性的概念自然是無記憶、被異化，於自身之外的，所以存在著重複。在第三種情況裡，因為自由的概念處於非意識狀態，記憶和再現於是被抑制著。在所有的情況中，重複「者」，只能由於不能「包含」、不能回憶、不能知曉或不具意識，才能進行之。然而這是概念與被認為是去解釋重複之再現的伴生物（記憶和自我意識、回憶和認識）之不足。因此，這就是任何奠基於概念中之同一性形式上的論據之欠缺：這些論據只賦予我們重複的名詞定義和否定闡釋。人們或許可以將相應於邏輯的普通阻礙之形式同一性，與諸如在天賦自然的阻礙中出現之真正的同一性「（相同）」對立起來。然而天賦自然的阻礙自身，需要超－概念的正面積極之力量，這種力量有能力去解釋它，以及同時有能力去解釋重複。

讓我們回到心理分析的例子：人們重複，因為人們壓抑……佛洛伊德從未自人們藉由遺忘症來解釋重複的這樣一種負面否定之方案，得到滿足。誠然，從一開始，抑制即指出了一種正面積極的力量。然而此積極性，是他從快樂原則或真實性原則借來的：積極性僅是衍生出來的，且自對立性而來。佛洛伊德主義的重大轉折點出現在《超越快樂原則》一書中：死亡本能被發現，不是與破壞性傾向、侵略性有關，而是根據重複現象之直接考量。相當奇怪地，死亡本能可用來作為就重複而言之原初的積極原則，這就是它的範疇和意義。它扮演著先驗原則的角色，然而快樂原則僅是心理層面的。這就是為什麼它處於任何沉默之前（並非在經驗中被給定），然而快樂原則是喧譁的。第一個提問因此可能是：死亡的主題，似乎在精神生活中匯集最負面之物，在肯定重複這一點上，它如何能於自身中作為最積極的，以及先驗積極的？它如何能與原初「本能」有關？然而第二個提問直接與第一個相符。在哪種形式下，重複被死亡本能肯定和規定呢？最為深入地說，此關乎重複和偽裝之間的關係。夢或徵候之工作裡的偽裝——凝縮作用、情感轉移、戲劇化——它們是否透過使未經雕琢和赤裸的重複衰減（作為相同的重複）而進行掩蓋？自第一個抑制的理論開始，佛洛伊德即指出另一條路：朵拉僅透過被其他人所扮演的其他角色，以及她自身所扮演相對於這些其他角色（K先生，K夫人，女家庭教師……），才能制訂她自己的角色，且重複她對於父親的愛。偽裝和變形、面具或喬裝，不是「由上面」而來，反而是重複自身的內在生成要素，也就是其組成和構成的部分。這條路或許將非意識分析帶向一種真正的戲劇。然而，如果它無法到達的話，正是在於佛洛伊德不自禁地去堅持一種未經雕琢的重複原型，至少是將其作為傾向。當他將本我（Ça）固定時，確實可見之；偽裝因此在一種普通的力量對立觀點中為人理解，被喬裝掩飾的重複，只是在自我和本我的諸對立力量間，一種次要的妥協成果。甚至在超越快樂原則之中，赤裸的重複形式持續存在著，因為佛洛伊德把死亡本能解釋成，一種回返至無生命的物質狀態之傾向，他維持一種任何物理或物質重複之原型。

死亡與一種物質的典型無關。相反地，死亡足以在它與面具和變裝的精神關係裡包含死亡本能。重複確實是透過被建立而偽裝自己者，僅透過偽裝自己而被建立者。重複不在面具之下，但它從一個面具到另一個，如同從一個顯著點到另一個、從一個特殊瞬間到另一個，以變形的方式及在變形之中形構而成。面具，除了其他的面具之外，什麼也不遮蓋。不存在著被重複的第一期（原初）；甚至我們兒時對於母親的愛，也在成年時重複為對其他女性的愛，有點像《追憶似水年華》的男主角與他的母親，再度演繹出斯萬對於奧黛莉的情慾。因此，沒有任何被重複者能自重複中孤立出來或被抽象化，它在此重複中形成，但同樣也被隱藏於其中。沒有赤裸的重複能從偽裝自身被抽象化或被推論出來。喬裝和被喬裝是同一回事。精神分析決定性的一刻，是佛洛伊德在某些點上拋棄了童年實際事件的假設，這些事件作為被喬裝的最終期，為了以陷入死亡本能裡的幻想力量取而代之，一切在此已戴上面具且仍喬裝著。簡言之，重複在其本質中是象徵性的，象徵、擬像是重複自身的字母。經由喬裝和象徵的秩序，差異被包含進重複裡。這就是為什麼變形並非自外而來、並非表達在抑制的堅決要求和被壓抑的堅決要求之間的次要妥協，且不應自仍是對立、翻轉或顛覆的負面形式出發而被理解。更確切地說，變形表達了微分的機械論，其屬於被重複者的本質和生成。甚至必須，在重複裡去顛倒「赤裸」和「著裝」的關係。或許是一種赤裸的重複（作為相同之重複），例如一項強迫性的儀式，或者一種思覺失調的刻板症：在重複中有機械論，即被表面地重複的行動要素，為了一種較深層的重複而作為表面覆蓋物，此覆蓋物在其他維度中演出，也就是在隱藏的垂直性維度中，眾角色和面具以死亡本能自我供給著。賓斯汪格曾以恐怖劇談及思覺失調症。而且，「從未見過」在此並非「已經見過」的相反面，兩者意指同一件事且在彼此相互之中被經歷過。內瓦爾的短篇小說《希薇》（Sylvie）已將我們引入這齣戲中，以及《格拉迪瓦》（Gradiva），如此近似於一種內瓦爾式的啟發，向我們展現出男主角同時感受了如此的重複，以及體驗著作為總是在重複中被喬裝的被重複者。在強迫性的分析裡，死亡主題的出現與一種時刻同時發生，在此時刻，強迫症者支配其悲劇中的所有人物，且把他們匯集到重複裡，其「儀式」只不過是外部包覆物而已。到處都是面具、變裝、著裝者，赤裸的真相。面具正是重複的真正主體。這是因為重複與再現在本性上不同，被重複者不能被再現，但卻必須一直意指著它的事物所指涉、掩飾，而其自身則掩飾著意指著它的事物。

我不重複，因為我壓抑。我壓抑，因為我重複；我遺忘，因為我重複。我壓抑，因為首先，我只能在重複的模式上，體驗著某些事物或某些經驗。我下定決心去壓抑阻止我如此去體驗者，也就是說，再現透過將實際經驗與同一或相似的客體之形式聯繫在一起，而使此經驗成為中介。厄洛斯（Erôs）和桑納托斯（Thanatos）被以此區分，厄洛斯必須被重複，只能在重複中被體驗，然而桑納托斯（作為先驗原則）則是將重複賦予厄洛斯、使厄洛斯服從於重複之下者。唯有這種觀點，能夠使我們在源自於支撐它的抑制、本性、原因和一些精確術語之難以理解的問題裡往前。因為當佛洛伊德超越「準確地說」受「再現」所支撐的抑制之外，說明了指出一種原初抑制之必要性，這首先涉及了純粹的「闡述」，或者衝動必然被經歷之方法，我們認為，他的方法與重複的內在積極原因最為接近，在他稍後看來，這在死亡本能中是可確定的，以及必須去解釋在準確地說來之抑制裡的再現之阻礙，而不是被此阻礙所解釋。這就是為什麼重複—回憶顛倒的關係之法則，由於它使重複取決於抑制的緣故，無論從哪一方面都不太令人滿意。

佛洛伊德一開始就標示出，為了停止重複，抽象地回憶（無情感）、形成一般性概念，甚至在它所有特殊性裡想像著被壓抑的事件，都是不足的：為了進行在知與抵抗、再現與阻礙之間充滿活力的接合，應當去尋找曾在的記憶而且應該立即處於過去之中。因此，人們不會經由普通的記憶而被治癒，亦不會由於失憶症而生病。無論在何處，意識所呈現出的事物都很少。人們透過不同戲劇性和悲劇性的作用而治癒，也同樣藉此作用而無法治癒，這樣的作用有一個名字，叫做移情。不過，移情仍是屬於重複、首先即屬於重複[9]。如果重複使我們生病，那麼同時也是它治癒了我們；如果它束縛我們和殲滅我們，仍是它釋放了我們，在這兩種情況裡，顯示出它「魔鬼般」的力量。整個療法是在重複深處的一趟旅程。在移情中確實有和科學實驗相似的某事物，因為病患被假定在特許的人為狀況條件裡重複著，其障礙之總體，透過把精神分析醫師個人當作「客體」。但重複在移情中，比起「認證」角色、選擇面具的功能來說，較少具有使事件、人物和情感成為同一的功能。移情不是一種經驗，而是奠定全部分析經驗的原則。出於本性，角色自身是情慾的，但角色的考驗求助於此最高原則、求助於這個作為死亡本能更深層之仲裁者。其實，對於移情的反思是一種「超越」的探索之決定性動機。正是在此意義上，重複透過其自身而建構起，我們的疾病「和我們的」健康、我們的衰亡「和我們的」得救之有選擇性的遊戲。我們如何能將此遊戲與死亡本能聯繫在一起呢？大概近似於米勒（Miller）談及蘭波

（Rimbaud）令人讚賞的書時所說的：「我理解我曾是自由的，我經歷過的死亡，已將我解放了。」看來死亡本能的理念，必須根據三種互補的悖論式要求來作理解：賦予重複正面積極的最初原則，但也同樣給予它偽裝的獨立力量，最後，給它內在意義，於此意義中，恐懼與選擇和自由的運動緊密地混合在一起。

* * *

我們的問題涉及重複之本質。這關係到去知曉重複為何不讓自己於概念或再現中之同一性形式來解釋——在某種意義上，它要求一個最高的「正面積極」原則。此研究必須支撐在本性和自由的概念總體上。讓我們在這兩種境況的邊界端詳著裝飾花樣之重複：一個圖形在絕對同一的概念下再製……但事實上，藝術家並非如此進行。他不把圖形的樣本並列排放，而是每次都把一個樣本的一種元素與下一個樣本的另一種元素組合在一起。他在建構的動力過程中，引入失衡、不穩定性、不對稱、開口，這些只會在整體效果中被避免的東西。評論這樣的一種境況，李維史陀（Lévi-Strauss）寫道：「這些元素通過凹處而以疊瓦狀彼此交相排列，而且只有在結束時，圖形才得到一種平穩性，其同時證實並揭穿了圖形遵循之而被製作的整個動力程序。」[10] 這些覺察評注有利於一般來說的因果性觀念。因為重要的是，在藝術性或自然的因果性裡，並不是在場的對稱因素，而是那些缺乏且不在原因裡者——即可能性作為原因，與結果相比具有較少的對稱。再者，倘若此可能性不在任一時刻確實被履行時，因果性便永久處於假定的狀況、普通邏輯的範疇級別。這就是為什麼，因果性的邏輯關係與「信號裝置」的物理過程是不可分離的，否則不會過渡到行動。我們將「信號」稱為一個具有不對稱元素、尺寸或數量大小不相稱的秩序系統；我們稱「符號」為發生在這個系統裡、在間隔間閃爍者，這就是被建立在諸不相稱者之間的交流。符號確實是一種結果，然而結果具有兩個面向，透過其一，作為符號，它表達了生產的不對稱，透過另一面向，它則趨向消除此不對稱。符號完全不是象徵的秩序；然而，它透過隱含、涉及內在差異而制訂著秩序（然而是透過仍保留在外部的，其再製的諸狀況條件）。

「缺乏對稱性」這種負面否定的表達方式，不應該欺騙我們：它指明了因果過程的起源和積極性。它就是積極性自身。基本要素（l'essentiel）對於我們而言，如裝飾花樣的範例促使著我們，那正是為了區別重複的兩種類型而去肢、分割因果性，其一僅涉及抽象的總體結果，另一種則涉及起作用的原因。一個是靜態的重複，另一個則是動態的重複。一個

9 佛洛伊德明確地援引了移情，為了對於它的顛倒關係之整體法則提出質疑。參見《超越快樂原則》（法譯：S. Jankélévitch, Payot 出版，頁：24-25）：記憶和再製、回憶和重複，在原則上相互對立，但實際上應該聽任於病患在治療上重新經歷的某些遭壓抑之要素：「受如此建立於再製和記憶間之關係，從一情況到另一個而改變」。那些由衷地強調著，例如在移情中出現的重複的治療和解除之面向者，是費倫齊（Sándor Ferenczi）和巒克（Otto Rank）在《精神分析的發展》（Entwicklungziele der Psychoanalyse，1924）。

10 李維史陀（Claude Lévi-Strauss），《憂鬱的熱帶》（Tristes tropiques，Plon 出版，1955），頁：197-199

是從作品中產生，另一個則是作為動作之「演變」。一個指向同樣的概念，僅讓在圖形普通樣本間之外在差異續存；另一個則是內在差異之重複，此差異被重複包含進它的每一個時刻，且從一顯著點傳送到另一個。人們可以透過述說，試著比較這些重複，從第一種類型到第二種，這只是已改變的概念內容，或是圖形以不同方式被連接起來。然而這卻是低估了每一重複各自的秩序。因為在動態秩序裡，不再有再現的概念、亦沒有於先存在的空間中之圖形。但有一種理念，以及一個相對應空間之純粹創造性動力論。

對於節奏或對稱的研究，證實了此二元性。人們區辨著算術對稱與幾何對稱，前者指向分數或整數的係數比，後者則奠定在無理數比例或關係上；區辨正方形或六角形類型的靜態對稱，與五邊形類型的動態對稱，表現在螺旋軌跡中或幾何級數中的角頻率裡，簡而言之，表現在活著和死去的「演變」中。不過，此第二類型即位於第一類型核心中，它就是中心，以及積極、正向的進程。在兩個正方形的縱橫交錯裡，我們發現放射狀的軌跡，這些軌跡為了不相稱極點而具有五邊形或五角星之中心。交錯系統就像調號上的一種質地，「然而此調號的分段、主要節奏，幾乎總是一段獨立於此交錯系統的主旋律」：這樣的不對稱元素，為了一個對稱總體而同時作為生成和反思的原則[11]。在兩個正方形縱橫交錯裡的靜態重複，因此指向動態重複，被五邊形和「在此合乎自然規律地內切五角星的遞減級數」形構成動態重複。同樣地，節奏學促使我們直接區辨兩種類型的重複。重複—小節是一種時間的規律劃分、同一元素之等時回返。但是一段時延只存在於被主要音符確定，受強度指揮。如果有人說音符重現於相等的間距，那麼人們會搞錯音符的功能。相反地，主音和強度值透過創造諸多不平等、不可通約性而在度量上相等的空間或時延裡起作用。它們創造了一些顯著點、一些總是標記著複節奏的特殊瞬時。不平等在此仍是最正面積極的。節拍只是一個節奏的外殼以及諸節奏關係的外殼。不平等點、彎曲點、節奏事件之反覆，比同質慣常事件的再製更深層；因此，無論如何我們應該區辨重複－節拍（小節）和重複－節奏，前者只不過是後者的表象或抽象效果罷了。物質的和赤裸的重複（作為相同的重複）僅出現在另一重複於自身中偽裝自己的意義層面上，後者透過偽裝自己以建構前者與自身。甚至在自然裡，等時的旋轉只是較深層運動的表象，旋轉週期僅僅是一些抽象性；它們建立起關係，顯示出演變的週期、易變的彎曲比率之螺旋形，其軌跡有如右和左之不對稱的兩個面向。總是在這種不與負面否定性相混淆的裂口中，創造物編織著他們的重複，同時，得到生與死的天賦。

最後，讓我們回到名義上（名詞）的概念。名義上的概念之同一性是否解釋字的重複？或以韻腳為例：它確實是詞語的重複，然而重複包含了在兩個字之間的差異，以及將它寫入詩的理念深處，銘刻於重複所決定的空間裡。因此，它並不具有作為標記均等間距之意義，倒不如說，如同我們在強而有力的韻腳構想裡所見到的，使諸音色值服務於相對

11 馬蒂拉．吉卡（Matila Ghyka）《黃金比例》（*Le nombre d'or*，N. R. F., 1931），t，I，頁：65。

於計數節拍之主音的節奏，為其獨立性做出貢獻。至於同一個字的重複，我們應該將它設想成「已普及的韻腳」；而不是將韻腳設想成已簡化的重複。此普及有兩種進程：一個字，或者以兩種意義被使用，確保在這兩種意義間之悖論的相似性或同一性。或者，以唯一的意義被使用，對於它的鄰近字起吸引力的作用，傳達給它們異常奇妙的萬有引力，直至鄰近字之其一接班且換它變成重複的中心。雷蒙．魯塞爾（Raymond Roussel）和夏爾．佩吉（Charles Péguy）皆為文學的偉大重複者；他們知道將語言的反常力量帶至高等的藝術層次。魯塞爾從雙關語或同音異義詞開始，且以一個故事和一些被切成兩半、被表現兩次的客體自身，填滿在這些意義之間的全部間距；因此，他在自己的領域戰勝了同音異義，並將差異的最大值銘刻於重複中以及於字詞內部深處之開放空間裡。此空間還被魯塞爾描述成面具和死亡的空間，於此，束縛的重複和拯救的重複同時被製造出來——拯救的重複首先從束縛的重複中救出來。魯塞爾創造了一種在之後的語言（après-langage），一旦一切曾被說過，一切在此便重新出現和重新開始[12]。佩吉的手法則極為不同：此手法不以重複取代同音異義，而是取代同義性，涉及的是語言學家稱為毗連的功能，而非相似的功能；其形構了一種在之前的語言（avant-langage），一種開端的語言，在此我們從所有的細微差異著手，以越來越接近的方式產生字詞的內部空間。這一次，一切通向早夭和老化的問題，但在這裡同樣於此問題中，通向前所未聞的機會而肯定了拯救的重複以反對束縛的重複。佩吉和魯塞爾，各自將語言帶向其極限之一（魯塞爾的相似或選擇，即在billard（桌球）或pillard

（搶匪）之間「有特色的俏皮話」；佩吉的毗連性或組合，是「掛毯」著名的「繡法」）。這兩者皆以再述的慣常字詞重複，取代了同一層次的重複，以一種顯著點的重複、垂直重複，於此重新上升至字詞內部。以出自語言學和風格學理念之過剩的正向重複，取代了出自名義上的概念或詞語的再現之缺乏、不足的重複。當重複顯示出來時，總是在場的死亡，如何啟發語言呢？

相同（Même）的再製不是行為的原動力。人們知道，甚至連最簡單的模仿都包含了外部與內部之間的差異。再者，模仿只有一種在行為蒙太奇中之次要調節角色，它能修正一些正在發生的運動，而不是去創建這些運動。學徒期不會產生於再現到行動之關係中（作為相同的再製），而是產生於自符號到回覆的關係裡（作為與其他事物的相遇）。符號至少以三種方式包含異質性（l'hétérogénéité）：首先，在攜帶或發送符號以及必然表現出水平層級差異之客體中，作為大小或真實性的兩種不相稱秩序，符號就在這之間閃爍著；另一方面

12 在雷蒙．魯塞爾的作品中，關於重複和語言的關係，以及重複與面具和死亡的關係，參見傅柯（Michel Foucault）的優秀著作《雷蒙．魯塞爾》（*Raymond Roussel*，N.R.F. 出版，1963）：「重複和差異於彼此之中完全地交纏在一起，且以如此精確地相互一致，以至於不可能去說誰是最初的……」（頁：35-37）。「不是一種力圖開始的語言，而是已說過的字詞之第二個面貌。此為總是以透過破壞和死亡而活躍的語言……它在本性上即是重複的……（亦非）人們重述之物的旁側（重複），然而此重複是根本的，在非—語言之上通過，以及必須致力於作為詩而受跨越的這種空……」（頁：61-63）。也可查閱米歇爾．布托爾（Michel Butor）關於魯塞爾的文章（《彙集》〔Répertoire〕，I，Editions de Minuit 出版），分析束縛和拯救的重複之雙重面向。

則在其自身，因為符號將另一「客體」包裹進承載的客體極限裡，而且使一種本性或精神（理念）的力量具體化；最後，在符號所請求的回覆中，回覆的運動與符號的運動並不「相像」。游泳者的運動與波浪的運動不相像；而且確切地說，我們在沙灘上仿效的游泳教練（maître-nageur）的運動，對於波浪運動而言什麼也不是，我們只能透過實際上將這些波浪運動領會成一些跡象（符號），才能學習閃避浪潮的起伏。這就是為什麼敘述某個人如何學習會那麼困難：有一種實際的、先天或後天的親密性，與跡象（符號）一起，把任何教育都變成愛戀的某事物，但也同樣是必然消逝的某事物。我們向一位對我們說：「像我這樣做」的人學習，是學不到任何東西的。我們唯一的教師，是那些對我們說：「跟我一起做」的人，而且他們不會建議我們應去仿效的動作，而是善於傳播發送在異質中待發展的跡象（符號）。換句話說，沒有觀念—運動機能（idéo-motricité），而只有感覺—運動機能（sensori-motricité）。當身體將其顯著點與波浪的顯著點結合起來時，它會建立起原則，這不再是相同的重複原則，而是包含其他（l'Autre）、包含差異的原則，自一波浪及一動作到其他，並且將此差異送進如此被建立起的重複性空間中。學習，正是建構這種與符號相遇的空間，於此空間裡，諸顯著點於彼此中重新開始，而且重複的形成與自我偽裝同時進行。以及總有一些死亡的形象在學徒期中，利用了學徒期在它所創造的空間限度內發展的異質性。符號是必然會逝去的，在遠方消逝；當它猛烈打擊我們的時候也同樣如此。俄狄浦斯，一次過遠、一次太近地接收到符號，且在這兩方之間，自行編織犯罪的駭人重複。

查拉圖斯特拉有時太近、有時過遠地接收到他的「符號」，且只有在最終才預感到恰當的距離，這將以一種解放、拯救的重複之方式，改變使他在永劫回歸裡生病者[13]。諸符號皆為真正的戲劇元素。它們顯示出本性和精神的諸力量，在被再現的字詞、動作、人物和客體之下起作用。它們意謂作為真正實在的運動之重複，與作為抽象的假運動之再現相對立。

當我們處於絕對具有相同概念之同一元素面前時，我們是正當地去論及重複。然而，這些離散的元素、這些被重複的客體，我們必須將它們與隱藏的主體區別，此主體透過它們而重複，作為真正的重複主體。我們應當思考代詞式重複，找到重複之自身（己），也就是在重複出現者中的特異性。因為，沒有重複作動者（répétiteur）就沒有重複，沒有重複作動的靈魂就沒有任何被重複者。況且，我們必須區辨重複的兩種形式，而不是被重複者和重複作動者、客體和主體。無論如何，重複是無概念的差異。但在其中一種情況下，差異只被假定成外於概念、在相同概念下的被再現客體間之差異，陷入空間和時間的無差別裡。在另一情況下，差異在理念之內；其開展成與理念相應的，動態空間與動態時間之單純創造性運動。第一種重複是相同（Même）的重複，它被概念或再現的同一性所解釋；第二種則是包含著差異的重複，而且它自身可從理念的相異性、「共呈」（apprésentation）的

13 譯注：「使他在永劫回歸裡生病者」意指使他在永劫回歸裡生病的「人事物」以及「未知的東西」。

異質性裡被理解。一種是否定的、出於概念的缺乏，另一種是肯定的，經由理念的過剩。一種是假定的，另一種是斷然的。一種是靜態的，另一種是動態的。一種是在結果裡的重複，另一種是在原因裡的重複。一種是在廣度上，另一種則在強度上。一種是慣常的，另一種是顯著和特異的。一種是水平的，另一種是垂直的。一種被發展、被解釋；另一種則是被包覆，且必須被闡明。一種是回轉的，另一種是屬於演變的。一種是屬於平等、可通約性、對稱的；另一種則被建立於不平等的基礎之上，即不可通約性或不對稱。一種是物質的，另一種則是精神上的，即使在本性中和大地裡。一種是無生命的，另一種則具有屬於我們的死與生、束縛連接和解放、惡魔和神聖之祕密。一種是「赤裸的」重複，另一種是著裝的重複，它透過穿衣、戴上面具、偽裝自己而自我形構。一種在於準確性，另一種則具有真確性作為準則。

這兩種重複並非獨立且不相關聯。一種是特異的主體，是其他事物的內在性和核心、深度。另一種則僅僅是外在的包覆、抽象的結果。不相稱的重複隱藏於對稱的結果或總體裡；顯著點的重複則隱藏於慣常點的重複之下；然而，在相同（Même）的重複中之其他（l'Autre），正是最深的、隱藏的重複：它只有產生其他的理性，概念阻礙的理性。而且在此範圍內，如同在《衣裳哲學》（Sartor Resartus）裡一樣，這是面具、受偽裝者、作為赤裸的真相喬裝者。必然地，既然重複不被其他事物遮蔽，卻透過偽裝自己而自我形構，它並非先存於自身偽裝，以及透過自我形構而建構赤裸的重複，在此赤裸的重複中自我包裹起來。這些結論很重要。當我們面對戴著面具前進的重複，或說此重複在最極限的情況下，具有能夠強烈把我們帶離起點之移動、急促、減慢、變種、差異時，我們有意在此看到混雜的狀態，重複在此不是純粹的，而僅僅是約略的：重複的字詞本身，因此讓我們覺得它以暗喻或類比之方式象徵性地為人所用。誠然，我們已嚴謹地將重複定義為無概念的差異。但我們可能錯誤地將它簡化成一種差異，根據概念裡的相同（Même）形式而重新陷入外在性（l'extériorité）中，而沒有見到它可以在理念之內，且它自身擁有超越如此概念的一切符號、象徵和相異性的資源。先前所援引的例子，涉及了本性或自由的最多樣不同之境況、名義上之概念；加上有人可以責備我們已混攪了各種重複，物理和心理的重複；甚至在精神、心理的領域裡，混合了刻板症類型的赤裸重複與潛藏和象徵性的重複。這正是我們想要在任何重複的結構裡指出這些堅決要求的共存，及指出同一的諸成分要素之明顯重複，如何必然指向一個潛在主體且此主體透過這些成分要素於其自身重複出現，以形構出在第一種重複深處的「其他」重複。因此，以這種其他重複的方式，我們會說它絕非約略的或是暗喻的。反之，它是任何重複的精神。它甚至是任何重複的字母於構成的水印或字母組合之狀態。正是它構成了無概念差異之本質、非通過中項的（非間接）差異之本質，任何重複皆由此構成。正是它——重複之最初的、文字的和精神的意義。這就是由其他（l'autre）所產生的物質意義，如蛋殼般被分泌出來。

我們已透過區別一般性和重複而開始，接著我們已區別出重複的兩種形式。這兩種區別相連接；第一個僅在第二個裡發展其結論。因為如果我們僅限於以抽象的方法提出重複，透過自其內在性把重複清除，那麼我們仍無能力去理解，一個概念為什麼及如何能自然而然地受阻礙，且任由不與一般性相混淆的重複出現。相反地，當我們發現重複的確實內在，我們所擁有的方法，不只是包含著作為覆蓋物的外在性重複，而且也能再取得一般性的秩序（以及遵循齊克果的心願去進行，特異與一般之調和）。因為，在內部的重複透過掩蓋它的赤裸重複而自我投射之範圍內，它所包含的諸差異，顯得與重複相對立的因素一樣多，它使重複減弱，並且根據「一般的」規則使它多樣化。但是在規則的一般工作下，特異性的遊戲一直續存。在自然中，諸循環的一般性是特異性的面具，此面具透過這些一般性的干擾而出現；且根據在道德生活中之習慣的一般性，我們重新找到諸特異的學徒期。規則的領域必須被包含，但總是從自然（Nature）和精神（Esprit）開始，此二者高於它們自己的規則，以及首先在大地和內心深處編織它們的重複，在那裡規則尚未存在。重複的內部，總是帶有一種差異的秩序；這是在某事物與不同於它的另一秩序的重複聯繫起來的範圍內，這種另一秩序的重複，不同於為了自身考量而顯現成外在和赤裸之重複，而且不同於自身從屬於一般性範疇之事物。正是差異和重複的不相符，建立起一般的秩序。加布里埃爾．塔爾德（Gabriel Tarde）在此意義上提出相似性自身只是受挪移的重複：真正的重複，就是重複直接與一種跟它屬於相同程度之差異相符。而且沒有人比塔爾德更善於去制訂一種新的辯證法，透過發現在自然和精神裡，為了建立在差異和重複之間，越來愈完美的相符合而作出隱密的努力。[14]

* * *

只要我們將差異假定為概念的、內在本質上概念的差異，且把重複假定為外在的差異，在被再現於相同概念下之諸客體間，似乎它們的關係問題就能透過事實被解決。是與否，是否有重複呢？或者，任何差異是否以最終的堅決要求（dernière instance）而作為內在本質的與概念的呢？黑格爾嘲笑萊布尼茲，透過邀請宮中貴婦們在花園裡散步去進行實驗性的形而上學，以證實兩片樹葉不具有相同的概念。讓我們以科學偵探取代宮中貴婦：沒有絕對一致的兩粒塵埃、沒有兩隻手具有同樣引人注目的斑點、沒有兩台打字機擁有相同

14 在《模仿的定律》（Les Lois de l'imitation，Alcan 出版，1890），加布里埃爾．塔爾德指出，例如在不同類型的（物）種之間，相似性如何指向物理的折衷之同一性，亦即指向一種重複的過程，其影響著一些低於受重視之形式的成分要素。——我們將更明確地看到的，塔爾德的整個哲學思想，是建立於差異和重複的兩種範疇級別之基礎上：差異同時是重複的起點和終點，在越來越「強而有力和有創造才能的」運動中，其「越來越重視自由的諸程度」。這種微分和區分的重複，塔爾德企圖在所有領域裡以此取代對立性。魯塞爾和佩吉或許都會要求採取他的方式：「重複比起反命題，確實是一種更加有力且較不令人疲乏的風格進程，況且更適宜於使一主體新生」（《普遍的對比》〔L'opposition universelle，Alcan 出版，1897，頁：119〕）。在重複中，塔爾德見到一種十足法式的想法；誠然，齊克果看見一種非常丹麥的概念。他們想說的是，重複創立了一種完全不同於黑格爾的辯證法。

的字模、沒有兩把左輪手槍會以同一方式劃出它們的彈痕……但是為什麼我們會預感，只要我們在事實中探求「個體化原則」（principium individualionis）之準則，問題就不會被正確地提出呢？差異可以是內在的，然而是非概念的（這已是相稱客體之悖論意義）。一個動態空間必須以受約束在此空間之觀察者的觀點而被定義，而不是以外部的位置來定義它。亦即存在著一些使得理念戲劇化的內在差異，它們作用於再現客體之前。差異在此是內於理念的，儘管它外於作為客體之再現的概念。這就是為什麼康德和萊布尼茲的對立，似乎隨著人們顧及在這兩種學說裡所出現的動態因素而確實減弱了。如果康德在直觀形式裡，意識到一些不能化約成概念秩序的外在差異，那麼這些差異並非較少作為「內在的」，雖然差異僅僅在它們外於整個空間之關係裡，才能被理解力（知性）指定為「內在本質的」，以及，才是可被再現的[15]。這就是說，按照某些新康德主義的闡釋，有一種越來越接近空間的內在動態構造，必須先於一切作為外在性形式的「再現」。這種內在生成的要素在我們看來寧可是由強度量所組成，而不是由模式組成，且寧可與諸理念（Idées）有關，而不是與理解力（知性）之諸概念有關。如果外在差異的空間秩序和內在本質差異的概念式秩序最終具有一種和諧的話，如同模式所表明的，這更是深深由於此強度微分要素，即在瞬時裡的連續之綜合，它在一種「持續的重複」（continua repetitio）形式下，首先在內部醞釀出依循理念之空間。不過，在萊布尼茲那裡，外在差異與內在固有概念式差異之親合關係，已求助於一「持續的重複」之內部過程，此過程被建立於強度微分要素的基礎之上，在為了醞釀出內部空間之要點上，運作著連續之綜合。

有一些重複，不僅僅是外在差異的重複；有一些內在差異，並不是內在本質或概念式的。我們因此能夠更好確定上述含糊不清的起源。當我們將重複確定為無概念的差異時，我們認為可以做出的結論是，在重複中，差異特徵只是外在的；我們因此認為，任何內部的「新穎」皆足以使我們遠離文字（字母），且只能與一種約略的、被類比法說定的重複調和。並非如此。因為我們還不知道哪一個才是重複的本質、「無概念的差異」此表達確切表明什麼、其能蘊含的內在性本性為何。相反地，當我們將差異確定為概念式差異時，對於這種差異概念的確定，我們認為已經做得夠多了。然而，我們在此仍舊不知道什麼是差異、什麼是沒有任何差異的適切概念。這可能是差異哲學的過錯，從亞里斯多德，經過萊布尼茲到黑格爾，錯誤地將差異的概念與一種只是概念式的差異混淆在一起，透過僅限於將差異記入一般的概念裡。事實上，只要人們將差異記入一般性概念裡，就不會有任何差異的特異理念，而只是停留在一種成分要素中，而此要素屬於已透過再現而使之通過中項成為間接的差異。我們因此面對兩個提問：差異的概念是什麼樣的（概念）——它不簡化為普通的概念式差異，但要求專有的理念，作為一種在理念中的特異性？另一方面，重

15 關於內在差異，然而，它並非內在本質的或概念的差異，參見康德，《一切能作為學問而出現的未來形上學之序論》（*Prolégomènes*），§ 13（參照《內在差異與內在本質差異之間的對立》（l'opposition entre innere Verschiedenheit et innerlich V.〕）。

複的本質是什麼樣的（本質）——它不簡化為一種無概念的差異、不與在一相同概念下被再現之客體的表面特徵相混淆，然而卻反過來表現出作為理念之力量的特異性呢？這兩個觀念的相遇，差異與重複，不再能自一開始就被提出，而是必須藉助這兩條線之間的干涉和相交而出現：一條關乎重複之本質，另一條則涉及差異之理念。

Chapitre Ⅰ
差異於其自身

無差別具有兩個面向：未分化之深淵、黑的虛無、未確定的動物，一切皆潰散在其中——然而亦有白的虛無、復歸寧靜的表面，在此，一些未被連結的確定性浮動著，如同四散的肢體、無頸之首、無肩之臂以及無顏額之眼。未確定全然是無差別的，然而就一些浮動的確定性彼此而言，亦不少如此未確定者。差異是在這兩極端中間嗎？或者，難道它不是在場與明確的唯一極端、唯一時刻？差異即為此狀態，於其中，人們才能談及確定性（LA détermination）。在兩事物「間」之差異僅僅是經驗的，而與其相符的「諸」（les）確定性，則是外在的。並非一件事物有別於其他事物，而是去想像某事物被辨識出——然而「和它有別者」，卻不與它做出區別。例如閃電有別於黑色天空，但必須與它同在才能劃出一道閃電，宛如有別於不做區別者。或許正所謂，上升至表面之底部，無須停止作為底部。存在著殘酷、以及甚至是怪物般畸形者，彼此雙方，在對抗一種無法掌握的對手之搏鬥中，在此，已被識別者對抗著，那無法與它做出區別、且繼續結合那與之分離者的某物。差異就是確定性作為單方面識別的這種狀態。關於差異，因此必須說是人們使之成為差異，或是它自己產生的，如在表語「做出差異」中。此差異，或確定性，也同樣是殘酷。柏拉圖學派的哲學家們說「非一」（le non-Un）有別於「一」（l'Un），而反之則不然，因為「一」不會避開閃避者：且在另一極點，形式與物質或與底部深處有別，但反過來說則不通，因為識別本身就是一種形式。事實上，這些是正消散的所有形式，當它們被映照在這重新上升之底部時。它自身已停止作為留在深處的純粹未確定，然而諸形式亦停止作為一些共存或補充的確定性。重新上升之底不再位於深處，而是獲致了一種自主的存在；被映照在這重新上升之底部的形式不再是一種形式，而是一種直接對靈魂產生作用的抽象線條。當底部上升至表面時，人的面孔在這面鏡子裡變了樣，在此，未確定者（l'indéterminé）作為諸確定性，將在唯一「做出」差異的確定性中混淆一起。為了製造出怪獸，這個拙劣的配方堆積怪誕的諸確定性，或由多種條件來確定動物。最好是使底部上升，以及使得形式解散。戈雅（Goya）透過凹版蝕刻及強酸水進行創作，其一為灰階過渡，另一個則為精確描繪。奧迪隆．雷東（Odilon Redon），則是透過「明－暗」以及抽象線條來表現。藉由放棄雕塑或繪畫中形象的形塑方式，亦即放棄形式的造型象徵，抽象線條獲致其全部的力量，而且當它有別於底部，而無須底部與之做區別時，就更為劇烈地參與了底部[1]。諸面孔在這樣的一面鏡子裡多麼劇烈地變了樣。而且並不確定這就只是理性（Raison）的沉睡所產生的怪物。這也是思想的醒著、失眠，因為思想就是一確定性形成的時刻，由於不斷地與未確定保持一種單方且明確的關係。思想「做出」差異，但差異就是怪獸。我們無須感到驚訝，對於差異似乎是被詛咒般的，以及它可能是錯誤或是罪孽、預示著贖罪

1 參見奧迪隆．雷東（Odilon Redon），〈致自身〉（*A soi-même, Journal, Floury, éd., p. 63*）：「沒有任何造型形式，我所領會到所謂客觀地被感受的，為其自身、在陰影和光線的規律下、通過傳統形塑方式的，不會在我的作品中被找到⋯⋯我全部的藝術都在於明暗作為唯一資源之劃定裡，以及也應當受到抽象線條很大的影響，此深度來源的動因，直接對心靈起作用。」

的惡之形象。除了使底部上升與解散形式之外沒有其他的罪孽。我們憶起亞陶（Artaud）的見解：殘酷，正僅僅是確定性（LA détermination），於此明確點，已確定者（le déterminé）維持住它與未確定者（l'indéterminé）的基本關係，此嚴密抽象線條自我供給了「明－暗」。

使差異自其受詛咒的狀態脫離，似乎是差異哲學的計畫。差異是否不能成為一個和諧勻稱的組織體，以及在一種形式裡將確定性與其他確定性關聯起來，也就是說，在一個組織性再現之嚴密要素中？再現之要素作為「理性」，具有四個主要面向：在「未確定的」概念形式中的同一性（l'identité）、在最後「可確定的」概念之間關係裡的類比法（l'analogie）、在概念內部的諸「確定性」之關係中的對立性（l'opposition）、在概念自身之「已確定的」客體中之相似性（la ressemblance）。這些形式如同四要首、或者四個中介的鏈結。可以這麼說，差異被「中介化」，是根據其終將被歸順於同一性與對立性、類比法與相似性之四重根下。自第一印象開始（差異，就是惡），人們就企圖「拯救」差異，透過進行對它的再現，與經由把它與一般性概念之約束關聯起來而再現之。於是此關乎於確定一個幸福時刻——希臘的幸福時刻。於此，差異可說是被重新與概念調和。差異應該離開它的洞穴，並停止作為一隻怪獸；或至少僅應是那閃避幸福時刻者、那只構成一場不利的際遇、不適當的機遇者，其作為怪獸續存著。在這裡，表語「做出差異」也因而改變了意義。它目前所代表的是一種選擇性試驗，其應確定哪些差異、能夠及如何被登錄進一般性概念中。這樣的一種試驗、選擇似乎確實藉由大與小（le Grand et le Petit）而被實現。因為大與小並非本然地用來形容一（l'Un），而是先用來形容差異。人們於是提問，差異能夠且應當進展直到何處—什麼樣的巨大？什麼樣的微小？——以進入概念之限制裡，而不消逝在此，亦非逃逸於其外。「差異是否曾真正作為一自身之惡？」要去知道這個問題是否適切地被提出，顯然是困難的。應該在這些道德的術語裡提問嗎？應當「中介化」差異而使之成為同時可被忍受與可被想像的嗎？選擇是否應關於此一試驗？試驗是否應以此方式及在此目標裡被設想呢？然而，我們僅能在更明確地確定幸福時刻之已假定本然的前提下，去回答這些問題。

* * *

亞里斯多德說：有一種差異，它同時是最大的（μεγίστη）及最完美的（τέλειος）。一般性差異有別於多樣或相異性；因為兩詞項在作為其他事物時相異，並非出自於自身，而是由於某事物，因此當其亦適恰於其他事物，在對於「種」的諸多差異而言之「屬」[2]，或甚至依數目差異來看的「種」，又或是就「屬」的諸多差異而言之「根據類比法之存有」。——在這些條件狀況中，哪一個是最大的差異呢？最大的差異一直都是對立性。然

2 譯注：「屬」與「種」關乎物種分類學，如：界、門、綱、目、科、屬、種等。

而就對立的一切形式而言，哪一個才是最完美、最完整、最為「適恰」者呢？諸相對關係彼此交互指涉；矛盾已被用來說明一個主體，然而是為了使續存變為不可能之主體，而且矛盾只修飾了主體之存在由此而開始或結束之變化；喪失，又再次表達了一種存在主體之確切無能。只有衝突對立（contrariété）再現了一個主體接收諸多相對面之能力，一切藉由在實體上保持同一（透過物質或「屬」）。儘管如此，在哪些條件狀況中，衝突對立會將它的完善傳送給差異呢？當我們端詳被收進物質中之具體存有時，諸衝突對立影響了此存有，而這些衝突對立是一些有形的改變，只能給予我們一種仍屬外在（「外在可確定的」extra quidditatem）差異偶然經驗的概念。意外事件可與主體分離的，如「白」與「黑」之於「人」，或者不可分離的，如「雄性」與「雌性」之於「動物」：根據境況，差異會被說成「一般的」（communis）或「專有的」（propria），不過它終究總是偶然的，由於它出自於物質。因此，唯有一種在本質中或在形式裡的衝突對立，給予我們一個本要的差異自身概念（「差異的要素，或者最為特殊的原則」〔differentia essentialis aut propriissima〕）。因此諸對立物是一些變更，其影響了一個在其「屬」裡被端詳的主體。其實在本質中，這是被差異所劃分的「屬」之特性，如「步行的」和「有翼的」，它們像對立物般相互協調。總之，完美和最大的差異，就是在「屬」之中的衝突對立，而在「屬」之中的衝突對立，即為特殊差異。超越與在此，差異傾向於再加入普通的相異性，以及幾乎避開概念的同一性：屬的差異過大，它待在一些不會進入衝突對立關係中的不可結合者之間；個體的差異則過小，處於一些同樣沒有衝突對立關係的不可分割者之間[3]。

似乎相反地，特殊差異回應了一種和諧概念或組織性再現之所有要求。它之所以純粹，正因為它是形式的；它之所以是內在的，正是因為其於本質中進行操作。它是質性的；並且在「屬」所指出本質範圍內，差異甚至是非常特殊的質性，「根據本質」，本質其自身之質性。它是綜合的，因為規範是一種構成，而且差異目前被加入「屬」之中，「屬」僅以潛在力量而包含著差異。差異是被中介化的，它本身就是中介，親自作為中間項。它是生產的，因為「屬」不會分裂成諸差異，而是被一些差異所劃分，這些差異在「屬」之中生產出與其相符的諸「種」。這就是為什麼它總是個原因，形式的原因：最短的，是直線的特殊差異，壓縮的，為黑色的特殊差異，解離的，則是白色的特殊差異。這也是為什麼它是一種極為特殊類型的謂語，既然它將自己歸因於「種」，同時卻又把「屬」賦予「種」，並構成將自己歸因於其中之「種」。這種謂語是綜合與構成的、賦予者更甚於被賦予者以及真正的生產規則，事實上它還具有最後一個特性：和自身一起帶走

3 亞里斯多德（Aristote）《形上學》（Métaphysique），第十卷，4，8與9。關於三種差異，共同的、專有的及本要的。波菲爾（Porphyre），《亞里斯多德範疇論之導論》（Isagogè），8-9。亦參見托馬斯主義者手冊：例如，章節「差異」，在約瑟夫・葛雷德（Joseph Gredt（Fribourg））的《亞里斯多德—托馬斯哲學諸要素》（les Elementa philosophiae aristotelico-thomistieae），第一卷，頁：122-125。

它所賦予物之屬性。其實，本質的質性已夠特殊，對於使「屬」變成其他不同的某物來說，而不僅僅是另一質性[4]。謂語因此屬於對自身保持同一之「屬」，透過在劃分它的諸差異中變成別的。差異以自身傳送「屬」和所有居間的差異。差異的傳遞，差異的差異（diaphora de la diaphora），規範鏈接了差異和劃分的諸接續級別裡之差異，直到最後一個，其為「最低形式」（species infima）的差異，在被選定的方向中凝結本質和其延伸的質性全體，於一個直觀的概念裡歸併此全體，以及利用待定義的詞語使之得以建立，其自身成為唯一不可分割之物（個體，無足輕重之「種」（τομον, ἀδιάφορον εἶδος））。該規範因此確保了在概念的理解中之嚴密性與連續性。

回到表語「最大的差異」。變得顯而易見的是，特殊差異僅在一切皆相對下作為最大的差異。一般說來，矛盾大過於衝突對立——特別是屬的差異大過於特殊差異。亞里斯多德區別差異與多樣性（la diversité）或與相異性（l'altérité）的方式已經使我們走上了這條路：特殊差異只對於一種概念的假定同一性而言，才會被說成是最大的差異。此外，這是對於在屬的概念中同一性形式而言，差異進行直至對立性、並被推至衝突對立。因此特殊差異絕不再現一種適於差異的所有特異性（singularités）及轉折點之普遍概念（也就是說，一理念），而是指定出一個特殊的時刻，於此，差異只與一般性概念取得一致。因此差異的差異在亞里斯多德那裡，只是個錯誤的傳送：人們從未見過差異改變過本性，亦未發現一種「差異的區分者」在各自的立即性中建立起最普同及最特異的關係。特殊差異僅指出一切皆相對之最大限度、對於希臘之眼（l'œil grec）的一個調適點，且又適於此希臘之眼的中庸之道，其已喪失酒神狄俄尼索斯式的傳送與完全變形（métamorphoses）的意義。對於整個差異哲學來說，這是個毀滅性的混淆之原則：人們混淆了差異的專有概念之指定與差異在一般性概念中的登錄——混淆了差異概念之確定性與在一未確定概念同一性中之差異的登錄。這是在幸福時刻中被隱含的戲法（而且，或許其餘的一切都源自於它：差異隸屬於對立性、類比法、相似性，所有中介之面向）。於是，差異只能作為概念內涵中的一種謂詞。這種特殊差異之謂詞式本性，是亞里斯多德經常提起的；然而，強制給予它一些奇怪的能力，就如同賦予與被賦予一樣多，或使「屬」變質和修改質性一樣多。自根本上的混淆開始，所有方式的特殊差異似乎滿足於專有概念之要求（純粹、內在性、生產力、傳送……），因而顯得虛幻，甚至是矛盾的。

因此，相較於涉及「屬」本身之較大的差異，特殊差異是小的。甚至在生物分類中，它與巨大的屬相比變得非常渺小：並非可能作為物質的差異，然而卻只是「在」物質中的普通差異，透過最多及最少運作著。特殊差異就是最大限度及完美，但只在未確定概念（屬）的同一性中條件狀況下。反之，如果有人將特殊差異比喻為諸「屬」作為最終可確

4 波菲爾，《亞里斯多德範疇論之導論》，8、20：「有理性的差異將別的事實加入動物中，然而移動的差異只不過使動物與靜止不動的生命在質性上有所不同。」

定的概念（範疇）間之差異，它則是少的。因為這些「屬」之間的差異不再受到具有相同概念或同屬的條件狀況之約束。為了讓我們記住存有其自身（l'Être lui-même）不是一個「屬」之原由：亞里斯多德說，因為諸差異「存在」（因此，「屬」或許應當能將本身的差異歸於自己：彷彿動物在一情況下代表著人類，而於另一情況裡則藉由建立一個別的「種」來代表適當的差異……）[5]。因此這是一個從特殊差異本性那裡借來的論點，此本性使我們能夠以屬的差異去斷定一個「不同的」本性。一切在宛如有二種「邏各斯」（Logos）[6]下發生，此二者在本性上不同，但彼此糾纏在一起：存在著諸「種」的邏各斯，人們所思及所言的邏各斯，基於同一性或被作為「屬」的一般性概念之單義性的條件狀況下；以及諸「屬」的邏各斯，那通過我們而被使用及那自我思索者的邏各斯，其不受條件狀況的約束，在存有的歧義性（l'équivocité de l'Être）中移動，如同在最一般的概念繁多性裡。當我們說出單義性時，難道還不是於我們自身中思覺之歧義性嗎？以及在此，難道不應意識到一種被引入思想裡的裂縫，其將不停地在另一不同氛圍中（非亞里斯多德式的）自我掏空？然而尤其是，難道這不已經是一個對於差異哲學來說的新機會嗎？它是否不會接近一個絕對的概念，一旦它被解放自將其保持在相對最大值的條件狀況下？

然而，在亞里斯多德那裡並非如此。事實上，屬或範疇的差異，保持在一種亞里斯多德式的差異，且不淪於普通的多樣性或相異性中。因此同一或共同的概念仍然續存，儘管是以一種非常特殊的方式。這個存有的概念不是集體式的——如一個「屬」相對於它諸多的「種」——而只是分配的和等級的：它沒有於自身之內容，而只有我們賦予它謂語以及於形式上差異的詞項裡成比例的內容。這些詞項（範疇類別）不需要與存有具有一對等關係；只須每個詞項與存有之關係是「內在」於其中的。存有概念的二項特性——只在個別配分地才具有一共知（sens commun），以及等級式地才具有一基礎方向（sens premier）——適當地表明，對於範疇類別而言，它不具有相對於諸多單義的「種」之「屬」的角色。但它們也表明，存有的歧義性是相當特殊的：它關乎於一種類比法[7]。然而如果有人提問，什麼樣的堅決要求，有能力去使概念與詞項，或與人們所確認的主體成比例，顯然，就是判斷。因為判斷確切地具有兩個基本功能，而且只有兩個：它用概念的「（平分）」（part-

5 亞里斯多德，《形上學》，III，3，998 b，20-27；以及《論題篇》（Topiques, VI, 6, 144 a, 35-40）。

6 譯注：希臘文為「話語」之意，在此代表了亞里斯多德之理性再現形式。

7 人們皆知，亞里斯多德本人並未論及關於存有之類比。他確定了諸級別範疇如 **πρός ἕν** 以及或許也作為 ἐφεξῆς（這是兩種情況，於純粹歧異性之外，在那裡有「差異」，無共同的「屬」）。— πρός ἕν 就一個獨一無二的詞而言自我指稱。這就如一個「共知」；但此共知並非一個「屬」。因它只形成一種個別配分的統一體（不明的及模糊的），而不像一個「屬」，一個集體的、明確而有區別的統一體。當經院哲學把 πρός ἕν 譯成「比例性的類比」時，它因此而有理。其實此類比不應在數學家的嚴格意義上被理解，且不假定任何關係之「平等」。它定義那完全不同者，透過一種關係的「內在性」：每一範疇與存有的關係，是在於每個範疇的內在，這就是說每一個皆擁有為其自身的統一體和存有，根據其特有的本性。此個別的特性被亞里斯多德完全標示出，當他將級別範疇等同於劃分（διαιρέσεις）時。而且，儘管近來的某些解釋，著實還是有一種存有的分享，符合於其被分配給「存有者」之方式。— 但在 πρός ἕν 裡，獨一無二的術語並非簡單地作為共知之存有，這已是作為「基礎方向」的實質。自那而朝向 ἐφεξῆς 的理念之滑移，意味著一種等級制度。經院哲學將在此論及「比例性之類比」：不再有一種個別概念，在形式上與種種不同的詞項相關聯，而是一種系列概念，在形式上-卓越地與一主要的詞項有關、及與一個對其他詞項而言較少的程度相關。存有首先是，現實的，比例性的類比；但難道它不也「潛在地」呈現了，一種比例的類比嗎？

age）來確保分配，以及透過對主體的「估量」去確保等級劃分。在判斷裡，符合兩個基本功能之一的能力，人們稱之為共知；而符合另一個的，人們稱之為良向（或基礎方向）。此二者構成了公正合理的度量，「公正」作為判斷之價值。如此說來任何範疇的哲學都以判斷作為典範——如在康德那見識到的，甚至還可在黑格爾作品中見到。但是，由於其共知和基礎方向，判斷的類比讓概念的同一性續存，或在一種隱含的和混淆的形式下，亦或在一種潛在的形式下。類比本身就是判斷中同一性的相似物。類比是判斷的本質，然而判斷的類比，是概念的同一性之相似物。這就是為什麼我們不能期望屬或範疇的差異，亦不能期望特殊差異，其交付予我們一差異的專有概念。特殊差異僅限於將差異登錄進一般而言未確定概念之同一性中，而屬的差異（分配的和等級的）則只是把差異登入於最一般的可確定概念之類同一性中，亦即，在判斷自身的類比中。亞里斯多德的整個差異哲學就處於這個雙重互補的登錄、被建立在同一個公設之上，劃定著幸福時刻之專斷界限。

屬的差異和特殊差異之間，結成一種於再現中共謀的關聯。完全不是它們具有相同的本性：「屬」只能自外部透過特殊差異，才作為可確定的，而且「屬」相對於「種」的同一性，利用一種不可能性而建立起來，此不可能性為：就存有（l'Être）而言，去形構一個對於諸「屬」們自身同樣的同一性。但確切地說，這是諸特殊差異之本性（它們「存在著」之事實）締造了此不可能性，阻擋屬的差異與存有及一共同的「屬」關聯一起（假使存有是「屬」的話，它的諸差異或許可被看作相似於一些特殊差異，而人們卻不能再說它們「存在著」，既然

「屬」不自歸於其本身的諸差異）。在此意義上，一共同的「屬」裡諸「種」的單義性，指向眾多不同的「屬」裡之存有的歧異性：其一映出了另一。人們終究可在分類的理想典型要求中看到：同時，種種大的統一體——最大限度的世代（γένη μέγιστα），人們最終將稱之為分支——根據類比關係以確定之，此類比關係假定了，藉由在抽象再現中的判斷而被進行之特性選擇，以及種種小統一體、小「屬」或「種」，在一種諸多「相似性」的直接感知中被確定，這樣的感知假設了在具體再現裡感性的直觀連續性。甚至是新進化論（le néo-évolutionnisme）也會再發現這兩個面向與巨大及微小的分類有關，當其將辨別一些早熟胚胎的巨大區分化，以及一些晚的、成年的、「種」內的（intra-spécifiques）或「種」的特殊微小區分化時。然而，儘管這兩個面向可能會有衝突，但根據大「屬」或「種」被理解為自然之概念，這兩者建構了組織性再現的限度，及一些為了分類而同樣必須的「徵用」：在相似性的感知中有條不紊的連續性，與在類比判斷中的系統性分配相比，亦是不可或缺的。但從一個及另一角度來看皆然，差異僅以一種反思的概念顯現。其實，差異使一些相似且鄰近的「種」通往將其歸入的「屬」之同一性，因此，在一連續的感性系列流動中，提取或切割出一些「屬」的同一性。在另一極點，諸多屬各自與彼此間維持的類比關係一致，差異允許這些屬進入心智可理解的部分。作為反思的概念，差異顯示出它完全屈從於再現的所有要求，藉此，其確切地成為「組織性再現」。在反思的概念中，事實上，中介的與被中介的差異嚴格屈從於概念的「同一性」、於謂詞的「對立性」、於判斷的「類比」及感知的「相似性」。在此，人們又再度見到再現必要的四部特徵。問題在於，在這所有反思的面向之下，差異是否不會同時失去它專有的概念和實在性。差異其實不停作為一種反思的概念，且只有在它意味著災難的範圍內，能重新找到一種確切實在的概念：或在相似性系列中的一些連續性斷裂，或在類似的結構間無法跨越的斷層。它只為了成為災難性才停止作為反思。以及，或許它沒有那樣（作為災難）就不能成為這樣（停止作為反思），反之亦然。但只是，差異作為災難，不就顯示出一種不能縮減的反叛質地，其在組織性再現的表面平衡下繼續行動嗎？

*
* *

從來就只有一種本體論主張：存有是單義的（univoque）。從來就只有一種獨一無二的本體論，鄧斯．司各脫（Duns Scot）的本體論，它給予了存有一種獨一無二的聲音。我們說鄧斯．司各脫，因為他知道如何將單義的存有帶至微妙的最高點，即使為之付出抽象的代價。然而，自巴門尼德到海德格，是一樣的聲音被重複述說，於其獨自形成整個單義的開展之迴聲中。獨一無二的聲音使得存有成為喧囂。我們可以絲毫不費力地去理解，存有，若它絕對是共有的，也不會因而是個「屬」；只須用命題模式代替判斷模式即可。在被看待成複雜實體的命題中，人們區分：意義（le sens），或被表達者（l'exprimé）有別於命題；被指涉者（le désigné）（在命題中被表達的）；諸表達或指明者是一些數字模式，也就是說一些微分的因子，其描繪著具有意義及指示的要素特徵。可以想像，名稱或命題在嚴格指定同樣事物時，並不具有相同的意義（著名的例子有：早晨的夜星之星、以色列—雅各布與平面—白色（plan-blanc））。在這些意義間之區別確實是個真實的區別（distinctio realis），但它沒有任何用數字表示的區別，更遑論本體論式的——一種形式的、質性的或符號學的區別。知道諸範疇是否可直接被看作相似於某些意義，或更有可能是衍生自這些意義的問題，目前必須被擱置。重要的是，人們可以設想幾種形式上不同的意義，然而與存有以及與一個唯一被指涉者有關，本體論觀點上的一（ontologiquement un）。確實，這樣的觀點仍不足以禁止我們把這些意義看作一些相似物，以及將此存有的統一體視作一種類比。必須補充的是，存有，這個共同被指涉者，作為它被表達，「以唯一且相同的意義」來形容數字表示上不同的所有指示者或表達者。在本體論命題中，因而不僅僅是對於質量上不同的意義，被指涉者在本體論上作為同一回事，也是對於數字表示上不同的個體化模式、指示者或表達者，意義在本體論上作為同一回事：這就是在本體論命題中的循環（在其全體中之表語）。

實際上，單義性的要點並不是說，存有以唯一且相同之意義來自我闡述。而是它以唯一且相同的意義，「用來說明了」其個體化的或內在固有模態的差異。存有對於這些模態皆相同，但這些模式卻不相同。它（存有）對所有（模態）都是「平等的」，但它們（模態）自身並不相等。它（存有）在唯一且相同之意義上自我闡述，但它們（模態）本身並不具有相同的意義。它是屬於和諸多個體化差異有關之單義性存有的本質，但這些差異並不具有相同的本質，也不會使存有的本質改變——正如白色所涉及的諸多不同的強度，但基本上仍是同樣的白色。沒有兩條「道路」（voies），如同在巴門尼德的詩中人們所曾經認為的，但唯有屬於存有的「聲音」（voix），關乎其最多樣、最多變、最有區別的全部模式。存有，在唯一且相同的意義上，用來說明了所有它所說明的，但那被它所說明的卻有所不同：它所說明的，即差異自身。

或許在單義性存有中，仍然存在一種等級和分配，它們涉及個體化因素及其意義。但分配且甚至是等級，擁有兩個完全不同的詞義，並無可能的調解；同樣地諸表語，「邏各斯」、「文化」（nomos）等，根據它們將自身提交至分配的種種問題。我們首先必須辨識出一種分配，其意味著被分配物（le distrubué）[8]之分享：此關乎在像這樣的分享原則下去分配被分配物。這就是說，在判斷中的類比法則是萬能的。共知或良向作為判斷的質性，因此被再現為分配原則，它們表明自身為「最佳天賦條件」。這種類型的分配是通過固定的與成比例的確定性所進行，可看作相似於一些在再現中的「所有物」或被劃定界線之領土。可能土地的問題具有強烈的重要性，在這種判斷的組織作為區分種種份額的能力（「一份和另一份」）之中。即使在眾神之中，每一位都有祂的領域、祂的範疇、祂的屬性，且一切皆配給人種種限制和符合命運的份額。完全不同的是一種應該稱之為游牧式的分配，這種游牧文化（權）沒有財產、圈地或度量措施。在那裡，自被分配物不再有分享，更恰當地說，是那些被分布於一種無限開放，或至少沒有明確限制的空間裡之分配[9]。沒有任何事物歸屬任何人，但所有人皆於此處與彼處（çà et là）被安置著，為了佈滿盡可能的最多空間。甚至當這涉及到生活的嚴肅性，就好像是一個遊戲空間、遊戲規則，與定居者的空間以及「文化」相反。占滿空間、於此被分裂開，與劃分空間相比是非常不同的。這是一種遊蕩漫步式的分配，且甚至是「妄想的」，在此，諸事物自行開展，於一種單義性存有且無共有的整個幅員上。它不是按照再現之要求而被共分的存有，而是所有事物在存有之中，於唯一在場的單義性（一—全，l'Un-Tout）裡被分配。這樣的分配是惡魔的而不是神的分配；因為惡魔的特殊性，這是在於眾神行動的場域間隙中運作，就像跳過柵欄或圍籬般，混淆諸屬性。俄狄浦斯唱詩班放聲喊著：「什麼樣的惡魔跳得比最遠的跳躍更使勁？」跳躍在此證明了令人震驚的騷動混亂，游牧者的分布將這些騷動引進再現之定

8 譯注：被分配物（le distrubué）在此已被再現系統所定義，如財產或領土。

9 參照自伊曼努爾．拉侯許（Emmanuel Laroche）《古希臘字根 nem- 之歷史》（Histoire de la racine nem- en grec ancien, Klincksieck, 1949）— 伊曼努爾．拉侯許指出，在我所受影響的法律（νόμος-νέμω）中分配理念與分享的分配理念，並非在一種簡單的想、說、劃分（τέμνω, δαίω, διαιρέω）之關係中。牧歌（νέμω）的意義到了很晚才意味著土地的分享。荷馬的社會並不知道圍欄所圈起之地或屬於牧場的地產：這不是關於將土地分配給動物，反而散布動物自身、將之分布在這與那到處都是，在一個無定限的空間裡，森林或者山坡。法律（νόμος）首先代表一個占領之地，但沒有特定的界限（例如，圍繞著一個城市的幅員區域）。於是亦同為「游牧」之主題。

點的結構中。而且必須去談一樣多的等級制度。有一種等級制度，度量著諸存有，根據它們的範圍限度、以及根據它們對於原則的鄰近或遠離的程度。但是亦有（另）一等級是從力量的角度來察看諸事物和存有：此並不關乎被絕對考慮之力量的程度級別，而只是在於知道是否一存有會在有必要時「跳躍」，也就是說，超越它的範圍限度，藉由前進，直到其所「能」之盡頭，無論其程度為何。好像「直到盡頭」，仍定義了一種限制。但限制、結束（πέρας），在這裡不再意味著使事物處於一法則之下，亦非使事情結束或區分，反而意味著起始，事物自此開展並展開其全部力量；傲慢（過分）（l'hybris）停止只作為應受譴責者，且「最小的變成與最大的同等」，只要它不被與其所能分離。此包覆的度量對所有事物皆相同，對於實體、質、量等而言皆然，因為它形成了一個唯一的最大限度，在此，所有程度已開展的多樣性，碰觸到將之包進的平等。這種本體論的度量，相較於第一度量，更接近諸事物之過分；這種本體論的等級制度，相較於第一等級制度，更接近諸存有的傲慢（過分）和無政府狀態。它是所有惡魔中的怪物。那麼，「一切都是平等的」能夠產生回響，然而，這像是一些愉快的句子，只要被用來談「及」在這個單義性平等的存有之中不平等者：平等的存有直接參加了所有事物，沒有調解者亦無中介，雖然諸事物不相等地處於這個平等的存有中。但是，所有事物都在一種絕對的鄰近中，於此，傲慢（過分）包含了它們，而且，無論大或小、低或高，沒有任何一個可以或多或少分享存有，或透過類比法領會它。存有的單義性也因此意味著存有的平等。單義性的存有同時是游牧的分布及無政府狀態之加冕。

然而，難道不能去設想一種類比與單義性的調解嗎？因為如果存有於其自身是單義的，作為存有，人們只要以其內在的模式或個體化的因素理解它（我們先前稱之為表達者、指示者），難道它就不是「類似的」嗎？如果它於自身是平等的，在處於自身之諸模態裡，它難道不是不平等的嗎？如果它指的是一個共同實體，難道這不是為了「實際上」毫無任何共同的存在者們嗎？如果它有一單義性的形而上學狀態，難道它就沒有一類比的物理狀態嗎？如果類比認識到同一的類－概念，單義性難道就不會意識到一類比的類－判斷、難道不只是為了把存有和這些特殊的存在者關聯起來嗎[10]？但這樣的提問冒著扭曲問題試圖挪近的兩個論題之危險。因為類比的要點——我們已見過——基於某種共謀關係（儘管它們本性上的差異），在屬的差異與特殊差異之間，存有不能被假定為一個共同的「屬」，若不破壞人們能如此假定之原因，也就是說，不破壞對諸特殊差異來說「存有」的可能性……因此，人們不會感到驚訝的是，從類比的觀點看來，一切都發生在中介與一般性狀況中——一般性概念的同一性及最一般概念的類比——在「屬」和「種」的中間地帶。自此，類比陷入一個沒有出口的困難中是不可避免的；同時，類比基本上必須把存

10 艾蒂安・吉爾森（Etienne Gilson）在他的書中提出所有這些關於《鄧斯・司各脫》（Jean Duns Scot, Vrin, 1952）的問題，頁：87-88, 114, 236-237, 629。他強調類比與判斷的關係，且尤其是與存在的判斷之關係（頁：101）。

有與特殊的存在者們關聯一起，卻也無法講述那構成它們的個體性者。因為在特殊中只留住那符合於一般性的（形式和物質），類比在某個已完全被建構的個體要素中尋求個體化原則。反之，當我們說單義性的存有在基本上且直接地與種種個體化因素有關時，我們想說的當然不是藉由這些在經驗中被建構的個體之個體化因素，而是於自身作為先驗原則、作為造型、無政府和游牧的原則而行動者、個體化過程的同時代者，且比起暫時構成諸個體的能力，其更具有不少能力去解散和摧毀之：存有的內在模態，從一「個體」到另一、在諸形式和物質中循環和交流。「進行個體化的」（individuant）不是普通「個體的」（individuel）。在這些狀況條件中，不足以說明個體化與規範在本性上有差異。甚至不足以說明如鄧斯．司各脫的做法，他不僅限於從一個已被建構的個體去分析組成要素，而是提升直到一個作為「形式的最終現實性」之個體化的構想。應當去說明的，不只是進行著個體化的差異與特殊差異如何在本性上不同，而首先及特別是，個體化如何正當地「先於」形式和物質、「種」和部分體、及所有其他被建構個體的要素之前。存有的單義性，由於其直接與差異有關聯，必須去說明，在存有中進行著個體化的差異如何走在屬的、特殊的與甚至是個體的諸多差異之前——如何在存有中去規定一個體化的預先場域與形式的規範、與部分的確定、以及與它們的個體之變異。如果個體化的產生，既非透過形式亦非透過物質、非質性地亦非廣延地，這是因為它已經被諸形式、物質及外延部分所假定（不只是因為它在本性上不同）。

所以這是屬於完全不相同的方式，在存有的類比中，屬的差異與特殊差異相較於個體的差異，它們一般性地相互中介化，以及，在單義性中，單義性存有直接用來形容進行著個體化的差異，或是普同（l'universel）被用來形容獨立自任何中介之最為特異者。誠然，類比法否定存有是一個共同的「屬」，因為諸（特殊）差異「存在著」，反過來說，單義性存有確實是共同的，在（進行著個體化的）差異「不存在」與非必須去存在的範圍內。我們無疑地會發現它們不存在，在某種特殊的意義上：若它們不存在，這是因為，在單義性存有中，它們取決於一種無否定的非－存有。但是在單義性中，這顯然並非是，存在著與必須去存在的差異。這是作為差異之存有，在它用來指稱差異的意義上看來。而且這並不是說在一種非單義的存有中，我們是單義的；正是我們，是我們的個體性（individualité），在一個存有中，為了一單義性的存有而保持在歧義性的狀態。

哲學史確定了三段在存有的單義性之構思中的主要時刻。第一時刻是由鄧斯．司各脫所呈現。在《牛津論著》（*Opus Oxoniense*）這本最偉大的純本體論之著作中，存有被認為是單義性的，然而單義性的存有被認為是中性的，對無限及有限、特異及普同、被創造者與永存者皆無動於衷。因此「精妙的博學者」為司各脫應得之名，由於其他的目光認清了存有在普同與特異的交織之內。為了使在判斷中類比的諸力量中立化，他帶頭並首先使得存有在一種抽象概念裡中立化。這就是為什麼他只「設想」到單義性的存有。而且可以見到，在遵循基督教的要求下，他用力趕走的敵人是：泛神論，若共同的存有不是中立的，其將在此殞落。然而，其已知曉為兩種區別類型下定義，此二者為差異帶來這種無動於衷及中立之存有。實際上，「形式的」區別，確實是一種實在的區別，既然它已被建立在存有或事物上，但並非必然是個數字上的區別，因其被安置在本質或意義、及一些「形式的理由」之間，可以讓被賦予這些理由的主體之統一性續存。因此，不只是存有的單義性（相較於上帝及相較於創造物）延伸在「屬性」的單義性中，也是，在其無限性的條件狀況下，上帝可以擁有這些在形式上不同的單義性之屬性，而不會失去其統一性。另一區別類型，「模態的區別」，一方面被建立在存有或諸屬性間，及另一方面則在於它們所能的強度變異之間。這些變異，如同白色的程度，作為一些個體化模態，其無限及有限明確地建立起諸特異強度。自它自己的中性觀點看來，單義性的存有因而不只意味著一些質性的形式或其自身為單義性的不同屬性，也是它自身與強度因素或個體化程度有關，且將這些與形式和屬性關聯起來，強度因素或個體化程度使得模式有變化，在不用修改作為存有之本質的狀況下。如果說一般性的區別確實把存有和差異關聯起來，形式的區別和模態的區別作為兩種類型，於此二者之下，單義性的存有，於其自身、藉由其自身地和差異關聯一起。

隨著存有的單義性之構思的第二個時刻，史賓諾沙（Spinoza）有了值得注意的進展。他並非將單義性的存有視為中性或無動於衷的，他將此視為一個純粹肯定的客體對象。單義性的存有與唯一的、普遍的與無限的實質混淆不清：它被假定為「上帝或自然」（Deus

sive Natura）。而且史賓諾沙會反對笛卡兒，並非與鄧斯．司各脫所帶領對抗聖多馬（saint Thomas）的抗爭無關。反對被類比完全滲入實質之笛卡兒式理論、及反對其狹礙地混合本體論、形式與數字（實質、質與量）之區別的構想 — 史賓諾沙組織起令人讚賞的實質、屬性與模式的分配。自《倫理學》（l'Éthique）最早的篇章裡，他聲稱實在的區別從未在數字上，而僅在於形式上的，也就是說，質性的或本質的（唯一實質的基本屬性）；反之，在數字上的區別從未是實在的，而只是模態的（唯一實質與其屬性的內在固有模式）。諸屬性真正表現出如同種種性質上相異的意義，該意義與實質，以及與唯一且相同的被指定者有關；且對此實質而言，表現出如本體論上的一之意義，相對於表述它的模式，以及於此實質中，這些模式作為進行著個體化的因素或強度的內在固有程度。一模式的確定性作為力度，且對於模式而言唯一的「必須」（obligation）皆自此而生，其在於開展它所有的力量或其存有，「在」限度自身中。諸屬性因此絕對地與實質及與諸模式一致，雖然實質及諸模式不具有同樣的本質；存有自身在唯一且相同的意義上用來指稱實質與諸模式，雖然諸模式及實質不擁有相同的意義，或以不同的方式去擁有此存有（「於其自身」，以及，「在一他處」）（in se et in alio）。任何等級制度、任何卓越性都被否定，根據實質同等地被所有符合它們本質的屬性所指涉、被所有符合它們力度的模式所表述。這就是說，對於史賓諾沙，單義性的存有不再被中立化，而且成為有表現力的、成為一個真正有表現力與肯定的命題。

然而，一種無差別仍續存在實質與諸模式之間：史賓諾沙主義者的實質顯得獨立於諸模式，且諸模式依存於實質，然而是作為其他事物而依存。實質自身可能必須用來指稱為「諸多」模式，且只是「諸多」模式。如此的狀況條件，只有以最為一般性的等級制度之顛覆為代價才得以完成，據此，存有被用來指稱生成變異、同一性、相異、一、多重的，等等……。同一性不是原初的，它作為原則而存在，但僅作為次要原則，作為「已成為」（devenu）之原則；它圍繞著相異，這就是一種哥白尼式革命的本性，其開放它的專有概念之可能性給差異，而不是將之維持在已被假定成同一的一般性概念之支配下。對於永劫回歸（l'éternel retour），尼采所云亦非別的。永劫回歸不能意謂同一（l'Identique）的回返，既然它相反地假定，一個所有預先的同一性已被廢除及解散的世界（權力意志之世界）。回返的是存有，但僅為生成變異之存有。永劫回歸不會使「相同」回返，而是回歸建構起那生成變異者的唯一相同（le seul Même）。回返，是生成變異其自身之成為—同一（le devenir-identique）。因此，回返是唯一的同一性，但作為第二力量之同一性，差異的同一性，即被用來形容相異與圍繞著相異之同一。這樣的同一性，被差異所生產，被確定成「重複」。況且永劫回歸中的重複在於從相異開始思索相同。但此思考全然不再是一種理論的再現：它實際上是進行一種差異的選擇，依循著它們的生產力，亦即返回或承擔永劫回歸的考驗之能力。永劫回歸之選擇的特性清楚顯現在尼采的想法中：那歸來者，並非全（le Tout）、同（le Même）或一般性的預先同一性，更不是小或大作為全之部分，亦非同之組成要素。唯有極端的形式回返——或小或大的形式，於限度裡開展且進行至力量末端，其變形且彼此交互著。唯有那過度極端的回返者，轉入他處且成為同一。這就是為什麼永劫回歸只被用來指稱完全變形的戲劇性世界與權力意志（la Volonté de puissance）的面具，此意志的純粹強度，作為個體化的活動因子，其不再被扣留於某「個體」的人造限度、某個「我」之中。永劫回歸、回返，表達了所有完全變形的共同存有，全部極端者、所有被實現的力度之度量和共同存有。此為「所有不平等者」之「平等的─存有」（l'être-égal），且已知悉如何完全實現它的不平等性。任何成為相同的極端者，在確定回歸之平等且共同的存有裡聯繫溝通。這就是為什麼超人（surhomme）被任何「存在」者的高級形式所定義。應當去猜測，什麼是尼采稱之為高尚的：他借用能量物理學家的語言、他稱呼有能力變形的能量為高尚的。當尼采說傲慢（過分）是任何赫拉克利特式的（héraclitéen）真正問題，或者等級制度是自由精神的問題時，他想說的是同一件事：這是在傲慢（過分）裡，每一問題皆找到使其回返的存有，而且還有這種加冕的無政府主義、這種被顛覆的等級制度，為了確保差異的選擇，透過將同一從屬於相異開始著手[12]。在所有的這些面向之下，永劫回歸即為存有的單義性、此單義性之實有的實現。在永劫回歸裡，單義性之存有不只被設想甚至被肯定，也確實地被實現。存有在唯一且相同的意義上自我指涉，但此意義屬於永劫回歸，作為其所指涉的回返或重複。永劫回歸中的轉輪同時是自差異開始的重複生產，也是自重複開始的差異選擇。

*
* *

小與大的試驗在我們看來曲解了選擇，因為它為了一般性概念之同一性的要求之利益，而放棄差異特有的概念。此試驗只固定了諸限度，在這些限度之間，確定性透過登錄於同一或相似的概念中（最小值及最大值）而成為差異。這正是為什麼選擇「做出差異」依我們看已有另一意義：在一單義性存有的唯一在場中，讓諸極端形式顯現與開展——而非根據組織性再現之要求，去度量及分配一些中庸形式。然而，我們是否可以這樣說，我們已經耗盡所有小與大的資源，按照它們適於差異？難道我們不會重新發現它們，如同諸多極端形式自身的一個有特點的二擇一嗎？因為極端似乎是由小或大之中的無限所定義。無限，在此意義上看來，甚至意味著小和大的同一性，諸極端的同一性。當再現於自身發現無限，它顯現為狂喜式的再現，而不再是組織性的：它於自身發現喧囂、焦急與激情，在表面的平靜或有組織的限度之下。它重新發現了怪物。因此，這不再涉及幸福時刻，其標示出在一般性概念、相對的最小與最大值、「接續點」（punctum proximum）與「刪除點」（punctum remotum）之中確定性的出入口。相反地，需要一眼近視、一眼遠視，為了使概念能夠捉住對於自身的所有時刻：概念當前是「全」，或者說它擴展了它對所有部分的祝福、或者說諸部分的分裂和不幸映照在它身上，以接受一種赦免。概念因此從頭到尾隨著確定性而產生且支持著它，在概念的所有變形裡，以及藉由將確定性交付予一「基礎」（fondement），而將之再現為純粹的差異，就此基礎而言，，再也不須知道是否處在面臨相對最小或最大值、大或小，亦非面臨一個開始或結束，既然兩者在如同一個唯一且相同的「全面的」時刻之基礎上同時發生，畢竟是差異的消逝和生產的時刻、消失與出現的時刻。

在這層意義上，人們終究注意到，黑格爾不亞於萊布尼茲，他多麼重視這樣的消逝之無限運動，亦即差異消逝的時候，也同時是它發生的那一刻。這是限度的觀念自身完全改變了涵義（signification）：它不再指示著有限再現之界限，相反地，它指示著孕生者，由此，有限確定性在狂喜的再現中，不停消逝與誕生、包裹與開展。它不再代表一種形式的限制，而是朝向一基礎之「會聚」；不再是諸形式的區別，而是基礎和有根據者之相關性；不再是權力的停止，而是要素，權力被實現與奠定於其中。微分計算其實不亞於辨證法，作為「力量」、及函數極限力量的事。如果把界限稱作有限再現，以及二項可能是小與大的抽象數學的確定性，人們仍舊注意到，這是完全漠視了萊布尼茲（如同對於黑格

11 參照自尼采（Nietzsche）：「傲慢（l'hybris），這個危險的字眼，是任何赫拉克利特派思想家的試金石」（希臘悲劇時代的哲學，收錄於《哲學的誕生》（La naissance de la philosophie, trad. BIANQUIS, N.R.F., p. 66））。以及關於等級的問題，「屬於我們的其他自由精神之問題」，《人性的，太人性的》，前言 § 6－7。超人，作為「任何存在者之高級形式」：《瞧！這個人！》（Ecce Homo）（《查拉圖斯特拉如是說》，§ 6）。

爾），在於知悉被確（限）定者是否為小或大、最大或最小；無限的考量使被確（限）定者獨立於此提問，藉由將之屈從於一種建築學的要素，在所有情況下發現最完美或奠定得最好的[12]。在此意義上，狂歡的再現，既然它藉由引入此無限以選擇差異，它就必須被說成「做出」差異，此無限將差異與基礎關聯起來（或者是藉由善（Bien）作為選擇與戲局的原則所進行之基礎，或者是透過否定性作為痛苦與工作而起作用的基礎）。而且，如果把界限稱作有限再現，亦即小與大自身，在具體的特性或內容裡，給予它們「屬」與「種」，在此仍然是無限於再現裡的導入，使得被確（限）定者獨立於「屬」作為可確定性、獨立於「種」作為確定性，藉由在一個中間項裡，留住脫離「種」之確實特異性，同樣地，留住脫開「屬」之真正的普遍性。簡言之，狂歡的再現具有作為原則之基礎，及無限具有作為要素——與組織性再現相反，其守住作為原則之形式和作為要素之有限。正是無限，使得確定性可以想象與可被選擇：差異因此如確定性之狂歡的再現般出現，而非如其組織性再現。

狂歡的再現不是使作用於物之上的判斷活躍起來，而是使物自身變成許多的表語、命題：無限分析或綜合的命題。然而，為何在狂歡的再現中有一種二擇一，而這二點，小與大、最大值和最小值皆在無限中成為無差別或同一的，以及差異在基礎中則完全獨立於它們呢？這就是說，無限不是有限確定性已消逝的處所（這可能是在無限中投射了對於限度的錯誤想法）。狂歡的再現只在讓有限確定性繼續存在的情況下，才能於自身發現無限，再者，藉由表述、再現此有限確定性自身「之」無限，但並非再現成已消散與已消失的確定性，而是消散著與即將消失的確定性，所以亦如同在無限中被孕育而生。此再現，諸如無限與有限擁有同樣的「焦慮」，其明確地允許此二者於交互彼此中再現。但是，當無限處於再現的條件狀況下，被用來指稱有限其自身時，它有兩種指涉方式：或作為無窮小、或作為無限大。這兩種方式、這兩種「差異」，絕非對稱。此二元性因而被再度引入狂歡的再現之中，不再引入兩個可指定的有限時刻之一互補性或反射的形式下（當這是作為特殊差異與屬的差異之境況），而是在兩個不可指定的無限過程間，一種二擇一的形式下——一種在萊布尼茲與黑格爾之間的二擇一形式。若小和大確實在無限中成為同一，無窮小與無限大再次分離，且更為艱難地，根據無限來指稱有限。萊布尼茲與黑格爾，兩者皆各自避開大與小的二擇一，然而兩者卻同時再陷入無窮小與無限大的二擇一之中。這就是為什麼狂歡的再現在一種二元性之上開啟且將此分為兩種類型，此二元性重複倍增了它的焦慮，或甚至作為真正的理性。

看來「矛盾」，在黑格爾那邊，絕不是個問題。它具有完全不同的功能：矛盾分解，

12 對於小或大的漠不關心，參照自萊布尼茲，《一個寓言》（Tentamen anagogicum, G., Ph. Schr., t. VII）。——值得注意的是，萊布尼茲的立場並不亞於黑格爾的立場，無限再現不會任憑被簡化為一個數學結構：在微分計算中、以及在連續性中，有一個建築學的組成要素，而不是數學或超-數學的。反之，黑格爾似乎在微分計算中相當地認識到一個真正的無限之在場，其為「關係」之無限；他所批評計算的，就只不過是在「級數」的數學形式下去表達這種真正的無限，形式呀，是一種假的無限。參照自黑格爾，《邏輯學》（Logique, trad. S. Jankélévitch, Aubier, t. I, pp. 264 sq.）——大家都知道，現代的解釋在「有限再現」的措辭中，完全說明了微分計算；我們在第四章分析了這個觀點。

可分解的，以及透過將差異與一基礎關聯一起以解決差異。差異是唯一的問題。黑格爾指責他的前輩們的，就是停留在一個完全相對的最大值，沒有到達差異的絕對最大值，亦即，到達矛盾、矛盾的無限（作為無限大）。他們不敢行至盡頭：「一般性差異已是矛盾本身……這只在無限「被推至」矛盾的「尖端」的情況下，多變、多形式者才甦醒及獲得生氣，以及成為此多樣變動一部分的諸事物才接收到否定性，該否定性為運動的內在脈動，是自主的、自發的且生氣勃勃的……當人們將在實在性之間的差異推得「夠遠」時，可見其多樣性成為對立性，而因此為矛盾，以至於所有真實性之全體，輪到它成為絕對矛盾本身」[13]。黑格爾如同亞里斯多德一般，藉由諸極端或諸對立面的對立性來確定差異。然而對立性保持抽象的狀態，只要它不走到無限，以及無限保持抽象的狀態，每當人們將其置於諸有限對立性之外：無限的引入，在此引起對立面的同一性，或使其他（l'Autre）之對立面成為一個自身（Soi）的對立面。確實，衝突對立僅在無限中，再現了內在性之運動；此運動靠著無差別續存，既然每一確定性，由於包含了其他，而獨立自其他，以及獨立於一種與外界之關係。每一對立面，也必須驅逐它的其他，因此自我驅逐，且成為它所驅逐的其他。這就是矛盾，作為外在性或真實的客觀化之運動，而建立無限的真正脈動。矛盾處於已超越對立面之普通同一性，以及肯定與否定之同一性。因為，肯定與否定並非以同樣的方式，成為相同（le Même）；在此，當肯定被否認時，否定同時成為肯定的生成變異，當肯定自我否定或驅逐時，否定也成為肯定的回返。無疑地，被確定的諸對立面的每一個，作為正面肯定與負面否定，已是矛盾，「但肯定僅是此矛盾自身，而否定性則是被假定的矛盾」。這是在被假定的矛盾中，差異找到其特有概念，它被確定成否定性，變成是純粹的、內在固有的、基本的、性質的、綜合的、生產的，且不以無差別而續存。支持、提出矛盾，是「做出」（於確實—實在與短暫或偶然的現象之間）差異的選擇試驗。因此差異被推動直至盡頭，亦即，直至基礎其回返與再生產不亞於其消滅。

黑格爾的這個無限，儘管它被說成有限的對立性或確定性，仍屬於神學的、屬於「不能再更多的存有」（Ens quo nihil majus）的無限大……人們甚至應該考量，真實的矛盾之本性，由於它使一事物與「任何非此物者」做出區別，它第一次已由康德明確提出，使其在「完全的確定性」名義下，取決於實在性一個整體作為「最終存有」（Ens summum）之處境。所以不需要等待屬於此神學的無限大、此無限大的崇高之數學的處置。在萊布尼茲那裡則是不一樣的。因為，就創造物們的謙遜而言、為了避免上帝與創造物之任何混淆，萊布尼茲只能在無窮小的形式下將無限引入有限之中。在此意義上看來，無論如何，人們終究會猶豫地說，相較於黑格爾，萊布尼茲走得「不那麼遠」。他也同樣超越了組織性再現而朝向狂歡的再現，儘管他走的是另一條路。若說黑格爾在無偏見的再現裡發現了無限大

13 黑格爾，《邏輯學》（Logique, t. II, pp. 57, 70 et 71）。亦參照自《百科全書》（Encyclopédie, § 116-122）——關於自差異到對立、以及到矛盾的此一過渡，參照，尚．伊保利特（Jean Hyppolite）的評論，《邏輯學與存在》（Logique et existence, Presses Universitaires de France, 1953），頁：146-157。

的狂熱與焦慮，萊布尼茲則在有限明確的理念中發現了無窮小的焦慮，此亦由狂熱、暈眩、昏厥、甚至死亡所造成。因此，似乎黑格爾與萊布尼茲之間的差異在於兩種超越組織性的方式。當然，本質要素與非本質要素是不可分的，以及一與多、相等與不等、同一與相異皆不可分。但黑格爾從本質作為「屬」出發；而且無限即為把分裂安排在屬裡面，並將分裂的抑制消除放置於種之中者。「屬」因此是自身與「種」，全體則因而是自身與部分。自那開始，無限將其他包含進「本質中」、本質上地將之納入[14]。與之相反，萊布尼茲對於現象而言，從非本質要素──運動、不平等與相異出發。非本質要素根據無窮小，目前被假定為「種」以及「屬」，且因此結束在「類─對立種」裡：這意味著在不將其他包含進本質中，而僅在特性、在「境況」（cas）裡。對無窮小的分析強加以下的二選一是錯誤的：這是一種本質的語言，或是簡便的虛構嗎？因為包容（subsomption）在「境況」下，或諸特性語言下，擁有專有的獨創性。此無窮小的方法，保持了諸本質的區別（由於在一個與另一相比下，起了非本質要素作用），其與矛盾是完全不同的；是故應當給它一特有名字，即「副─措辭」（vice-diction）。在無限大中，平等與不平等背道而馳，根據它在本質上所擁有的不平等，且其自相矛盾，根據它以否認不平等而自我否定。然而在無窮小裡，不平等副─指稱（vice-dit）著平等，且自我副─指稱，根據它在境況上包含了那在本質上將其排除者。非本質要素在境況上包含本質要素，然而本質要素則在本質上含有非本質要素。

是否應該以副─措辭只涉及特性為藉口，而說它走得沒有矛盾那麼遠嗎？其實，表語「無窮小的差異」正表示著，對於直觀而言，差異消逝了；但它找到其概念，而且更恰當地說直觀自身的消逝是為了微分關係。透過進行著陳述而說明了dx對於 x 而言什麼也不是，亦非dy與 y 相比，而是dy/dx作為內在的質性關係，表達著一函數與其特有的數值分離之普同。但若關係不具有數字的確定性，那麼它仍具有不少與一些各式各樣的形式和方程式相應的程度變化量。這些程度自身作為普同關係；以及，微分關係，在此意義上，在相互確定性表露可變係數的相互依存關係過程中被領會[16]。但「互相確定」仍然只表達了一理性的真正原則第一面向；第二個面向則為「完全確定」。因為每一程度或關係，被理解成一函數的普同，確定了對應曲線的顯著點（points remarquables）之存在與分布。我們應相當注意，在此，不能混淆了「完全」跟「全部」；這就是，例如對於一曲線的方程式，微分關係只不過指向一些已被曲線的本性所確定的直線；它已是客體的完全確定，然而只表達了全部客體的一部分，此部分被視為「導出的」（其他被所謂原函數所表達的部分，僅透過積分法才能被得出，絕非僅只是微分法之反面；同樣地，是積分法定義了先前被確定的諸顯著點的本性）。這就是為何一個客體可以被完全地確定——「一個在所有意義裡被確定的存有」（ens omni modo determinatum）——對於這件事而言並不具其完整性，此完整性，唯有

14 關於無限、屬和種，參見《現象學》（Phénoménologie, trad. HYPPOLITE, Aubier），第I卷，頁：135-138, 149-151, 243-247。

它，建立起當前之存在。然而，在互相確定與完全確定之雙重面向下，已顯示出限度與力量本身吻合。限度被匯聚所定義。一函數的諸數值在微分關係裡發現它們的限度；諸微分關係在變化量的眾程度中找到它們的限度；而且，諸顯著點是在每一程度中種種級數系列的限度，這些級數用分析法於彼此之中交互延伸。不僅僅微分關係是潛在力量的純粹要素，而且限度也是連續之力量，作為連續性、諸限度自身的連續性。差異因此在一負面性中找到其概念，但這是一種純粹限制之負面性、一種「無法比較」（nihil respectivum）（dx 對於 x 來說什麼都不是）。從所有這些角度看來，顯著與慣常、或者特異與規律之區別，在連續中形成兩種非本質要素特有的範疇。它們使得限度與特性的整個語言活躍起來，它們組織作為這樣的現象之結構；在此意義上，我們將見到哲學應指望，為了經驗的描述，顯著點與慣常點的分布所帶來的任何事物。然而這兩種類的點，在非本質要素中，已經準備及確定諸本質自身的建立。非本質要素在此並不意味著毫無重要性的，反而是最深刻的、普遍的質地或連續體，本質自身最終由之而產生。

實際上，對於萊布尼茲自己來說，他從未見過在連續性法則與諸不可分辨者之原則間的矛盾。前者支配了特性、感情或完全的境況，後者，支配了被理解成全部的個體觀念之諸本質。人們知道這些全部觀念（單子）中的每一個皆表達了世界的全體性；不過它是在某一微分關係下，以及在某些與此關係相應的顯著點周圍，明確表達著世界的全體性[16]。在此意義上，微分關係與顯著點已在連續之中指出，包裹的中心、可能的蘊涵或內折運動

（involution）之中心，它們被個體的本質所落實。只須指出感情與特性的連續，以某種方式，正當地先於這些個體本質的組成（這就等於說顯著點自身屬於前個體的特異性；以及絕不與理念相矛盾，個體化走在現實的規範之前，儘管它已被所有的微分連續超前了）。此狀況條件已在萊布尼茲的哲學裡以下列的方式被完成：世界，作為所有單子之共同的被表達者，比它的表語先存在。然而，確實如此，它不「存在」於表達它者之外、諸單子們自身之外；但這些表語回送至被表達者以及它們的組成之「需求徵用」。就此意義上而言（如萊布尼茲在他給阿爾諾的信裡不斷提醒的），在每一主體中謂語的內在性假定了，被所有這些主體表達的世界之可構成性（compossibilité）：上帝沒有創造有罪的亞當，而是首先創造了亞當已犯下罪行的世界。這大概是連續性定義了每個世界的可共構性；以及，若實在的世界是最好的，正在於下述範圍內，它在一境況的最大值、一種關係及顯著點的最大值中呈現出一連續性的最大值。這就是說，對於每個世界而言，一個系列，匯聚在一顯著點周圍，其有能力在所

15 參見萊布尼茲，《微分計算的新應用》（Nova calculi differentialis applicatio…, 1964）。——關於相互確定的原則，如索羅門．麥蒙（Salomon Maïmon）自萊布尼茲那邊汲取的，參照，蓋魯（M. Guéroult），《麥蒙之先驗哲學》（La philosophie transcendantale de Salomon Maïmon, Alcan），頁：75 續下頁（但是，麥蒙和萊布尼茲都沒有去分辨關係的相互確定和客體的完全確定）。

16 萊布尼茲，《給阿爾諾的信》（Lettre à Arnauld, Janet, 2e éd., t. I, p. 593）：「我曾經說過，靈魂在某種意義上自然地表達整個宇宙，且根據其他身體於其自身所擁有之關係，並因此更直接地表達屬於其身體各部份的東西，必須，根據對它來說甚為基本的關係之諸法則，特別表達其身體某些部分的非凡動作。」亦參照自《給阿爾諾的信，1687 年 4 月 30 日》（Lettre du 30 avril 1687），「關係的諸級別」（頁：573）。

有的方向中、在繞著其他點匯聚的其他系列裡延伸，諸世界的不可構成性（l'incompossibilité）相反地在使已獲得系列分歧的諸點之鄰近處被定義。人們可理解為何不可共構性的觀念絕不歸結為矛盾，甚至不意味著實在的對立：它只意味著分歧；而且可構成性只是表現了副—措辭作為分析式延伸的過程之獨創性。在一可構成的世界之連續體中，微分關係與顯著點因此確定了諸多具有表現力的中心（諸多個體的本質或實質），在其中，每一次整個世界都以某一視角被包裹。相反地這些中心透過重建世界的方法，並因此在被表達的連續體中，藉由自身扮演單純的顯著點與「境況」之角色來展開及成長。連續性之法則在此顯現出如同世界的特性或境況的一項法則、一種適用於被表達的世界之發展法則，且也適用於在世界中的諸單子自身；不可分辨者的原則是本質的原則、包覆的原則，其適用於表語，亦即，適用於單子以及適用於在諸單子中的世界。兩種語言不停地交互轉譯。兩者一起將差異，同時作為無窮小與有限之差異，和充分理由關聯起來作為選擇基礎，亦即，挑選了一個最佳世界的基礎 — 眾多世界中最好的，在此意義上，當然意味著一項比較，而不是比較級；每一世界為無限的，這是最高級在無窮小的試驗自身中，將差異帶往一個絕對的最大值。有限差異被確定於單子中，以及被清楚地表達的世界地域，無窮小的差異則作為混雜之底，其決定了此清晰之條件。以此兩種方式，狂喜的再現使確定性中介化，以指定一種「理由」給予確定性而使之成為一種差異的概念。

有限再現是一種形式的再現，其包含了一物質，然而是一種作為被對立面所賦予形式的次要衍生物質。我們已經看到此方法再現了差異，透過將它中介化、使之從屬於同一性之下，作為「屬」，以及透過在諸「屬」自身之類比、諸確定性的邏輯對立中，和在諸特有物質的內容之相似性裡，確保此從屬關系。這是與無限再現不同的，因為無限再現包含了全（le Tout），亦即作為原始基礎物質之底，以及作為主體、作為自我或絕對的形式之本質。無限再現同時把本質和基底、以及兩者之間的差異，與一基礎或充分理由關聯起來。中介自身已成為基礎。然而，有時底部是普同屬性之無限連續性，將自身包裹在被視為本質之有限且特殊的諸自我（les Moi）中。有時特殊只不過是一些屬性或形貌，其於無限且普遍之基底發展，但其指向本質以及一個純粹的自我，或更確切地說，一個被包裹在此基底之中「自己」（Soi）的諸真實確定性。在這兩種情況裡，無限再現是一種雙重論說之客體：屬性與本質的論說——物理性的點與形而上學的點或萊布尼茲觀點的論說、形象與黑格爾的環節或範疇之論說。人們終究不認為萊布尼茲比黑格爾想的不夠遠；在他那邊甚至存在著更多深度、狂歡主義或酒神巴克斯的譫妄狂熱，基底具有一種更為宏大的首創性之意義中。但同樣在這兩種情況下，無限再現似乎不足以使得差異的思維獨立自本質的普通類比，或獨立自屬性的簡單相似。最後，這是「無限再現不會從再現的預先假定的同一性原則裡脫身」。這就是為何它處在屈從於萊布尼茲的諸系列匯聚之條件狀況下，以及同時屈從於黑格爾的循環迴圈之單一中心。無限再現援引一基礎。但如果基礎並非恆等同一其自身，那麼它亦不被排除作為一種方式，即特別認真對待同一性原則、給予它無限的價值、使之與一切共同外延之方式，並藉此方式而使恆等同一支配著存在自身。無關緊要的是，同一性（作為世界和自我的同一性）在無窮小的類型裡，被設想成分析的，或者在無限大的種類中，被設想成綜合的。在一情況裡，充足理由、基礎是那副—指稱同一性者；於另一情況中，則是與之背道而馳者。然而在所有情況中，充足理由、基礎，僅通過無限才使同一導向「存在」於其同一性自身中。而且在此，顯然屬於萊布尼茲的，亦不少是屬於黑格爾的。黑格爾的矛盾不否定同一性或非—矛盾；相反地，它在於將「非—矛盾」的兩種「不」登錄進存在者中，以如此的方式，在此條件狀況、此創建（fondation）下之同一性，足以如此去思索存在者。按照公式，「事物否定非它者」或「與不是它者做出區別」，在同一性的服務中，都是邏輯的怪獸（非為事物者之全）。所謂差異即為否定性，人們一將它推至盡頭，它就會走向或者應該進行直到矛盾。僅在以下範圍內才是確實的，差異已經被安置於一條途徑上、在一條被同一性所繃緊的線上。這只有在同一性將差異推至上述範圍內的程度上才是真確的。差異即為基底，然而只是為了同一表現之基底。黑格爾的迴圈不是永劫回歸，而只是通過否定性之同一的無限循環。黑格爾的果敢對舊原則致上最後敬意，並且是最強而有力的。在萊布尼茲與黑格爾之間，重要性不在於差異已假設的否定，會被設想成副—指稱的限制或互斥的對立；更不重要的是，無限的同一性自身會被假定成分析的或綜成的。無論如何，差異始終隸屬於同一性、被簡約成否定、被監禁在相似與類比中。這就是為何譫妄，在無限再現裡，只是一個被預先構成的假譫妄，其無法擾亂同一的平靜或泰然。無限再現因此與有限再現有一樣的缺陷：在於混淆了差異的特有概念與登錄在一般性概念的同一性裡之差異（儘管它把同一性當作純粹的無限原則，而非作為「種」，以及它擴大至一般性概念的所有正當性，而不是去固定其界限）。

* * *

差異有其關鍵性的經驗：每當我們處於面臨或處在一限制、一對立裡時，我們必須去提問，什麼是由這樣的處境所假定的。它假定了一種差異的萬頭攢動、一種自由、野生或未馴化的差異之多元論、原初的、微分特有地的一個空間與一種時間，其堅持通過限度或對立的簡化。為了種種力量的對立或形式的限制具體化，首先必須有一個更深層的實在要素，其被定義和確定為一非形式和潛在的多重性。諸對立大致被切割，在一重疊觀點、距離、連通的分歧和不相稱、異質的潛力和強度的優良介質裡；而且首先並非關於在同一裡解決張力，而是在一種多重性中分配不相稱。諸限制與第一維度的普通力量相應——在一空間中與單一維度及單一方向對應，如在萊布尼茲的例子中援引被水流沖走的船隻，可能會有一些衝擊，不過這些衝擊必然有限制和均等化的價值，並不是中立化也非對立的價值。至於對立，換它再現第二維度的力量，如一種事物於一平面空間中展開、一種被簡化成單一平面的極化；而且綜合其自身只在虛假的深度中進行，也就是說在虛構的第三維度中，其補充到其他維度並只是將平面一分為二。無論如何，那逃離我們的，就是原初的、強烈的深度，它是整個空間的孕生者以及差異的初次肯定；在其中，那僅在隨後作為線性限制與平面的對立而將出現者，活在自由的差異狀態下且沸騰。到處都是，連結成對、極性 假定了諸多捆成束和網狀系統；被組織的對立假設了四面八方的輻射。諸立體圖像僅形成平面的與扁平的對立；這些圖像十分不同地在原初的深度中回送至一移動的共存平面之分層與「不相稱性」（disparation）。處處都是，差異的深度皆為原初的；如果在一開始就不把它（此深度）作為包覆進其他兩個，以及自我包裹作為第三（維）的話，就無法再找到作為第三維之深度了。空間和時間只在表面上表現出對立（和限制），而在它們實在的深度中，假定了一些更龐大的、受肯定和被分配的差異，這些差異不能被簡化成負面否定的平凡無奇之物。正如在路易斯・卡羅的鏡子裡，一切在表面上是相反且顛倒的，但在厚度上則是「相異的」。我們將看到，因此於任何空間皆然，幾何、物理、生物心理、社會和語言的（在這方面，特 貝茨科伊（Troubetzkoï）的原則宣告顯得多麼不確定：「差異的理念假設了對立的觀念……」）。有一種鬥爭的虛假深度，然而，在鬥爭之下，為諸差異戲局手法之空間。負面否定是差異的形象，不過是它被壓平和顛倒的形象，像是在牛眼（窗）中的蠟燭——辯證論者之見解渴望得到一種徒勞無功的鬥爭？

於此意義上，萊布尼茲走得更遠，也就是說比黑格爾想得更深遠，當他於底部分配發散了諸顯著點及一多重性之諸微分元素時，與當他於世界的創造中發現一項遊戲時：是故謂之，第一維度，即極限之維度，儘管有其不完美，仍然更接近原始深度。因為萊布尼茲保持了舊原則的支配、因為他將諸系列與一匯聚的條件關聯起來，卻沒有看到分歧自身就是肯定的客體對象，或沒發現不可構成性屬於同一個世界並且得到肯定，作為最嚴重的罪行與最高尚的美德，屬於永恆回歸之唯一且相同的世界，他唯一的錯誤難道不在於已將差異與限制的負面否定建立起聯結嗎？

這不是假定了對立的差異，而是對立假定了差異；以及，對立並不是去解決差異，引導至一個基礎，而是背叛和歪曲它。我們不僅認為，差異本身並非「已經」是矛盾，而且也認為，它不會讓自己被化約及被導向矛盾，因為矛盾不夠深入、且不比差異更為深層。因為，在什麼樣的條件下，差異會因此被帶往、被投射在一平面的空間呢？確切地說，當差異被強行置入一個預先的同一性中、當它被放在此同一的傾向上時，此同一必然將之引向那同一性所欲之處、及使之映照在此，也就是說，在負面否定之中[17]。時常被注意到在現象學剛開始時所發生的事情，即黑格爾辯證法的推動：在此與此刻（l'ici et le maintenant）都被認定成空洞的同一性、抽象的普遍性，後者企圖以這些空的同一性驅動差異，但是正好差異完全不遵循且仍停留在自己空間的深度裡，在一個總是由特異點構成的微分實在性之「在此—此刻」裡。有人說，一些思考者有時會去解釋，運動是不可能的，而這件事阻擋不了運動的產生。對黑格爾來說則是相反的：他創造了運動，且甚至是無限的運動，不過正如他用一些字詞與再現作出運動，這是一種假運動，而且沒有任何事物隨之而至。因此每一次都存在著中介、或者再現。再現者說道：「大家都意識到⋯」，可是總有一個不被再現的特異性沒有意識到，因為確切來說它不是大家或普同。「大家」意識到普同，因其自身即為普同，而特異卻沒有意識到它，換言之深層的感性意識然而都被認為應為之付出。說（parler）的災難不在於說，而是為「其他」而說，或者去再現某事物。感性意識（亦即某事物、差異或其他事物（τὰ ἄλλα））頑固地堅持著。人們總是能中介化、轉入反命題之中、組合起綜合，然而論題不遵循、續存於其直接性裡，在其差異本身創造真正運動之中。差異是論題的真正內容、論題的固執所在。負面否定、負面性，甚至不能捕捉到差異的現象，而只不過接受到幽靈或副現象（l'épiphénomène）而已，且所有的現象學都是副現象學。

差異之哲學拒絕的是任何透過負面否定性的確定（omnis determinatio negatio）⋯⋯人們則是拒絕無限再現一般的二擇一：或者是未確定、無關緊要、未區分，或者是一個已確定的差異作為否定，意味著與包裹著負面否定性（因此，特定的二擇一也被拒絕：限制的或對立的負面否定性）。於其本質中，差異是肯定的客體並肯定自身。於其本質中，肯定自身就是差異。但在此，差異之哲學難道沒有冒著以一種高尚靈魂的新形象顯現之危險嗎？這是高尚的靈魂，實際上在各處都見到了諸多差異，且求助於可敬的、可調和的、可聯合的差異，歷史於此繼續產生著血腥的矛盾行動。高尚的靈魂表現得如同一位被拋在戰場上的和平仲裁者，其可見到普通的「爭論」（différends）、或許是一些誤解，在不能平息的鬥爭之中。

然而相反地，為了將純粹的諸差異之判斷指向那高尚的靈魂，並將諸真實差異之命運與負面否定性及矛盾之命運接合起來，尚稱不足的是，以正確考量而堅定起來、及援引眾所周知的肯定與否定、生與死、創造與毀滅之互補性——宛如它們足以去建立一種否定性的辯證法。因為藉由這樣的互補性，我們仍毫無權力審理一個詞語與其他詞語的關係（是要從一個已是負面且否定的差異得出被限定的肯定之結論，或是要從一個已微分的肯定中得出負面否定性呢？）。從極度一般性看來，我們認為求助於「必要的毀滅」有兩種方式：詩人手法，以創造力之名說話，能夠在永劫回歸的持久革命狀態中，為了肯定差異而去顛覆所有秩序和所有再現；以及政治[18]手法，首先在於否定那「不同」者的關心，為了保持、延長一個在歷史上已被建立的秩序，或者為了建立一個在世界上已請求了其再現之諸形式的歷史秩序。在格外激動的一時機，有可能兩者同時發生，但它們永遠不會一樣。能被看作是一種高尚的靈魂，沒有人不如尼采。他的靈魂極其崇高，但並非高尚靈魂之意；沒有人比他更

17 路易．阿圖色（Louis Althusser）在黑格爾的哲學中揭露了同一性的無所不能，亦即「一種內在原則的簡單性」：「黑格爾式矛盾的簡單性確實只有透過內在原則的簡單性才有可能，其構成了任何歷史時期之本質。這是因為正當地將全體性、一個被給定的歷史社會之無限多樣性⋯簡化為一個簡單的內部原則是可能做到的，此相同的簡單性，矛盾因而是既得之權，其能自我映射。」這就是為什麼他指責黑格爾迴圈只有唯一的中心，所有的形象都被反映和保存。路易．阿圖色以一種多重的或多種條件決定的矛盾原則來反對黑格爾，這是他認為在馬克思那裡發現的：「構成每個實例的差異⋯如果它們在一個真正的統一體「建立起來」，就不會在一個簡單的矛盾之內在統一中「消散」為純粹的「現象」。」（仍然，根據路易．阿圖色，它仍是處於多種條件決定和微分的矛盾，並且這是它的諸差異之全體，其在於一個主要的矛盾中合法地建立起來。）參照自《保衛馬克思》，矛盾與多種條件決定（Pour Marx, Maspéro, 1965）。頁：100-103。

具有暴戾的見解、破壞的風格。但確切地說，在他的全部作品中，他不停地對比著肯定—否定關係的兩項觀念。

在某情況下，否定性確實是原動力和力量。肯定由此而生——我們說，如同一個替代品。且這或許不是太多的兩個否定，對於製造肯定的幽靈、肯定的替代物而言。然而肯定如何自否定性而產生，如果它不保留被否定的？況且尼采也從這樣的觀念指出駭人的保守主義。肯定被正確地製造出來，然而適用於向任何負面的與否定者、任何「能被否認」者說出：「是」。因此，查拉圖斯特拉的驢子說出：是；不過對牠來說，這是肯定，這是去承擔、擔當與負責。牠擔負著一切：人們使牠負載的重擔（神聖的價值）、牠自身所擔負的這些（人世的價值），以及當牠無法再承擔任何東西時（價值的缺席）[19]，其疲憊的肌肉重量。有一種屬於這頭驢或這頭牛作為「辯證論者」的思想中的責任感之可怕見解，以及一種道德的餘味，彷彿人們只能經由不斷付出代價才能去肯定，宛如必須經歷分裂和撕裂的災難，最終為了去說「是」。彷彿差異就是惡，而且已是負面否定性，唯有透過付出代價才能產生肯定，也就是說透過同時承擔起被否定者與否定自身的重量。總是長年的不幸，自同一性原則的頂端發出響聲：唯一終究被拯救的，不是那簡單地被再現者，而是無限再現（概念），其保留全部的負面否定性為了最終將差異歸還給同一。在所有「取消」（Aufheben）的意義中，沒有比激起的意義更為重要的了。確實有一個辯證法的圓圈，但這個無限的圓圈四處都只有單一個中心，其於自身約束住所有其他圓圈、所有其他暫時的中心。

辯證法的重新開始或重複只表達了一切的保存，所有的形象和所有的環節，於一巨大的虛存記憶（Mémoire gigantesque）中。無限再現是會保存的記憶。重複只是一間收藏館、一種記憶自身的力量。確實有一種循環辯證的選擇，但總是有利於那在無限再現中保存者，亦即承擔者和被承載者。此選擇朝反方向運行，及無情地除去了使圓圈彎曲、或破壞回憶的透明度者。就像洞穴的陰影一樣，負重者與被承載者為了回返，不停地進出無限再現裡——而且這就是它們聲稱自身已具有確實辯證的能力。

不過根據另一觀念，肯定是首要的：它肯定差異、距離。差異是輕盈、空氣般以及肯定的。肯定（affirmer）不是承擔，完全相反，它是卸載與減輕。這不再是生產出肯定的幽靈，以及替代品之負面否定性。這是從肯定中產生的非（le Non）：對它而言是影子，但更確切地說在結論的意義上，似乎是「接續」（nachfolge）。負面否定性是副現象。否定，是投入水塘中所激起的，就像是一種過於強烈、過於相異的肯定之結果。也許需要兩種肯定來產生作為「接續」的否定陰影；而且也許有作為子夜十二點和中午十二點的差異之二時

18 譯注：此處政治（le politique）指的是一般的治安或治理（πολιτεία）。

19 尼采不停地揭露「肯定」與「承擔」之間的同化（參照自《善惡的彼岸》，§ 213：「思考，與認真對待一件事、承擔其重量，這對它們來說都是同一個，而沒有別的經驗。」）就是說「承擔」意味著一種假的活動力、假的肯定，只不過承擔了一些「虛無主義」的產物而已。因此尼采將康德和黑格爾定義為「哲學的工人」，他們積累並且保存著大量既定價值的判斷，即使對於他們而言重要的是戰勝過去；以此意義，他們仍舊是負面否定性的奴隸（§ 211）。

刻，陰影自身於此消失了。正是在這個意義上，尼采使驢子的是「與」非、以及狄俄尼索斯—查拉圖斯特拉的是「與」非相對照—奴隸的觀點從非之中取出肯定的幽靈，而「主人」的觀點則從「是」之中得出一個否定的、毀滅的結論——舊價值保守者之觀點，與新價值的創造者之觀點[20]。那些尼采稱之為主人的必然是有力量之人，而不是有權力（利）之人，既然權力（利）是由正進行中的價值賦予作出判斷；取得權力（利）不足以讓奴隸停止作為奴隸，這甚至是由奴隸領導的世界進程或表面之法則。既定價值與創造之間的區別更不應該從歷史相對主義的意義上被理解，猶如既定價值在它們的時代曾是新的，而新的必須被建立在屬於它們的時刻。相反地，有一種本性上之差異如處於再現的保守秩序和一種創造性的混亂、絕妙的混沌之間，後者若不與前者混淆不清，就只能與歷史中的一個時刻相吻合。最深層的本性上之差異是在中庸形式與極端形式之間（新的價值）：沒有人能透過使中庸形式達到無限，以及為了在無限中肯定它們的同一性，藉由在有限之內使用它們的對立，而達到極端。在無限再現中，偽—肯定不會使我們脫離中庸形式。因此尼采確實譴責所有以反對或鬥爭為基礎的選擇手段，以及以轉向中庸之利益以及為了「大多數」的好處而發揮作用之手段。進行真正的選擇，屬於永劫回歸，因為它反而消除了中庸形式以及解除「任何存在者的高級形式」。極端不是諸對立面的同一性，而更確切地說是相異的單義性（l'univocité du différent）；高級形式不是無限的形式，更恰當地來說是永劫回歸自身之非形式的永恆，通過諸變形和轉變。永劫回歸「做出」差異，因為它創造了高級形式。永劫回歸使用否定作為「接續」，並發明了一種否定的否定之新公式：「任何可被否定者」被否定，必須被否定。永劫回歸的天賦特性不在記憶裡，而是在浪費中，在已變得積極活躍的遺忘（l'oubli）之中。任何負面者與否定者，這些所有中庸的肯定承載著負面否定性，所有那平淡蒼白、敗壞的「是」，皆來自於非，「任何禁不起永劫回歸所考驗的」，這一切都必須被否定。如果永恆的回歸是轉輪，還必須賦予它一個劇烈的的離心運動，驅逐任何「能夠」被否定、禁不起考驗者。尼采只對那些不「相信」永劫回歸的人們宣告一項輕微的懲罰：他們終究只能感受到與擁有一個短暫的生命！他們將感受到、意識到自己，由於他們是——一些副現象；這將是他們的絕對知識。因此否定作為從完全肯定中得出的結論，它使任何負面者衰竭，且其自身於永劫回歸之移動的中心日趨耗盡。因為如果永劫回歸是一個圓，那麼就是差異位於其中心，而且相同（Même）只不過在周圍——中心偏移的圓在每一刻——不斷地迂迴曲折，僅繞著不平等的周圍旋動。

否定，正是差異，然而，是從小的面向、自低處被看見的差異。相反地從上到下被重新樹立的差異，即是肯定。不過這個命題有很多意義：差異是肯定的客體對象；肯定自身是多重的；它是創造，而它也必須被創造，以肯定差異、以成為於其自身的差異。這不是

20《善惡的彼岸》（Par-delà le bien et le mal），§ 213。關於主人的「非」（non），其為結果，相對於奴隸的「非」（non），後者為原則，參見《道德系譜學》（Généalogie de la morale），第 I 卷，§ 10。

作為原動力的負面否定性。更恰當地說，有一些正面的微分要素，同時決定了肯定的生成和被肯定的差異。也許有像這樣的肯定之生成，就是每當我們將這種肯定留在未確定時、或者我們將確定性置於負面否定性中，而避開我們的。否定是從肯定中得到的：這意味著否定在肯定之後湧現，或於其側邊，「但僅作為更深的生成要素之影子」——此力量或此「意志」之影，其醞釀出肯定與於肯定中的差異。那些承載著負面否定性者不知道它們做了什麼：它們將陰影看作實在性，它們助長了幽靈，它們將結論與前提隔絕，它們將現象與本質的價值賦予了副現象。

再現讓差異被肯定的世界消失。再現只有單一中心，一個唯一且逐漸消失的視角，同樣只有一個虛假的深度；它中介化一切，但什麼都不發揮作用且動彈不得。運動因自身考量意味著諸多中心的多元性、多視角的重疊、視點的混雜交纏，基本上是扭曲再現的諸多時刻之共存：已有一幅畫或一件雕塑，是這樣的「扭曲變形者」，迫使我們創造出運動，也就是說，迫使我們去結合平面圖和俯視圖、或者隨著觀者前進的空間裡而上升與下降。是否增多再現就足以獲得如此的「結果」呢？無限再現正是如此包含一種再現的無限性，或許是確保對於同一對象或同一個世界之所有視點的匯聚，或者使所有時刻成為同一個自我的諸特性。但它因此保留了一個獨一無二的中心，匯集與再現所有其他的（中心），作為負責安排的系列統一體，只以一次地組織起所有的詞語和它們的關係。無限再現與使它成為可能的定律是不可分開的：概念的形式作為同一性之形式，有時其構成被再現者之在己（l'en—soi du représenté）（A就是A），有時則構成再現者之為己（le pour—soi du représentant）（自我＝自我）。前綴RE—在再現這個字中表示此同一的概念形式，將諸差異從屬於其身。因此不是藉由進行著增多再現與視點，而立即到達被定義成「次—再現的」。反之，這已是每個組成之再現，必須經變形、偏離、自中心脫離而出。每一視點自身必須成為事物，或者事物必須屬於視點。因此，事物必須完全不是同一，而是被四分五裂在一差異中，在此差異裡，被看的客體同一性與可視的主體同一性一樣消失了。差異必須變成組成要素，最後的統一體，因此，它必須指向其他從未與之為同一、卻與之區別的差異。一系列的每個詞語，已是差異的，必須被置入與其他詞語的可變關係中，以及藉此構成其他沒有中心和匯聚之系列。在系列自身中，應當肯定分歧和中心偏移。每一件事物、每一存有，想必在差異中看到它自己被吞噬的同一性，每一個都只不過是在諸多差異間的一個差異而已。應當指出差異正漸趨「延異」（différant）。人們皆知現代藝術作品傾向於實現這些條件：藝術作品在此意義上成為一齣真正的「戲劇」，演出變形和置換。沒有任何固定不變的劇場，或沒有（引導）線之迷宮（古希臘神話阿里阿德涅已自縊身亡）。藝術作品離開再現的範疇以成為「經驗感受」，先驗的經驗主義或感性之科學。

奇怪的是，人們已經可將美學（作為感性之科學）建立在「能」被再現於感性中者之基礎上。誠然，從再現中減去純粹感性之反向步驟，且試圖將此感性確定為一旦再現被減去後所剩下的（例如矛盾的流動、感覺之狂想曲），確實不是最好的步驟。其實，經驗主義變成先驗的，以及美學，成為一門毋庸置疑的學科，當我們在感性中直接領會只能被感受的東西、感性「之」存有自身（l'être même du sensible）時：差異，潛力的、強度的差異作為質性的多樣化之原由。這是現象在差異中閃閃發光，被解釋成符號，以及運動在差異中以「結果」而出現。差異的強度世界，諸質性在此找到它們的原由與感性，此世界的存在，明確地作為高級經驗主義之客體。這種經驗主義傳授我們一種奇怪的「理性」，那就是差異之多重與混沌（游牧式的分布、無政府主義的加冕）。這總是相似、類似、對立或同一的差異：差異在每個事物的後面，但差異背後卻什麼也沒有。穿越所有其他差異，以及自「願」或與通過所有其他差異而重返的，是每一差異的權利。這就是為什麼永劫回歸不會作為第二個而出現、或在隨後到來，而是已經出現在每一變形中、與它所使之再回返者同時代。永劫回歸和一種彼此牽連的差異之世界、「無同一性」以及真正混沌的複雜世界有關。喬伊斯透過使一「混沌宇宙」運轉來闡述「維柯的周而復始」（vicus of recirculation）；以及尼采曾說過，混沌和永劫回歸不是兩個截然不同的事情，而是唯一且相同的「肯定」。世界既非有限、亦非無限，如同於再現之中：它既是被完成，也是無限的。永劫回歸就是完成者自身的無限性，被說成差異的單義性的存有。在永劫回歸中，混沌—漂泊（chao—errance）反對再現的嚴密一致性；它排除了自我再現的主體以及被再現的客體一致性。「重」複（répétition）反對「再」現（représentation），前綴已改變了意義，因為在某種情況下，差異僅用來表示關於同一，而在另一情況下則是單義性被用來與相異相比。重複，是所有差異之非形式的存有、基底之非形式的力量，其將一切事物都帶往這種極端的「形式」，於此，它的再現自行拆解。「不均等」（dispars）是重複的最終要素，它反對再現的同一性。因此，永劫回歸的循環、差異與重複的循環（其拆解了同一與矛盾的循環迴圈），是一種迂迴曲折的迴圈，它所說的相同（le Même）僅屬於那相異者。詩人布勒德（Blood）表達了先驗經驗主義的信仰之聲明，其作為真正的美學：「自然基本上是偶然的、極端的、神祕的：諸事物是奇特的……宇宙是野生的……相同只為了帶來相異才回返。刻錄機轉動的緩慢迴圈只增加了一根頭髮的厚度。但差異分布在整個曲線上，絕非確切地完全一致。」[21]

有時，人們在前康德主義和後康德主義所再現的兩個時刻之間，確定了一個重大的哲學變化。前者由限制的負面否定性所定義，後者則由對立的負面否定性所定義。前者藉由分析的同一性定義，後者則透過綜合的同一性定義。前者從無限實質的角度來看，後者則從有限自我的角度出發。在萊布尼茲重要的分析中，這已經是有限自我進入到無限的發展中，而在黑格爾重要的綜合裡，則是無限被再度引入有限自我的運作中。然而，人們將懷疑這樣的變化之重要性。對於差異哲學而言，只要差異無論如何都會被簡化為負面否定性與從屬於同一，負面否定性能否被設想成限制的或對立的，以及同一性能否被設想成分析的或綜合的，皆已無關緊要了。神的實質唯一性與同一性，其實是作為單一和同一的自我唯一保證，只要人們保持住自我，上帝就會被保存。綜合的有限自我或分析的神聖實質，是同一回事。這就是為什麼人─上帝的置換對調皆如此令人失望，而且無法使我們更進一步。尼采似乎是第一位確實看到，上帝之死唯有與自我之解體同行才能生效。那麼這個被揭示者，即為存有，其指稱既不在實質裡，亦非於一主體中之差異：大量隱蔽的肯定。如果永劫回歸是最高思想，也就是說最具強度的思想，這是因為它的極端一致性在最高點處，排除了一個思考著的主體以及被思的世界作為上帝保證[22]的一致性。我們應當感到興趣的，不是在康德之前和之後發生的事情（及返回到相同者），而是康德主義的明確時刻，甚至沒有延伸到康德思想裡，也較少延伸至後康德主義中稍縱即逝的爆發時刻——除了可能在荷爾德林（Hölderlin）思想裡，在「斷然轉向」的經驗與理念中。因為當康德質疑理性神學時，他「同時」將一種不平衡、裂縫或裂痕，一種在正當性上無法踰越的權利異化，引入「我思」（Je pense）的純粹自我中：主體僅能像再現一個其他（un Autre）的自發性一般，才可以再現它自己的自發性，以及用那種方法在最後一個堅決要求中引用了一種神祕的一致性，即排除它自己特有的、世界和上帝的一致性。對於解體之自我（un moi dissous）而言的我思（Cogito）：「我思」的自我於其本質中包含了直覺的接受性，對此而言，我就已經作為別的。並不重要的是綜合的同一性，然後是實踐理性的道德，去恢復自我、世界和上帝的完整性，以及備製出後康德主義的綜合；短時間內，我們就已進入了這個權利的思覺失調症，描繪了思想的最高力量之特徵，以及向著差異直接開啟了存有，無視於所有的中介、所有概念的調和。

* * *

現代哲學的任務已被定義成：柏拉圖主義之顛覆。此顛覆保持許多柏拉圖式的特性，非但不可避免，也合乎期望。柏拉圖主義確實已經再現差異隸屬於一（l'Un）、類比、相似與甚至是負面否定的力量，這就如同正在馴服中的動物，其動作在最後關卡中，對於自

21 尚．瓦爾（Jean Wahl）所援引的，《英美多元論哲學》（*Les philosophies pluralistes d'Angleterre et d'Amérique*, Alcan, 1920），頁：37。——尚．瓦爾的整個作品是一種對差異的深刻沉思；關於經驗主義在於表達詩性、自由和野性的自然之可能性；關於差異化約為普通否定性之不可簡化性；關於「非黑格爾式」的肯定與否定關係。

22 皮耶．克羅索斯基（Pierre Klossowski），更新了尼采的詮釋之兩篇文章中，已得出此要素：「『上帝死了』並不意味著神性停止作為對於存有的一種解釋，而儘管承擔自我同一性的責任之絕對保證在尼采的意識境域中消失，在此，輪到它與這個消失相混淆…僅待（於意識中）宣稱它的同一性自身是一偶然境況，被抽象地以必然性維持住，冒著自視為命運的普遍轉輪之危，若可能為諸境況之全體的話，則冒著於其必然的全體裡領會偶然自身之險。那續存的，正因此為存有，以及動詞存有，其從未適用在存有自身，而適用於偶然」（尼采，多神教和諷刺戲謔的模仿，收錄於《一個如此致命的慾望》（Nietzsche, le polythéisme et la parodie, dans Un si funeste désir, N.R.F., 1963, pp. 220-221）。——「這是否意味著，思維主體可能失去其同一性，是從一嚴密邏輯的思維其本身驅逐同一性開始呢？…在此循環運動中，對於缺乏條理的我而言、對於如此完美嚴密的思維而言，其排除我的那一刻，甚至是我思索它的那一刻，哪一個是我的部份？…它是如何到達自我的現實性，然而到達由它所激起的這個自我之現實性？透過解放意謂自我的諸波動，將它表示為僅是已過去者（le révolu）在其現在中產生回響之自我……神之惡性循環（Circulus vitiosus deus）只是此跡象的命名，其在此，採取以酒神（Dionysos）為榜樣之神的面貌」（忘卻與回想，在相同之永劫回歸的真實經驗中，收錄於《尼采，羅奧蒙特論壇備忘錄》（Nietzsche, Cahiers de Royaumont, Editions de Minuit, 1966, pp. 233-235）。

由狀態更加表明了，其不久後會喪失的本性：赫拉克利特的世界在柏拉圖主義中低鳴著。與柏拉圖同行，出口仍然值得懷疑；中介未找到它已完成之運動。理念尚未是一種使世界歸順於再現要求之客體的概念，然而更確切地說，是一種原始的在場，只能根據非「可再現」於事物裡的，才在世界中被喚起。因此理念尚未選擇將差異與一般性概念之同一性關聯起來；它沒有放棄去找一種純粹的概念，一種作為這樣的差異之專有概念。迷宮或混沌皆已被破解，但沒有線，沒有一團線的幫助[23]。柏拉圖主義中有不可替代的東西，亞里斯多德已清楚地看到了，儘管他明確地對柏拉圖提出了批評：差異的辯證法有一種自己特有的方法——劃分——不過此劃分在沒有中介、無中間項或理由下操作，於現時中行動並及倚仗理念的靈感啟發，而不是一般性概念的要求。而且，劃分與一概念之假定的同一性相比，確實是一種反覆無常、不一致的手法，自一特異性跳至另一個。然而從理念的角度來看，難道這不是它的力量嗎？而且這並非成為眾多辯證手法中的一種，其應由別的手法來完成或接替，難道這不是劃分在出現的時候接替了其他手法，為了真正的差異哲學之利益而拾集一切辯證法之力，以及同時衡量了柏拉圖主義與顛覆柏拉圖主義之可能性嗎？

我們的錯誤在於，試圖從亞里斯多德的要求為起點去理解柏拉圖式的劃分。遵循亞里斯多德，重要的是在於將一「屬」劃分為對立的「種」；然而，這個手法不僅僅由於自身缺乏「理由」，也缺乏了一種下述的理由，人們因此而決定某事物是屬於某「種」的一方，而不是另一「種」的那方。例如人們將技藝劃分為生產和獲取的技藝；但為什麼用線釣魚屬於獲取的這一邊呢？這裡缺少的，就是中介，亦即，一個有能力勝任中間項之概念的同一性。然而反對聲浪顯然減退，如果柏拉圖式劃分絕不打算去確定一「屬」的諸「種」。或者更確切地說，打算這麼做，不過是表面地甚至是諷刺地為之，以便更好地隱藏在這個面具下真正的祕密[24]。劃分並非「概括」的反面。這不是一種列舉規範。即完全不涉及到列舉規範的方法，而是選擇的方法。不涉及將被決定的屬劃分成被定義的種，重要的是把一個混雜的物種劃分成純粹的系譜，或從一種非此系譜之材料開始選擇一種系譜。人們或許可以談論「柏拉圖的物種分類論」，與「亞里斯多德的物種分類論」相對比，如同生物學家們把「若爾當物種分類論」（jordanons）與「林奈物種分類論」（linnéons）相對比。因為亞里斯多德式的物種，即使是不可分割的、甚至是極小的，仍然還是一個大的種。柏拉圖式的劃分在一個完全不同的領域中進行，是一些微小的種或系譜的領域。因此，他的出發點非關一屬或一物種；但是這個屬、這個大的物種被看成一種未區分的邏輯物質與無差別的材料，是一種混合與未定義的多重性，代表著為了要更新為純粹系

23 譯注：特修斯破除米諾陶洛斯的迷宮之希臘神話典故。

24 關於亞里斯多德對柏拉圖式劃分的批評，參見《第一分析》，I，31；《第二分析》，II，5與13（在最後一篇文章中，關於劃分，亞里斯多德堅持在物種確定中某一作用角色，冒著被一連續性原則所糾正的風險，其不足被認為在柏拉圖的構想中揭開了）。——然而物種的確定這樣如此的程度只不過是一種諷刺的表象，而非柏拉圖式劃分之目的，可見之，例如，在《政治篇》（Le Politique）中，266 b-d。

譜之理念而必須被消除者。追求黃金比例就是劃分的典範。差異在「屬」的二項確定之間，不是特殊的，而完全屬於一族系，在人們選擇的系譜中：不再是同一「屬」的對立面，而是在形構大的物種混合中，純正和不純正、好與壞、真實和不真實。純粹的差異與差異之純粹概念，並非被中介化於一般性概念中與在「屬」和諸「種」裡之差異。劃分方法的意義和目的，是競爭對手的選擇、向往者（prétendants）的考驗——不是矛盾（ντίφασις），而是不容置疑的（ἀμφισόήτησις）（可見於柏拉圖兩個主要的例子）：在《政治篇》裡，政治被定義為那知悉如何「放牧人們」者，但很多人突然到來，如商人、工人、麵包師、體操運動員、醫生，他們說：人們真正的牧者，是我！在《斐德羅篇》（Le Phèdre）中，重點在於定義良好的譫妄與真正的愛人，以及許多向往者到那裡而說：愛人、愛，是我！）。這一切都沒有種類的問題，除了具有諷刺意味之外。與亞里斯多德所考慮的沒有任何共同之處：這無關識別，而是認證。貫穿整個柏拉圖哲學與支配其科學或藝術分類的唯一問題，就是一直要去衡量競爭對手、選擇向往者，在偽—屬或一個大物種之中去區分「事物及其擬像」。這關於做出差異：因此在現時的深度中運作著現時之辯證法與危險的試驗，沒有線也沒有網。因為根據古代習俗、神話與史詩的習俗，假的向往者必須去死。

我們的問題仍不在於去理解選擇性差異是否確實如柏拉圖所言，在於真與假的向往者之間，而倒不如說是去理解柏拉圖如何歸功於劃分方法所做出此差異。讀者，於此，感到強烈的驚訝；因為柏拉圖訴諸於「神話」。所以這個劃分好像一旦拋棄了其規範之面具與發現了其真正的目標，然而就會放棄實現此一目標，而被一種神話之唯一的「遊戲」所接替。實際上，一旦談到向往者的問題，《政治篇》就會援引一個在古老時期控制世界和人類之神的形象，準確地說唯有這位神應得到人的國王－牧者之名。但正是如此，與之相比的話，所有的向往者都無法與之同等：有某一種人類社群的「關懷」特別屬於政治家，因為政治家最為接近古老的神－牧者模範。向往者們在於根據選舉式參與的秩序而以某種方式被衡量；在政治的競爭者之中，人們終究可以分辨（根據由神話所提供的這種本體論的測定）父母、僕從、助手，最後是一些招搖撞騙者與贗品[25]。在《斐德羅篇》中有相同的方法：當涉及去分辨「譫妄」時，柏拉圖突然援引了一個神話。他描述了諸靈魂在降生之前的循環，它們帶走可以被凝思的理念之回憶。正是這種神話的沉思，這是此沉思之本性或級別，這是追憶所必要之時機類型，它們決定了現實譫妄的各種不同類型之價值和秩序：我們可以確定誰是假的愛人者與真的愛人者；我們甚至可以確定關於愛人者、詩人、祭司、占卜師與哲學家，通過選舉方式具有不朽靈魂之回憶與沉思的性質——誰是真的向往者與參與者，以及其他人在哪些秩序中。（有人會反對，關於劃分的第三篇重要文本《詭辯家篇》（Le Sophiste）並無闡明任何神話；這是透過一種方法的悖論式使用、藉由一種反－使用，柏拉圖打

25 於此面向，神話必須被另一種模式完成，即範式，使得能夠透過類比法來區分父母、僕從、助手、贗品。同樣，黃金測試包含好幾個挑選方式：雜質的去除、「黃金同族」的其他金屬之去除（參見《政治篇》，303 d-e）。

算在此抽出假的向往者，特別是，那無任何權利去向往一切者：「詭辯者」。）

但這種神話的引入似乎更堅定了亞里斯多德的所有反對意見：缺乏中介的劃分，將沒有任何說服力，而且必須藉由一種神話來接替之，而此神話在一假想的形式中，提供給劃分一中介之等同物。然而，再次地，我們背叛了這種神祕方法的意義。因為，若在一般性的柏拉圖主義中，神話和辯證法確實是兩股不同力量，這種區別在於，當辯證法於劃分中發現其真正的方法時，就不再有用了。這是高於二元性之上的劃分，且使神話融入辯證法中，使它成為辯證法自身的一個元素。神話的結構在柏拉圖那裡顯得清晰可見：這是圓，帶有兩種動態功能，轉動和返回以及散發或分配——這些份額的分配屬於如同使靈魂轉世變成永劫回歸的轉動之輪。柏拉圖當然不是永劫回歸的先導者，但這不是我們在此所關心的原由。在《斐德羅篇》以及《政治篇》或其他篇章裡，仍保有不少的神話，如建立起一部分循環的典型，一種適於做出差異之基礎出現於其中，亦即衡量諸角色或意圖之基礎。此基礎在《斐德羅篇》中以理念之形式被確定，諸如經由循環於天之穹頂上的靈魂所凝思的理念；在《政治篇》中，則以神─牧者自身支配宇宙的循環運動之形式確定基礎。圓之中心或動力，基礎被建立在神話中作為一種試煉或選擇之原則，該原則藉由進行固定住參選的級別，以給予劃分方法其全部的意義。根據最古老的傳統，圓形循環的神話因此是一種創建的敘事─重複。劃分強制要求它作為能做出差異的基礎；反之，它要求劃分作為必須被建立在那之中的差異狀態。劃分是辯證法和神話真正的統一體，在於神話作為創建基底，以及邏各斯作為理性範疇（λόγος τομεύς）。

此基礎的作用在柏拉圖的參與構想中顯得相當清楚。（以及大概是此作用提供給劃分似乎所缺乏的中介，而且同時將差異和一（l'Un）關聯起來，不過是以一種非常特殊的方式……）參與，意味著擁有份額，這是隨後到來的次級擁有者。居於第一級之擁有者是基礎自身。柏拉圖說，只有正義才是正義的。至於那些被稱為正義的人，他們以次級的、或第三、第四級……或者如擬像般，擁有成為正義的質性。只有正義才是正義的可不是一個普通的分析命題。這是理念作為，以第一級擁有的基礎之指明。而基礎的特性，在於使人參與，以次級地。因此參與者與那或多或少地參與，不同程度的，必然是一位嚮往者。這是嚮往者求助於一基礎，是意圖必須被建立（或被揭露為毫無基礎的）。意圖不是所有現象中的一個現象，而是任何現象之本性。基礎是對嚮往者的考驗，使他們或多或少地具有意圖客體的性質；在此意義上，基礎衡量且做出差異。因此人們就會去區分正義作為基礎；正義的質性，作為由奠定者所擁有的意圖之客體；正義者，作為不平等地分享此客體之向往者。這就是為什麼新柏拉圖主義者，當他們展現其神聖的三段式時，給予我們對柏拉圖主義如此深刻的理解：不可參與、被參與、參與者們。創立之原則就像是不可參與者，但它給出使人進行參與的某事物，並賦予參與者、次級擁有者，也就是說給予已能通過基礎考驗之向往者。就像是父親，女兒和追求者。而且因為三段式重現了參與的一系列比賽過程，因為向往者介入一秩序裡，以及參與了以具體再現差異的一些等級，新柏拉圖主義者已確實看見要點：以劃分為目的，不是物種在廣度上的區別，而是在深度上一系列辯證法、級數或譜系的建立，其標誌著一種選擇性基礎以及參選之運作（宙斯I、宙斯II……等）。看來矛盾既然並非代表基礎自身的考驗，反而再現了一種無根據的意圖之狀態，至少是參與的狀態。如果正義的向往者（被創立的第一位、有根據、確實）有一些競爭者，像是他的父母、助手、僕人，以不同身分具有其意圖，他也有他的擬像與經由考驗所揭露之贗品：這就是根據柏拉圖所說的「詭辯者」——弄臣、半人馬或林神，其向往一切，追求一切，且從未被奠定起理性基礎，而是與一切背道而馳以及自相矛盾……

但基礎考驗確切地說到底是關於什麼呢？神話向我們透露：總是有一個待完成的任務或待解之謎。人們向神諭提問，但神諭的回答本身就是一個問題。辯證法是諷刺，但諷刺是問題和提問的技藝。諷刺在於探討事物和存有，如探討與被隱藏的提問一樣多的答案，與待解決的問題同樣多的案例。人們想起柏拉圖將辯證法定義為透過「問題」進行的辯證，藉此達到建立基礎的純粹原則，也就是說將其作為衡量標準的原則，並分配相對應之解決方案；而且《美諾篇》（Ménon）僅闡述與幾何問題有關的不朽靈魂之回憶，在解答之前必須先理解，以及必須根據此不朽靈魂回憶的理解方式得到其應得之解決方案。我們現在不必擔心一種適合建立在問題和提問的兩項堅決要求之間的區分，而不如去考慮它們的複合體在柏拉圖式辯證法中如何扮演一個重要的角色——此角色在重要性上可比擬那將在之後出現的負面否定性，例如在黑格爾辯證法中。但確切地說「這不是」負面否定性在柏拉圖這裡扮演此要角。在這一點上我們必須去思索《詭辯家篇》的著名論題，儘管有些模稜兩可，但是否不應該如此被理解為「非」，在表語「非存有」中，表達「不同於負面否定性的某事物」。關於這一點，傳統理論的錯誤在於，強加給我們一種令人質疑的二擇一法：當我們力圖消除負面否定性時，如果我們證明存有是完全正面肯定的實在性，我們將對此表示滿意，並且不容許任何非存有；反之，當我們力求建立否定性時，只要我們終於在存有中提出，或是將任一非存有，與存有建立關係，我們就會感到滿意（在我們看來，這種非存有必然是負面否定的存有或否定性之基礎）。因此二擇一法如下述：要麼沒有非存有，且否定是虛幻而無根據的；或者有非存有，其將負面否定性置於存有中且建立起否定性。然而，也許我們有理地「同時」說有非存有，以及負面否定性是虛幻的。

問題或提問不是主觀的、私人的決斷確定，在認知上標誌著不足的一刻。成問題的結構是客體的一部分，並且使這些客體能夠作為符號來理解，一切作為提問或問題化的堅決要求是認知的一部分，並使得能夠在「學」之行動（l'acte d'apprendre）中掌握積極性、特殊性。更加深入地，即為存有（l'Être）（柏拉圖所說的理念），其「對應」於像這樣的問題或提問的本質。有如一「開啟」、一「開口」、本體論的「褶皺」，將存有與提問關聯起來。在這份關係中，存有就是差異自身。存有同樣也是非─存有，「但非─存有並非負面否定之存有」，而是成問題之存有以及問題與提問之存有。差異不是負面否定性，相反地非─存有就是差異：是「其他」（ἕτερον）而不是「與之相反」（ἐναντίον）。這就是為什麼非─

存有應該更恰當地被寫成（非）—存有，又或者最好寫成？—存有。在此意義上說來，有時不定式與存有較少指示一命題，而是命題被視為回答所針對的提問。這個（非）—存有是微分元素，肯定性在此作為多重肯定，找到其生成之原則。至於否定，只是這個更高原則的影子、在被產出的肯定性旁邊的差異之影。當我們混淆了（非）—存有與負面否定時，不可避免地，矛盾或許會被帶進存有之中；但是矛盾，仍是表象或副現象、被問題所投射之幻象、繼續開放的提問之影和存有與此提問（在給予答案前）如此聯繫之影。難道這不是已經在此意義上，對於柏拉圖，矛盾只不過描繪了所謂疑難的對話狀態之特徵嗎？在矛盾之外，差異——在「非」—存有之外，作為（非）—存有；在負面否定性之外，作為問題和提問[26]。

26 關於海德格的差異哲學之注釋——似乎海德格已揭露的主要誤解是，在《存有與時間》及《何謂形上學？》之後，對於他的哲學之曲解，包含了下述：海德格的「非」（le NE-PAS）不是屬於存有中的負面否定性，而是作為差異之存有；以及並非否定，而是提問。當沙特在《存有與虛無》的一開頭，分析了提問，他對負面否定性與否定性做出初步探索。這在某種程度上，與海德格的方法相反。這裡確實毫無誤解，沙特並非企圖評論海德格。不過梅洛龐蒂無疑地受到海德格更為實在的啟發，當他自《知覺現象學》起所論及的「褶皺」（pli）或「（地質）褶皺」（plissement）時（對比於沙特的「洞」和「非—存有之湖」）—以及當他在遺作《可見與不可見》中回歸到一種差異和問題的本體論時。

在我們看來，海德格的論點可被如此概述：1.「非」不表示負面否定，而是存有（l'être）與存在者（l'étant）間之差異。參見《理性本質》（Vom Wesen des Grundes）的前言，第三版，1949年：「本體論的差異是在存有與存在者之間的

「非」」（以及《何謂形上學？》（Was ist Metaphysik?）的後記，第四版，1943年：「那從未是也一處也沒有存在者的，難道不會以任何存在者的自我-分化者（le Se-différenciant）般被揭露嗎？」（頁：25）2.這種差異不是在普通字義上的「之間…」。它是「褶皺」（Zwiefalt）。它構成存有，而且組成存有建構存在者的方法，在「澄明」與「形變」之雙重運動中。存有確實是差異的區分化者。於是表語為：本體論的差異。參見《形而上學之超越》（Dépassement de la métaphysique），法文版，短評與演講，頁：89；3.本體論的差異關聯著提問。它是提問之存有，以問題開展，藉著標誌出對比於存在者之確定領域。參照自《理性本質》，法文版，收錄於《何謂形上學？》，頁：57-58；4.因此本體論的差異被理解成，差異並非再現之客體。再現，作為形而上學之要素，使得差異從屬於同一性，這或許只是藉由將差異與第三者（tertium）關聯起來，以作為在被視為相異的兩個詞項（存有與存在者）之間的比較中心。海德格承認，此形上學再現之觀點仍存在於《本質》（Vom Wesen）一書中（參見法文版，頁：59，第三者於《此在之超驗性》中被發現）。但形而上學無能為力去思索於其自身的差異，而且分與合之重要性同等（分化者）。差異中沒有綜合、中介，亦無和解，反而有一種在區分化之中的固執。這就是超越形而上學的「轉捩點」：「若存有自身可以在其真理中澄明，它於自身保有存有和存在者的差異，那麼它只能在差異特別地顯示出其自身的情況下為之……」（《形而上學之超越》，頁：89）。關於這一點，參照自貝達．阿里曼（Beba Allemann），《荷爾德林與海德格》（Hölderlin et Heidegger, trad. franç., Presses Universitaires de France, pp. 157-162, 168-172），以及尚．波孚勒（Jean Beaufret），《巴門尼德詩篇》導論（Poème de Parménide, Presses Universitaires de France, pp. 45-55, 69-72）；5.因此差異不會任由自己從屬於同一或相等，然而它應在相同（le Même）中，且以相同（le Même）被思索。參見《同一性與差異》（Identität und Differenz）（敦塔．耐斯克（Günther Neske），1957年）。以及《作為詩人而居之人》（L'homme habite en poète），法文版，短評與演講，頁：231：「相同和相等並非相互對應，相同更不是與純粹同一之空的一致性相互對應。相等通常緊繫著無－差異，以使得一切於其中交互合諧。反之，相同，自從被差異所操作的集合開始，成為相異的相互從屬。人們只在差異被思索的情況下才能說是相同：相同排除了任何在相等中解決諸差異之殷勤：總是使相等而沒有別的。相同將差異集中在一個原初的結合裡。相等則反之在簡單一致的一（l'un）之乏味的統一體中驅散之。」

我們以基礎般留住這個差異與提問、本體論的差異與提問之存有間的「關聯」。儘管人們終究會思索，海德格自身是否，由於他對於「無」（Rien）的構想、其「阻攔」存有而沒有附帶一提那非-存有之（非）的方式，沒有助長了諸多誤解。再者，是否需要將相同對立於同一，以思索原初的差異並且將之緊繫於中介呢？如果某些評論者確實已可在胡塞爾那邊重新找到托瑪斯主義之迴響，相反地海德格則站在鄧斯．司各脫一方，並且賦予單義性之存有一個新的光彩。但他是否操作轉變，根據此轉變，單義性之存有應該只能指涉差異，而且，在此意義上，圍繞著存在者打轉呢？「存在者」是否藉此方法設想著，其能真正地擺脫任何關於再現的同一性之隸屬嗎？他並非如此認為，可見於他對尼采的永劫回歸之批判。

* * *

柏拉圖辯證法的四種面貌因此為：差異的挑選、一種神話循環之創建、基底之奠定與複合的問題—提問之立場。然而透過這些面貌，差異仍被歸於相同（le Même）或歸於一（l'Un）。而且或許「相同」與一般性概念之同一性不應當被混淆一起；更確切地說它描繪了理念作為物「自身」之特征。但在此相同扮演一個真正基礎的角色之範圍內，除了使得同一存在理性中、使用差異為了使之存在的效應，人們不易見到哪一個是它的結果。其實，相同和同一之區分僅在於，若人們對相同進行與相異關聯一起的轉變時才會有結果，同時，在相異中做出區分的物與存有，以一致的方法遭受它們的「同一性」之根本破壞。這僅僅屬於此條件狀況，即差異於自身被思且不被再現、中介化。反之，整個柏拉圖主義被一種在「物自身」與諸擬像之間必須做出區分之理念所支配。不是在自身中思索差異，而是已將差異歸於一基礎裡，將其從屬於相同，以及在神話形式下引入一項中介。顛覆柏拉圖主義意謂拒絕一原型高於複本，以及一典範勝於形象之優先性。為了歌頌擬像與映象之盛行，皮耶．克羅索斯基在我們先前援引的文章裡，已完全標記了這一點：永劫回歸於其嚴謹的意義中被領會，意謂每件事物僅藉由回返才存在，一種複本的無限性複本，不倚賴原型、甚至亦非倚賴原初而續存。這就是永劫回歸為何被稱為「滑稽地模仿」：它修飾了使那存在（以及回返）而成為擬像者[27]。擬像是真正的特性或「那是（存在）者」之形式——「存在者」——當永劫回歸是（非形象的）存有之權力時。當物之同一性已潰散，存有逃出到達了單義性，並繞著相異周圍盤旋著。那是（存在）或回返的、毫無預兆和已建立的同一性：物已被化約成使自己四分五裂的差異，以及在差異中被化約成所有被隱含的差異，物經歷了這些差異。在此意義上說來，擬像即為象徵本身，亦即符號作為它使自身重複的條件內在化。擬像在被它撤銷了典範等級的事物中，已掌握住一種構成性的「不相稱」。如果永劫回歸，如我們所見，已用來建立一種在中等形式與高級形式之間的本性差異，同樣也有一種本性差異在永劫回歸的中等或緩和位置（或為局部循環，抑或近似「在物種上」總體的回歸）與其嚴格或斷然的位置之間。因為，永劫回歸在它全部的力量中被肯定，並沒有使得一創建—基礎的建立有可能，相反地它破壞、吞沒了每一基礎，作為使差異處於原生與衍生、物與諸擬像之間的堅決要求。永劫回歸使我們目擊了普遍的「去基底」（l'effondement）。透過「去基底」，應當領會到這個非中介化之底的自由、一面在任何底部後面之底的這個發現無—底與非—根據之關係，以及這個無形式與建構永劫

27 參見《超》（supra），頁：81，第一號。（關於擬像的這個看法，諸如出現在克羅索斯基的論述與永劫回歸有關，參照自米歇爾．傅柯，〈阿克特翁的散文〉（La prose d'Actéon），《法國新雜誌》（Nouvelle Revue française），1964年3月，和莫里斯．布朗修，〈眾神之笑〉（Le rire des dieux），《法國新雜誌》，1965年7月。）

回歸的高級形式之直接反射。每一物、動物或存有被送至擬像的狀態；那永劫回歸之思考者的確不任憑自己脫離出洞穴之外，而確切地說，找到在此之外的另一洞穴，始終是另一個躲藏之處，且能合理表示其自身承擔著任何存在者的高級形式，如同詩人一般「承擔著人性、動物自身」。這些字詞自身在重疊的洞穴裡迴盪著它們的回音。而且此殘酷最初讓我們覺得構成了怪物，且必須贖罪、僅透過再現式的中介才能被平息。在我們看來，當前形成了理念，也就是說在被顛覆的柏拉圖主義中，差異的純粹概念：最單純的純潔狀態與回音。

柏拉圖已確定辯證法的最高目標：做出差異。只不過這個差異並非在物與擬像、原型與複製品之間。物是擬像自身，擬像是高級形式，而且對於任何物來說，困難之處在於達到它自己的擬像，到達永劫回歸的嚴密中其符號狀態。柏拉圖將永恆回歸[28]與混沌對立起來，彷彿混沌是一種矛盾的狀態，正應當自外接收一項秩序或法則，造物主如此的操作正在使一種反叛物質屈從。柏拉圖將詭辯家指向矛盾這個混沌的假定狀態，亦即處於最低的權力，參與的最後級別。但事實上「n 次方」的力量（nième puissance）並非經歷過二、三、四次便立即顯示出來是為了構成最高的：它從混沌自身顯現出來；而且如尼采所言，混沌與永劫回歸不是兩種不同的東西。詭辯家不是矛盾之存有（或非－存有），而是他將任何事物帶往擬像狀態，並將之全部包含在這個狀態中。柏拉圖難道不應當將諷刺推動至此——直到諷刺戲謔的滑稽模仿嗎？柏拉圖難道不應該成為第一位推翻柏拉圖主義者，至少指出了如此顛覆之方向嗎？人們想起《詭辯家篇》宏偉的結尾：差異已被挪移，劃分反過來攻擊其自身，而反向運行，並且，由於不斷地深化擬像（夢、陰影、反光、繪畫），論證了將之與原初或原型做出區分的不可能性。「外人」（L'Étranger）給詭辯家下了定義，此詭辯家「不再能」與蘇格拉底其自身做出區別：諷刺的模仿者，透過簡要的論證（提問與問題）進行著。那麼每一差異的時刻必須找到其真正的外形相貌，選擇、重複、去基底、複雜的提問—問題。

我們已經把再現與另一本性之形成對立起來了。再現的諸基本概念皆為被定義成可能經驗的條件狀況之範疇。但這些範疇對於實在的事物而言太過一般、過大了。如此鬆的漁網以至於最大尾的魚都能穿過。這並不令人驚訝，自那時候起，美學分裂成兩個不可化約的領域：感性之理論領域，僅從實在的事物那裡留住其與可能經驗的一致性；以及美的理論領域，取得實在的事物之實在性由於其自另一方面映射。當我們決定某一些實在經驗的狀況條件時，一切變化了，這些條件不比已受條件限制者還要寬廣，而且與種種範疇在本性上不同：美學的二種意義相互混淆，感性之存有於藝術作品中被揭露時，同時，藝術作品以實驗而顯現。人們責難再現的，就是在於停留在同一性之形式，於被看見的事物與可視主體之雙重關係下。同一性被保留於每一組成的再現中，並不亞於保留在像這樣的無限

28 譯注：柏拉圖的永恆回歸關乎不朽靈魂之回憶，與尼采之永劫回歸不同。

再現之全體中。無限再現徒勞地增加諸視點，並將之組織成系列；這些系列仍服膺在匯集於同一個客體、同一個世界之條件狀況下。無限再現白費力氣地增加形象與環節，並將之組織成具有自動─運動的循環圈；這些循環圈還不少有意識的大循環圈之單一中心。相反地，當現代藝術作品發展了它的置換系列與循環結構時，它為哲學指出了一條引導放棄再現之路。以增加視角來創造出觀點主義是不足的。一件自主的作品應當符合於每一觀點或視角，具有一種充足的意義：重要的是系列的輻散與圓的中心偏移，即「怪物」。圓與系列之總體因而是一種無形式、「去基底」（effondé）的混沌，除了在那輻散與偏離中心者的發展中有自己的重複、再生產之外，並無其他「法則」。人們明白這些狀況條件如何已被落實在一些作品中，如馬拉美的《書》（Livre）或喬伊斯的《芬尼根的守靈夜》：這些是在本質上為成問題的提問式[29]著作。在此，被閱讀過的事物之同一性，事實上在被晦澀難懂字詞所定義之輻散的諸系列中解體，以及閱讀者之同一性解體於可能的多重─閱讀之中心偏移的循環圈之中。然而什麼也沒有消逝，每一系列僅通過其他系列之回歸才得以存在。一切已成為擬像。因為我們不應該用擬像來指出一種普通的模仿，但更確切地說，正是透過行動，典型的或優先位置的理念自身才會備受爭議、被顛覆。擬像就是堅決要求，它包含了自身的差異，以及（至少）兩個輻散系列，擬像在此之上閃動、演出任何已被廢除的相似性，自那時候起，沒有人能指出原本與複本之存在。就在此方向中，應尋求諸狀況條件，不再是屬於可能的經驗，而是屬於實在的經驗（選擇、重複等）。在此，我們找到次—再現領域之實際經驗的現實性。若再現確實擁有作為要素之同一性與作為測量單位的相似，諸如出現在擬像中的純粹在場，具有「不均等」作為測量單位，亦即始終是一種作為立即要素的差異之差異。

29 參見安伯托．艾可（Umberto Eco），《開放的作品》（L'oeuvre ouverte, trad. Roux, Le Seuil, 1965），——艾可適切地說明了「古典」藝術作品被從好幾個角度看待，以及可接受多種解釋；但是，一件自主性的作品，在一鉅作之混沌中被理解，尚未與每一觀點或解釋相應。「現代」藝術作品的特徵以中心或匯聚的缺席而顯現（參見第一章和第四章）。

Chapitre II

重複為其自身

「重複，在重複出現的客體裡無任何變化，但在凝思著它的精神裡改變了某事物」──休謨這個著名的論點帶給我們一個重要的問題。既然重複公正地意味每個闡述的完美獨立性，它如何在境況或在重複出現的組成要素裡改變某事物？不連續性或瞬時性的規則於重複中被提出：如果彼（l'autre）不消失，此（l'un）就不會出現。因此，物質之狀態作為「瞬時的精神」。但是如何能說「第二次」、「第三次」及「這是相同的」，既然重複隨著產生而崩毀？它不具有在己（en-soi）。相反地，在凝思著它的精神裡，它改變了某些東西。這就是變更的本質。休謨舉了一種境況的重複，以類型：AB, AB, AB, A……為例。每一境況、每組客觀的序列 AB 獨立於其他。重複（但確切地說，人們尚未能論及重複）於客體中、於事物之狀態 AB 中毫無變化。反之，一種變化發生在凝思的精神裡──差異，嶄新的某事物「於」精神裡。當 A 出現時，我當下預計 B 的現身。在此重複的為己（le pour-soi de la répétition）是否作為一種原初主體性，應務必進入其構成裡呢？重複的悖論難道不是說，人們僅能透過重複引入凝思著它的精神裡之差異或改變而論及之？那麼透過精神向重複所「篩取」（soutire）之差異呢？

這個改變關乎著什麼？休謨解釋，獨立的同一或相似的境況建立於想像力之中。想像力於此被定義為一收縮的力量：即感光板，當彼（另一）顯現時，它會抓住此（此一）。它收（縮）進諸境況、組成要素、震動、同質的瞬間，且使這些融入某一載重的內在質性印象中。當 A 出現時，我們料想 B 和一種與所有被收（縮）進的 AB 之質性印象相應之力量一起。尤其，這既不是一種記憶，亦非一項理解力的運作：收縮並不是一種反思。準確地說，收縮形成一種時間綜合。瞬時的連續無法制定時間，況且它能崩毀時間；它只不過標誌著總是逝去的起始點。時間只在受瞬時重複支撐下之原初綜合裡才被構成。此綜合將獨立且連續性瞬間以彼此交互間的方式收（縮）進來。它用此方法構建了經歷過的現在（le présent vécu）、活著的現在（le présent vivant）。而且正是於此現在裡，時間開展了。過去和未來都屬於它：過去，在先前的諸瞬時被保留在收縮裡之範圍內；未來，因為在這同一收縮裡，等待即為預期。過去和未來並不代表一些瞬時，這些瞬時不同於被假定為現在的一瞬間，但表示了現在自身作為其收（縮）進所有瞬時之諸維度。現在不需要為了從過去到未來而離開自身。因此，活著的現在自過去到未來進行著，這就是它於時間裡所構建的，換言之，畢竟從特殊到一般，自它包覆進收縮裡之諸特殊，到它在其等待之場域中發展的一般性（在精神中被生產出來的差異是一般性自身，作為其形成一種未來的現行規則）。從各方面看來，此綜合應當被命名為：被動綜合（synthèse passive）。對於「作為構成的」這件事而言，綜合不是主動的。此非精神所為，但產生「於」凝思的精神裡，先於任何記憶與反思。時間是主觀的，不過這是被動主體的主體性。被動綜合，亦或收縮，在本質上是非對稱的：它於現在裡，從過去到未來，因此從特殊到一般，並藉此方法定出時間箭頭方位。

透過端詳客體中的重複，我們可能停留在使重複的想法成為可能之狀況條件裡。但透過端詳主體中的變化，面對差異的一般形式，我們已經超越了這樣的想法。因此，重複的理念式構成意味著一種在這兩限度間溯及既往的運動。它於兩者之間自我編織。這就是休謨所深入解析的運動，當他指出，被收（縮）進或融合在想像力裡的諸境況，於記憶或理解力中，仍不少處於有區別的狀態。並非回返到物質之狀態，此狀態不會產出某一境況，倘若另一境況不消失的話。但是，自想像力的質性印象開始，記憶重新構成，作為有區別的諸特殊境況，將它們保存於記憶特有的「時空」中。那麼，過去不再是扣留的立即過去，而是再現之可反思的過去，即被反思和再製的特殊性。與之相應，為了變成預見之可反思的未來，即理解力被反思的一般性（理解力使得想像力的等待，與被觀察和被聯想起的、相似且有別的境況數目成比例），未來同樣停止作為預期之最接近的未來。這就是說，記憶和理解力的主動綜合與想像力的被動綜合交疊在一起，而且倚賴被動綜合。重複的構成已蘊含了三項堅決要求：此在己（en-soi），使重複不可思，或隨著重複的產生而使它崩毀；被動綜合的為己（pour-soi）；以及被建立在後者基礎上，在主動綜合裡一種「為吾」（pour-nous）之被反思的再現。聯想主義有一種無可替代的敏銳。一旦柏格森碰觸到類似的問題，沒有人將對他重新探尋休謨的分析而感到驚訝：四點鐘聲敲響……每一擊、每一次震動或刺激，皆合乎邏輯地獨立於其他次，即「瞬時之精神」。然而我們以一種內在質性的印象將這些收縮進來，於任何回憶或不同計算之外，在這個活著的現在裡、於時延（la durée）即此「被動綜合」中。接著我們將這些重建於一個輔助的空間、一種被衍生出來的時間裡，在此，我們可以將這些再製、思考、計算成等量的可計數之外部─印象[I]。

柏格森的例子大概與休謨的不相同。一個意指封閉的重複，另一個則是開放的。再者，一個表明了AAAA（tic, tic, tic, tic）類型之組成要素的重複，另一個則是一種境況的重複，AB AB AB A……（tic-tac, tic-tac, tic-tac, tic……）。這些形式的主要差別取決於此：在後者中，差異不僅僅顯現於一般性組成要素的收縮裡，它還存在於每一特殊的境況裡、在被一種對立關係確定和匯集的兩個要素之間。在此，對立的功能，在於合理限制基本的重複、在於將它圈在最單一的群組裡、在於把它化約成兩者的最小值（tac作為一個反向的tic）。因此，差異似乎捨棄了其一般性的第一形貌，被分配於重複出現的特殊裡，然而這是為了使諸多活著的、嶄新的一般性產生。重複處於被局限在「境況」之中、被化約為二，但卻開啟了一個作為境況自身重複之新的無限。因此，若相信境況的任何重複出自本性上是開放的，以及組成要素的任何重複出於本性上是封閉的，這可能是錯誤的。諸境況的重複，唯有經歷過在組成要素之間二元對立之結束，才會是開放的；反之，組成要素的重複只透過指向境況的結構時，才是封閉的，在此結構中，重複自身扮演著於其總體中對立的兩個要

1 柏格森的文章收錄於《論意識材料的直接來源》（Essai sur les données immédiates de la conscience），第二章（Centenaire, pp. 82-85）。柏格森在此區分了兩個面向，精神裡的融合或收縮，以及在空間裡的開展。收縮，作為時延的本質，且為了構成被感知質性，而對基本物質的震動起作用，其在《物質與記憶》裡仍更加明確地被分析。休謨於《人性論》（Le Traité de la nature humaine）的文章，特別在第三部第十六選（trad. Aubier Leroy, pp. 249-251）。休謨強而有力地區別，在想像力中，諸境況的合併或融合——合併獨立於記憶或理解力之外發生——以及在記憶和理解力中，這些相同境況之差別。

素其中之一的角色：不只有四是對於四下敲打而言的一般性，而且「四點鐘」亦然，其與前或後半小時構成雙數，甚至，在感知世界的水平線上，與早晨或夜晚倒轉的四小時成為雙數。重複的這兩種形式，總是在被動綜合裡將其一（此）指向另一（彼）：境況的重複形式，必須以組成要素的重複形式作為前提，而組成要素的重複形式在境況的重複形式中，必須自我超越（因此被動綜合的本然傾向在於，將「tic-tic」體驗成「tic-tac」）。

這就是為什麼，仍不止是兩種形式的差別，而是算入了諸層級的差別，於此，一個形式「與」另一個形式交互運行且相互結合。休謨的例子和柏格森的一樣，皆讓我們留在感性和感知的綜合之層級。感受到的質性與基本刺激之收縮混淆不清；然而，被感知的客體自身意味著諸如一質性在另一質性之中被察知的一種境況收縮，而且意味著一種結構，於此結構中，客體的形式與至少作為意向性部分之質性相連成對。但是，在構成的被動性秩序裡，感知的綜合指向一些有機組織性的綜合，如意義的感受性，以及，指向一種我們「（存）在」的初級感受性。我們是（存在）被收（縮）進的水、大地、光和空氣，不只在意識到這些或者將它們再現之前，也是在感覺到它們之前。任何有機體在它的感受和感知的組成要素裡，而且也同樣在它的內部器官裡，是一個收縮、滯留和等待的總和。於此初階、生命的感受性方面，實際經歷過的現在已在時間裡建構起過去和未來。此未來顯現於，作為等待的組織性形式之需求裡；滯留的過去則在細胞的遺傳性中出現。除此之外：這些有機組織性的綜合，透過與建立在它們之上的感知綜合相結合，而再次被展開於一種記憶的主動綜合和一種心理—組織性的（本能和學徒期）智能之主動綜合中。因此，我們不僅必須去區分，就被動綜合而言的一些重複形式，而且也應區分一些被動綜合的層級，以及在這些層級之間的結合、這些層級和主動綜合之結合。這一切形成了「符號」（signes）的富饒領域，每一次都包覆著異質物，並且使行為活躍起來。因為每次收縮、每個被動綜合都是符號構成的，在主動綜合中被闡述和被展開。動物「感受到」水的存在之所屬符號，與其口渴的機體所缺乏的因素並不相像。感覺、感知，而且是需求和遺傳性、學徒期和本能、理解力和記憶皆具有重複，其方法在每一境況裡，可經由重複形式的結合、這些被製造出的結合之層級、這些層級之關係建立、主動綜合與被動綜合之干擾現象所計量。

在我們早應延展直至組織性的這整個領域裡，到底涉及著什麼呢？休謨明確地說：這關乎於習慣的問題。但如何解釋，在柏格森的鳴鐘之敲擊，以及在休謨的因果序列中，我們在事實上感受到如此接近習慣的神祕，然而對於人們「慣常地」稱作習慣的這個詞卻毫無所知呢？理由或許應當在心理學之幻象裡被探尋。心理學把活動力變成了它的護身法寶。其內省之瘋狂般的畏懼，使得心理學只觀察到移動者。心理學詢問如何透過行動而養成習慣。但「學習」（learning）的整個研究，就因此冒著有可能出錯的風險，只要我們不提出預先的問題：是否透過行動而養成習慣……「亦或相反地透過凝思」呢？心理學確信，自我（le moi）無法凝思其自身。但這不是問題，問題在於去知曉，是否自我自身不是一種凝思，是否其於自身裡不是一種凝思——以及人們是否可以不同於透過凝思而去學習、形構出一種行為與自我養成。

習慣自重複裡「篩取」出某嶄新之物：差異（首先被假定為一般性）。習慣於其本質裡，就是收縮。語言證明了，當它談論「養成」（contracter）一種習慣，且僅與一種能建立慣習的補語聯用時，才使用此動詞：使收縮（養成）。有人提出反對意見，指出心臟，當它收縮時不再有（或不再是）一種習慣，而當它舒張時才有（才是）。不過這是我們混淆了完全不相同的兩種收縮：收縮可以指出，在tic-tac……類型的一系列裡，兩個主動性組成要素、兩段對立時間的其中一個，另一個要素則為鬆開或舒張。然而收縮同樣指出在一凝思的靈魂裡，諸多連續的tic-tac之合併。這就是被動綜合，其建立了我們去活著的習慣，亦即我們的等待，可能是「這」持續著，兩個組成要素其中的一個，在另一個之後突然到來，以確保我們的「境況」之永續。當我們說習慣就是收縮時，我們因此不談論為了形成重複要素而與其他事物共組而成之即刻行動，而是談論凝思著的精神裡，這個重複的結合。應該賦予心臟、肌肉、神經以及細胞一個靈魂，但一個凝思的靈魂，其全部作用就是去收縮（養成）習慣。那裡完全沒有不文明的或神祕的假設：習慣在此相反地表現出其完全的一般性，這不只涉及我們（在心理學上）所具有的感覺運動性習慣（les habitudes sensori-motrices），而且首先即涉及了我們所存在之原生習慣、涉及了有組織地構成我們的數以千計被動綜合。同時，我們正是透過收縮存於習慣，然而，我們乃是經由凝思而收縮。我們存於一些凝思、想像力、一般性、意圖及滿足。因為意圖的現象不再是別的，而是收縮著的凝思，藉此，我們肯定自身的權利和等待，關於我們所收（縮）進的，以及由於我們自身凝思著之滿足。我們無法透過自我凝視自身，但我們卻只透過凝思才得以存在，換句話說，是透過收（縮）進我們源起之物才得以存在。去知道愉悅自身是否為收縮、張力，或者是否總是被連結於一個鬆開的過程中，這樣的問題並沒有被正確提出；人們將在一些激動的張與縮之積極活躍接續中，找到愉悅的一些組成要素。但這完全是另外一個問題，對於去提問為什麼愉悅在我們精神性生命裡，不只作為一個組成要素或一種境況，而且也是一項「原則」，其在所有境況裡至上地支配著此精神性生命。愉悅是一項原則，作為履行著凝思之騷動，於其自身裡，收（縮）進鬆開「與」收縮的諸境況。有一種被動綜合的至福；以及我們藉由透過凝思（自滿）體驗到愉悅，而全成了納西瑟斯（Narcisse），儘管我們凝思著與我們自身完全不同之物。我們總是經由我們所凝思之物而成為阿克特翁[2]（Actéon），儘管我們透過從中汲取的愉悅而成為納西瑟斯。凝思，正是篩（潷）取。這始終是他物（不同之物），我們應當首先凝思水、黛安娜或森林，為了填滿其自身的一個形象。

2 譯注：阿克特翁是希臘神話的一名獵人，他劈開樹枝為了偷看眾女神的沐浴，而被狩獵女神黛安娜變成了一隻鹿，最後被他自己眷養的五十隻獵犬咬死。沙特藉用阿克特翁的故事談論裸體想法，意指需透過劈開前方障礙物才能看見它。學問之人、科學家正是這位獵人，其無意中看見潔白的裸體，且用眼睛侵犯她，最後被眼前的裸體吞噬。「認識即為雙眼之食」（Connaître c'est manger des yeux.），沙特將此稱之為「阿克特翁情結」。參見《存在與虛無》，頁：624。

沒有人比塞繆爾・巴特勒（Samuel Butler）所指出的更為恰當：這裡除了習慣的持續性之外毫無別的，我們只有我們數千個組合的習慣持續性，於我們之中形構成同樣多的迷信和凝思之自我、同樣多的向往者與滿足：「因為田野間的小麥自身，將它的成長建立在一個關於它的存在的迷信基礎上，且僅承蒙其自以為是的相信，而具有善於為之的能力，才使得土地和水分變成小麥麥粒，倘若於其自身中沒有信任或信仰，它或許是無能為力的」[3]。唯有經驗主義者才有可能非常恰當地以如此方式進行。有一種我們稱之為小麥的大地和水分之收縮，而且此收縮是一種凝思，以及此凝思的自滿。田野間的百合，藉由它獨自的存在，歌頌著上天、女神與眾神們的光榮，亦即它透過收（縮）進而凝思的諸組成要素。哪一種有機體不是由被凝思和被收（縮）進的諸多要素與重複之境況、水、氮、碳、氯化物、硫酸鹽而構成，經由一切如此交織著的習慣而組成？諸有機體在第三個「九柱神」（Ennéade）的崇高話語下甦醒：一切皆為凝思！而且去述說一切皆為凝思，甚至是岩石和森林、動物和人，甚至是阿克特翁和鹿、納西瑟斯和花朵，甚至是我們的行動和需求，這可能是一種「諷刺」。然而輪到諷刺又成為一種凝思，不是別的，而只是一種凝思……柏羅丁（Plotin）說：人們只有透過回頭向著自身之起源，為了凝思它，才會確定和具有他自己的形象。

增加能使習慣獨立於重複之理由是容易的：作動（agir）從未是重複（répéter），既非在自發的行動裡，亦非在全然被發動的行動中。以我們所見，行動如何更確切地說，已具有作為變數之特殊與作為組成要素的一般性。但如果說一般性與重複相比確實完全不是同一回事的話，然而它卻指向一種作為被隱藏的基礎之重複，而它於此基礎上被建構起來。行動（l'action）僅透過諸重複要素的收縮，才會被建構在一般性的秩序裡及在與其相應之變數的場域中。只不過此收縮不在行動裡發生，它在一個凝思著與充當施動者的自我裡發生。而且為了在一個比較複雜的行動裡納入一些行動，應當輪到初級的行動，在一個「境況」裡扮演重複要素的角色，但總是相對於一個隱藏在複合行動的主體下之凝思的靈魂。在作動的自我下，有一些微小的自我（des petits moi）凝思著，並使行動與主動的主體成為可能。我們只能透過在我們裡面凝思著的，這數以千計親身體驗者們，來說「我」；這始終是一個在說我的第三方。而且，甚至應該將這些凝思的靈魂置入迷宮之鼠中、以及在鼠的每條肌肉裡。然而，當凝思不在行動的任何時刻裡湧現、當它始終處於退縮狀態、當它什麼也不「做」的時候（儘管某事物、全新的某事物於凝思中產生），就容易將此忘記，且無須任何對重複的參照，即可容易去闡明刺激和反應的完整過程，既然此參照僅僅出現於反應及刺激與凝思的靈魂之關係中。

在重複中篩取嶄新的某事物、從中篩取出差異，這就是想像力或是凝思著的精神，在其多重與支離破碎的狀態下所扮演的角色。況且重複在其本質裡是虛構的，因為從構成的

3 塞繆爾．巴特勒，《生命和習慣》（La vie et l'habitude, trad. Valery Larbaud, N. R. F.），頁：86-87。

角度來看，唯一的想像力在此形構出「重複性力量」（vis repetitiva）的「時刻」，使得想像力以重複要素或境況之名義所收（縮）進的事物存在著。虛構（想像中）的重複不是一種錯誤的重複，其將彌補真實的不在場；真正的重複是屬於想像力的。一種於自身中不斷地拆解的重複，和一種於再現空間裡為吾展開且保存的重複，在這兩者之間已有差異，此差異為重複之為己，即想像出來的事物。差異縈繞盤旋著重複。一方面，像是以長度來說，差異使我們從屬於重複的一種秩序走向另一種（d'un ordre à l'autre de la répétition）：通過被動綜合，從於自身中拆解之瞬時性重複，走向主動性地被再現的重複。另一方面，在深度上，差異使我們從一種重複性秩序走向另一種（其他的重複性秩序）（d'un ordre de répétition à un autre），且在被動綜合自身中，從一種一般性走向另一種（其他的一般性）。雞頭的快速來回擺動，伴隨著在器質性的（organique）綜合裡之心跳脈搏，先於感知綜合裡用來啄食穀粒。一開始已然如此，經由「tic」的收縮而形成的一般性，以特殊性方式被重新分配於較為複合性的「tic—tac」之重複裡，然後換它們被收（縮）進被動綜合的系列裡。在任何方式下，物質的與赤裸的重複、所謂的相同之重複，即是作為裂開的皮膚之外部的包覆（膜），為了一個差異性核心和一些較複雜的內部重複。「差異處於兩重複之間」。難道不能反著說，「重複也處在兩差異之間」，使我們從一種差異性秩序走向另一種？加布里埃爾．塔爾德（Gabriel Tarde）由此確定了辯證法的發展：重複，作為從一般差異的狀態到特異性差異、從外在差異到內在差異之通道—總而言之，重複作為差異的區分者[4]。

時間綜合在時間裡建立了現在。並非現在是時間的一個維度。唯有現在存在著。綜合將時間構建成活著的現在，以及過去和未來作為此現在的維度。不過，此綜合是內時性的（intratemporelle），這表示，此現在正過去著。人們或許能構思一段永久的現在、共延於時

4 加布里埃爾．塔爾德的哲學是晚近重要的自然哲學之一、萊布尼茲的繼承者。他的哲學朝著兩個層面發展。關於第一個層面，其發揮支配所有現象的三種基本範疇：重複、對比、使適應（參考自《社會規律》（Les lois sociales, Alcan, 1898））。但對比只作為，差異被分配於重複中所根據之形貌，為了限制此重複，以及將其開啟在一個新秩序或在一個新的無限裡；譬如，當生命使它成雙的部分相對比時，它放棄未確定的增長或增殖以形構任何有限，但卻由此得到另一種無限、另一本性的重複、世代生成的重複（《普遍的對比》（L'opposition universelle, Alcan, 1897））。使適應自身是一種形貌，於其之下，一些重複性的流動在上層重複裡相交與相互融合。因此，「差異顯現於兩種重複類型之間」，且每一重複假定了一個與其同等級的差異（模仿作為創造的重複、再生產作為變動的重複、輻射作為擾亂的重複、收縮總和作為微分的重複…，參考自《模仿的定律》（Les lois de l'imitation, Alcan, 1890）。

然而在較深的層面上，倒不如說是重複「作為」差異。因為既非對比、甚至亦非使適應表現出差異的自由面貌：「毫無可對比且毫無用處」之差異，作為「事物的最終目的」（《普遍的對比》，頁：445）。自這觀點來看，「重複處於兩差異之間」，及使我們自屬於差異的一種秩序過渡到另一種：自外在差異到內在差異、自基本的差異到超驗的差異、自無窮小的差異到個人和單子論的差異。重複因而是個過程，自此過程，差異不增也不減，但「將有所不同」且「獻給其自身充當目標」（參考自《單子論與社會學》（Monadologie et sociologie），和《普遍的變動》（La variation universelle），收錄在《社會學的論文與文集》（Essais et mélanges sociologiques, Maloine, 1895）。

將塔爾德的社會學化約成一種心理主義或甚至是交互心理學，全然是錯誤的。塔爾德指責涂爾幹（Durkheim）的，就是賦予自身，去解釋「人類不計其數的相似性」之必須。二擇一：非人稱的材料或是偉人的理念－他將此二擇一替換成，在模仿性流動之間的卑微之人的微理念、小發明和干擾現象。「塔爾德所建立的，正是微觀社會學」，其不須在兩個體之間被確立，而是已經被奠定於唯一且相同的個體裡（譬如，猶豫作為「無窮小的社會對立」，或者發明作為「無窮小的社會適應」的——參考自《社會規律》）。正是藉由此方法、按專題著作進行，人們將提出重複如何求微小變數的總和與積分，總是為了得到「有區別地相異」（《社會邏輯》（La logique sociale, Alcan, 1893））。塔爾德哲學的整體如此呈現：一種差異和重複的辯證法，將一個微社會學的可能性建立在整個宇宙論之上。

間裡的現在；足以使凝思承載瞬時接續性之無限。不過沒有這樣一種現在的物理可能性：凝思裡的收縮，總是根據組成要素或境況，進行著一種重複秩序的定性。其必然形成一個某一時延的現在，一個殆盡及流逝著的、隨著已遭察覺的種、個體、有機體和組織的部分而易變的現在。兩個連續的現在可以與一相同的第三個同時代性，經由其（第三個）所收（縮）進的許多瞬時而再延展。一個有機體具有現在的一段時延、現在的各種不同的時延，根據其凝思的靈魂之收縮本性的能及範圍。這就是說，疲乏確實屬於凝思。俗話說的好，那疲憊不堪的，就是那什麼都不做的；疲乏標誌了靈魂無法再收（縮）進其所凝思之物、凝思和收縮自我崩解的這個時刻。我們是由同樣多的疲乏和凝思所組成。這就是為什麼一種作為需求（besoin）的現象，可以在「缺乏」（manque）的種類之下為人理解，這是就需求所確定的行動和主動綜合之觀點而言，然而相反地，從決定此現象的被動綜合之角度看來，則作為一種極度的「飽足」、作為一種「疲乏」而被理解。正是如此，需求標記了易變的現在之限度。「現在」於需求的兩次湧現之間展開，而且與凝思延續的時間混淆不清。「需求的重複」，和一切取決於它之重複，表達出時間綜合的特有時間，即此綜合的內時性特徵。重複在本質上被記入於需求之中，因為需求倚賴著於本質上涉及著重複的堅決要求，其形構出重複的為己、某一時延的為己。那構成我們的一切節奏、保留、反應時間、數以千計的交織、所有的現在與疲乏，皆自我們的凝思開始被定義。規則就是人們無法超前他自己的現在，或是它的諸現在。「符號」，諸如我們已將它們定義為一些慣習，或是彼此交互指涉的一些收縮，皆始終屬於現在。這就是斯多噶主義（stoïcisme）的偉大思想之一，其指出了，任何符號就是一個現在的跡象（符號），從被動綜合的角度看來，過去和未來在此恰好只是現在自身的一些維度（疤痕即是符號，其並非屬於過去的傷口，而是屬於「曾有一道傷口之現在的事實」：疤痕可說是屬於傷口的凝思，以一種活著的現在之方式，收（縮）進與我分離的所有瞬間）。或者更確切地說，在此有自然與人為間之差別的真正意義。現在的諸符號都是自然的，並指向在它們所意謂者中的現在，即被建立在被動綜合之基礎上的符號。反之，指向過去或未來、作為指向現在的不同維度之符號，都是人為的，或許輪到現在取決於這些符號；這樣的符號意味著一些主動綜合，簡言之，即從出於本能的想像力到被反思的再現、記憶和理解（智能）的主動能力之過渡。

需求其自身，依據一些已將其歸於活動力的負面結構，因此極不完善地被理解。如果人們不去確定活動力被提升至凝思之地的話，那麼去援引正在發生、正被激發的活動力甚至是不足的。於此凝思之地上，仍導致我們在負面否定性（需求，作為缺乏）裡看到一項最高的堅決要求之陰暗部分。需求表達了一個提問的裂口，先於去表達一個回答的非—存有或不在場。凝思，正是提問。難道去「篩取」一個回答，不是提問的特性嗎？正是提問，其同時表現出與需求相符合的這種頑固或固執，以及這種倦怠、疲乏。有何差異……？這就是凝思的靈魂向重複提出的問題，而且此提問之回覆，是它從重複中篩取出來。諸凝思就是一些提問，且諸收縮在重複中發生、並履行提問，它們是如此多有限的肯定，其產生，如同諸現在一般，產生自時間的被動綜合裡之永久的現在。否定的觀念，來自於我們倉促去理解需求與主動綜合之關聯，事實上，它只不過是在此基礎上被製造出來。再者：如果我們把主動綜合自身放回其所假定的這個基礎上，我們會發現，更恰當地說，活動力意味著成問題的場域之構成是與提問有關的。所有的行為領域、人為符號和自然符號的交織、本能和學徒期的介入、記憶和理解的干涉，皆表現出凝思的提問，如何在積極成問題的場域裡被展開。第一個出現於活著的現在（生命的即刻性）之提問—問題的複合，與第一時間綜合相對應。這個活著的現在，由於它（提問—問題的複合），整個有機的和心理的生命皆依靠著習慣。繼孔狄亞克[5]（Condillac）之後，我們應將習慣視為一切其他心理現象衍生而出之基底。然而正是一切其他的現象，要不依賴著一些凝思，要不就是自身即為諸多凝思：甚至是需求、甚至是提問、甚至是「諷刺」。

這些構成我們的數以千計之習慣——這些收縮、凝思、意圖、推斷、滿足、疲乏、易變的現在——因此形成了被動綜合的基礎領域。被動自我（Le Moi passif）不只是被易感受性所定義，換言之，不只是透過體會到感覺的能力而被定義，而且也透過建構感覺之前所建構的有機體自身之收縮性凝思。這個自我因此沒有任何單一的特徵：甚至無須使此自我相對化、複數化，每次一切皆於其中保留一種被削弱的單一形式。諸自我皆為幼蟲般的主體；被動綜合的世界建立了自我的系統於待確定的一些狀況條件裡，然而是一種解體的自我之系統。一旦轉瞬即逝之凝思的某些部分被創立時、一旦收縮機器的某些部分運轉時，就有了能自重複中篩取出差異之時刻的自我。自我不具有變更，它自身就是一個變更，這個詞確切地指明了被篩取出來的差異。歸根究柢，人們只是（存在）其所「具有」的，正是透過一種具有，存有在此形成了，或者被動自我「是（存在）」（est）。任何收縮皆是一推斷、一意圖，亦即以它所收（縮）進之物，去傳播一個等待或正當，而且一旦它的客體自其逃離，它就崩解了。薩謬爾・貝克特（Samuel Beckette），在他全部的小說裡，已描述一些屬性清單，一些幼蟲般的主體疲乏和激情地將自身託付於此清單：莫洛瓦的礫石系列、莫菲的餅干系列、馬龍的特性系列……總是關於從組成要素的重複中或從境況的組織中，篩取一種微小的差異、拙劣的一般性。這大概是「新小說」[6]最為深遠的意圖之一，即在主動綜合這邊，重新加入那些構建我們的被動綜合之領域、變更、趨性和微小屬性。而且在它所有合成的疲乏裡、於一切平庸的自滿中、在其可笑的推斷中、在它的災難和貧困裡，解體的自我仍然歌頌著上帝的榮耀，也就是說，歌頌著它凝思、收（縮）進和擁有之光榮。

* * *

5 譯注：孔狄亞克（Étienne Bonnot de Condillac, 1714-1780），法國哲學家，代表著作《官能論》。

6 譯注：新小說，又稱「反傳統小說」，50至60年代所興起的新形式法國文學小說之思潮。

第一時間綜合，由於作為原來的、最初的，故不少是內時性的。它將時間建立為現在，然而是作為消逝著的現在。時間不會脫離現在，可是現在卻不斷地以一步步相疊合的跳耀而移動。這就是現在的悖論：建構起時間，可是卻在這被建立的時間裡消逝。我們不應該否認必要的結論：「必須要有另一種時間，第一時間綜合於此時間裡發生。」此綜合必然指向一種第二綜合。透過強調收縮的有限，我們已指出結果了，但我們完全沒有指出現在為何消逝著、也沒有指出阻礙它與時間共存者。第一綜合，習慣的綜合，確實是時間的基底創建；不過我們必須區別基底創建（la fondation）和依據基礎（le fondement）。基底創建涉及了地，且指出某事物是如何被建立在此土地上、占據且擁有它；然而依據基礎倒不如說是來自於天，從頂端到基底，根據屬性的稱號衡量著土地和擁有者彼此。習慣是時間的基底創建、是消逝著的現在所占據之疏鬆土地。「過（去）」（Passer），確切地說，正是現在之意圖。然而使現在過去的，以及使現在和習慣一致的，應當被確定為時間的基礎。這時間的基礎，就是虛存記憶[7]（Mémoire）。人們所見的，記憶，作為被衍生出來的主動綜合，其依賴著習慣：實際上，一切皆倚賴創建。但是建構記憶者並非透過此方法而被產出。當創建奠定於習慣之上時，記憶必須經由不同於習慣的其他被動綜合而被建立。而且習慣的被動綜合，其自身指向這種更深的被動綜合裡，它是屬於記憶的：慣習（Habitus）和記憶女神（Mnémosyne），或者，天與地的結合。「習慣」是時間的原初綜合，其建立正消逝的現在之生命；虛存記憶是時間的基礎綜合，其構建過去的存有（使得現在消逝者）。

首先或許可以說，過去被卡在兩個現在之間：曾經已是之現在，以及，就已過去的現在而言之現在。過去不是先前的現在自身，而是組成要素，在此要素中涉及了先前的現在。因此特殊性當下處於被涉及者中，亦即處於「曾經已是」者中，而過去其自身，即「過去曾是」，在本性上卻是一般的。一般說來的過去是組成要素，在此要素中，人們特別地且作為特殊，來涉及先前的現在。按照胡塞爾的專有詞彙，我們必須區別滯留（la rétention）和再製（la reproduction）。可是我們剛才稱之為習慣的滯留者，正是連續性瞬時之狀態，其被收（縮）進某一時延之當前的現在裡。這些瞬間形成了特殊性，也就是說，一個立即的過去自然而然地屬於當前的現在；至於現在自身，透過等待而向著未來開放，其建構了一般（性）。相反地，從記憶的再製之觀點看來，這是已變為一般的過去（作為現在的媒介），以及已成為特殊的現在（當今與從前皆然）。在一般說來的過去作為組成要素之範圍內，人們在此要素中可涉及每個被保留於此之先前的現在，即先前的現在處在「被再現」於當前中之狀態。此再現或再製的限度，事實上經由在聯想之名下，已知的相似性和

7 譯注：此處譯為「虛存記憶」，作者以大寫字母（la Mémoire）強調有別於在習慣的被動綜合裡之記憶（la mémoire），或存於主動綜合裡的回憶（le souvenir），虛存記憶並非為存於意識中，而是指向時間的第二綜合。

毗鄰之多變關係所決定；因為先前的現在，為了被再現，而與當前的相像，且將自己分解成一些極為不同的部分同時之時延的現在，從那一刻起彼此毗鄰，而且在最極限的情況下，與當前相鄰接。聯想主義的重要性在於，將人為符號的全部理論建立在這些聯想關係上。

不過，先前的現在不會被再現於當前中，除非當前自身被再現於此再現之中。在本質上，它屬於不只是去再現某物，而且也再現了它自己的再現性（représentativité）之再現。因此，先前的現在和當前的現在，並不是像在時間軸上的兩個連續性瞬時，不過，當前必然具有一個以上的維度，藉此維度，它再—呈現（re-présente）了先前的現在，且同樣在此維度裡自我再現。當前的現在不是被當作一段回憶的未來客體，而是作為被反映者，同時是形成了先前的現在之回憶者。主動綜合因此有兩種相關聯的面向，儘管是非對稱的：再製和反思、回想和認識、記憶和理解力。人們經常注意到的是，反思意味著比再製更多的某事物；但這種更多的某事物，只不過是此額外補充的維度，在此，任何現在作為當前的而被映照，同時再現著先前的。「意識的任何狀態，需要比其所意含的回憶之狀態多出一個以上的維度。」[8]因此人們可以稱記憶的主動綜合為再現原則，於此雙重面向之下：即先前的現在之再製「與」當前的反思。此記憶的主動綜合，建立於習慣的被動綜合之上，因為後者建構了一般來說任何可能的現在。然而記憶的主動綜合與之極為不同：不對稱當下存在於維度的恆定增長、維度的層出不窮。習慣的被動綜合將時間建構成，於現在的狀況條件下，諸瞬時的「收縮」，而記憶的主動綜合則將其建構成現在自身的「榫合」。全部的問題都在於：在哪一種狀況條件下？正是由於過去的純粹組成要素，作為一般來說的、「先天的」（a priori）過去，這種先前的現在是可再生產的，且當前的現在因此而反映。過去，並非自現在或再現衍生出來，而是透過任何再現而被假設。正是在此意義上，記憶的主動綜合徒勞地建立在習慣的被動（經驗的）綜合之上，相反地，它只有透過記憶自身特有的另一種被動（先驗的）綜合才能被建立。習慣的被動綜合在時間裡建構起活著的現在，且將過去和未來變成此現在的兩種不對稱的要素，而記憶的被動綜合則在時間裡建構了純粹過去（le passé pur），且使先前的現在和當前的現在（因此使再生產裡的現在和反思裡的未來）變成像這種過去的兩個不對稱的要素。可是純粹的、「先天的」、一般說來的或是像這樣的過去，到底代表什麼呢？如果說《物質與記憶》（Matière et mémoire）是一本巨作，這可能是因為柏格森已深入地研究了這種純粹過去的先驗綜合之領域，且已從中得出所有構成的悖論。

企圖從所有卡住過去的現在中的一個開始去重組過去，是徒勞的，無論是曾經已是之現在，還是就目前已逝去的現在而言之現在。實際上，我們不能認為此過去被建構在曾經已是現在之後，也不是因為一個新的現在出現了。倘若過去等待一個新的現在，是為了被

8 米樹爾．蘇里歐（Michel Souriau），《時間》（Le Temps, Alcan, 1937），頁：55。

建構成過去，那麼先前的現在將永不消逝，新的也從未到達。現在從未消逝，假使它已消逝也「同時」在場的話；過去從未被建構，假使它首先即與現在「同時」被建構的話。這就是第一個悖論：過去和「曾經已是」（a été）之現在之同時代性的悖論。它給予我們消逝著的現在之理由。正因為過去即是，作為現在之自身的同時代者，任何現在皆過去著，並為了一個新的現在而過去。由此而生的第二個悖論，即共存的悖論。因為如果每個過去都是曾經已是之現在的同時代者，那麼「全部」的過去與對目前已逝去的現在而言之嶄新的現在共存。過去不在第一個現在「之後」，更不是「在」這第二個現在裡。所以柏格森的想法是，每一當前的現在只會是在它最緊縮的狀態中之整個過去。過去若沒有使另一個現在突然發生，就不會使其中一個現在消逝，然而它卻既不消逝也不會發生。這就是為什麼，並非作為時間的一個維度，它是整體時間的綜合，現在和未來只不過是它的維度罷了。不可言作：過去曾是（il était）。它不再存在、它不存在，可是它堅持、它涵括、它「是」（est）。它與先前的現在一起堅持，它包含著當前或是嶄新。它是時間之在己，作為通道的最終基礎。在此意義上，過去形成了一種屬於任何時間之純粹的、一般的、「先天的」要素。其實，當我們說它是「曾經已是」之現在的同時代者時，我們必然談及一種從未「是」（fut）在場的過去，既然它不是在「之後」才被形成的。作為現在之自身的同時代者，它的方法正是被置於那曾經已是之處，經由消逝著的現在而被預先假定，並使它逝去。它與嶄新的現在共存之方式，則是被置於自身中、被保存於自身、僅透過將它收

（縮）進而突然產生之新的現在，而被預先假定。先存有的悖論，因此補足了前面兩者：每一過去皆是，曾經已是之現在的同時代者，全部的過去與對目前已逝去的現在而言之嶄新的現在共存，但是一般來說的過去之純粹要素，先存於消逝著的現在[9]。因此，有一種時間的實質要素（從未在場的過去）扮演著基礎角色。其自身不被再現。被再現者，總是現在，作為先前的或是當前的現在。然而，正是透過純粹過去，時間就這樣被展開於再現中。先驗的被動綜合受此純粹過去支撐著，自同時代性、共存和先存有這三個觀點看來。反之，主動綜合是現時再現，於先前的再生產和嶄新的反思之雙重面向下。後者被前者建立；而且如果嶄新的現在總是具有一種額外補充的維度，這是因為，它被映照「在」一般說來的純粹過去之要素裡，然而，先前的現在只是「通過」此要素而被指涉為特殊。

如果我們比較了習慣的被動綜合和記憶的被動綜合，那麼我們會看見，自此至彼，重複和收縮的分配有多麼大的變化。無論如何，此現在無疑地顯現為一次收縮的成果，但其被歸於全然不同的一些維度。在一種情況中，現在是於自身裡彼此獨立的、連續的瞬時或要素之最為緊縮的狀態。在另一情況裡，現在表明了一整個過去最為緊縮的程度，其於自身裡作為共存的全體。實際上，讓我們假定，按照第二悖論的必要性，過去不被保存於對

9 這三個悖論是《物質與記憶》第三章的主要重點。（在這三種面向之下，柏格森以純粹過去或回憶，其「是」（est）而不具有心理學的「存在」，與再現對立，也就是說與形象-回憶的心理學現實性對立起來。）

已逝去的現在而言之現在中，而是被保存於自身裡，當前的現在僅是與「它」共存的全部過去之最大收縮。這整個過去，首先應將與「其自身」共存在鬆開……與收縮的各種不同程度。現在，只有在過去首先與自身共存的假設下、於不同的鬆開與收縮程度之無限性中、於一種諸層級之無限性（這就是柏格森著名的錐體隱喻之意義，或是過去的第四種悖論）[10]，才是與其共存的過去最為緊縮之程度。讓我們察看在一個生命裡，人們稱之為重複的東西，更確切地說，是在一個心靈的生命裡。一層疊著一層的諸多現在，接踵而來。然而我們卻有下述的印象，即連續性的現在，其可能的條理缺乏或可能的對立，是如此的劇烈，這些現在之中的每一個，在相異的層級中扮演著「同樣的生命」。這就是人們稱之為天命者。天命絕非由決定論的關係逐步地組成，於根據被再現的時間秩序相繼而來的諸多現在之間的關係。這意味著，在連續的現在、諸多不可定位的連接關係、遠距的行動、反覆、共振和回聲的系統、客觀的偶然性、信號和徵兆、眾多超乎空間形勢和時間連續的角色之間。諸多現在接踵而來，並表達著天命，好像它們一直扮演著同樣的事物、同一的歷史，於鄰近層級之差異：在此或多或少的鬆、在那或多或少的收緊。這就是為什麼天命與決定論如此地不一致，卻與自由相得益彰：自由，在於挑選層級。當前的現在之連續只是較為深層的某事物之表現：每一個重新開始全部生命的方法，然而在一個層級或是前一層級的不同程度裡，所有的層級或程度皆共存，且在我們的選擇裡，呈現出一個從未在場的過去之底。我們將經驗的特徵稱之為連續性和同時性的關係，在構成我們的現在之間，而這些關係的締結是根據因果性、毗鄰、相似性以及甚至是對比。然而將本體的（nouménal）特徵稱之為，在一種純粹過去的諸層級間之潛在性共存關係，每一個現在只是去使這些層級的其中之一現實化或是再現。總之，我們以全憑經驗的方式所體驗的，就像是一種從主動綜合觀點出發，眾多相異的現在之接續，這畢竟是「在被動綜合裡，過去的諸層級一直不斷遞增的共存」。每一現在收（縮）進一整個層級，不過此層級已是鬆開或收縮性的。亦即：現在的符號是一條在最極限的情況下之「通道」、一次如此認可任一層級的選擇之最大限度的收縮，其自身被收（縮）進或被鬆開於己之中，在其他可能的層級之無限性間。而且我們說這像是一個生命，並可將它說成多個生命。每一個皆為消逝著的現在，一個生命可以在另一層級、以別的生命重新開始：彷彿哲學家和粗鄙之人、罪犯和聖賢演出同一個過去，於一巨大錐體的不同層級裡，人們稱此為靈魂轉世。每一生命選擇其高度和音調，也許是他的話語，但樣態則是完全相同，以及在所有話語之下，一個相同的聲調，在

10 柏格森，《物質與記憶》：「心理上相同的生命，因此被無數次重複，於記憶的連續性階層，及精神的相同行動，可以在許多不同的高度被演出…」（Centenaire, p. 250）；「我們心理上的生命具有容納上千個位置和上千次重複，它們經由同樣多的A'B'、A''B''等切面而被比喻，自同樣的錐體…」（頁：302）。——人們將察覺，重複在這涉及心理上的生命，但其自身並不是心理學式的：實際上心理學只以形象-回憶開始，然而錐體的切面或階層則是在純粹過去裡顯露出來。因此關乎心理上的生命「之」（de）後設心理學式的重複。另一方面，當柏格森談及「連續性階層」，「連續性」必須以完全形象化的比喻方法被理解，根據我們瀏覽柏格森所提出的輪廓；因為，所有的階層在它們自己特有的實在性中，正是所謂的相互共存。

所有可能的音調上和位於所有高度。

有一個巨大的差異在，物質與精神，兩重複之間。一為獨立且連續的瞬時或要素之重複；另一則是一切的重複，於共存的不同層級中（如萊布尼茲所言，「無所不在及總是同一事物，在接近完美之諸程度」[11]）。因此這兩種重複在一個與「差異」自身極為不同的關係裡。差異自其中一種重複中被篩取出，在諸要素或瞬時被收（縮）進一個活著的現在之範圍內。差異被包含在另一種重複裡，在一切涵括了在它的諸層級間之差異的範圍內。一種是赤裸的，另一種是被包覆（著裝）的；一種是屬於諸部分，另一種則是屬於全部；一種是連續性的，另一種是共存的；一種是現實的，另一種則是潛在的；一種是水平的，另一種是垂直的。現在，總是被收（縮）進來的差異；可是在一情況下，它收（縮）進無差別的瞬時，在另一情況下，透過到達底限，而收（縮）進，其自身屬於鬆開或收縮的一切之微分層級。因此，諸現在自身的差異處在兩重複之間，自其中篩取差異的基本瞬時之重複，以及於其中涵括著差異的一切層級之重複。而且根據柏格森的假設，應該將赤裸的重複設想成著裝的外在包覆：亦即瞬時的連續重複，作為最鬆動的共存層級，物質作為夢一般或是精神之最放鬆、無拘束的過去。這兩種重複，確切地說，兩者都是不可再現的。因為物質的重複隨著其產生而崩解，且只能被主動綜合再現，此再現在一個計算和保存的空間裡投射了諸要素；不過同時，此重複已成為再現的客體，從屬於諸要素之同一性之下或者從屬於被保存或添加的境況之相似性下。以及，精神的重複於過去的在已存有中被製作，然而再現則僅到達且只涉及在主動綜合裡的諸多現在，因而使得任何重複皆從屬於當前的現在同一性，在反思裡，以及從屬於再生產中之先前的相似性。

被動綜合顯然是次—再現的。不過對我們而言，整個問題皆在於如何知曉我們是否可以深入了解記憶的被動綜合。以某種方式感受過去的在己存有，如同我們體驗習慣的被動綜合。所有的過去被保存於自身，不過對於我們來說如何將它解救出來、如何深入了解這個在己，而不將它化約成曾經已是之先前的現在，或是化約成就已消逝的現在而言之當前的現在。「為吾」如何將它解救出來呢？這幾乎是普魯斯特，接替了柏格森，重新開始的重點。不過，似乎答案被給出已有一段時日了：即不朽靈魂之回憶。事實上這指出了一種被動綜合或是不由自主的記憶，其於本性上不同於有意識的記憶之任何主動綜合。貢布雷（Combray）既非作為曾在場、亦非作為可能在場而在記憶中重現，而是，在從未經驗過的光輝裡重新出現，作為「純粹過去」，最終使得其雙重不可化約性凸顯出來，即不可化約成曾經已是的現在，亦不可化約成可能會是的當前之現在，並藉助於這兩者之間的互相滲透、混雜。先前的現在讓自己再現於遺忘之外的主動綜合裡、在遺忘以全憑經驗的方式被制服之範圍內。但在此，正是「處於」遺忘（l'Oubli）之中，而且是無法追憶的，貢布雷在一種未曾在場的過去之形式下，突然出現：即貢布雷之在己（l'en-soi）。如果有一種過

11 萊布尼茲，《人類理解力之新論》（Nouveaux essais sur l'entendement humain），第一部，第一章。

去的在己，那麼不朽靈魂之回憶就是它的本體或是授予它的思想。不朽靈魂之回憶，並非簡單地將我們從當前的現在送回先前的現在、把我們近期的愛指向嬰兒時期的愛、我們的戀人指向我們的母親。在此仍是，諸消逝著的現在並非說明了純粹過去因其而受益、受其助力下，以至於湧現在再現之下：聖母，從未是過去經驗的，在戀人之上且超越母親，與其中一位共存且與另一位同時代。現在存在著，但唯有過去堅持著並提供要素，在此要素裡，現在消逝著且諸現在相互滲透。兩種現在的回聲僅僅形成一種持續的提問，其於再現中發展成問題場域，帶有探求、應答、解決之嚴密的急迫性。然而答案總是來自於他處：任何不朽靈魂之回憶皆是煽情的，其可能關乎一座城市或一位女子。這就是厄洛斯（Erôs；亦或情慾）、本體，使我們深入這種在己的純粹過去、這種處女般潔淨的重複，即記憶女神。祂是記憶女神的伴侶、未婚夫。祂從哪裡得到此能力、為何純粹過去的探索是煽動情慾的？為何厄洛斯同時掌有問題與答案的祕密，及掌有一種堅持的祕密，在我們的全部存在裡？除非我們尚未擁有最後一句話，以及如果沒有時間的第三綜合的話……

* * *

沒有什麼比就時間比較而言更具教益了，也就是說從時間理論的觀點來看，只有康德的我思和笛卡兒的我思間之差異最具教育意義。一切的發生彷彿因笛卡兒的我思以兩種邏輯價值運作而起：確定和未確定的存在。此確定性（我思考）意味著一個未確定的存在（我在，因為「為了思考必須存在」）—而且確切地說，將它確定為一個能思考的存有之存在：我思故我在，我作為會思考之物。整個康德的批判等於是提出來反對笛卡兒的，不可能使確定直接支撐於未確定上。確定性「我思考」，顯然意味著未確定的某事物（「我存在」），但是還沒人跟我們說，這個未確定是如何經由「我思考」而作為可被確定的。「在我自身和純粹思想所具有的意識裡，我即是存有本身；確實以此方法，沒有任何事物是屬於此存有且還可以使我去思考的」[12]。因此康德加入第三種邏輯價值：可確定性的（la déterminable），或更恰當地說是形式，在此形式之下，未確定者是可確定的（以確定性的方法）。這個第三價值足以將邏輯變成一種先驗的堅決要求。其構成了差異之發現，並非像是在兩個確定之間的經驗差異，而是在確定性（LA détermination）[13] 與其所確定者之間的先驗差異——並非作為區分的外部差異，而是內在差異，以及將存有和思想彼此「先天地」（a priori）聯繫在一起。康德的回答遠近馳名：形式，於其之下，未確定的存在是可被我思所確定的，這就是時間的形式……[14]。結論最後進行到極端：我的未確定存在，只能「在時間裡」被確定作為一種現象之存在，一種「顯現於時間裡」，現象的、被動的或易感受性的主體存在。因此，我，在我思裡意識到的自發性，不能被理解為實體的和出於本

12 康德，《純粹理性批判》，關於從理性心理學到宇宙論的過渡之一般評注（trad. Gibert Barni, I, p. 335）。

能的存有之屬性，而只可理解成被動自我的情感，而被動自我領會到他自己的思想、他自己的理解，他用來說我（JE）的方式，於他自身中並對他進行運作，並非經由他而運作。因此開啟了一段無可汲盡的漫長歷史：我（JE）是一個其他（人），或內在意義的悖論。思想的活動力適於易感受性的存有、被動的主體，因此，這種被動主體想像出此活動力，而不是去作動它，寧可說是感受其效應，而不具有首創主動性，且像是於其自身中的其他（人）去體驗、感受此活動力。應該將自我，亦即被動的位置（康德稱之為直觀的易感受性），加入「我思考」和「我存在」裡；應該將可確定性的形式，也就是說，時間，加入確定性和未確定之中。然而「加入」仍是一個不適當的字，因為更確切地說，這涉及到去製造出差異，且使其內在化於存有和思想中。從頭到尾，我（le Je）如同被用一條裂縫貫穿：它由於時間之純粹和空的形式而裂開。在此形式下，它是出現在時間裡的被動自我之相關物。在我之中的一道斷層或裂痕、在自我裡的一種被動性，以上即意指著時間；而且被動自我和裂開之我的關聯性，建立了先驗的發現或哥白尼式革命之要素。

笛卡兒只透過下述方式下結論，由於不斷地將我思（le Cogito）簡化為瞬時，並排除時間、在持續性創造的活動中將它交付給上帝。更加普遍慣常的是，我的假定同一性只有上帝自身的統一性作為擔保。這就是為什麼，以「我」的觀點替換「上帝」的觀點並沒有那麼具有重要性，當一個保持一種應確切地屬於另一個之同一性時。只要我擁有生存、單一性、同一性，這些皆表現出其整個與神的相似性，上帝就持續長存。相反地，上帝之死不會讓我的同一性繼續存在，而是在我之中創建一種基本的不相似、一種「去標記」且使其內在化，而非上帝之印或記號。這就是康德已如此深入地見到的，至少有一回，在《純粹理性的批判》中：理性神學和理性心理學同時的消亡，上帝之思辨性死亡，招致一種我之裂痕的方式。如果先驗哲學最偉大的首創在於，將時間形式引入如此之思想中，那麼輪到這種形式，作為純粹和空的形式，堅定地宣告著已死之上帝、裂開的我和被動自我。誠然，康德沒有繼續此首創性：上帝和我懂得一種實踐的復活。而且，甚至在思辨的領域中，裂痕快速地由同一性的新形式所填滿，即主動綜合式的同一性，然而被動自我只不過是由可感受性所定義，以此名義不具有任何綜合的能力。反之，我們已看見，可感受性作為體會情感的能力，只是一種推論，以及被動自我經由被動綜合自身（凝思－收縮）更深層地被建構。接收印象或感覺的可能性自此而來。堅持康德的分配是不可能的，此分配盡了至上的努力以拯救再現的世界：綜合在此被設想成主動的，且求助於一種同一性的新形式，在我之中；被動性在此被構思為無綜合的簡單可接收（感受）性。這是在一種全然不同的被動自我之評估裡，康德的首創得以被重新開始，以及時間的形式同時保持著，已死之上帝和裂開的我。就此意義上，認為康德主義的出口不在費希特（Fichte）或黑格爾（He-

13 譯注：大寫的定冠詞（LA）主要強調被定義的「確定性」。

14 康德，《純粹理性批判》，分析，25記。

gel）的理論中，是正確的說法，而在荷爾德林（Hölderlin）的作品裡，他發掘了純粹時間的空，而且，在此空裡，同時出現神的持續性轉折、我的延伸裂痕與自我的構成性情感[15]。這種時間的形式，荷爾德林於此理解了悲劇的本質或俄狄浦斯（Œdipe）的奇遇，作為以諸補充形貌進行之死亡本能。因此，康德的哲學是否可能成為俄狄浦斯的繼承者呢？

在如此之思想中引入時間，然而，這是否為康德享有盛名的貢獻呢？因為柏拉圖的不朽靈魂之回憶，似乎已有這層意義。天賦性是一種神話，不亞於不朽靈魂之回憶；而且是瞬時性的神話，此原因適用於笛卡兒。當柏拉圖明確地將不朽靈魂之回憶與天賦性對立時，他意味著後者只不過是描繪了知的抽象形象，然而學習的實在運動，含有在靈魂裡「之前」和「之後」的區別之意義，亦即，原初時間的引入是為了忘卻我們已知的，因為此原初時間，於重新找回我們已遺忘的第二時間裡到來[15]。但整個問題皆在於：在何種形式之下，不朽靈魂之回憶引領著時間？甚至對於靈魂而言，這涉及了一種物理的時間，涉及了一種週期性或循環、服從於進入自身裡的事件或其所計量的運動、於強調時間的諸多變化之自然的時間。這種時間大概會於一種在己中找到其基礎，換言之在理念的純粹過去裡，以圓的方式組織現在的秩序，根據它們隨著準則而不斷遞減和遞增的相似性，然而它也確實使得靈魂自迴圈脫穎而出，此靈魂會為其自身而保存或重新找回在己的國度。事實上仍然以理念作為基礎，連續性現在自此開始，於時間的迴圈中自我排列，因此，純粹過去其自身定義著理念，其必然再次以現在的字詞被表達為，「神話的」先前現在。這已成為時間之第二綜合的整個曖昧不明、屬於記憶女神之全部的模稜兩可。因為後者，從它的純粹過去之高度，超越並支配再現的世界：它是基礎、在己、本體、理念。但它卻仍與其締造的再現有關。它提高了再現的原則，換言之，它將同一性變成遠古而無法追憶的原型特徵，且把相似性變成現在的形象特徵：相同（le Même）與相似（le Semblable）。記憶女神的模稜兩可是不能化約成現在的，且高過於再現；而無論如何它僅使現時再現變得可循環或無窮盡（甚至在萊布尼茲或黑格爾的理論中，這仍舊是記憶女神將再現的展開，奠定在無窮盡的基礎中）。正是基礎的不足，基礎與其所建立者有關、借取其所建立者之特徵，以及由這些特徵來證實的不足。甚至在它形成迴圈的這層意義上：若說它在思想中引入時間，倒不如說是在靈魂之中導入了運動。同樣地，基礎以某些方式被「彎成肘形」了，且必須把我們抛向一個彼世，時間的第三綜合以朝向第三綜合而自我超越，第三綜合揭示了在己的幻象，作為仍是再現的相關物。過去的在己和不朽靈魂之回憶裡的重複可能是一種「結果」，作

15 關於時間的純粹形式，及其引入我（le Je）之中的裂縫或《頓挫》（césure），參考自荷爾德林，《俄狄浦斯評注》（Remarques sur Œdipe）、《安蒂岡妮評注（10/18）》（Remarques sur Antigone（10/18）），與尚．波孚勒（Jean Beaufret）的評論，他非常強調康德對於荷爾德林的影響，於《荷爾德林與索福克勒斯》（Hölderlin et Sophocle），特別參見於頁：16-26。（關於我的一道「裂縫」之主題，與被視為死亡本能的時間形式有主要的關聯，然而，將想起三部非常不同的文學巨作：左拉的《人面獸心》、費茲傑羅的《裂縫》、勞瑞的《在火山下》。）

16 關於不朽靈魂之回憶和天賦性的明確對立，參見《斐多篇》（Phédon），76 a-d。

為可視的結果，或更確切地說，是記憶自身的情慾結果。

時間的空形式或第三綜合是什麼意思？北方王子[17]說：「時間脫離其鉸鏈」[18]。北方的哲學家是否有可能說同樣的話，而且是否可能，既然是俄狄浦斯主義者而成為哈姆雷特主義者呢？鉸鏈，「軸節」，就是這確保時間於明確的方位基點上之從屬關係，時間所測量的週期性運動，通過那些方位基點（時間、運動次數，對於靈魂而言和對於世界而言一樣）。相反地，時間脫離其鉸鏈意指著錯亂的時間，從賦予它神靈的弧形曲度出走，從極其單一的圓之圖形中被解放，從產生其內容之事件中解脫，以顛覆它和運動的關係，簡言之，脫去一切而成為空和純粹的形式。時間自身進行著（亦即在表面上停止成為一個圓），而非某事物在時間裡發生（根據圓之過於單一的形狀）。時間停止作為基點，並且變成序列的，即一種時間的單純「秩序」。荷爾德林曾說，時間停止「押韻」，因為它自一「頓挫」的兩端，不勻稱地被分配，據此，開始和結束不再一致。我們可以依照頓挫，將時間的秩序定義為不均等之單純形式的分配。人們因此去區辨著一個長久或短暫的過去、一個成反比的未來，不過，未來和過去在此並不是時間的經驗論和動力學的確定性：這是一些固定的和形式的特質，其出自於「先天的」秩序，作為時間的靜態綜合。這必然是靜止的，既然時間不再從屬於運動之中；即最根本的變化之形式，但此變化形式卻不變化了。這就是頓挫，與前與後，它以一次作為全部（une fois pour toutes）地排序，建構了我之裂縫（頓挫完完全全是裂縫的起始點）。

以放棄其經驗式內容、顛覆自己的基礎之方式，時間不僅是被空形式的秩序所定義，還被一「總體」與一「系列」所定義。第一點，時間的整體觀念與此相應：任何一個頓挫都必須在行動的、唯一且巨大事件的形象中，被確定為與整個時間完全一致。這個形象自身存於被劃破的形式之下，切成不均等的兩部分；且無論如何，它因而匯集了時間的總體。它應該說是一種象徵，按照其歸入和聚集之不均等的部分，不過這些部分是被它匯集成不均等的。這樣一種象徵適切於時間的總體，以很多方法被表達出來：為了使時間從其鉸鏈脫離、使太陽爆炸、急速掉落火山內，殺死上帝或父親。這個象徵性的形象，按照它匯集之前與之後的頓挫，而建構起時間的總體。不過此形象根據其在不均等裡所進行的分配，而使得一個時間系列成為可能。實際上，一直有一種時間行動於此，在它的形象中被視為「對於我而言過分沉重」。這就是「先天地」去定義過去或之前者：事件自身被實現與否、行動已完成與否就顯得不那麼重要了；過去、現在和未來被分配，並非根據這種經驗的標準。俄狄浦斯已完成了行動，哈姆雷特則尚未完成；但無論如何他們感受到自象徵到過去的第一部分，他們感受其自身並被拋入過去之中，當他們體會到行動的形象對於他們而言過分沉重時。第二時間，指向頓挫自身，因此作為變形的現在、與行動變成相等、

17 譯注：莎士比亞的《王子復仇記》，指丹麥王子：哈姆雷特。
18 譯注：此為雙關語，又譯「時代脫節了」（le temps est hors de ses gonds）。

自我的雙重性、理想自我於行動的形象中之投射（其由哈姆雷特海上之旅，或由俄狄浦斯的調查結果而被標示出：英雄變成具有行動「能力」的）。至於第三時間，其發現未來——意指事件、行動具有與自我不相容之隱密的一致性，轉而反對與它們變成同等的自我，將自我投射於成千的碎片中，宛如新世界的孕育者，經由在多重之中其所產生者的碎片而被帶走和分散：自我已與之相等者，就是在自身裡的不均等。正因如此，隨時間秩序而發生裂痕之我，與隨時間系列而發生分裂的自我相符合並且找到一個共同的出口：在無名、無族、無資格、無自我亦無我之人裡，一則祕密之「平民」持有者，已成為超人，其分散的肢體圍繞著崇高的形象而轉動。

一切皆為在時間系列裡之重複，相較於這個象徵性的形象。過去自身由於缺乏而作為重複，且預備這個被變形建構於現在裡的其他重複。有時候歷史學者會於現在和過去之間找尋一些經驗的符合，然而，這種歷史的符合對應之網絡是多麼的豐富，其只能透過類似性或類比法而形成重複。事實上，正是過去於其自身即是重複，且現在亦然如此，在兩個於彼此中重複出現的不同模式上。歷史裡沒有重複的事實，但重複是歷史性的狀況條件，在此條件之下，嶄新的某事物被確實地生產出來。這不在於歷史學者的反思，對於表明路德和（聖）保羅、東歐劇變（la Révolution de 89）和羅馬共和國等等之間的相似性，而是首先對於其自身來說，革命者被確定要活得像「復活的羅馬人」一般，在成為具行動能力之前，他們便已開始著手於在自己的過去模式上重複，因此在一些諸如他們與歷史性過去的形象必然同一之狀況條件下。「重複是行動的狀況條件，在成為反思的概念之前。」一。我們只須在這種建立過去的模式上重複一次，才會生產出新的某事物，另一次則在變形的現在裡。而且生產出來的事物，其自身絕對是嶄新的，對於它而言無可厚非成為重複，即第三次重複，這一次是出於過剩而產生，作為永劫回歸（éternel retour）之未來的重複。因為，雖然我們可以去陳述永劫回歸，彷彿它影響了時間的整個系列或總體，對過去和現在的影響並不亞於對未來的影響，此陳述卻只處於起首的狀態，且只具有成問題或未確定的價值、只具有提出永劫回歸的問題之功能。在其難以理解的真理中，永劫回歸只涉及且只能涉及系列的第三時間。它就只有在這方面被確定。這就是永劫回歸確實被說成未來的信仰、信奉未來的原因。永劫回歸只對嶄新的事物有所影響，亦即在缺乏的狀況條件下與通過變形而被產出者。但它既不使「狀況條件」亦非使「施動者」回返；相反地，將它們全部排除，以它的整個離心之力甩開這一些。永劫回歸建立起被產出者的自主性、成果的獨立性。它是出於過剩的重複，其不使任何屬於缺乏或變為平等的事物續存。它自身是嶄新之物，全然的新穎。系列的第三時間是唯一屬於它的，如此般之未來。如同克羅索斯基（Pierre Klossowski）所言，永劫回歸即是此隱密的一致性，只透過排除我自己的一致性、自己的身分、自我、世界和上帝的同一性，才能被提出。它只使平民、無名之人回返。於其迴圈裡造成了已死之上帝和解體之自我。永劫回歸不使太陽重返，因為它將其假設為爆裂；它只涉及晦澀不明，並與其相互混淆，它只具有對於晦澀不明而言之運動。這就是為何，只要我們陳述永劫回歸，彷彿它影響著時間的總體，我們就簡單化了所有事情，誠如查拉圖斯特拉（Zarathoustra）有一次對魔鬼提過的；我們將事情變成陳腔濫調，如同另一次，他對著他的動物們說的。亦即：我們停在過度簡單的迴圈裡，其在內容上具有消逝著的現在，以及在形貌上具有不朽靈魂之回憶的過去。不過確切地說，時間秩序、時間，作為純粹和空的形式，已打亂了此迴圈之秩序。然而它將其秩序打亂，卻是藉助一個較不單純和極為隱密、極為迂迴曲折、更晦澀的迴圈，即永恆偏離中心的迴圈、差異之中心偏移的迴圈，只重組在系列的第三時間中。時間的秩序只有為了於系列終結之際再造一個其他（l'Autre）的迴圈，才會打破相同（Même）的迴圈，且將時間置於系列之中。秩序的「一次作為全部」僅作為難以理解的最終迴圈之「所有次」（toutes les fois）。時間的形式僅作為，永劫回歸裡的非形式之揭示。終極的步驟只作為，一種極端過度的非形式（荷爾德林的「非形式」，德文：Unförmliche）正是如此，基礎已朝向一種無底（sans-fond）而被超越，即普同的「去基底」（effondement）轉向於其自身且只使得將—來（l'à-venir）重返[19]。

這就是在此時間的最後綜合裡，對於現在和過去而言，僅作為未來的維度：過去作為狀況條件，以及，現在作為施動者。第一綜合，即習慣的綜合，構建了作為活著的現在之時間，在過去和未來所依賴的被動性創建裡。第二綜合，即記憶的綜合，建立了作為純粹過去的時間，從一個使現在消逝和使另一個突然出現的基礎之觀點看來。然而於第三綜合裡，「現在」就只是一位演員、作家、注定會消失的施動者；而且「過去」更只是一種出

19 關於三種重複的注解。——馬克思的歷史性重複理論，尤其像是在「霧月政變」（Dix-huit Brumaire）中出現的，即圍繞著下述原則，這些原則似乎不被歷史學家充分理解：歷史上的重複，並不是一種歷史學家的反思之類比或概念，然而，一開始就是一種屬於歷史性行動自身的狀況條件。在諸多卓越的篇章裡，哈羅德·羅森柏格（Harold Rosenberg）已闡明此觀點：歷史的參與者、施動者，只要與過去的形貌一致就能創造出來；這代表著歷史就是一齣劇。「他們的行動自發地變成舊角色的重複⋯這是革命性的驟變，對於創造某全新的事物而言所進行的努力，迫使歷史戴上神話的面紗⋯⋯」（《新的傳統》〔La tradition du nouveau〕，第七章：〈復活的羅馬人〉，trad. Anne Marchand, Minuit, pp. 154-155。）

據馬克思所言，重複是喜劇式的，當它變得短暫，也就是說，並非造成變形和嶄新事物的生產，當它形成一種退化的時候，即被認證的創造之對立面。喜劇的喬裝取代了悲劇的變形。不過對於馬克思而言，這個喜劇或是滑稽的重複似乎必然在此悲劇的、進化的或創造性的重複「之後」到來（「所有偉大的事件和歷史人物，可說是重複出現了兩次⋯⋯第一次作為悲劇，第二次作為諷刺喜劇」）。——不過此時間性的秩序似乎並不是絕對有依據的。喜劇的重複，在其專有的過去之模式上，出於缺乏而運作著。英雄必須面對此重複，當「行動對於他來說過於沉重」時：波隆尼爾（Polonius）的謀殺，由於缺乏而作為喜劇；俄狄浦斯的偵查亦然如此。悲劇的重複隨之而來，這正是變形的時刻。誠然，這兩種時刻並不具有獨立性，而且只為了第三時刻而存在，超乎喜劇和悲劇：悲劇的重複在某嶄新事物的生產中，驅逐了英雄自身。然而，當前面兩個要素獲得抽象的獨立性時，或是變成「體裁」時，那麼這是繼悲劇體裁之後的喜劇體，彷彿變形的失敗，被提升至絕對，假設了一種先前已完成之變形。

人們將覺察到，重複的三種時間結構，屬於哈姆雷特的重複並不少於俄狄浦斯的重複。對於俄狄浦斯，荷爾德林以一種無可比擬的嚴謹度指出了：之前、頓挫和之後。他指出，之前和之後的相關維度可以依據頓挫的位置而變動（因此安蒂岡妮的猝死，相對於俄狄浦斯長時間的漂泊）。然而主要因素是三元結構的持續性。在這方面，羅森柏格以一種與荷爾德林的綱要完全相符之方法，闡釋了哈姆雷特，頓挫於是經由海上之旅而被建立：參照自第六章，頁：136-151。這不僅僅是透過哈姆雷特與俄狄浦斯相似之物質，亦同樣經由戲劇性的形式而為之。

劇本所具有的就只是一種歸併三種重複的形式。顯然，尼采的《查拉圖斯特拉》就是一個劇本，亦即一場戲。「之前」占據此書的絕大部分，關於缺乏或過去的模式：此行動對我而言太過沉重（參照自〈蒼白的罪犯〉的看法，或是上帝之死的所有喜劇之歷史，亦或查拉圖斯特拉在永劫回歸嶄露之前的所有擔憂——「你的果實已成熟了，可是你呀，對於你的果實而言，你尚未成熟」）。接著，頓挫或變形的時刻到來，「符號」，查拉圖斯特拉在此成為「有能力」者。第三時刻的缺乏，即永劫回歸的肯定與揭示之時刻，意味著查拉圖斯特拉的死亡。可見尼采已無心力書寫他所設想的這個部分。這個原因可以讓我們總是端詳著，尼采永劫回歸的看法，並非被說成是作為一種未來的作品而被保留：尼采僅陳述於缺乏之操作的狀況條件。時間綜合在此建立一個未來，此未來同時肯定了產出物相對於其狀況條件的無條件式特徵，以及作品相對於其作者和演員之獨立性。現在、過去、未來透過三種綜合表現為重複，但卻是在極為不同的模式上。現在，是重複作動者，過去，則是重複自身，然而未來卻是（將）被重複者。不過，重複於其總體中的祕密是在（將）被重複者裡，如被表意了兩次。皇家式的重複，正是未來的重複，其使另外兩種重複服從並撤銷它們的自主權。因為第一綜合只涉及時間的內容和創建；第二綜合則涉及其基礎；然而在這之上，第三綜合確保了時間的順序、整體、系列和最終目的。一門重複的哲學，穿越所有的「階段」、被迫去重新開始重複自身。然而通過這些階段，重複的哲學得以確保其計畫：為了使重複變成未來的範疇——使用習慣的重複和記憶的重複，將這些作為階段來使用，而且讓這些進入它的軌道——一方面為了對抗慣習，另一方面對抗記憶女神——拒絕一種重複之內容，其勉強讓自己「篩取」著差異（慣習）——拒絕一種重複的形式，其包含著差異，然而仍為了使差異從屬於相同和相似（記憶女神）——拒絕過於簡單的諸迴圈，即習慣性現在（慣常的循環）所禁受的迴圈，同樣也拒絕純粹過去（可回憶或不可追憶的循環）所組織的迴圈——使記憶的基礎由於缺乏而變成普通的狀況條件，而且也使習慣的創建變成「慣習」的挫敗、變成施動者的變形——以作品或產出物之名，驅逐施動者和狀況條件——做出重複，既非自此重複中「篩取」出差異，亦非此重複將差異理解成易變的，而是將它變成「絕對（地）相異」的思想和生產——做出，重複，為其自身，正是於其自身之差異。

此計畫大部分的重點，推動了新教和天主教的研究：齊克果和佩吉。沒有人和這兩位作者一樣，知道以「他的」重複去反對習慣和記憶的重複。沒有人更懂得去揭露現在的或過去的重複之不足，即循環的單一、不朽靈魂之回憶的陷阱、人們企圖從重複中「篩取」

過去的狀況條件和當前的變形，但並非無條件，其應由此而產生作為「未來」。

人們重新發現，並已在大多數「循環性」構想裡找到三種時間的主題：因此，這是約阿希姆·德佛洛（Joachim de Flore）的三種聖約書；或者是維柯（Giambattista Vico）的三種時代，諸神的時代、英雄的時代、人類的時代。第一種必然出於缺乏，以及自身被封閉；第二種是開放的，表現出英雄的變形；然而最為本質的或是神秘的是在第三種時代，其扮演著相對於另外兩位的「所指」（signifié）之角色（因此約阿希姆曾寫：「對於一個已有詞義的事物來說，存在著兩個具有涵義的事物」——《永恆的福音》（L'Évangile éternel, trad. Emmanuel Aegerter, Rieder, p. 42）。皮耶·巴朗西（Pierre Ballanche），多虧匯集在一起的約阿希姆和維柯，盡最大努力將這個第三種時代確定為平民的年代，尤利西斯（Ulysse）或「任何人」、「無名之人」、弒君者或現代俄狄浦斯，後者「找尋重要犧牲者的四散肢體」（參自，諸怪異，《社會再生》（Essais de palingénésie sociale），1827）。

我們必須以此觀點去區辨，多個沒有確切取得一致之可能的重複：（1）一種內循環的重複，由前兩個時代彼此重複的方法所組成，或更恰當地說，即重複同一個「事物」，作為即將到來的行動或事件。特別是約阿希姆的論點，建立了一個在新舊約之間的協調平台；不過此論點尚未超越反思的普通類比；（2）一種循環性的重複，於此我們假設，在第三種時代之末和在解體之極高峰點，一切重新回到第一種時代：類比法，因此，被建立於兩道循環之間（維柯）；（3）但整個問題在於：難道沒有一個專屬於第三種時代的重複，且只有此重複配得上永劫回歸之名？因為前兩種時代所重複的，正是某事物對於自身而言，只在第三種時代中顯現；但是在第三種時代裡，此「事物」於其自身裡重複著。這兩種「涵義」（significations）已成為重複作動者，然而所指（signifié）自身則是純粹的重複。準確地說，此上層的重複「於」第三狀態裡被構想成永劫回歸，此足以去修正內循環的假設，同時也與循環性的假設背道而馳。一方面，實際上，在前兩個時刻裡之重複，不再表現出反思的類比，而是行動的狀況條件，永劫回歸確實在此之下被製造；另一方面，這兩個先前的時刻並不會回返，相反地，它們被永劫回歸的再生產消滅在第三時刻裡；從這兩個觀點看來，尼采非常正確地以「他的」構想反對任何循環的構思（參見 Kröner 出版，XII，第一部，§ 106）。

差異之狀態，或者相反地，將差異理解成普通的變化之狀態。沒有人更倚仗作為未來的範疇之重複。沒有人更穩當地否定了記憶女神的遠古基礎，且否定了與之同時的柏拉圖式不朽靈魂之回憶。基礎就只是出於缺乏而作為一種狀況條件，因為這是在罪孽中所喪失的、與必須於耶穌基督中被重新給予的狀況條件。而且慣習的當前創建被否定得更甚：其不會逃離在現代世界裡之演員或施動者的變形，在此失去其一致性、生命、習慣[20]。

不過齊克果和佩吉，如果他們是最偉大的重複作動者，那麼他們還沒準備好付出必要的代價。這個至高無上的重複作為未來之範疇，他們將它託付給信仰。然而，此信仰大概具有足夠的力量去拆解它與習慣和不朽靈魂之回憶、與習慣的自我和不朽靈魂回憶之神，與時間的創建和基礎。信仰卻會促使我們「一次作為全部」地，在眾所周知的復活裡重新找到上帝和自我。齊克果和佩吉終結了康德，他們透過託付給信仰超越上帝的思辨性死亡並填滿自我的創傷之關注，實現了康德哲學。這是他們的問題，從亞伯拉罕到聖女貞德：被找回的自我與被恢復的上帝結為連理，因此確實既不超出狀況條件，也不偏離施動者。不僅如此：人們更新習慣、喚醒記憶。可是有一種信仰的奇遇，人們總是據此而作為自己的信仰之弄臣、其典型之喜劇演員。這正是信仰具有其所特有之我思（Cogito），以及反過來作為信仰之條件的我思，即作為內部光明之恩賜感。就是在這極為特別的我思裡，信仰映射著、體驗到它的狀況條件只作為「再—恢復」才能被賦予它，以及它不僅僅與此狀況條件分離，也在此狀況條件裡被拆成兩半。那信仰者不只作為被剝奪狀況條件之悲劇罪人自居，也作為在狀況條件中，被拆離和被反思的喜劇演員和弄臣，即其自身的擬像自居。兩方信仰者若不開玩笑就不會相互直視。恩賜排除了作為被給予者，並不亞於排除作為欠缺者。齊克果所言甚是，與其說他是騎士，倒不如說是信仰的詩人，總之，是一位「幽默之人」。錯不在於他，而是信仰概念之誤；而且果戈里（Nicolas Vassiliévitch Gogol）的可怕奇遇也許更能作為典範。信仰如何不成為自己的習慣和自己的不朽靈魂之回憶，以及它用來作為客體之重複——一種弔詭地進行「一次作為全部」的重複——是如何不成為喜劇的呢？在它所策動的另一種重複之方式下，即尼采式的重複、永劫回歸的重複。而且這是屬於其他的終生約定，更是與死亡有關，於已死的上帝和解體的自我之間，出於缺乏而形成真實的狀況條件、施動者的真正變形，兩者都在產出物的非條件式特徵裡消失。永劫回歸並不是一種信仰，而是信仰的真理：它已使複製品或擬仿物脫離出來、解放了喜劇為了將它變成超人的要素。這就是為什麼，如克羅索斯基再次所言，永劫回歸不是一項教義，而是任何教義之擬像（最高級的諷刺），它不是一種相信，而是任何相信的滑稽模仿（最高級

20 關於齊克果的重複之方法，其反對著慣常的循環，也同樣反對不朽靈魂的回憶之循環，參見米爾．伊利亞德（Mircea Eliade）對於亞伯拉罕獻祭之評論，《永劫回歸之神話》（Le mythe de l'éternel retour, N. R. F., 1949, pp. 161 sq.）。作者推論出歷史和信仰分類的新型態。
齊克果極為重要的文章，關於真正的重複，其不應讓自身「篩取」著差異，收錄於《焦慮的概念》（Le concept de l'angoisse, trad. Ferlov et Gateau, N. R. F.），頁：28。齊克果的狀況條件、非條件與絕對（地）相異之理論，成為《哲學性的碎屑》（Miettes philosophiques）之客體。

的幽默）：相信和教義不停地產生。自相信的觀點，有人過度地促使我們去審判無神論者，從信仰的角度出發之人認為，信仰仍是無神論者的動力，簡言之，從恩賜的觀點看來，為了讓我們不被違逆的行動所誘惑：經由住在信仰者裡之過分強烈的無神論者、永遠在恩賜中被給予和作為「所有次」的反基督者，去評價信仰者。

* * *

生物心理性生命意味著一種個體化的場域，強度的諸多差異，以激動的形式在此場域中被四處分布。人們將愉悅稱之為，兼具量與質的，差異之解決過程。這樣的一個整體，於一個強度場域中，差異游移不定的分布與局部性的解決，與佛洛伊德所指稱的本我（le Ça）相應，至少與本我的基層相應。「ça」這個字在此意義上，不僅僅指一個未知且令人生畏的代名詞，也是一個可移動位置的副詞，激動與其解決的「遍布四處」（çà et là）。佛洛伊德的問題正於此開始：這涉及了去知曉，愉悅將如何為了變成原則而停止作為一段過程、為了取得經驗原則的價值而停止作為一段局部性過程，其原則傾向在本我裡，組織生物心理性生命。顯然，愉悅使人快樂，但這絕非是為了取得一種有系統的價值之理由，據此，而人們「在原則上」找尋愉悅。首先《超越快樂原則》意指著什麼：並非從所有的例外到此原則，反而是狀況條件的確定性，在這些條件下，愉悅確實成為原則。佛洛伊德的回答是，激動作為無拘束的差異，必須以某種方式，被「授與」、被「連接」、被綑綁，如此一來，它的解決辦法或許可以有系統性地成為可能。這是差異的連結關係或傾注，一般來說，它所使得成為可能的，並非愉悅自身，而是被愉悅所援引的原則價值：人們因此從一種分散的解決狀態過渡到一種整合的地位，其建構起本我的第二層或一個組織的開端。

不過，此連結關係是一種真正的再生產性綜合，換言之，即一種慣習。動物長出眼睛，是透過確定四散和漫射光的刺激，因而生長在牠身體特許的表面上。眼睛使光聚起來，它自身就是一道光束。這個例子足以表示綜合有多麼複雜。因為確實有一種再製的活動力將待連結的差異當作客體；然而更深入地來說，存在著一種重複的激情，一個嶄新的差異由此產生（長出眼睛或有視力的自我）。作為差異之激動，「已經」是基本的重複之收縮。在輪到激動變成重複之要素的程度上，收縮的綜合被提升至第二力量，準確地說，正是被連結關係或傾注所再現。傾注、連結關係或整合都是被動綜合、第二程度之凝思—收縮。衝動，無非是一些被連結起來的激動。於每個連結關係之層級裡，自我在本我中形成；不過是被動的、部分的、幼蟲般未成熟的、凝思和收縮的自我。本我裡住著局部的自我，這些自我建立本我所特有的時間，即活著的現在之時間，與連結關係一致的諸整合在這裡發生了。這些自我可能立即就是戀己癖的，因而容易被解釋，如果有人認為自戀不是一種屬於其自身的凝思，而是當人們凝思著其他事物時，對自身形象的填滿：眼，可視的自我，透過凝思其所連接的激動而填滿了其自身的形象。它自我產生或者從它所凝思之物中（以及自它透過凝思而收縮進和傾注之物中）「自我篩取」。這就是為什麼連結關係所帶來的滿足必然是自我自己的「幻覺性」滿足，儘管幻覺在此絕不與連結關係之有效性背道而馳。在這所有的意義上，連結關係再現了一種純粹的被動綜合，一種慣習，其授與愉悅一般說來的滿足之原則價值；本我的組織，就是習慣的組織。

當人們使習慣從屬於愉悅之下時，習慣的問題就因此而被不正確地提出。有時，有人認為，習慣裡的重複，透過去再生產一種已獲致的愉悅之慾望而被解釋；有時，它能夠涉及諸多於其自身令人不悅的緊張，然而為了克制它們，而處於一個待獲取之愉悅的意圖中。顯然，這兩個假設已將快樂原則作為前提：已獲致的愉悅之「想法」、待獲取的愉悅之「想法」，只在原則下作動，且形構出兩種應用，即過去的和未來的應用。但習慣作為連接關係的被動綜合，卻反而先於快樂原則且使之成為可能。而且愉悅的想法源自於此，作為過去和未來，正如我們所見的，源自於活著的現在之綜合。連結關係具有快樂原則的創立以作為結果；它無法具有必須以此原則為前提的某事物來作為客體。當愉悅獲取一個原則之崇高性時，那麼僅僅因此，愉悅的想法猶如被原則歸入於一個回憶或計劃之中而起作用。愉悅當時超出了自己的瞬時性，為了變成一般的滿足（以及企圖以諸多作為成功和成就的「客觀的」概念，取代被過度主觀評斷的愉悅之堅決要求，再次證明了被原則所賦予的這種延伸，在一些狀況條件裡，諸如愉悅的想法，這一次只不過是在實驗者的腦海裡一瞥而過）。可能是以全憑經驗的方式，我們感受到的重複，像是從屬於已獲致或待獲得的愉悅。但在狀況條件的秩序裡，則是相反的情形。連結關係的綜合不能透過「克制」激動的意圖和努力來解釋，儘管它具有這種效果[21]。我們應該再一次地去避免將再製的活動力與其所收回的重複之激情混淆。激動的重複之真正的客體，可使被動綜合提升至一種力量，而快樂原則和其作為未來和過去的應用方法皆源自此力量。在習慣裡的重複或連結關係的被動綜合因而「超越」了原則。

這第一個超越，已經建立了一種先驗美學。如果這種美學在我們看來比康德的美學更為深遠的話，正是因為以下的理由：經由普通的易接收（感受）性來定義被動自我，康德已具有一切已完成的感覺，並只透過將這些感覺與其被確定為時空的再現之「先天的」形式關聯起來。以此方法，他不僅僅透過禁止自身逐步地構成空間而使被動自我統一、不僅僅剝奪此被動自我的任何綜合力量（綜合已留給活動力）；而且他還切分了美學的兩個部分，受空間形式保證的感覺之客觀要素，以及被體現在愉悅和悲痛之中的主觀要素。對於前面的分析法之宗旨而言，則反之在於去表明易感受性，應當被局部自我的組成、被凝思或收縮的一些被動綜合所定義，同時解釋了體驗到感覺的可能性、將這些感受重現的力量

21 達尼爾．拉噶西（Daniel Lagache）審視了將習慣的心理分析概念之可能性，應用在無意識以及無意識裡的重複（然而，重複似乎因此被視為在緊張的自制力之唯一觀點裡）：參見〈移情問題〉（Le problème du transfert），《心理分析法文期刊》（Revue française de psychanalyse），1952 年 1 月，頁：84-97。

以及被愉悅援引之原則性價值。

然而自被動綜合開始，一項雙重開展出現在極為相異的兩個方向。一方面，主動綜合被確立在被動綜合的創建基底之上：其在於將被束縛的激動與被視為實在和我們的行動終結之客體相關聯一起（即認識的綜合，依賴著再生產的被動綜合）。這是現實性的考驗，處於所謂定義著主動綜合之「客觀的」關係中。而且，確切地說，這正是根據現實之原則，即自我趨向「活躍起來」、積極地統一、集合其所有成分與凝思的微小自我，以及拓撲學式地與本我做出區別。諸被動自我已是一些整合，但是如數學家們所言，一些僅僅是局部的積分；主動自我是整體整合之企圖。將現實性的位置視為一種由外在世界所產出的效應（effet），或甚至視之為透過被動綜合而遭受失敗的結果（résultat），可能是全然不準確的做法。反之，現實性的考驗動員和鼓舞著，喚起了整個自我的活動力：並非在負面否定判斷的形式下，而是在連接關係朝向一個支撐鏈接的「名詞」之超越的形式下。同樣可能全然不準確的做法是，彷彿認為現實性原則是與快樂原則相對立的，其限制了快樂原則並且強迫它放棄。這兩項原則皆行著同一步伐，儘管其中一個超越了另一個。因為放棄立即的愉悅已被包含進愉悅自身獲得原則之角色中，亦即在相較於過去和未來而言之愉悅的想法所援引的角色裡。不具應然，就不會變成原則。現實性與其引起我們的放棄，僅使透過快樂原則而獲取的邊緣或延伸繁衍，而且現實性原則僅能確定被奠基於前述的被動綜合之上的主動綜合。

然而實在的客體，被確定為現實性或鏈接支撐物的客體，既不建立自我的獨一客體，更非汲盡所謂客觀關係的總體。我們將同時發生的兩個維度做出區分：正因此，被動綜合若沒有在另一方向自我深化的話，就不會朝向主動綜合而自我超越，它在另一方向裡仍然是被動且凝思的綜合，一切皆為了觸及另一事物而使用著被約束的激動，然而，其有別於現實性原則之方法。除此之外，主動綜合顯然從未能被建立於被動綜合之上，倘若被動綜合不同時堅持著、就自身考量而開展，以及，不找到一個活動力的新公式，其同時是不對稱與互補的。一個開始走路的小孩，不會僅限於去結合在被動綜合裡的激動，甚至假設這些激動是內成的且誕生於自己的運動中。從未有人以內成的方式行走。一方面，孩童朝向一個客體的位置或意向性，因而超越了被約束的激動，譬如母親作為其努力走向前的目標，作為「實際上」積極地再連接起來之終點，對於此目標，他衡量著其失敗與成功。然而「另一方面與同時地」，孩童被建構成另一客體、一種完全不同的客體類型、「潛在的」客體或中心，以調解和補償他實際活動力的進步、失敗為目的：他把好幾根手指頭放入嘴巴裡，用另一隻手臂環抱這個中心，而且從這個虛擬的母親之觀點來評估形勢總體。孩子的目光可能會轉向實際存在的母親，潛在客體就可能是顯而易見的活動力之終結（以吮吸手指頭為例），可能會引起觀察者的錯誤判斷。吮吸動作只起作用在，為了提供一個在被動綜合之深化處待凝思的潛在客體；反之，實際存在的母親僅被凝思於，為了充當行動的目標，並作為在一主動綜合中，行動的評估之準則。這不是嚴肅地論及孩童的自我中心主義。孩童，透過模仿開始拿起一本書，而不知道如何閱讀，就從未讀錯：他總是將書背朝上。彷彿他把書遞給他者，即他的行動力之實際終點，同時，他自己領會到書背作為他的激情、他的深刻凝思之潛在中心。諸多極其不同的現象，如極左運動、鏡寫[22]、某些口吃的形式、刻板行為，可以從在兒童世界裡的這種諸中心之二元論開始被解釋。但重要的是，自我既非兩個中心的其中一個，亦非另一個。人們將孩童的行為解釋成屬於所謂的「自我中心主義」之範圍，以及將兒童的自戀解釋為排斥其他事物的凝思，這都是在同一個誤解中。事實上，小孩被建立於一雙重的系列之上，自連結關係的被動綜合起、自被約束的激動開始。然而這兩個系列都是客體的：實際客體的系列，作為主動綜合之相關物，潛在客體的系列則作為被動綜合深化處的相關物。這正是透過凝思著諸潛在中心，深化的被動自我於當前填滿了自戀的形象。一個系列不會存在，若沒有另一個系列的話；然而這兩個系列互不相像。這就是為什麼亨利・馬蒂內（Henri Maldiney），例如分析兒童的步伐時，有理由認為孩子的世界絕非圓形的或自我中心的，而是橢圓的，在本質上相異的雙重中心，卻完全是客觀的或客體的兩個中心[23]。或許，甚至是從一個中心到另一個，根據它們的不相稱，而形成了一個交錯、扭轉、螺旋線、數字8的形式。而且，在與本我的拓撲學式區別中，除了在8的交叉點之外，在兩個不對稱的圓圈相互交叉之會合處之外的，實際客體之圓圈與潛在的客體或中心之圓圈，自我究竟為何、位於何處呢？

這是人們必須將保存的衝動和性衝動之區分，歸併於這種相關的兩個系列之二元性。

因為前者（保存的衝動）與現實性原則的構成、與主動綜合和主動整體自我的創建、與被理解成滿足的或要脅的實際客體之關係不可分離。後者（性衝動）更不會與潛在中心的構成相分離，或者與被動綜合的深化及被動自我相應於被動綜合的深化相分離：在性成熟前的性徵裡，行動總是在於觀察、在於凝思，然而，被凝思、被觀察者，總是一種潛在性。二個系列彼此不可缺一而存，意指它們不僅是互補的，也是於彼此之中相互借取和相互補給，依照它們的不相似或本性的差異。我們同時觀察到，潛在性從實在的系列裡被提取，以及被編進實在的系列中。首先，此提取意味著一種離析或懸置，為了從實在中萃取一種設置、外觀、部分而使其凝結。但此離析是質性的，它並非只是減去實際客體的一部分而已；透過作為潛在客體而運作，被減去的部分獲得一個全新的本性（質）。潛在客體是「部分的」客體，並非單單因為它缺少一個被留存於實際中的部分，而是於其自身和為其自身，因為它裂開、分開成潛在的兩部分，其一始終在另一之中缺席。簡言之，潛在性並不服從於影響實際客體的整體特徵。潛在性，不僅僅出自其根源，也在於其自身的本性裡，即片段、碎塊、脫下的皮膜。其於自身的同一性裡缺席。慈藹與不稱職的母親，或者嚴父與根據父系二元性遊戲規則的父親，不是兩個部分的客體，而是同一個客體，作為於

22 譯注：鏡寫在心理分析學上意指著，精神病患者橫式書寫從右至左的現象，若孩童有此行為，則被歸因於學習障礙，稱之為鏡寫現象。

23 參見亨利．馬蒂內，《自我》（Le Moi），課程摘要，里昂學院報，1967。

雙重性裡喪失其同一性之客體。主動綜合朝向總體整合和恆等可計統的客體位置，超越了被動綜合，而被動綜合則透過深化來超越其自身，朝向保持著不可加總的部分客體之凝思。這些部分的或潛在的客體也以各種名義，重返梅蘭妮・克萊因（Melanie Klein）之善「與」惡的客體中、「過渡」的對象裡、客體－崇拜物裡，且特別是在拉康（Jacques Lacan）的客體「a」中。佛洛伊德早就以決定性的方法提出了，性成熟前的性徵是如何由部分的衝動所組成，這些衝動是在保存衝動的練習運動中被提取出來的；這種提取假設了部分客體自身的構成，其以等多的潛在中心運行著，即性徵總是被二分的端點。

相反地，這些潛在客體被併入實際的客體中。它們可以在此意義上符合主體、或其他人身體的一些部分，或甚至符合吉祥物、玩偶類型之非常特殊的對象。歸併絕不是視為同一，甚至也不是一種心力內投[24]（introjection），因為它會溢出主體的界線。歸併不是與離析相對立，而是與之互補。無論潛在客體所歸入的現實性為何，潛在客體都不會與之相融合：更恰當地說，它是被栽種、被插入於此，而且在實際客體中找不到填補它的那一半，反而在此客體中證明了，潛在的另一半持續缺席著。當梅蘭妮・克萊因提出，母體包含了多少的潛在客體時，不應該理解為母體加總或包含著它們，亦非理解成占有它們，而倒不如說，它們是被栽植於母體之中，如同另一個世界的樹木一般、如同果戈里的鼻子，或是杜卡利翁（Deucalion）的石頭[25]。無論如何，歸併是狀況條件，保存的衝動和與之相符的主動綜合在這些狀況條件下，輪到它們用自己的資源，將性徵疊合於實際客體的系列之上，並且將性徵由外歸入被現實性原則所支配的領域。

本質上，潛在客體是過去的。柏格森，在《物質與記憶》裡，曾提出自一個世界到兩個中心的圖表，一個是實在的且另一個為潛在的，自此發散出來的，一方面是「影像－感知」系列，另一方則為「影像－回憶」系列，此二者在無止盡的循環裡組織起來。潛在客體不是先前的現在；因為現在的質性和時間流逝的模態，目前以排他的方法影響著，作為被主動綜合所建構的實在之系列。但是，諸如先前被定義的純粹過去，作為它自己的現在之同時代者、先存於消逝著的現在以及使任何現在逝去，其修飾了潛在客體。潛在客體是純粹過去的一片碎屑。這正是從我的潛在中心之凝思的高度，我，出席並支配著自己的消逝著之現在、以及諸潛在中心被歸入於其中的實際客體之接續。人們在這些中心的本性裡找到了理性。為了向實際客體提取現在，潛在客體於本性上與之有別；潛在客體，就它從真正客體中自我減去而言，不僅僅是缺少某些事物，而是於其自身即缺乏某事物、總是成為自身的一半，它把自身的另一半假定為相異的、缺席的。然而我們將看見，此缺席是負面否定性之對立面：屬於自己的，永恆的半邊，只要不是它必須存在的地方，就是它存在之處。只要它在自己不存在的地方被尋找，就是人們找到它之處。它同時不被具有它者占

24 譯注：心力內投（l'introjection）涉指，安娜．佛洛伊德（Anna Freud）所擴張和發展其父的「心理防衛機制」之概念。

25 譯注：在希臘神話裡，杜卡利翁扔掉的那些石頭變成了男人，他的妻子皮拉（Pyrrha）扔的那些變成了女人，以此他們認識了什麼是地球。這個神話似乎建立在希臘詞的雙重含義上，即意味著石頭同時是人，反之亦然。

有，也被不占有它者所具有。「它始終是個『過去曾是』」。在此意義上，拉康的文章對於我們來說是具有代表性的，亦即，將潛在客體與愛倫·坡的《失竊的信》進行比較。拉康指出，根據現實性原則，實際客體服從於存在「或」不存在某處之法則，然而潛在客體則相反地具有，存有「與」不存有其所存在、進展之處的屬性：「被隱藏者就是在他的位子上缺席者，如同一卷書的檢索表單將它顯示出來，當在圖書館中遍尋不著它時……這是我們只能一字不差地說，這是在他的位子上缺席者，而不是缺乏可將其改變者，亦即並非缺乏象徵。因為對實在來說，某些騷亂是我們可引起的，無論如何它始終在那，它帶走已黏在它的鞋底下的位置，完全無須知道誰可以放逐它。」[26]從未有人用消逝著的現在以及和自己一起被帶走的現在適切地去反對純粹過去，其普同的流動性、普同的無所不在，使現在逝去著且與其自身永遠不同。潛在客體相對於一個新的現在，從未成為過去；相對於一個曾經已是的現在，它更不會是過去。它是過去的，作為存在著的現在之同時代者、在一個被凝固的現在中；一方面作為缺乏者，另一方面同時是其所缺乏的部分；當它在其位子上時，即作為被移轉者。這就是為什麼潛在客體只以自身的碎片而存在：它只能作為遺失而被找到——它只會作為重新被找回者而存在。遺失或遺忘在此並不是應當被超越的確定性，而相反地指示著人們自遺忘內部重新尋得的，以及作為遺失的客觀本性。自身作為現在之同時代者，屬於現在其自身自己的過去、先存於實在系列裡消逝著的任何現在，潛在的客體是屬於純粹過去的。它是純粹的碎片、其自身的碎片；然而，像是在物理的經驗上，就是純粹碎片的歸併，其使質性改變，且使在實在客體系列裡的現在逝去。

這就是愛神厄洛斯（Erôs）和記憶女神的關係。厄洛斯使諸多潛在客體脫離了純粹過去，祂給予我們這些賴以存活的潛在客體。根據所有潛在的或部分的客體，拉康發現了「菲勒斯」[27]（phallus）作為象徵性器官。如果他可以使「菲勒斯」的概念產生此延伸（歸入所有的潛在客體）的話，正因為此概念確實包含了上述特性：為了證明它自己的缺席以及證明自身作為過去，其存有就自身而言在本質上已被轉移，只能作為遺失而被找到，總是成碎片的存在於雙重性裡失去同一性——因為它僅在母親的身旁才能被找到和被發現，以及它具有調換位置的悖論屬性，而不被帶陽具者所擁有，然而，已被無陽具的陰性者所「有」，如同閹割情節的題材所表現出來的一般。象徵性的陽具意指純粹過去的煽情模式，並不亞於性徵的不可追憶。象徵是一直被移動的碎片，對於一種從未在場的過去來說才有價值：客體＝x。不過，潛在客體歸根究柢還是指向象徵性元素自身，那麼此觀念究竟意指著什麼呢？

26 雅各．拉康（Jacques Lacan），關於失竊的信研討會（《書寫》（Ecrits, Seuil, p. 25））。此文稿大概是拉康最為深入地發展他重複的構想—拉康的某些門生非常強調這個「非同一」之主題，以及由此而來的差異與重複之關係：參見雅克-阿蘭．米勒（J.-A. Miller），「縫合線」；尚-克洛德．米爾內（J.-C. Milner），「能指的位置」；賽吉．雷克雷赫（S. Leclaire），〈心理分析裡元素的關係〉（Les éléments en jeu dans une psychanalyse），收錄於 1966 年第一、三和五期的《分析手冊》（Cahiers pour l'analyse）。

這大概是精神分析的整個遊戲規則，亦即愛戀的遊戲，其重複備受質疑。問題在於去知曉，人們能否將重複構思為從一個現在到另一個現在，一個是當前的現在且另一個為先前的現在，使它於實在的系列裡實現。在此情況下，先前的現在扮演著，作為一最終或最初期限之複合點的角色，而在它的位置上且發揮著一種吸引力：或許正是它提供了待重複之「事物」，就是它可能影響著重複的所有過程，可是在此意義上，它或許又獨立於此。固定和退減的概念，還有創傷、原初場景的概念，表現出此最初要素。重複的過程從那時候起，適切地符合物質的、未雕琢的和赤裸的重複之原型，以作為相同的重複：「無意識、習慣性動作」（automatisme）的想法於此表現出被固定的衝動模式，或者更確切地說，這是受到固定和減退所限制的重複模式。而且如果這個物質典型，事實上，被任何類型的偽裝，即區分著嶄新的和先前的現在之數以千計的喬裝或轉移所干擾和掩蓋的話，這僅僅是以一種次要的方式，儘管其必須被建立：變形在大多數的境況裡，既不屬於固定亦不屬於重複自身，而是補足了它們、與其疊合在一起、將必然為它們披上外衣，然而卻像是自外部，透過壓抑而被解釋，此壓抑表露出重複作動者與（將）被重複者（於重複中）的衝突。固定、重複的習慣性動作，壓抑這三個截然不同的概念說明了這種分配，即在一個就重複而言被假定為最終或最初之期限、一個相對於掩蓋它的偽裝而被假定為赤裸的重複、透過一種衝突的力量而必然在此增加之偽裝，三者之間的分配。甚至與特別是，佛洛伊德的死亡本能之構想，其作為回返至無生命物質，同時處於和最終期的位置、物質且赤裸的重複之原型、在生死間之衝突的二元論不可分離之狀態。關於先前的現在不是在其客觀的現實性裡起作用，而是在它已被經驗過或是被想像出來的形式中，並非重點所在。因為想像力在此只為了匯集共振與確保在兩個現在之間的偽裝，而介入作為實際經歷的現實性之實在系列。想像力收集了先前的現在之痕跡，它以先前的作為嶄新的現在之樣板。在精神分析上，重複的強迫之傳統理論，本質上仍保持在唯實論、唯物論、主觀或是個人主義的狀態。其作為唯實論，是因為一切「發生」於諸現在之間。作為唯物論，則因為不由自主的天然重複之原型，仍是隱蔽狀態。至於作為個人主義、主觀、唯我論或一元的：因為先前的現在，亦即被重複、喬裝的要素，以及，嶄新的現在，也就是已偽裝的重複之當前期限，只不過被視為主體的諸多「再現」，如無意識和意識的、潛伏的和表明的、壓抑的和被抑制的再現。整個重複的理論，就其唯實論、唯物論和主觀論之觀點而言，正因此而從屬於普通再現的要求之下。人們使重複屈從於先前的現在中之同一性原則下，並使其遵從於當前的現在裡之相似性規則下。我們並不認為佛洛伊德的種系發生學、榮格的原始意象之發現，修正了如此之構想的不足。即使人們以想像出來的法則全盤反對現實性的事實，此仍關乎一種被視為最終或最初的心理性「實在」；即使人們將精神與物質相對立，仍然涉及了一個赤裸的、被揭去面紗、坐落於其最終同一性、倚賴它的衍生類比之精神；即使

27 譯注：「菲勒斯」在心理分析學領域，被譬喻成男性生殖器勃起的狀態。

有人以集體或宇宙的無意識來反對個體的無意識，集體或宇宙的無意識亦只透過其力量去引發了，唯我論主體所屬的諸多再現，因而產生影響，它是一種文化或世界的主體。

人們經常強調，思考重複之過程的困難。如果有人端詳兩個現在、場景或事件（幼兒和成人）在它們被時間區分開來的現實性裡，先前的現在如何能對當前的現在以遠距的方式產生影響且使之成形，然而卻必須溯及既往地接收它的全部效力？而且，如果人們援引想像出來且不可或缺的操作去填滿時空的話，這些操作如何在最不得已的情況下吸收吞併這兩種現在的全部現實性，而僅以作為唯我論主體的幻覺方式讓重複持續存在呢？但如果，於實在系列裡易變的間距中，這兩種現在確實是連續性的，那麼倒不如說它們形成了「兩組共存且實在的系列，相對於另一本性的潛在客體」，此客體在這兩組系列中不斷地循環與移動（即使，諸人物角色、主體落實了每一系列的位置、期限和關係，就它們自身的考量，在時間上保持著不同的狀態）。重複不是從一個現在到另一個現在而被建構而成，而是在兩組共存的系列之間，這些現在根據潛在客體（客體＝x）而形成。正因為它不斷地循環、相對於自身而言一直被移動，在它所顯現的兩個實在系列裡，或說是在兩種現在之間，確定了終點的變化和諸多虛構關係之修正。因此，潛在客體的轉移並不是在諸偽裝之間的其中一種，而是原則，事實上，重複作為被喬裝的重複即來自此原則。重複只與「偽裝」且只在「偽裝」中被建立起來，這些偽裝影響著諸現實性系列之期限和關係；然而這是因為重複取決於潛在客體，以及取決於一種內在的堅決要求，其特性首先就是「轉移」。我們不能自此起即認為，偽裝是被壓抑所解釋。反之，正因為重複務必被喬裝，根據其確定性原則之具特徵的轉移，壓抑像一種支撐於諸現在的再現上之結論而被產出。佛洛伊德對這一點有相當的領會，當他找到比壓抑的堅決要求更深者時，哪怕仍靠同樣的模式去構思，例如一種所謂「原初的」壓抑。人們因為壓抑而不重複，但人們正是因為重複才去壓抑。而且同樣地，人們因為壓抑而不偽裝、因為偽裝而壓抑，人們根據重複的確定性中心去偽裝。偽裝並不是相對於重複而位居第二，重複亦非相對於被假定為最終的或原初的固定終點，因而位居第二。因為如果這兩種現在，先前的和當前的，形成共存的兩組系列，根據潛在客體在這兩組系列中，相對於自己而移動，「這兩組系列中，沒有任何一個系列可以被指明為原初的或衍生的」。它們使各種不同的期限和主體介入複合的互為主體性中，每一主體於其系列中，面對著其超越時間性的位置之角色和功能，對潛在客體而言，每一主體占據了此位置[28]。至於此客體其自身，更是無法被看成最終或原初的終點：這樣的認定是給它一個固定的位置，以及一種與它的整個本性相抵觸之同一性。如果它可被與菲勒斯「視為同一」的話，按照拉康的表述，這只不過是在菲勒斯總是於其位子上、其同一性裡、其再現中缺席的範圍內而言。簡言之，沒有最終期限、我們的愛戀並非指向母親；只有在我們的現在之構成系列裡，母親占據了某一相較於潛在客體的位置，該位置必然由另一位角色人物所占據，此角色人物在以另一主體性建立起的現在之系列中，亦即總是考慮著這種客體＝x的諸多位移之系列。有點像是《追憶似水年華》的主角，透過愛戀著他的母親之方式，已重複了斯萬（Swann）對於歐黛特（Odette）的愛。雙親的角色不是主體的最終期，而是互為主體性的諸中間—期，從一系列到另一系列之傳遞和偽裝的諸形式，對於不同的主體來說，這些形式是通過潛在客體之輸送而被確定的。面具後面因此仍有許多面具，而且最為隱祕的，仍是個無窮隱蔽之處。除了去揭露某物或某人的假面具之幻象外，並沒有別的幻象。菲勒斯，即重複的象徵性器官，不乏作為已隱藏起自身的一副面具。這正是面具所擁有的兩種意義。「請給我，我求你，給我……所以，到底是求你給我什麼呢？另一個面具。」首先，此面具意指「偽裝」，虛構地裝出兩個正當共存的實在系列之關係和期限；然而它更深層地意指著「轉移」，在本質上影響著象徵的潛在客體，在它的系列中與在它不斷循環於其中的諸實在系列裡。（因此，位移使佩戴者的眼睛與面具的嘴巴位置相應，或僅讓佩戴者的臉作為無首之身的樣貌露出，哪怕輪到一顆頭浮現在此身體上。）

因此，重複在其本質裡是象徵性的、精神上的、交互主體性的或是單子論的。一個涉及非意識本性的最終結論來自於此。非意識的現象不會任由自身在對立或衝突的、過於簡單的形式下被理解。這不僅僅是壓抑理論，而且也是在衝動理論中之二元性，此衝動理論有利於佛洛伊德的衝突原型之至上優先性。然而衝突是更加精細的微分機械論之合力（轉移和偽裝）。而且如果這些「力量」自然而然地進入對立關係時，那麼正是從表現出較為深層的堅決要求之諸微分要素開始。一般說來的負面否定性（le négatif），在其限制和對立的雙重面貌下，相較於問題和提問的堅決要求，它已讓我們覺得是次要的：同時可以說，負面否定性在意識裡只不過表達了，在基本上為非意識的提問和問題之陰暗面，以及它向在這些問題和提問本來的位置裡，「錯誤」之不可避免的部分，借用其表面的力量。誠然，非意識想望著，且只是想望著。然而同時，欲望在潛在客體裡找到其與需求不同的原則，顯露出來的既不是否定的能力，亦非對立之要素，然而更恰當地說，這是一種尋求的、提問和成問題的力量，其在一種與需求和滿足的場域不同的場域中發展著。提問與問題並不是一些思辨的行動，因而全然處在暫時的狀態，並標記了經驗主體的一時無知。這是一些活著的行動，其投注著非意識的特殊客觀性，被指定要續存於，反而會影響回答和解決辦法之暫時和局部的狀態下。問題與建立現實性系列的關係和期限之相互偽裝「相符」。提問作為問題的來源，與潛在客體的轉移相符合，諸系列據此而發展。正是因為潛在客體與其位移的空間混淆起來，即菲勒斯，作為潛在客體，總是經由諸多難解之謎和謎

28 拉康在兩篇非常重要的文章裡得出諸系列的存在：《失竊的信》，先前所引用的（第一個系列：「國王—皇后—部長」，第二系列：「警長—部長—迪潘」）；以及《精神官能症個人的神話》（Le mythe individuel du névrosé），C. D. U. 出版，「鼠人」的評論（父系和子代關係的這兩個系列，其在不同的處境中涉及了債務、朋友、窮女人和富家女）。在每一系列中的元素和關係，根據其相對於總是被轉移的潛在客體之位置而被確定：第一個例子的信件、第二個例子的債務——「這不僅僅是主體，也是諸主體，即在它們的互為主體性裡被引用的、排成一列的諸主體……能指的轉移確定了諸主體，在它們的行動、命運、拒絕、盲從、成功和運氣中，雖然是他們的天賦才能和社會權益，但並不考慮性格或性別……」（《書寫》，頁：30）一種既不歸結於個人無意識、亦非歸結於集體無意識的互為主體性非意識，因此而被定義，而且就此而言，人們不再能指定一組作為原初的系列，另一組則作為衍生的系列（儘管拉康繼續使用這些術語，似乎是出於語言的便利性而已）。

題而被指定在它缺席的位置上。甚至是俄狄浦斯的衝突，亦首先取決於人面獅身獸斯芬克斯（Sphinx）之提問[29]。誕生與死亡、性別的差異都是問題的複雜題材，在作為對立的簡單字詞之前。（在性別被陽具的擁有和喪失所決定的對立之前，就有菲勒斯的「提問」，其在每一系列中決定著有性別的角色之微分位置。）或許，在任何提問、任何問題裡，以及，在它們相對於答案而言的超驗性裡、在它們通過解決辦法的堅決主張裡、在它們保持著自身特有的裂口之方法中，不可避免地，有著異常不可思議的某事物[30]。

問題，為了使任何回答緘默而非使它產生，問如同在杜斯妥也夫斯基（Dostoïevski）或舍斯托夫（Chestov）的作品中，只須以足夠的堅決主張被提出。在此，提問發現了它確切本體論的意義，即提問之（非）—存有，不被歸結於負面否定性的非—存有。沒有原初的與最終的答案或解決辦法，唯有提問—問題，藉助於任何面具後面的一副面具與任何位置後面之位移。去相信生跟死、愛和性別差異的問題，是由它們的解決辦法甚至是它們的科學立場來裁決，或許是幼稚的，儘管這些立場和解決辦法必須出現、必然應去介入它們的發展過程之動向裡的某一時刻。諸問題涉及無休止的喬裝，提問，則涉及了無止境的轉移。神經病患者、心理障礙者可能以他們的痛苦為代價，去探索這最終且原初的底部深處，有一些患者詢問「如何轉移問題」，另一些，則問「在哪裡提問」。準確地說，他們的痛苦、他們的情感[31]，是唯一的回答，就於其自身不斷移動的提問、於其自身不停偽裝自己之問題而言。這不是他們所說的或他們所思考的，而是他們的生命，其作為典範並超越那些。他們證明了此超驗性，且證明了，諸如被建立起來的真與假之最非凡、不尋常的遊戲，並非與答案和解決辦法在同一水平上，而是在問題自身中、於提問自身裡，亦即在諸多狀況條件裡，例如假成為真的探索模式、其本質的偽裝或其根本的轉移之專有空間：偽（Pseudos）在此變成了「真」情感。提問的權力總是來自他方而非答案，並具有一個無

29 譯注：根據希臘神話俄狄浦斯，希拉（Hera）派人面獅身獸斯芬克斯鎮守底比斯城：斯芬克斯會抓住每個路過的人提問繆斯（Muese）所傳授的謎語：「什麼動物早晨用四條腿走路，中午用兩條腿走路，晚上用三條腿走路？」如果對方無法解答他所出的謎題，便會將對方撕裂吞食。

30 賽吉・雷克雷赫（Serge Leclaire）已概述了一項精神官能症和精神病理論與作為無意識的基本分類之提問觀念有關。他在此意義上區分了歇斯底里的提問模式（「我是男人或女人？」）與痴迷者的（「我是死是活？」）；他也區分了精神官能症和精神病各自的位置，就提問的這個堅決要求來說。——參考，〈在痴迷者生命裡的死亡〉（La mort dans la vie de l'obsédé），《精神分析》（La Psychanalyse），第二期，1956；〈精神病的心理治療原則之研究〉（A la recherche des principes d'une psychothérapie des psychoses），《精神分析學演變》（Évolution psychiatrique），II，1958。這些研究關於患者經驗過的提問內容和形式，在我們看來是非常重要，以及驅動在一般無意識裡，衝突和負面否定性的角色之修正。就起源來說，在此仍具有雅各・拉康的指示：關於在歇斯底里和強迫症裡之提問類型。參考，《書寫》，頁：303-304；以及關於欲望與需求之差異、與「請求」和與「提問」之關係，頁：627-630, 690-693。

榮格（Jung）的理論最為重要的要點之一，難道不是已經在此：無意識裡「提問」之力量、無意識的構想作為「問題」和「任務」的無意識？榮格從中抽出結論：區分化過程的發現，比起合成的對立還要深層（參考，《自我與無意識》（Le moi et l'inconscient））。佛洛伊德確實強烈地批判這一觀點：在《狼人》案例中，§ V，他堅持兒童不提問，而是想望，不是面對一些任務，而是面對被對立所支配的激動—以及在《朵拉》的案例中，§ II，他指出，夢的核心只能作為一個被放入相對應的衝突裡之欲望。不過，在榮格和佛洛伊德之間，爭論可能不會完全被落實，因為這涉及到去知曉無意識是否能做想望之外的其他事。其實更恰當地說，難道不應該去詢問慾望是否只是對立的力量，或是一種完全被建立於提問的權力裡之力量？甚至透過佛洛伊德引用的朵拉之夢，只能在問題的透視中讓自己被詮釋（以父—母，K先生—K女士這兩個系列進行），其發展成歇斯底里的形式之提問（以扮演著 客體＝x 的角色之珠寶盒來進行）。

法讓人解決的自由之底。提問和問題的堅持、超驗性、本體論的保持，不在充分理由（有什麼用？為什麼？）之目的論形式下被表達，而是在差異和重複之審慎的形式下：有什麼差別？以及「稍微地重複著」。差異，從未有過，但並不是因為它在回答裡是同一回事，而是因為它只在提問裡，且只在提問的重複裡，確保它的輸送和偽裝。問題和提問因而屬於非意識，而畢竟非意識在本性上是微分且迭代重複的、成系列的、成問題的和提問式的。當有人詢問是否非意識在基本上是對立或微分的時候，處於衝突狀態的龐大力量或處於系列狀態的微小元素之非意識、對立的巨大再現或區分的細微感知之非意識，人們好像使得在萊布尼茲式傳統和康德式傳統之間那些遠古的遲疑及論戰重現。但如果佛洛伊德完全站在黑格爾的後康德主義這一邊，亦即，處於無意識的對立面的話，為何他對於萊布尼茲主義者費希納如此尊崇，並對一位「徵候學學者」的微分手法致上敬意呢？其實這完全不涉及，去知曉無意識是否意味著邏輯上限制之非—存有，或實際對立之非—存有。因為無論對誰來說，這兩種非—存有都是負面否定性的面貌。既非限制亦非對立—既不是退化的無意識，也不是矛盾的無意識——非意識涉及著問題和提問，在它們與解決辦法—答案之本性差異中：成問題的（非—存有，同樣拒絕了否定性非—存有的這二種只能支配意識命題之形式。嚴格地說，應該援引此名言，非意識不懂得「非」（le Non）。部分客體是細微感知的諸要素。非意識是微分的，且在細微感知中，然而它與意識在本性上有所不同，它涉及著問題和提問、從未被化約為強烈的對立或由意識集合而成之總體結果（我們將理解到，萊布尼茲的理論已指出了這條道路）。

因此，我們已遇到快樂原則之外的第二個、即於非意識自身裡的第二時間綜合。第一被動綜合，即慣習的綜合，表現出作為「關係鏈接」的重複，於活著的現在被重新開始的模式上。它以兩種互補的意義確保了快樂原則的創建，因為由此產生了，作為堅決要求的愉悅之一般性價值，心理的生命當前於本我之中已服從於此堅決要求，以及，同時產生出幻覺的特殊滿足，其將在每一被動自我中填滿自身的戀己形象。第二綜合是厄洛斯—記憶女神的綜合，將重複視為「轉移」和「偽裝」，並以快樂原則的基礎運作著：事實上，因而關係到去知悉此原則如何符合於它所支配者、在哪種應用的狀況條件下、以什麼樣的限制及什麼樣的深化作為代價。答案產生於兩個方向中：其一，一般現實性法則，第一被動綜合以此作為根據，朝向主動綜合和主動自我而超越自己；相反地，第一被動綜合根據另一個方向，於第二被動綜合裡得到深化，匯集了特殊的自戀式滿足且將此與潛在客體的凝思關聯在一起。快樂原則在此接收了許多新的狀況條件，無論是關於被產出的實在性或是被指定的性徵。衝動，只不過被定義成被束縛的激動，當下出現於被區分的形式之下：循著實在性的積極路線，作為保存的衝動，在這嶄新被動的深度裡，作為性衝動。如果第一被動綜合建立了「美學」，那麼它合理地將第二個定義為「分析」的對應詞。假使第一被

31 譯注：Pathos 源自於希臘文，意即痛苦、激情和情感。

動綜合是現在的綜合，那麼第二被動綜合則屬於過去的。假如第一被動綜合使用重複是為了從中篩取差異，第二被動綜合則包含了重複內部的差異；因為差異的兩種面貌，運送和喬裝，象徵性地影響潛在客體的轉移，且虛構地假裝轉移加入的實際客體之偽裝，皆已變成重複自身的要素。這就是為什麼佛洛伊德對於以厄洛斯的觀點來分配差異和重複感到為難，在他堅持著這兩個因素的對立，以及在已消除差異的物質典型下，理解重複之範圍內，然而他卻經由引入或甚至產出新的差異來定義厄洛斯[32]。但事實上，厄洛斯的重複力量是直接衍生自差異的能力，這是厄洛斯向記憶女神所借取的重複之力，並且影響著與純粹過去的碎片一樣多的潛在客體。這不是失憶症，而更確切地說，是一種超憶症（hypermnésie），如賈內（Pierre Janet）已在某面向作出預測，他解釋了情慾的重複角色以及與差異之組合。「未曾相識」（jamais-vu），顯示出一直被位移和喬裝的客體特徵，陷入「似曾相識」（déjà-vu）中，作為此客體從一般純粹過去被提取出來的特徵。依照提問法的客觀本性，人們既不知「何時」已相識，亦不知「在哪」見過；終究只有熟悉的怪異情況，而且，只不過是重複出現的差異。

厄洛斯和記憶女神的綜合確實仍模稜兩可。因為實在系列（或於實在中逝去著的現在系列）和潛在系列（或在本質上與任何現在相異的過去系列）形成了兩條分歧且循環的線、兩個圓圈甚至是同一個圓的兩條弧線，相對於慣習的第一被動綜合而言。然而，就被看待成潛在系列的內在限度與第二被動綜合原則之客體 = x 而言，這是實在性的連續性現在，當下形成了諸多共存的系列、圓圈甚至是同一個圓的諸多弧線。不可避免地，這兩種參照相互混淆，而且純粹過去因此陷入先前的現在之狀態裡，它是神話的，重建著其被認為要揭露的幻象，使得原生和衍生物的、起源裡之同一性和衍生裡之相似性的這種幻象重現。此外，這正是厄洛斯自身，以循環或是循環的要素而存活，其另一對立的要素只能作為在記憶底層的桑納托斯（Thanatos），這兩者結合成愛與恨、建構和毀壞、吸引力和斥力。總是同一個模稜兩可，即基礎的模稜兩可、在它強加給其所創立者之圓圈中去想像的模稜兩可、作為在它於原則上確定的再現迴路裡之要素而回返的模稜兩可。

潛在客體在本質上所遺失的特徵、實際客體在本質上被喬裝之特徵，皆為自戀強而有力的動機。但是當利比多（libido）轉向或回流到自我時，當被動自我完全變成自戀癖時，這正是透過將這二條線間的差異內化，並透過其自身體驗到在一條線裡連續不斷地被轉移、在另一條線中則無止境地被偽裝。自戀的自我不僅與構成的傷口不可分離，也與從某一邊到另一邊的自我編織，且構成其修正的偽裝和轉移不可分。面具作為其他面具、在其他的喬裝下變裝，自我不與其自己的丑角們做出區別，而且一腳綠色、一腳紅色，步履蹣跚地走著。然而，人們不會誇大在此層級登場的重新組織之重要性，而去反對第二綜合之

32 據厄洛斯意味著兩個細胞體的結合，且由此引入一些嶄新的「生命差異」而言，「我們無法在性本能中察覺此重複意向，此發現使我們能夠得出死亡本能的存在之結論」（佛洛伊德，〈超越快樂原則〉，法譯：JANKÉLÉVICH，《精神分析學論文》（Essais de psychanalyse, Payot, p. 70）。

先前的階段。因為同時，被動自我變成自戀癖，而活動力必須被「思考」，且只能作為自戀的自我，為了自己的考量而被動地「體驗」的情感與變更本身，自此指向被運在自我之上，作為「其他」（Autre）的我（Je）之形式。然而，這個主動性的我是裂開的，不僅是超我的基礎，也是自戀的、被動的和負傷的自我之相關物，於保羅．利柯（Paul Ricœur）已完美命名為「不全的反思」（cogito avorté）[33]之複雜總體中。除了不全的反思之外，尚無其他反思，除了幼蟲般未成熟的主體之外，亦無別的主體。我們先前已見到，我之裂縫只不過是，作為自其內容中脫身之純粹和空形式的時間。這就是自戀的自我完全顯現於時間裡，而絕非建構時間性的內容物；自戀的利比多，即利比多對於自我的迴流，早已撇開任何內容不談。自戀的自我，更恰當地說是現象，與空時間形式相符合而不填滿它的現象、這種一般說來的形式之空間現象（正是此空間現象以不同的方法，被呈現於精神官能症的閹割情節和精神病的分裂裡）。時間形式於我之中確定了一種秩序、一個總體和一組系列。之前、期間和之後的靜態形式秩序，在時間裡標記了自戀自我的分裂或其凝思的狀況條件。時間總體在巨大行動的形象中沉思著，例如其同時被超我所呈現、阻擋和預告：行動＝x。時間的系列指出分裂的自戀自我與時間總體或行動形象成對比。自戀的自我藉由先前或缺乏的模式、「本我」的模式重複一次（這行動對於我來說過於沉重）；第二次重複，則以「理想的自我」所特有的，一種無限的變成—平等之模式進行著；第三次，透過實現「超我」預言的之後（l'après）的模式（本我和自我、狀況條件和施動者自身將被毀滅！）因為實踐法則本身別無其他，而僅意指著此空時間之形式。

當自戀的自我奪取潛在和實際客體的位置時、當其向自身取用某些客體的位移作為其他客體的偽裝時，那麼它不是以另一個時間的內容物來取代某一時間的內容物。相反地，我們已進入了第三綜合。彷彿時間拋棄了任何可能記憶的內容，而且以此方式，打破了厄洛斯誘引它的圓圈。時間已展開、已被重置，它取得了迷宮的最終相貌，即直線路徑的迷宮，如波赫士（Jorge Luis Borges）所說，「看不見的、不停止的」。空時間在其鉸鏈之外，以其形式的和靜態且精確的秩序、過重的總體、不可倒流的系列，完完全全是死亡本能。死亡本能不會與厄洛斯一起進入一個迴圈，它絕非與之互補或是敵對、無法與之對稱，但表現出一個完全不同的綜合。患有嚴重遺忘症、無記憶的自戀自我，和去性別的、無愛的死亡本能之相關性，取代了厄洛斯和記憶女神的相關性。自戀的自我更是只有死亡的身體，其失去身體的同時也失去客體。正是透過死亡本能被映照於理想的自我裡，且預測它在超我中之結束，作為裂開之我的兩塊碎片。這種自戀自我和死亡本能的關係，正是佛洛伊德如此深刻標記的，當他說，沒有「去性別」、不形構「可置換」的中性能量、本質上有能力開始供應桑納托斯的狀況下[34]，利比多就不會迴流到自我。但佛洛伊德為何就這樣將死亡本能視為先存於此去性別的能量，在原則上卻又獨立於它呢？大概由於兩種理由，

33 參見保羅．利柯（Paul Ricœur），《解釋學─佛洛伊德評論》（De l'interprétation, Seuil, 1965），頁：413-414。

其一為啟發所有衝動理論之二元和衝突原型的堅持，另一種則為主宰重複理論之物質的典型。這就是為什麼佛洛伊德有時強調厄洛斯和桑納托斯之間本性的差異，桑納托斯根據此差異，就其自身而言應被定性為與厄洛斯相對立；有時強調韻律或振幅的差異，彷彿桑納托斯重返無機物質之狀態，並藉此與這未經雕琢且赤裸的重複力量成為同一，來自於厄洛斯之生命的差異，只不過被假定為遮掩或阻礙。然而無論如何，死亡，被確定為從有生命者到此無生機物質之質和量的回返，只有一種外在、科學和客觀的定義；佛洛伊德古怪反常地拒絕了死亡的任何其他方面、在無意識裡的死亡之任何原型或闡述，儘管他承認這些作為誕生和閹割情節的原型之存在[35]。然而，將死亡化約成物質的客觀確定性，顯露出此偏見，重複據此而必須在未區分的物質典型裡、在第二或對立的差異之轉移和偽裝之外，找到其最終原則。不過無意識的結構其實不是衝突、對立或矛盾的，而是提問和成問題的。重複更不是在偽裝之外，未經雕琢和赤裸的力量，因這些偽裝可能會次要地影響著重複以及影響著同樣多的變異；相反地，它在偽裝裡自我編織，在轉移中作為它存在之前的組成要素。死亡不會出現在一種無差別且無生命的物質之客觀典範裡，有生命者可能會「回返」至此死亡；在有生命者中，死亡是在場的，作為具有一原型之主觀且已區分的經驗。死亡並不與物質的狀態相符，反之，其與棄絕任何物質的純粹形式——時間的空形式相應。（而且，填滿時間的方法，與使得重複從屬於無生命物質的外在同一性，或從屬於不朽靈魂之內在同一性的方法，完全是同一回事。）即死亡不會被簡化成否定，既非對立的負面否定性亦非限制的負面否定性。這既不是出於物質的枯萎生命之局限性，亦非不朽的生命與物質之對立，而使得死亡具有該原型。死亡，更適切地說，是成問題之提問法的最後形式、問題和提問的來源、它們在任何答案之上的永久性記號，「何處與何時？」指出此（非）－存有，任何肯定皆在此吸取著養分。

布朗修（Blanchot）所言甚是，死亡具有兩種面向：一種是個人的面向，涉及我、自我，以及我能夠在鬥爭中迎戰或在限度內重返，總之，能夠在使一切皆過去的現在裡遇見（事物）。然而另一種，則奇特怪異地作為非人稱的面向，與「自我」無關，既非現在亦非過去，而總是會到來，即在一持續的提問中，連續且多重的意外奇遇之起源：「這就是去死之事實，其包含著一種根本的顛覆，死亡通過此顛覆，曾是我的權力之極端形式，不僅僅透過將我拋出開始或甚至結束的權力之外而成為使我放棄者，而且也成為與我毫無關係、無作用於我之權力者，這個毫無任何可能性的，未定義之非現實。顛覆，是我不能想像的，甚至無法將它設想成最終確定的事，它並不是不可逆轉的通道，在此通道之外沒有

34 佛洛伊德，〈自我和本我〉，《精神分析學論》（Essais de psychanalyse, trad. JANKÉLÉVITCH, Payot），頁：212-214。

35 佛洛伊德，《抑制，徵狀，焦慮》（Inhibition, symptôme, angoisse, trad. TORT, 2e éd., Presses Universitaires de France, 1968, pp. 53 sq.）。因為佛洛伊德指責蘭克（Otto Rank）對於誕生形成了一個過於客觀的構想，所以這更顯得怪異。

回返，因為，它是不會被完成的，即無止境和不停歇者……我與沒有現在的時間毫無關係，那是我無法奔向的，因為在（其）之中「我」死不了，我被剝奪去死的權力，在（其）之中「有人」死去，有人不停地且無法結束去死…並非終點，而是無休止的，並不是自己的死亡，而是隨便一個死亡，不是真實的死亡，而是，如同卡夫卡所說的，它的致命錯誤之冷笑……」[36]。為了對照這兩種面向，我們確實看出了，甚至連自殺都不會使這兩者完全一致且相符合。然而，第一種意指著人的個人消逝，由我、自我所再現之「此」差異的消除。僅僅對於死而言之差異，以及它能被客觀地再現於回到無生命物質之歸返中的消逝，像是在一種熵裡被計算。儘管是表象，這個死亡總是自外而來，在它建構了最為個人的可能性之同一時刻，以及總是來自於過去，在它最為當下的同時。但是另一個事物、另一張臉、另一面向，指示著自由的諸差異狀態，當這些差異不再服從於我、自我所賦予之形式的時候，而且，當它們在一種面貌中展開時亦為自由狀態，此面貌排除「我」自己「的」嚴密性，並以相同方法排除了任意一個同一性的嚴密性。始終有比「我死」還要深層的「有人死」，以及，並沒有以多重、複合的方式不停地死去的，眾神們；宛如諸多世界突然湧現，個體在這些世界裡不再被監禁於我和自我的個人形式，甚至特異也不被監禁於個體的限度裡 — 簡言之，即多重、複合的反抗，其在第一面向中不被「察覺」。然而，這是整個佛洛伊德的構想所指向的第一面向；但正是由於這種方式，此構想錯失了死亡本能，以及相對應的經驗或原型。

因此，我們並沒有見到任何為了提出一種與厄洛斯有區別的死亡本能之理由，或許是以兩力量間之本性的差異來做出區別，又或許是以兩運動間之韻律或振幅的差異而得以為之。在這兩種情況下，差異或許是已定了，且是獨立的桑納托斯。反之，就我們看來，桑納托斯與厄洛斯的去性別化、與佛洛伊德論及的這種中性且可動的能量之形成完全混淆在一起。後者並非服務於桑納托斯，而是將它建構：在厄洛斯和桑納托斯之間沒有分析式的差異，亦即已定的差異，在匯集兩者或使祂們相互交替的同一個「綜合」裡。並非差異較不重要；反之，它是最重要的，即作為綜合的，確切地說是因為桑納托斯意指著一種完全不同於厄洛斯的時間綜合，因差異從桑納托斯裡被提取出來、被建構在它的碎片之上，所以更是專屬獨有的。正是同時，厄洛斯退回到自我——自我向其自身取得構成客體特徵之偽裝和轉移，為了將之變成祂自己的必然消失之情感——利比多喪失了任何記憶的內容，時間失去了其圓形、循環的面貌，為了取得冷冽正直的形式——死亡本能顯得與此純粹形式、此自戀的利比多「之」去性別的能量相一致。自戀的利比多和死亡本能的互補性定義了第三綜合，如同厄洛斯和記憶女神定義了第二綜合。而且當佛洛伊德說，可能必須將「思考」的一般性過程，與變成自戀的利比多相關的這個去性別能量聯繫在一起，我們應理解成，與陳腐的兩相矛盾（兩難）之推論法相反，此不再關乎思想是否為先天的或是後

36 莫里斯．布朗修（Maurice Blanchot），《文學空間》（L'espace littéraire, N. R. F., 1955, pp. 107, 160-161）。

天獲得的。既非天生的，亦非後天獲得的，它是生殖的，「換言之」是被去除性別的、在這個把我們開放給空時間之回流中被提取。「我是一位天生的生殖者」，亞陶曾說，也同樣意指一位「被去性別的後天獲得者」，為了在總是裂開的我之中，標記出此思想的生成。既不必獲得思想，亦不使其作為先天性的，而是在思想自身裡產生思考的行動，或許是在暴力作用下，使得利比多回流到自戀的自我，並同時從厄洛斯那裡萃取桑納托斯，為了從中得到純粹的形式而使任何內容物之時間抽象化。有一種死亡的經驗，與這種第三綜合相符合。

佛洛伊德把三大未知歸於無意識：非（le Non）、死亡（la Mort）和時間（le Temps）。然而，這只涉及在無意識裡的時間、死亡和非。這是否只表示著，它們在沒有被再現的情況下而被作動呢？不只這一點；非意識無視於非，因為它以問題和提問的（非）—存有而存活，而不是以負面否定性之非—存有，其只影響了意識與它的再現。它無視於死亡，因為死亡的任何再現涉及著不適切的面向，然而非意識則領會到其反面、發現了其他的面孔。它忽視時間，因為它從未服從於再現裡消逝著的現在之經驗內容，而是運作著原初時間的被動綜合。「正是必須回返到這三種綜合，作為非意識之構成的綜合」。它們與重複的面貌相符合，諸如它們出現在一位偉大小說家的作品之中：關聯，一直被更新的線索；牆上的斑點，總是被移位；橡皮，始終被擦拭。重複—關聯，重複—斑點，重複—橡皮：這三種重複超越了快樂原則。第一綜合表現出關於活著的現在之時間創建，此創建給予愉悅其一般性經驗原則的價值，在本我裡，精神生命的內容服從於該原則之下。第二綜合透過純粹過去表達了時間的基礎，此基礎是快樂原則實行於自我的內容之條件。然而，第三綜合卻指出了基礎自身將我們投入無—底：桑納托斯確實被發現於作為此無—底的第三綜合狀態，其在厄洛斯的基礎和慣習的創建之外。因此祂和快樂原則間有一種令人困惑的關係，人們經常將祂呈現於愉悅連接著痛苦之不可理解的悖論裡（但事實上，這完全是另一回事：此關乎在第三綜合裡的去性別化，作為抑制著快樂原則與指導和預先想法之實施，為了隨後進行再性別化，愉悅在此更只是傾注了純粹和冷靜的、冷漠和失去熱情的思想，如人們在性施虐或是性受虐的案例中所見到的）。第三綜合以某種方式匯集了時間的所有維度，過去、現在、未來，且使它們在單純的形式裡、於當下運轉著。以另一種方式，其驅動了它們的重新組織，因為過去被拋置於本我這一側，作為根據一時間的總體、出於缺乏的狀態條件，而且現在處於理想自我裡，經由施動者之變形而被定義的狀態。最終的綜合，又再以另一種方式，僅只涉及到未來，因為它在超我中宣告了本我和自我的崩毀，即過去與現在、狀況條件與施動者之崩毀。正屬於此極限的高峰，時間的直線重構了一個圓，然而是特異地曲折的圓，或者，死亡本能在它的「其他」面孔下揭露了一個無條件的真相——確切地說，即永劫回歸作為不使一切回返之其他面孔，反而影響了一個世界，其擺脫了狀況條件的不足和施動者之平等，為了只去肯定過度和不平等、無止境和不停歇、非形式作為最極端的形式程序之產物。時間的歷史就這樣結束了：應該由它來打亂、拆解其物理或自然的、太過對準中心的圓，以及形構出一條直線，然而，這一條直線是被它自己的長度所驅動，重新建構出一種中心永遠偏移的圓。

永劫回歸是肯定的力量，不過，其肯定著多重的一切、相異的一切、偶然的一切，「除了」使它們從屬於一（l'Un）、從屬於相同（le Même）、從屬於必要性以外，「除了」一、相同和必要性之外。關於一，人們認為它以一次作為全部之方式，使多重性從屬於自己。而且，難道這不是死亡之面孔嗎？不過這難道就不是其他面孔、任何運作著一次作為全部之方式者，輪到它以一次作為全部之方式使人死去嗎？如果永劫回歸與死亡具有基本關係的話，正是因為它「以一次作為全部」之方式，實行和意味著作為一者之死。如果它與未來具有基本關係的話，正是因為未來是多重、相異、意外為了其自身且「為了所有次」（pour toutes les fois）的展開和闡明。永劫回歸裡的重複排除了兩種確定性：從屬概念的相同或同一性，以及，狀況條件的負面否定性，其將被重複者歸於相同並確保此從屬關係。在永劫回歸裡的重複，同時排除了與概念變成—平等或變成—相似者，和這樣的一種變化之默認條件。反之，它涉及一些過剩的系統，這些系統使得相異聯繫著相異、多重聯繫多重、意外聯繫意外，在肯定性總是與被提出之問題和被採用之決定共存的總體裡。正所謂人不懂得「遊戲」：甚至當他自身具有一偶然性或多重性時，他卻將他的肯定性設想為被指定去限制此偶然性、將他的決定設想為被指定去圖謀結果、將他的再生產在增益的假設下被指定去使相同回返。確切地說這是劣等遊戲，人們冒著失與得的風險，因為人們無法在此遊戲中肯定「全部」的偶然：負責分割、打碎的規則之預先給定特徵，具有在玩家中出於缺乏（默認）的狀況條件作為其相關事物，而不知哪一碎片將出現。未來系統，相反地，應當被稱之為神聖的遊戲，因為規則並不事先存在，因為遊戲已依附於它自己的規則上，因為兒童－玩家只能贏－一切的偶然每一次和為了所有次皆被肯定。並非約束或限制的肯定，而是與被提出的問題以及從這些提問所發散出來的決定是共同外延的：這樣的一種遊戲驅動了必然勝利者的投擲之重複，因為只能在其自身回歸的系統中，由於不斷地包含著所有的組合和可能的規則才可為之。關於這種差異與重複的遊戲，作為被死亡本能所帶領的那種，沒有人思考得比波赫士還深遠，在他所有的奇特著作中：「如果抽獎券這件事是一種偶然的集約化、是一種在宇宙中混沌的週期性浸制的話，那麼偶然介入所有抽籤的階段而並非在單一次裡，難道不恰當嗎？偶然決定某人的死，但這死亡的時機：如準備、公開、一小時或一世紀的延遲不受偶然所支配，難道這不是顯然的荒謬嗎？……其實，「抽籤數是無限的」。沒有任何決定是最終的，一切的決定皆分支出去。無知者假設了，無限次的抽籤勢必會導致一種無止境的時間；事實上，只要時間無限地可再細分下去就行了……在所有的虛構小說中，每一次，各式各樣的解決方法被呈現出來時，人們會採用一種方法而消除掉其他的；在幾乎理不清的《崔鵬》（Ts' ui Pên）小說中，他同時地－採用了所有解決方案。因此，他「創造」了快速激增且分支出去的各種各樣的未來、不同的時間。以此方式，正是小說所屬之矛盾。比如說，方君（Fang）掌握了一個祕密；

一位陌生人找上門；方君決定殺了他。自然而然地，有好幾種可能的結果：方君可以殺死擅入者、擅入者能殺了方君、兩者皆可倖免、兩者都無法活，等等。在《崔鵬》著作中，所有的結局都發生了；每一個結局都是其他岔口的起點。」[37]

* * *

這些被永劫回歸所影響的是什麼樣的系統呢？讓我們端詳這兩個命題：唯有相似者有所差異；以及，唯有諸差異彼此相似[38]。第一種方式將相似性假定成差異的條件；大概這種方式也同樣會強制要求一種同一的概念之可能性，以至於兩事物只要彼此相似就會有所差異；而且還意味著，從每一事物到此概念的關係中之類比法；最後導致了差異之簡化，即簡化成一種通過這三個時刻而被確定之對立性。反之，根據另一種方式，相似性，以及同一性、類比法、對立性，更只能被視為一個原始差異或差異的原始系統之結果、產物。依據此方式，差異必須直接地將彼此有別的諸字詞關聯起來。按照海德格的本體論式直觀，差異於其自身，必須成為鉸接和關係鏈接，差異，應將相異與相異聯繫起來，而不透過任何一致或相似、類似物或對立面的中介。需要一種差異的區分化、作為一位「區分者」的在己、一位「其自身有獨殊性者」（Sich-unterscheidende），相異同時透過這些而處於被聚集的狀態，而非在先決的相似性、同一性、類比法、對立性的條件下，處於被再現的狀態。至於這些堅決要求，停止作為條件，因它們只是原始差異與其區分化之結果，即總體或表面的效應，構成了被再現歪曲之世界的特徵，並且表現出差異之在己，藉由引起將它重新覆者以隱藏其自身之方式。我們必須要問，是否這兩種方式僅僅是兩種改變不大的說話方法；或者，是否它們適用於完全不同的諸多系統；又或者，是否，適用於同樣的系統（而且說到底，是否適用於世界的系統），它們並非表示兩種不能並存和不等價的解釋，其中一個就有能力改變一切。

這正是差異之在己隱藏於相同的狀況條件中，而且差異陷入再現的範疇分類裡。在哪些其他的狀況條件裡，差異將此在己發展成「區分者」，且在任何可能的再現之外使相異聚集起來呢？在我們看來，第一個特徵是成系列方式之組織。一個系統應該被構建於二個或多個系列的基礎上，每一個系列被組成它的諸項間之差異所定義。如果我們假設，諸系列在任一力量的行動下進入交流狀態，此交流顯然將一些差異與其他差異聯繫起來，或在系統裡建構起一些差異之差異：這些差異在第二程級扮演著「區分者」的角色，亦即與第

37 豪爾赫．路易斯．波赫士（Jorge Luis Borges），《虛構集》（Fictions, trad. VERDEVOYE et IBARRA, N. R. F., 1951, pp. 89-90, 129-130）。

38 參見克勞德．李維史陀（Claude Lévi-Strauss），《當今的圖騰主義》（Le totémisme aujourd'hui, Presses Universitaires de France, 1962），頁：111：「這不是眾相似性，而是諸差異，其彼此相像。」——李維史陀指出此原則如何在至少兩組系列的構成中發展著，在它們之間，每個系列之措辭皆有所差別（例如就圖騰主義來說，不同物種的系列和微分社會地位的系列）：相似性即在於「這兩個差異的系統之間」。

一程級的差異彼此有聯繫。此事物狀態恰當地被表達在某些物理的概念中：在異質系列之間的「聯結」；在系統中的一種「內部共振」自此衍生而出；一種「受迫運動」自此衍生，其振幅超出了諸基礎系列自身。人們可以確定這些組成要素的本性，同時，出於它們的差異，這些差異在系列中並已成為此系列的一部分，以及出於它們的差異之差異，從一個系列到另一個，因而能發揮效用：這是諸多強度，強度的特性被一種差異所建構，其將自身指向其他差異（E–E'，在此 E 指向 e–e'，而 e 指向 ε–ε'）。已受考量的系統之強度本性，不該使我們預斷其定性：如機械的、物理的、生物的、心理的、社會的、美學的、哲學的，等等。每一個系統類型或許具有其特殊的狀況條件，然而卻符合上述的特徵，一切皆透過在每一情況下給予它們一種適當的結構：例如，字詞在某些美學系統中是一些真正的強度，從哲學系統觀點看來，概念也是一些強度。人們將會覺察，根據 1895 年佛洛伊德著名的「草稿」，生物心理學的生命在這樣的強度場域之形式下呈現出來，於此強度場域分布著一些可確定為激動的差異，且可確定為「拓路」（frayages）的一些差異之差異。然而尤其是，靈魂（Psyché）[39]的綜合，出於其考量而使一般性系統的三種維度具體化。因為心理的連結關係（慣習）造成激動的系列聯結：厄洛斯表明了內在共振的特別狀態源自於此；死亡本能與受迫運動相混淆，此運動的心理振幅超越共振系列其自身（在死亡本能和厄洛斯之間的振幅差異因而迴盪著）。

當交流被建立於異質系列之間時，在系統裡各種後果由此產生。某事物在諸邊緣之間

「通過」；一些事件爆發、眾多現象閃現，以閃電或雷電的類型。諸多時—空動力論占滿了系統，同時表現出諸成雙系列的共振，和溢出這些系列的受迫運動之振幅。諸多主體移居至此系統，既是剛萌芽、幼蟲般的主體也是被動自我。這是一些被動自我，正因為它們自身與聯結和共振的凝思混淆在一起；而且是一些幼蟲般的主體，因為它們是動力論的支撐物或被動者。實際上，在其對受迫運動的必要參與中，一個純粹的時—空動力論只能在最起碼宜居之處、於一些狀況條件裡被體驗，在這些條件之外，它或許會引起了任何已完好構成、具有獨立性和活動力的主體之死。胚胎學的真相，正已說明了，有一些成系統的生命運動、滑行、扭曲，而唯有胚胎能夠經受這些：成熟者可能從那脫出時已被撕碎。有一些運動，人們只能作為其被動者，但對於被動者而言僅能作為幼蟲。演化不會發生在不受拘束的樣態中，且唯有內摺運動演變進化著。噩夢可能是一種心理的動力論，或許既不是醒著的人、「甚至不是做夢者」可以禁受的，而唯有熟睡的、無夢睡眠的沉睡者能辨到。在此意義上不能確信的是，諸如建構哲學系統的專有動力論之思想，能否被歸於，例如在笛卡兒的我思概念中，一個實體完善、已完好構成的主體：思想，更恰當地說，屬於這些猛烈的運動，只有在一個剛萌芽、幼蟲般的主體之狀態條件下能禁受之。系統只包含著像這樣的主體，因為唯有它們才能夠進行受迫運動，經由擔任諸動力論之被動者角色，

39 譯注：佛洛伊德將靈魂（Psyché）分為三部分：本我、自我和超我。

這些動力論表達著此被動者。甚至，哲學家就是它自己的系統之幼蟲般的主體。於是乎，系統不只是被將其圈邊的異質系列定義；亦非只由建構諸維度的聯結、共振和受迫運動所定義；而且也同樣由移居系統的主體和占滿系統的動力論來定義之；以及最後，經由從這些動力論開始發展的質性和廣延度所定義。

然而重大的難題繼續存在：確實是差異在這些強度的系統中，將相異與相異聯繫起來的嗎？差異之差異是否沒有經過其他中介而將差異與其自身聯繫在一起？當我們談及異質系列、聯結和共振的相互交流時，難道這不是在諸系列之間的相似性最小值之條件下，並於進行交流的施動者中的同一性之條件下嗎？在諸系列之間「過多」的差異，難道不會使任何操作變得毫無可能？難道人們不是被迫去重新尋找一個特殊優越點，於此，差異只根據不同事物的相似性以及第三方的同一性而讓人思考嗎？正是在此，我們必須對於差異、相似性和同一性的各自角色盡最大的關注。首先，這種施動者、確保交流之力量是哪一類型的呢？雷電於不同強度之間轟轟作響，但它被一種不可視的、無感的、「陰暗的先驅者」超之於前，其預先確定了反向的路徑，如處於空心狀態。同樣地，任何系統皆包含了它的陰暗先驅者，其確保著諸邊緣系列之交流。我們將會理解到，根據系統的多樣化，此角色由一些極為不同的確定性所擔任。然而這關係著，無論如何要去知曉，先驅者如何發揮此角色。無疑地，「存在著」（il y a）先驅者的同一性，以及先驅者使諸系列交流的相似性。不過此「存在著」完全處於未確定的狀態。同一性和相似性在此是否為一些狀況條件，或相反地，陰暗先驅者之運行效應，必然地將虛構的同一性之幻象投射於自身，並投射於它所聚集起來並作為回溯的相似性之幻影的諸系列上呢？那麼，同一性和相似性更只是諸多不可迴避的幻象，亦即反思的概念，其說明了我們自再現之範疇類別開始去思考差異的這一種根深蒂固的習慣，但這是因為不可見的先驅者，其自身和運行或許自行迴避了，且同時遮蔽作為差異的真正本性之在己的緣故。兩組異質系列、諸差異的兩組系列已既定，先驅者作為這些差異的區分者而行事。如此一來，先驅者透過它自己的力量，立即使它們建立起關係：先驅者即是差異之在己或「有區別地相異」者，換言之，於第二程度之差異、與自身之差異，透過其自身而將相異和相異聯繫在一起。因為先驅者開闢的道路是不可見的，且只在反向路徑才會變成可見的，作為其所歸入系統中的眾現象所覆蓋和遍歷之路，它沒有其他的位置，而只有它「缺席」的位置，沒有別的同一性，只有它所缺席的同一性：確切地說，它就是客體＝ x，「於其位缺席」者，如同在它自己的同一性裡缺席一樣。因此，邏輯的同一性，是反思抽象地歸於它的，而且，反思將物理的相似性歸於它所聚集的諸系列，只顯示了其在系統總體上之運行的統計結果罷了，亦即先驅者必然於它自己的結果裡塌陷之方式，因為，它於其自身無休止地「移動」且在諸系列中連續不斷地「偽裝」。因此我們無法審視，第三方的同一性和局部的相似性，對於存有和差異的思想來說是個狀況條件，而只能察看對於其再現而言之狀況條件，表達著此存有和思想的歪曲變質，如一種視覺的效應，打亂了於其自身中的狀況條件之真正地位。

我們將「不均等」稱之為陰暗的先驅者，這種於其自身、在第二程級的差異，使其自身異質或不相稱的諸系列產生關係。這正是在每一個情況下，先驅者轉移的空間和偽裝的過程，確定了已建立起關係的諸差異之相對大小。眾所周知，在某些情況下（某些系統裡），發揮作用的差異之差異可以是「非常巨大的」；在其他系統裡，它必須是「微不足道的」[40]。但人們可能理解有誤，在這第二種情況下，相似性的預先要求之純粹表語，僅僅在第一情況下使自身減弱，透過延展至世界的規模之內。例如，人們強調不相稱的諸系列是「幾乎相像的」、諸頻率是「近似的」（ε鄰近於 ε0）之必要性，簡言之，即強調差異是「微小的」之必要性。不過正確地說，如果有人預先假定了使諸相異交流的施動者之同一性的話，沒有任何差異會是「微小的」，甚至在世界的規模之內。我們已見到，小和大，極為不恰當地被應用於差異上，因為大小根據相同和相似的準則來判斷差異。如果有人將差異與其區分者聯繫起來、如果有人避免將區分者不具有且不能具有之同一性歸於它的話，那麼差異將會被說成是微小的或巨大的，根據其分割的可能性，亦即根據區分者的轉移和偽裝，但沒有任何情況是人們能去聲稱，微小的差異顯示出相似性的嚴密條件，也不能肯定，巨大的差異為了持續而表現出一種只是被減弱的相似性。相似性無論如何都是一種結果、運作的產物、外在的成果－施動者一擅取其所缺乏的同一性，幻象就會突然湧現。重點因此並不在於，差異是小或是大，以及相對於廣大的相似性，它最後總是微小的。重點在於，對在己而言，無論小或大，差異都是內部的。存在著許多外部巨大相似性和內部微小差異的系統。反過來也是可能存在的：外部細微的相似性和內部莫大的差異之系統。然而，那不可能存在的，就是矛盾；相似性總是在外部，且差異，無論小或大，皆形成了系統的核心。

許多例子是以一些極為不同的文學系統為借鏡。在雷蒙・魯塞爾（Raymond Roussel）的作品中，我們面對著詞語的系列：先驅者的角色被同音異義或類─同音異義（撞球檯 billard──搶劫者 pillard）所扮演，但因為兩組系列的其中一組是需要保持隱藏的，所以此陰暗的先驅者會變得較不可視與較不可感。諸多奇怪的故事將填滿於兩系列間之差異，以至於從外部的相似性和同一性歸納出一個結果。然而，先驅者完全不是透過其同一性而作用，因這是名詞的或同音異義的同一性；我們在類─同音異義裡看得非常清楚，其僅透過全然與（b 和 p）兩個字的微分特徵相混淆才得以運作。同樣地，同音異義在此並非顯現為能指的名詞同一性，而是作為有區別的所指之區分者，次要地生產出所指的相似性效果，以及在能指裡之同一性效果。因此，或許這麼說是不足的，即系統建立在某種負面否定的確定

40 萊昂・塞爾門（Léon Selme）指出，因為在一個系統裡（同樣在熱力發動機裡）被實現的諸差異是較微小的，所以諸差異的消除之幻象才應是更加巨大的：《卡諾定律反克勞修斯・克拉佩龍方程》（Principe de Carnot contre formule empirique de Clausius, 1917）。──關於不相稱的諸系列之重要性，以及在系統的構成中，它們的內在共振之重要性，參照自吉貝爾・席蒙東（Gilbert Simondon），《個體與其物理──生物學的生成》（L'individu et sa genèse physico-biologique, Presses Universitaires de France, 1964, p. 20）。（但席蒙東堅持著一種在諸系列間之相似性的要求，或者已發揮作用的諸差異之微小的要求，作為狀況條件。參考自頁：254-257。）

性之上，正是對於事物而言，字詞的缺乏，這就是一個字被迫去指示著若干事物的原因。這是同一個幻象，使我們從被預先假定的相似性和同一性開始去思考差異，且使差異以負面否定的方式出現。其實，不是由於它的詞彙貧乏，而是由於過剩、它最為積極的句法和語義的力量，語言，創造了其扮演陰暗先驅者角色的形式，換言之，即論及不同事物的形式，它透過直接將差異彼此聯繫起來的方式，把它們區分成其所使得共振的諸系列。這就是為什麼我們已經理解到，字的重複絕非以負面否定的方式被解釋，亦即不能被呈現為一種無差異之赤裸的重複。詹姆斯．喬伊斯（James Joyce）的作品顯然藉助於所有其他的手法。不過始終關係到去匯集不相稱的諸系列之最大限度（在最極限的情況下，宇宙的所有輻散構成系列），透過使一些語言學的陰暗先驅者發生作用的方式（在此指專門領域難懂的字詞、混成字詞），這些先驅者不倚賴任何預先的同一性，特別在原則上是不「可辨識的」，而是在系統的總體中歸納　相似性和同一性的最大值，且作為差異於自身的區分化過程之成果（參見自《芬尼根的守靈夜》（Finnegan's Wake）的火星文）。在系統中、共振系列間、陰暗的先驅者之行動下所發生者，被稱之為「顯聖」。宇宙的廣延只與受迫運動的振幅渾然一體，消除且溢出諸系列，追根究柢，這正是死亡本能，即斯蒂芬（Stephen）的「非」（non），不是負面否定性之非—存有，而是持續的提問之（非）—存有，布魯姆[41]夫人在此沒有回覆的火星答案「是」（Oui）與之相符合，因為只有此持續的提問之（非）—存有，適切地占據和填滿這個「是」的回答[42]。提問在於知曉精神、心理的經驗是否具有如同語言一般的結構性，或甚至物理世界是否，取決於陰暗先驅者的本性而可被看待成一本書。語言學的先驅者、難懂的字詞，出於其自身即不具有同一性，正因同一性是具有名詞作用的，且其涵義亦不具有相似性，因相似性無止境地被減弱；這不僅僅是一個複合字詞或諸多字詞的普通組合，也是一個字根據諸字詞，而完全與第一程級的諸字詞之「區分者」相混淆，且完全與它們的涵義之「不相似者」混淆不清。因此字詞只在其聲稱的範圍內才有用，並非表明某事物，而是述說著其所表明者之「意義」。然而語言的規律，諸如表現於再現裡之法則，卻排除了這種可能性；一個字的意義，只能經由將其看作客體的另一個字而被表明。於是，這種悖論的形勢：語言學的先驅者屬於一種後設語言的類型，而且自第一程級之詞語的再現系列觀點看來，只能在一個毫無意義的字裡被體現。正是它，此「疊句」。這種難以理解的字詞之雙重狀態，說出了它自己的意義，但若沒有自行再現及沒有將其再現成非—意義，就無法說出其意義，即字詞之雙重狀態表達著意義連續不斷的轉移和它在系列中的偽裝。因此，此難以理解的字詞是特有語言學的客體＝x，而且客體＝x構成心理的經驗以及語言的經驗——只要顧及語言學意義之看不見且無聲的連續不斷轉移。以某種方式，一切事物皆表達著且具有意義，只要話語同時也是沉默不語者，或者更恰當地說，意義，即在話語中不作聲者。貢布羅維奇（Witold Gombrowicz）在他十分卓越的小說

41 譯注：利奧波德．布魯姆（Leopold Bloom）為喬伊斯在《尤利西斯》（Ulysses）描寫的主人公。

《宇宙》（Cosmos）裡，展現出兩組異質的差異系列（絞死的系列和嘴巴的系列）是如何藉由各式各樣的符號來促使它們的交流之進行，直到陰暗先驅者的創立（貓的謀殺案），先驅者在此作為它們的差異之區分者而起作用，然而卻作為被體現於一種荒謬的再現中之意義，不過自此開始，一些動力論將會啟動、一些事件將出現在宇宙系統中，它們將在溢出諸系列的死亡本能中找到其最終的出口[43]。因此，在顯現出來的狀況條件下，一本書即是一個宇宙、宇宙就是一本書。而且喬伊斯最終的同一性是通過極為不同的技術而發展起來，人們在波赫士或貢布羅維奇的作品中重新發現之同一性，即混沌＝宇宙。

每一個系列皆形成了一段歷史：並不是對於同一段歷史的不同觀點，如根據萊布尼茲對於城市的諸觀點，而是諸多同時發展卻又完全不同的歷史。諸基礎系列是輻散分歧的。並不是相對地，在為了找到一個匯集點而只須折返之意義上，而是絕對分歧的，在匯集點、匯集的水平線於一混沌之中且總是被移動之意義上而言。此混沌自身是最正向的，同時，分歧是肯定的對象。它與巨作混淆在一起，掌握了所有「複雜的」系列、肯定所有同時發生的系列且使它們複雜化。（如果喬伊斯對布魯諾（Giordano Bruno）這位「複雜」（complicatio）理論家感到莫大的興趣的話，這是毫不令人驚訝的事。）複雜—解釋—蘊涵，說明了系統之總體，亦即掌握一切的混沌之總體、脫離和返回的分歧系列之總體、以及彼此相聯繫的區分者之總體。每一個系列被解釋或展開，然而是「在」它與其他系列相互隱含、包覆之差異裡，「在」使得一切複雜化的混沌裡。系統之總體，即是像這樣的諸分歧系列之統一體，與「問題」的客觀性相應；因此喬伊斯以提問—問題之方法賦予他的作品生命，而且這早已是路伊斯．卡羅（Lewis Carroll）使混成字詞與成問題的提問法之地位建立起聯繫的方式。

要點就在於所有同時分歧的系列之同時性、同時代性、共存。諸系列肯定是連續的，一組系列作為「之前」，另一組作為「之後」，自消逝於再現中的現在之觀點看來。甚至就此觀點而言，第二組系列被認為與第一組「相像」。然而，就涵括它們的混沌而言、對

42 關於普魯斯特的經驗之摘要——這些經驗明顯地具有與喬伊斯的顯聖全然不同的結構。不過也是關於兩種系列，先前的現在系列（如曾經已生活過的貢布雷）和當前的現在系列。大概為了停留在經驗的第一維度中，在兩種系列間有一相似性（瑪德蓮、早餐），而且甚至有同一性（味道作為質性，不僅僅是相似，而且也與在這兩個時刻裡的自身一致）。不過，這在此並不是秘密。味道只因「包覆」了某事物＝x才具有能力，不再被同一性所定義：其包覆了「如其自身」的貢布雷，即純粹過去的碎片，在它與曾經已是（感知）的現在且與我們可回想或重建味道（意志的記憶）之當前現在的雙重不可化約性中。然而貢布雷於自身，被它自己的本質差異所定義，普魯斯特所說的「質性差異」，並不存在於「地表上」，而是在特異的深度裡。而且正是它，透過包覆自身之方式，產出質的同一性作為系列的相似性。因此，同一性和相似性在此仍只是一個區分者的成果。以及，如果兩種系列相對於彼此是連續性的，相反地，在相對於使兩種系列產生回響的貢布雷自身作為客體＝x，它們則共存。此外，系列的共振有時候朝著溢出這兩者範圍的死亡本能開放：如祖母的皮鞋和記憶。厄洛斯被共振所建構，然而其朝向死亡本能而自我超越、被受迫運動的振幅所建構（這是死亡本能將在藝術作品中找到自己光榮的出身，在非意志記憶的情慾經驗之外）。普魯斯特的方式，「在純粹狀態下的一丁點時間」，首先表明了純粹過去、過去的在己存有，亦即時間的情慾綜合，不過，其更深入地指出了時間之空和純粹的形式，最終的綜合，即在時間裡通往回歸的無終止之死亡本能的綜合。

43 維爾托德．貢布羅維奇（Witold Gombrowicz），《宇宙》（Cosmos, Denoël, 1966）。——《宇宙》的前言勾勒出不相稱的諸系列、它們的共振以及混沌之理論。亦可參照在《費爾迪杜凱》（Ferdydurke, Julliard, 1958）小說中的重複之主題，頁：76-80。

遍歷於它們的範圍之客體＝x、促使它們進行交流的先驅者、溢出它們的範圍之受迫運動來說，不再是如此：區分者總是使它們共存。我們已經多次遇到此相繼而來的現在之悖論，或者說，於實際上接踵而來的諸系列，相對於純粹過去或潛在客體，卻象徵性地共存之悖論。當佛洛伊德指出，「錯視」被建構於至少兩組系列之上，一組為幼稚的和性成熟前的系列，另一組則是生殖期的和後—青春期的，這兩組系列明顯地在時間裡接踵而至，從被牽連、涉及的主體之唯我論式無意識的觀點看來。那麼，人們便自問如何解釋「延遲」的現象，也就是說，如何去解釋必要的時間，為了讓被假設成原初的幼兒期場景，只有隔一段時間之後、在與其相像的成年期場景以及人們將此稱為衍生的場景[44]中，才能找到其結果。這確實涉及到在兩組系列之間的共振問題。然而確切地說，只要有人不考慮到，對於這兩組系列共存在主體間的無意識裡之堅決要求，此問題就不會被適當地提出。其實諸系列並不會被分配成，一組為幼兒期的系列、另一組為成年期的系列，在同一個主體中。童年的事件不會形構成兩組實際系列的其中之一，然而倒不如說，是陰暗的先驅者使得兩組基礎系列進行聯繫，即我們認識孩童的成年期系列、我們與其他成人及其他孩童在一起的成年期系列。如《追憶似水年華》的主人翁一樣：他幼兒期對於母親之愛是在兩組成年期系列，即在斯萬與奧黛特在一起的系列、成年的主角與阿爾貝蒂娜在一起的系列之間交流的施動者——以及在兩者之間一直有著同樣的祕密，即女愛情囚犯永無止境的轉移、無休止的喬裝，同樣指出了諸系列共存於主體間的無意識裡這一點。這並非去思索童年事件怎麼只以延遲來產生影響。童年事件就「是」這個遲緩，然而此遲緩其自身即是使得之前和之後共存的時間之純粹形式。當佛洛伊德發現錯視可能是最終的實在性，且意味著某事物溢出諸系列時，人們不應該由此結論 童年場景是非實在的或想像出來的，而倒不如說，在時間裡的連續性之經驗的狀況條件，於錯視中闢出位置給兩組系列之共存，即我們將是的成年系列與我們「曾經已是」的諸成年系列（參見費倫齊（Sándor Ferenczi）稱此為從兒童到侵略者的辨識）。錯視是孩童作為陰暗先驅者之表現。而且在錯視裡為原初者，並不是相對於其他系列而言的一組系列，而是諸系列的差異，其使差異的一組系列與差異的另一組系列聯繫起來，而撇開它們在時間裡之經驗的連續性不談。

如果在非意識的系統裡，不再有可能去建立一種於諸系列間之連續性秩序的話、如果所有的系列共存的話，那麼，更不可能將一組視為原初的而另一組視為衍生的、一組視為原型而另一組視為複製品。同時，諸系列在時間裡之連續性狀況條件外被領會成共存的，以及在任何使得一組系列具有原型的同一性，另一組系列具有複製品之相似性的狀況條件之外，被領會成「相異的」。當二段分歧的歷史同時展開時，一段歷史優先於另一段是不可能的；這種情況可說是一切都不相上下，但這「一切都不相上下」被用來述說差異，只

44 關於此問題，參考尚．拉普朗虛（Jean Laplanche）與尚－柏騰．朋塔歷斯（J.-B. Pontalis），〈幻想的起源與原初幻想〉（Fantasme originaire, fantasmes des origines, origine du fantasme），《現代時間》（Les Temps modernes），1964 年 4 月。

被用來述說在這兩者之間的差異。不管在兩組系列、二段歷史之間的內在差異有「多麼渺小」，此一不會再製另一、此一不作為另一之原型，然而相似性和同一性僅僅是，在系統裡，這唯一的原初差異的運作結果。因此正確地說，系統排除了原初和衍生的指定，以及第一次和第二次的指定，因為差異是唯一的起源，並使得獨立於任何相似性的相異聯繫在一起且共存[45]。大概是在此面向之下，永劫回歸顯現為此系統之無底「定律」。永劫回歸並不會使相同和相似重返，而是，其自身從純粹差異之世界裡衍生出來。每一個系列，不僅僅回到隱含著它的其他系列裡，而且也為其自身而回返，因為它若沒有反過來全面地被重建成隱含其他系列者，那麼它就不會被其他的系列所隱含。永劫回歸除此之外別無他意：可指定的起源之缺席，也就是說，起源之指定，作為存在著差異，其將相異與相異聯繫在一起，為了使相異（或諸相異）如此般地重返。在此意義上，永劫回歸正是一種原初的、純粹的、綜合的、於自身的差異之後果（尼采稱之為權力意志）。如果差異是在己，那麼永劫回歸裡的重複就是差異之為己。然而，如何去否認永劫回歸與相同是不可分離的呢？難道其自身不是相同「的」永劫回歸嗎？不過我們必須對各種不同涵義敏感，至少三種，即「相同、一致、相似」表達之涵義。

　　或者，相同表明了永劫回歸的一個假設主體。它因此指出「一」之同一性作為原則。但正好，最大、最深的「錯誤」就在於此。尼采說得好：倘若這是回返的一，它以不脫離其自身的方法開始；如果它必須確定多與其相像的話，則以不失去其在此相似之弱減裡的同一性之方式開始。重複並不是一的永久性，而是多的相似性。永劫回歸的主體不是相同，而是相異、並非相似，而是不同、不是一，而是多、不是必然性，而是偶然。除此之外，永劫回歸裡的重複意味著阻止其運作的一切形式之毀滅，即再現的諸範疇類別被具體化於相同、一、一致和相同人事物的預先性中。或者，相同和相似只不過是服從於永劫回歸的系統之運作效應。正因此，同一性必然處於被投射的狀態，或者倒不如說是處於被回溯性投射在原初差異上的狀態，而且相似性被內化在輻散分歧的系列中。對此同一性、相似性，我們必須說，它們都是「被模擬」出來的：它們在通過差異而將相異與相異聯繫起來的系統裡被生產（因此，這樣的一個系統，其自身即是一種擬像）。相同、相似都是一些由永劫回歸產生出來的虛構。這一次，於此存在著的，不再是個錯誤，而是個「幻象」：不可避免的幻象，屬於錯誤的來源，但又可與之分離。或者，相同和相似不與永劫回歸自身做出區分。它們並非先存於永劫回歸：既非相同亦非相似的回返，然而永劫回歸卻是回返者

45 在特別符合佛洛伊德的錯視之篇幅中，賈克・德希達（Jacques Derrida）寫道：「因此，延遲是原初的。要不然延異（la différance）可能是意識、現在於自身之在場，自我允許下的遲滯…真想不到（延異）是原初的，即同時抹去源自現在之神話。這就是為何必須在塗改的槓線之下去理解「原初」，否則的話，可能衍生出源自完滿之延異。這就是原初的無－起源（non-origine）。」（《書寫與差異》，Seuil 出版，1967），頁：302-303。— 亦參照自莫里斯・布朗修，〈眾神之笑〉，N. R. F. 出版，1965年七月：「相對於所謂的第一客體來說，形象必須停止作為第二，且必須追回某種優先權，同樣地，原作，接著是起源，將失去它們的初始力量之優先權…不再有正本，而是一種永恆的閃爍，在此起源的缺席，在迂迴和回歸的碎片中消散。」

的唯一相同和唯一相似性。它們更不是為了反過來影響原因而使自己與永劫回歸抽離。相同被說成相異且處在差異的狀態者。永劫回歸正是相異「之」相同、多「之」一、不相似「之」相似。上述的幻象之來源，永劫回歸產生和保存它，只為了因此而感到愉悅，以及只為了在此映照如在它自己的光影效果中感到得意，從未落入等候在旁的錯誤裡。

* * *

這些具有不相稱和共振的諸多系列、陰暗的先驅者和受迫運動這些特徵的微分系統，稱為擬像或錯視。永劫回歸只涉及諸擬像、錯視，並且只使得它們回返。我們或許可在此重新找到柏拉圖主義與反柏拉圖主義、柏拉圖主義與顛覆柏拉圖主義之最基本的要點，即他們的試金石。因為，在上一章節中，我們所做的，猶如柏拉圖思想圍繞著特別重要的區辨而進行，即原物和形象、典型和複製品的區別。典型被認為具有最高原初的同一性（唯有理念就只是其所是，而不是別的，例如唯有勇敢是有勇氣的，以及虔誠是篤信的），然而複製品則根據被衍生出來的內在相似性而自我評量。甚至在此意義上，差異只排到第三等級，在同一性和相似性之後，且只能經由它們而被思索。差異只在兩者相似的比較性遊戲中被思考，相同一致的原型之典範相似性，以及，或多或少相似的複製品之仿造的相似處：這就是向往者們的考驗和衡量。不過更深入地說，柏拉圖真正的區辨正移動著且改變了本性：

此區辨並不在原物和形象之間，而是在兩種形象之間。其不在於典型和複製品之間，而是在兩種形象（偶像）之間，其複製品（聖像）僅僅是第一種，另一種則是由擬像（錯視）所建構。典型－複製品之區別，在此只為了創立並運用複製－擬像之區別；因為複製品皆以典型的同一性之名而成為正當、被保全、被選擇的，且多虧了它們與此理念式典型有內部相似性才能如此。典型的觀念並不為了與形象世界對立而在其總體中起作用，而是為了選擇良善的形象、出自內部相像的諸形象，如諸聖像，以及，為了淘汰不好的形象，例如擬像。整個柏拉圖主義被建立在此驅逐錯視幻象或擬像的意志上，這些擬像被視為等同於詭辯家其自身，這魔鬼、諷喻者或擬仿者，這種假的向往者總是被喬裝和轉移。這就是為什麼在我們看來，對於柏拉圖，哲學式的判定被最重要地看待：使差異服從於最初假定的相同和相似之權力下的判定、聲明差異於其自身不可思的判定，以及將差異和擬像，送返至深不見底的汪洋大海之判定。不過確切地說，因為柏拉圖尚未掌握構成再現的範疇級別（這些分類將隨亞里斯多德而出現），這是關於他必須創立其判定之理念的一種理論。因此，出現在他最純粹的狀態下的，正是世界的一種道德觀，於再現的邏輯性得以開展之前。首先，就一些道德的理由而言，擬像如邪靈一般必須被驅逐，而差異也同樣必須被歸屬於相同和相似之下。不過，對於這個理由來說，因為柏拉圖「取得」判定、因為勝利不被獲致，當它將於再現所獲取的世界裡成為擬像時，在柏拉圖的宇宙中到處都被滲入低聲嘶吼的敵人，差異抵抗著其桎梏，赫拉克利特（Héraclite）和詭辯家們製造了一種地獄般的喧囂。「雙面性的」古怪，一步步尾隨著蘇格拉底，將縈繞著直到出現柏拉圖的風格，並且融入此風格的變化和重複裡[46]。

因為擬像或錯視並不只是一種複製的複製品、無窮盡地被減弱的相似性、被降級的聖像。基督教義，受柏拉圖式神父那麼多的啟發，已使我們熟識一種沒有相似性的形象之想法：人歸屬於上帝的形象和相似性，不過由於有罪，我們完全透過保有形象而已經喪失相似性……擬像正是如此魔鬼般的形象，毫無相似性；或者更恰當地說，與聖像相反，它已將相似性置於其外，而且倚賴著差異而存。如果擬像產出相似性的外在效應的話，那麼正是作為幻象，而非作為內部原則；其自身被建立於一不相稱之基礎上，它已使其諸構成系列之相異、其觀點的分歧內在化，因此，它描繪了好幾種事物，同時講述多則故事。這就是擬像的第一特徵。但這難道不是說，假使擬像其自身與一典型有關的話，那麼此典型不再具有理念式相同的同一性，反而是其他（l'Autre）的典型、別的典型、已內在化的相異所源自的差異本身之典型？在柏拉圖最奇特的篇章之中，表達著於柏拉圖主義的核心裡之反—柏拉圖主義，有一些篇章提出，相異、不同、不平等，簡言之即生成變異，確實可能不只是作為缺乏，其影響了複製品，如其第二特徵的一種代價、其相似性的一項對等物，而且它們自身也是一些典型、非凡的典型，錯誤的力量在此發展起來[47]。此假設很快地被排除、被詛咒、被禁止，但它已湧現了，因它只是一道閃光，在黑夜裡顯示出諸擬像、它們的地下工作與特有的世界之可能性的一種持久活動力。難道還不能更進一步地說，第三點，在擬像裡有什麼可「與」複製品的觀念、「與」典型的觀念爭論的呢？典型在差異裡崩毀，同時諸複製品深陷於它們所使之內在化的諸系列之相異中，如果人們從未能說，一個是複製品，另一個就是典型。這就是「詭辯學派」之目的：擬像獲勝的可能性，因為蘇格拉底自己與詭辯學派作出區別，可是詭辯學派不與蘇格拉底作出區別，且對於這樣的區別之合理性提出質疑。聖像之末日。難道這不是指出該要點，典型的同一性和複製品的相似性在此皆為謬誤，相同和相似，則是一些誕生自擬像運行之幻象呢？擬像經由來回往返通過永劫回歸的諸偏移中心而對其自身發生作用。這不再是柏拉圖為了將宇宙和混沌相對立所做的努力，彷彿此圓圈是超驗理念之印記，它有能力把其相似性強加給一種反叛的物質。這甚至是完全相反的事，混沌和宇宙的內在同一性、於永劫回歸中之存有，一個更加迂迴曲折的圓圈。柏拉圖試圖制服永劫回歸，透過將其變成諸理念的效應之方式，亦即，

46 柏拉圖的異議經由文體上的反覆和重複而被強調出來，其顯示出一種細節，以及為了「糾正」主題、為了抵抗鄰近卻不相同的主題所作的努力將會「滲入」其中。這是前蘇格拉底哲學的主題之回歸，被柏拉圖的主題之重複所驅逐、抵消。因此弒君罪被消費了好幾次，而且永遠不會多過，當柏拉圖仿造其所揭露的這些時所產出的。——參考：舒巫勒（Pierre-Maxime Schuhl），關注於《斐多篇》（Phédon）裡重複的技術，《柏拉圖之考察》（Etudes platoniciennes, Presses Universitaires de France, 1960）頁：118-125（舒巫勒稱此為「想法的連禱文」）。

47 關於這「其他」的典型，在柏拉圖主義中建構了一種惡毒的天才或欺人的上帝之相等物，參見《泰阿泰德篇》（Théélèle），176 e，而且特別在《蒂邁歐篇》（Timée, 28 b sq.）。關於錯視，關於聖像和錯視的區別，主要的本文收錄於《詭辯家》（Le Sophiste）中，235 e-236 d，264 c-268 d。（同樣參見《理想國》（République, X, 601 d sq.））

透過使其仿效典型。但在貶損減退的相似性之無窮運動中，愈仿效愈趨向複製品，我們達到了這個程度，在此，一切皆改變本性、複製品其自身以擬像的方式傾覆、相似性最終即精神上的模仿，讓位給重複。

Chapitre Ⅲ

思想的形象

在哲學上，開端的問題總是理所當然地，被視為極微妙的問題。因為開始意指著消除所有的先決條件。不過，哲學的先決條件既是主觀也是客觀的，而人們在科學上面對的卻是客觀的先決條件，其能被一嚴密精確的公理系統消除。有人將客觀的先決條件稱為，由一個已定的概念所明確地假設的諸多概念。譬如笛卡兒在《第二沉思錄》中，不同意把人定義為理性的動物，因為像這樣的一種定義假定了，明確眾所周知的，理性和動物性的概念：透過將我思（Cogito）表達成一項定義，他因此聲稱避開了所有客觀的先決條件，該先決條件加重了經由生物屬和差異所運作的程序之負擔。然而，顯而易見地，他並沒有逃脫另一種預先假定，即主觀的或隱含的預先假定，也就是說被包覆進一種感覺裡，而不是被包覆進一個概念中：假設，每個人不需要概念就可通曉，自我、思考、存有代表著什麼意思。我思考的純粹自我，只因為已指向在經驗自我裡其所有預先假定，才因此成為開端的表象。而且，如果黑格爾，事實上已就此而指責了笛卡兒的話，黑格爾在其自身考量下所走的路似乎並無二致：對於純粹的存有來說，僅由於不斷地指向在經驗的、感性的和具體的存有裡其所有的預先假定，才會是一個開端。這樣的一種態度在於拒絕客觀的先決條件，而只要投身於同樣多的主觀先決條件（此外，這些主觀的先決條件可能是在另一形式下同樣的假定），其仍是海德格援引著一種存有（l'Être）的前本體論之理解的態度。我們可以從中得到結論，在哲學上並沒有真正的開端，或確切地說，真正哲學的開端，亦即差異，已是於其自身中之重複。不過這個公式，以及作為圓形迴圈的哲學召喚，皆是如此多的可能闡釋之主體，以至於人們不會過於謹慎地去說明。因為，如果這關係到在最後，去重新找到那已在開端者，如果這關係到去意識到，那不需要概念且以隱含的方式簡單地被認識者，將它弄清楚、明白或走向概念的話——不管抽出哪一種複雜性、無論差異在如此這般的作者之方法進程間——這就是說，所有的一切仍太過簡單，且此圓圈實在不夠迂迴曲折。圓的形象對於哲學而言倒不如說是，表現出真正要開始且確實去重複的一種無能。

讓我們更佳地去思索何謂一主觀的或隱含的預先假定：其具有「眾所周知」的形式。眾所周知，在概念之前和在前哲學的模式之上……所有人都知道思考和存有意味著什麼……因此，當哲學家說出我思故我在時，他能不言明地假設已包含著其前提的普同，存有和思考意指著什麼……且沒有人可以否認質疑便是思考，及思考就是存有……「眾所周知，無人可否定」，這就是再現的形式和再現者的言論。當哲學確保了在隱含的和主觀的先決條件之上的開端時，它因而能假裝天真，因為它沒有什麼可以保留的，除了真正主要的部分，亦即此論說之形式。那麼，哲學將「天生具理性之人」[1]（l'idiot）與學究對立、如厄多斯（Eudoxe）與艾比斯特蒙（Epistémon）[2]的對立、良善意志與過滿的理解力對立、特殊之人即具有其獨一且自然的思想，與已被其時代的一般性腐蝕之人相對立[3]。哲學置身於天生具有理性之人這邊，以及在無預先假定之人這邊。然而事實上，厄多斯所擁有的預先假設並不亞於艾比斯特蒙，他只不過是在另一形式之下擁有這些，即隱含的或主觀的、「私人的」或非「公眾的」形式下，在一種天生思想的形式下，使得哲學能投身於開始的氛圍，而且是無預先假定的開始。

然而正是如此，一些孤立和偏激的吶喊突然湧現。既然它們否定「眾所周知⋯⋯」，怎能不被孤立呢？而且，既然它們否定沒有人可以否認的事，怎麼能說是不帶有偏見的呢？此異議不以貴族的成見之名而產生：這並不關係到去認為，鮮少人會思考，且知曉思考意指著什麼。反而，有某個人，因僅是唯一、帶著必要的謙遜，不去知曉大家知道些什麼，以及謙虛地否定大家應該認識到什麼。某個人，不讓自己再現，而且更不想去再現，無論是什麼。並非天賦良善意志和天生思想的特殊，而是充滿劣意志的一種特異，既不在本性裡亦非在概念中去思考。唯獨他是無預先假定的。唯獨他確實地開始，且確實地重複。而且對於他來說，主觀的預先假定作為偏見的情形並不亞於客觀的，厄多斯和艾比斯特蒙都是唯一且同樣的欺瞞誤導之人，應當對他們持有懷疑。哪怕要裝傻，就讓我們以俄國的風格為之：一個地底下的人，在天生思想的主觀預先假定裡不會比在時代文化的客觀預先假定裡更認識自己，而且他沒有圓規來畫圓。他是不合時宜的人，非時間性的也非永恆的。啊！舍斯托夫（Léon Chestov），以及他會提出的問題、表現出來的劣意志、放入思想中的無能力去思考、在這些強制性要求的提問中所展開的雙重維度，同時涉及著最激進的開端和最頑固的重複。

許多人都樂於說，大家都知道「這個」、大家都認識到這個、沒有人能否認這個。（只要一位令人不快的交談者不想被如此描述，他就會起身抗辯，以及只要他不認可那些以他之名去談論者，他就會否認，那麼他們就容易占上風。）哲學家，確實如此，以較為無私的方式行事：他所提出的是普遍被公認的，正只是思考、存有和自我意味著什麼的問題，也就是說，這並非指此一事物，而是一般說來的再現或認識之形式。然而，此形式具有一種物質，但這是一種純粹的物質、要素。此要素剛好由作為能力的天然練習之思想狀況所組成，且由為了真實而被賦予的、與真實具親屬關係的、在「思考者的良善意志」和「思想的正直本性」之雙重面向下的，天生思想之先決條件所組成。正是因為所有人生來就會思考、大家應該不言明地知道思考是什麼。再現之最為一般的形式因此在於作為正直本性和良善意志（厄多斯和正統性）的共知要素裡。哲學的隱含預先假定處於共知作為「普遍天性的思想」

1 譯注：此字的翻譯根據德勒茲在一九八〇年十二月二日的講堂上所提及，笛卡兒對於「l'idiot」一字的解釋：「當笛卡兒拋出他偉大的格言『我思故我在』時，將此表現為『天生具理性之人』（l'idiot），因為他將人視為具有『天生的理性』（la raison naturelle）。而實際上，笛卡兒確切地想告訴我們什麼呢？他跟我們說：『我，我不能同樣地說，人類是理性的動物。』他說『我不能同樣地說人類是理性的動物，像亞里斯多德說的那樣，因為若說人類是理性的動物，首先應當知道「動物」是什麼意思以及「理性的」意味著什麼。』……理性的動物存在著許多明確的預先假設。換言之，你不會被迫去知曉這意味著什麼：如作為動物和理性的。然而，當我說出笛卡兒所聲稱的『我思故我在』時，那麼這卻是完全不同的事。雖然仍存在著諸多預先假設，不過在此是已被隱含的預先假設。」

2 譯注：笛卡兒在《從自然光明追尋真理》一書中想像與描述三位人物的對話：厄多斯（Eudoxe）、伯利翁德（Polyandre）和艾比斯特蒙（Épistémon）。厄多斯是一位天賦普通才智之人，不過他的審判力不被錯誤的意見所左右，且具有天生的理性；在他鄉間的住所，他接待了兩位最聰慧，以及這世紀最卓越之人，其中一位是伯利翁德，他從未進入學校，然而另一位則是艾比斯特蒙，他完全理解任何我們可以在學校習得的知識。

3 參見笛卡兒，《從自然光明追尋真理》（Recherche de la vérité par la lumière naturelle, Alquié, Garnier, II）。

（cogitatio natura universalis）之狀態，哲學可以從此啟程了。為了證實先決條件的存在，而從「出於本性，大家都有求知的慾望」，到「良向是世界的最佳天賦條件」，去增加諸位哲學家的宣誓是無用的。因為就先決條件的存在而言，出於它所引起的明確命題較少有用處，與之相比，由於一些哲學家們確切將它留在陰暗處之堅持則更具價值。哲學上的諸公設不是哲學家請求人們去接受的一些命題，反而是停留在隱含的狀態，以及憑著一種前哲學的模式而被理解的命題式主題。在此意義上，哲學的概念式思想對於隱含的先決條件而言，具有前哲學的和天生的思想形象，藉助於共知的純粹要素。根據此形象，思想與真實結成親屬關係，其在形式上擁有真實且於物質上想要真實。而且這是「關於」每個人都知道的形象，應該知道思考意味著什麼。只要思想仍服從於這種，已經預見一切，以及預見客體和主體的、存有和存在者的分配之形象下，那麼哲學到底是從客體或主體、從存有或存在者開始，就不那麼重要了。

此思想的形象，我們可以稱之為教條的或正統的形象，即道德的形象。它肯定具有諸多變化：「理性主義者」和「經驗主義者」假設此形象被建立，那麼，他們完全不是以相同的方法進行之。除此之外，我們將可見到哲學家們感到非常後悔，以及無法不接受此隱含的形象，而沒有同樣去結合了來自概念之明確反思的許多特點，這些特點抵制此隱含的形象和傾向將它推翻。然而，此形象堅持處於隱含之中，即使哲學家明確地表達出，總之，真理不是「一個容易觸及到以及隨手可得的東西」。這就是為什麼我們不去談論這種或那種、根據諸哲學而能有所變化的思想之形象，而是去談論在哲學的總體裡建立其主觀先決條件的，一般說來唯一的形象。當尼采自問什麼是哲學最一般的預先假設時，他說這些在本質上都是道德的，因為唯有道德才能說服我們，思想帶有良好本性及思考者具有良善意志，且唯有善才能締結思想和真實的假設親屬關係。實際上，除了道德之外還有誰呢？而且這種善將思想給予真實，且將此真實賦予思想……從那個時候起，一種沒有任何先決條件的哲學之諸狀況條件，更適切地顯現出來：此哲學並非倚賴思想的道德形象，而是在一種對於形象以及形象所隱含的諸多「公設」之激進的批判中，取得其出發點。它不是在一種以「前哲學的」形象所進行之理解中，而是在對於形象的嚴酷抗爭中，被揭露為「非─哲學」[4]者，或許可在此找到其差異或真正的開端。同樣經由此方式，它在一種無形象的思想裡或許可找到其確實的重複，因付出最嚴重的毀滅、最大的去道德化，和哲學的頑固之代價，其具有悖論或許只作為聯盟，且必須揚棄再現的形式，作為揚棄共知的要素。彷彿思想只有自形象和公設被解放出來，才能進行思考，且總是重新開始。如果人們

4 費爾巴哈（Feuerbach）是在開端的問題中研究最深入的哲學家之一。他在一般哲學中且特別是在黑格爾的哲學裡揭露了隱含的預先假設。他表示哲學並非始於「前哲學的」形象之認識，而是應該從它與「非─哲學」的「差異」出發。（不過他認為，當人們從經驗的、感性的和具體的存有出發時，這個真正的開端之強制要求是足以被實現的。）──參見《黑格爾哲學的批判》（Contribution à la critique de la philosophie de Hegel, trad. Althusser），收錄於《哲學宣言》（Manifestes philosophiques, Presses Universitaires de France），尤其在頁：33。

不先清查這些投射出此歪曲走樣的形象之思想的公設的話，那麼企圖重新修訂真理的學說則是徒勞的。

＊　＊　＊

思考可能是一個能力的天然練習，而此能力具有良好本性和良善意志，「事實上」，這無法被理解。「大家」都曉得，事實上，人鮮少思考，而且寧可在突如其來的衝擊下思考，而不是在一種欲望衝力中。而笛卡兒最著名的句子，良向（思考的力量）是世界的最佳天賦條件，只不過取決於一句古時候的玩笑話，因為它在於提醒，人在緊要關頭時會抱怨記不住、缺乏想像力或甚至聽力不好，不過從智力和思想的角度看來，卻總是處於天賦條件尚可的狀態。但是如果笛卡兒是哲學家的話，正是因為他使用這個玩笑話去豎立一種思想的形象，如同它是「正當的」：良好本性與真實的親屬關係或許正當地屬於思想，不管在事實中轉譯公正、或是在事實之外重新找到公正有多麼地困難。自然本性的良向或共知因而被理解為純粹的思想之確定性。屬於預先斷定它自己的普遍性之方向；以及自行假設成正當普同、正當可交流者。為了強制性地規定、為了重新找到正當，亦即為了「應用」極具天賦的精神，應當有明確的方法。因此，事實上思考大概是困難的。不過事實上，最困難的仍是為了最簡單的而轉變成正當；此原因在於方法本身被認為是容易的，從思想的本性之觀點看來（這麼說不誇張，這個簡單之觀念毒害了整個笛卡兒主義）。當哲學在企圖以正當作為價值的思想之形象裡，找到其預先假定時，從那時候開始，我們不能局限於將它和相反的事實對立。應該讓討論被支撐在正當的平面本身之上，且理解此形象是否不違背思想的本質自身作為純粹的思想。只要它正當地有效，此形象就會預先假設了經驗和先驗的某一分配；且這是必須被判斷的分配，亦即被隱含在形象裡的，此先驗的典型。

實際上，確實存在著一種典型，即認識的典型。認識通過對於一個被假設為相同的客體之所有能力的協調練習而被定義：這是可被看見、觸摸、聯想、想像、構思的相同客體……或者，如同笛卡兒所說的一堆蠟，「這是我看到、我摸到、我想像的同一塊蠟，且最後，這正是我一直認為自開端即為相同者」。每項能力大概擁有自己特殊的材料，即感性、記憶、想像、理解力……，和它的特殊風格、給出假定之特殊行動。然而，當一項能力將一客體與另一客體等同，或更恰當地說，當所有能力一同將它們的假定歸於客體之同一性的形式下，並且自身與該形式有關時，一個客體就被認可了。同時，認識對於「所有人」來說因此需要一項能力協作的主觀原則，也就是需要作為「能力協和」（concordia facultatum）的共知；以及客體同一性的形式，對於哲學家來說，在能思考的主體之統一裡需要一個基礎，主體的所有其他能力必須成為一些模式。這就是我思（Cogito）作為開端之意義：其在主體中表達出所有能力的統一性，因此表現出，與反射主觀的同一性之客體形式有關的所有能力之可能性，我思將一個哲學概念賦予了共知的先決條件，它正是變為哲學式的共知。康德的哲學如同笛卡兒的哲學，正是在我思考中之自我的同一性，我思考建立了所有能力的協調，以及它們的和諧一致，對於一個被假設為相同的客體之形式。有人將提出異議，我們從未處在面對形式上的客體、普同的任一客體的狀態，而是始終面對著這或那一個被清晰勾勒出來和明確規範的客體，在一個屬於能力所帶來且已被確定的供給物裡。然而在此，應該使兩相互補的堅決要求，即「共知」和「良向」之間的明確差異介入。因為，從純粹自我以及與它相符的任一客體之形式的觀點看來，如果共知是同一性的標準，那麼從諸經驗自我和被定性為這或那個的諸客體之觀點看來，良向就是天賦的準則（所以才普遍地被認為是天賦條件）。正是良向在每一情況下確定著能力所提供之物，當共知帶來相同之形式時。而且，如果任一客體僅以被定性的樣子存在，反之定性化僅透過假設任意一個客體而進行。我們稍後將可見到，良向和共知如何在思想的形象裡，以一種完全必要的方式，如此地相輔相成：此二者建構了「意見」（doxa）的兩個半邊。目前，足以標記出諸公設自身的沉澱物：一個天生正當的思想之形象，且知道思考意味著什麼；共知的純粹要素「正當地」來自於此；認識的典型，或輪到已是再現的形式自此引出。思想被假定為天生正當的，因為思想不是一種如同其他能力一般的能力，而是，與主體有關，所有其他能力的和諧統一只不過是它的模式而已，而且因為它定位著關於在認識的典型中，相同之形式。認識的典型必然被涵蓋進思想的形象中。以及人們認為柏拉圖的《泰阿泰德篇》（*Théétète*）、笛卡兒的《沉思錄》（*Méditations*）、康德的《純粹理性批判》（*Critique de la raison pure*），仍是此典型為首，且其使思考意味著什麼的哲學分析得以定位。

這樣的一種定位對於哲學來說是不恰當的。因為以天生正當的思想、正當天然的共知、作為先驗典型的認識而被假定的三重基準面，只能建構出一種正統性的典型。處於與「意見」（doxa）決裂的狀態，哲學就不再有任何方法去實踐其計畫。大概，哲學拒絕任何特殊的「意見」（doxa）；可能它沒有留住任何良向或共知的特殊命題。可能它並沒有特別意識到什麼。不過，它從「意見」方面保留住重要部分，亦即形式；以及從共知方面保存著重要部分，亦即成分要素；且從認識方面保存了重要部分，意即典型（諸能力的協調被奠基於作為普同之思想主體中，且被運用在任一客體上）。思想的形象只是，人們藉由將之提升到理性層級的方法而使得「意見」普及化之形貌。但是，人們處在被「意見」所困的狀態中，當人們只進行著其經驗內容之抽象時，一切透過保留與「意見」一致的諸能力之用途，且其隱含地固定住內容的主要部分。人們白費力氣去發現一種超－時間的形式，或甚至是一種在時間之下的、地下的或原意念（Urdoxa）的原初物質，人們被囚禁於同樣的洞穴中或時間的觀念裡，而無法往前一步，只會互相給予「重新尋找」的賣弄風情樣態，透過以哲學的符號去讚美這些。認識的形式從未聖化其他東西，除了聖化可辨認者和已公認者外，而形式從未啟發其他東西，除了將會啟發一致性之外。而且如果哲學指向共知與其隱含的預先假設的話，那麼共知對於哲學有哪種需求，即它每天都會表現出來的需求，哎呀，它有能力將此需求以它的方法變成一種哲學嗎？這涉及對於哲學來說搖搖欲墜的雙重危險。一方面，顯然，認識的行動存在且占據我們日常生活的大部分時間：這是一張桌子、這是一顆蘋果、這是一堆蠟塊、日安，泰阿泰德。但誰能相信思想的命運在此上演，而且誰能相信，當我們意識到的時候，我們正在思考呢？人們以柏格森的方法中去區分認識的兩種類型是徒勞的，如牛面對草的認識，與人喚起回憶的認識，第二類型與第一類型對於思考意味著什麼而言，皆不能作為一個典型。我們曾說過，應該按照思想的正當要求判斷其形象，並非根據事實的反對意見。不過正好，必須指責此思想形象的，就是在於將它已假設的正當性建立在某些事實的推斷，且特別是一些微不足道的事實之上，如個人日常平庸的見解，認識，猶如思想不打算在一些較奇異或損害性的偶發事件、冒險中找尋其典型。或者，像康德的例子：正是康德，從所有的哲學家那邊發現了先驗的非凡領域。他類似一位偉大的探險家；並非在另一個世界探勘，而是在這個世界的高山或地道。儘管如此，他究竟做了什麼呢？在《純粹理性批判》的第一版中，他鉅細靡遺地描述了三種綜合，這三種綜合估量了諸思考能力所各自帶來的東西，所有能力在第三綜合裡處於最高點，認識的綜合，表達於任一客體之形式中，作為所有能力與之有關的我思考之相關物。顯然，康德將所謂先驗的結構如此地轉印在心理意識的經驗行動上：感知領會的先驗綜合直接從經驗的領會中被歸納出來，諸如此類。這是一個如此明顯可見的手段，其為了隱藏康德在第二版本中刪除此片段。完美地被隱藏了，然而，轉印的方法，以他整個「心理主義」之方式仍繼續存在。

其次，認識僅以思辨的典型名義存在時才顯得微不足道，但在認識所操作之目的中以及其在此引動著我們，便停止作為此典型。被公認者，既是一個客體，也是關於客體的諸多價值（這些價值甚至在本質上介入被良向所操作的分配裡）。如果認識在「既定的價值」中找到它實踐的目的論時，這是作為「天生思想」（Cogitatio natura）之整個思想的形象，在此典型下，證實了令人擔憂的順從奉承。如同尼采所說的，真理好像是「一個誠實且喜愛安逸的創造物，不斷地對於所有既定的力量給予保證，它從不會造成人們絲毫的不便，因為它畢竟只是『純粹的科學』……」[5]。何謂不損人的一種思想，即既不損害思考者亦不對於其他事物有害的思想呢？認識的符號舉行著超乎尋常的訂婚儀式，思想在此「重新找到」國度、重新找到「教堂」、重新找到時間的所有價值，即在任一永恆的、永遠被祝福的客體之純粹形式下，已使時間難以捉摸地流逝之所有價值。當尼采區分新價值的創造和既定價值的認識時，此區別當然不能以歷史的相對性方式被理解，宛如既定價值在其時代中曾經是嶄新的，及猶如新價值簡單地需要一些時日就可被確立。其實這關係到形式上的差異和本性，而且，新穎，總是為了保持嶄新的狀態，在它的開始與重新開始之力量中，如同既定者從一開始就已被確立，即使需要一些經驗的時間去確認它。被確立在新穎之中者絕對不是新穎。因為新穎的特性，亦即差異，在於去促發思想中不屬於認識的一些力

5 尼采，《不合時宜的沉思》（Considérations intempestives），教育者叔本華，§ 3。

量，既非今朝亦非明日，一個完全不同的典型之能力，在從未被公認也未意識到的「未知之地」（terra incognita）裡。而在思想中新穎來自於哪一種力量、哪一種中心的劣質和劣意志、哪一種脫去其「天賦性」思想的中央塌陷，以及每一次將天賦性看待成總是不存在的，卻被約束和強迫而開始的某事物？此外，為了認識而有意識的抗爭是多麼的可笑。從來就只在共知之下，並繞著既定價值，為了正在將一些價值歸於自己或使自己被賦予（榮譽、財富、權力），才有抗爭。為了獲取由普遍天性的思想、認識和純粹再現所設立的獎盃戰利品而做出意識的怪異抗爭。尼采曾發笑，對於能涉及這件事的唯一想法，就在他所稱的權力意志裡。而且不只是黑格爾，還有康德，尼采曾稱他們為「哲學工人」，因為他們的哲學處於，通過認識的這種難以抹滅的典型而被標記之狀態。

然而，康德似乎已武裝起來，為了顛覆思想的形象。他以幻象的概念取代了錯誤的概念：一些內在的幻象，在理性之內，而非來自於外之錯誤，且僅是身體的因果性效應。他用被時間線深深撕裂的自我，取代了實體的自我；且這是上帝和自我在同一運動中，找到一種思辨的死亡。不過，儘管如此，康德冒著損害三大批判理論的概念式裝置之風險，也不願拋棄隱含的先決條件。思想必須持續享有正當的自然本性，以及哲學應當只在共知本身裡或「普羅大眾的理性」裡才能超越。那麼，批判理論充其量只在於，從其「自然律」的觀點，將公民狀態賦予已被考慮的思想：康德之此舉倍增、製造了同樣多的共知，即有理性的思想之天生權益。因為，如果一般共知確實總是包含著，關於相同形式或認識典型的諸多能力之協作的話，無論如何，在其他能力之中，仍有一項主動能力，依據提供此形式或典型的情況而被賦予責任，其他的能力則將其貢獻交付於此情況。因此，想像力、理性、理解力在認知裡協作，且形構一種「邏輯的共知」；然而，正是理解力在此作為立法的能力，以及提供思辨的典型，按照此典型，另外兩種能力則被號召以進行協作。對於認識的實踐典型來說，相反地，是理性在道德的共知裡立法。還有第三種典型，所有能力通向一種在美學專屬的共知裡之自由和諧。如果所有能力誠然在一般說來的認識裡進行協作的話，那麼，這項合作的公式隨著待認識者的諸狀況條件，即認知的客體、道德價值、美學效應而有所不同……離顛覆共知的形式還差得遠，因此，康德只不過將其倍增而已。（難道不應該同樣這麼去說現象學嗎？難道現象學沒有發現第四共知，這一次是被建立在作為被動綜合的感受性之上，以及，為了構成「原意念」，第四共知仍受「意見」的形式所困？[6]）人們注意到康德的批判理論最終在哪一點是被尊敬的：認知、道德、反思、信仰自身從未被質疑，皆被認為與理性的天生權益相應，但只不過人們所表明的諸能力之運用是否正當合理，是根據這些權益之用途而定。認識的易變典型到處使良好的用途固定於一個和諧裡，即通過一種在共知之下的支配能力而被決定的所有能力之和諧。這就是為什麼不正當合理的用途（幻象）僅僅由此而被解釋：思想，在其本性「狀態」中，混淆了其諸權益，且讓其諸範疇彼此侵越交疊。儘管如此，並不妨礙它在基底深處中具有良好本性、良好的自然「法則」，批判理論為此法則提供其公民認可；以及，諸範疇、權益、限度和屬性仍是神聖的，皆被建立在不可被剝奪的正當權利之上。在批判理論中存在著一切，即治安仲裁法院、國民議會、地政處——除了或許會顛覆思想之形象的一股嶄新政治力之外。甚至已死的上帝和裂開之我都只是待過渡的不適當時刻，即思辨的時機；他們從未如此整體和確實地復活、確信其自身，不過是處在另一權益、在實踐或道德的權益中。

這就是一般說來的「再現」之世界。我們曾明確地說過，再現經由某些要素而被定義：如在概念裡的同一性、在概念的確定性中之對立、在判斷之中的類比性、在客體中的相似性。任一概念的同一性在認識裡建構了相同的形式。概念的確定意味著，諸可能的謂語在退化和發展的雙重系列中與它們的對立面之比較，一方面通過回憶，以及另一方面，經由旨在重新找尋和再創造之想像力（記憶—想像力的再生產）而被遍歷。類比性或許被可確定的最高概念所支撐，或是由已確定的概念與其各自的客體之關係來支撐，且求助於在判斷裡的分配能力。至於概念的客體，於其自身或與其他客體的關係中，則指向相似性以及在感知中持續的徵用。因此，每一要素特別請求一種能力，但同樣從一種能力到另一種能力，被確立在共知的內部（譬如，感知和回憶之間的相似性）。我思考是再現最為一般的原則，亦即這些要素的來源和所有這些能力的統一性：我構思、我判斷、我想像和憶起、我感覺——作為我思（Cogito）的四大分支。而且確切地說，差異被釘死在這些分門別類的十字架上。套上四倍的枷鎖，唯有，可能被思索成，相同、相似、類似與對立者之相異；「這總是就被設想的同一性、被判斷的類比、被假想的對立、被接收到相似來說，差異變成再現的客體。[7]」人們提供差異一項充分理由作為同時在這四種樣貌下的「比較原則」（principium comparationis）。這就是為什麼再現的世界通過它的無能為力去思考，於其自身之差異，以表現自己的特徵；且同時，也經由無能力去思考為其自身之重複，因為後者更是僅通過認識（"re"cognition）、分配（"re"patition）、再生產（"re"production）、相似性（"re"s-semblance），由於它們在再現的普通一般性裡失去了字詞前綴「RE」（再），才能被領會。因此，認識的公設是朝向再現之公設的第一步，其更是極為一般的。

* * *

「在感知裡有某些事物不促使思想去檢驗，因為感知足以去確定這些事物，而且有其他事物將感知完全嵌進這個檢驗中，由於感知並不具任何合理正當性。——你所談論的顯

6 關於此共知和認識的典型之續存，參見莫里斯・梅洛—龐蒂，《知覺現象學》（Phénoménologie de la perception, N. R. F., pp. 276 sq., 366 sq.）。關於康德的共知理論，參見特別在《判斷力批判》（Critique du jugement），§ 18-22 和 40。及《純粹理性批判》（Critique de la raison pure）的原則陳述：「最崇高的哲學，對於人類本性的基本目的而言，無法偏離與共知一致的後者所導引之方向。」；「純粹理性的諸理念僅由於它們的濫用才會生產出一種欺騙性表象，因為這些理念是由我們的理性之本性所賦予我們的，而且我們的思辨之所有權利和要求的最高裁判，其自身是不可能藏有一些原初的幻象和誘惑力。」

7 關於差異對已被設想的同一性和已感受到的相似性之雙重隸屬關係，於再現的「經典」世界之中。參見傅柯，《詞與物》（Les mots et les choses, N. R. F., 1966, pp. 66 sq., 82 sq.）。

然是在遠方出現的事物以及願景圖。——你完全不明白我想說的是什麼……」[8]——這段文字因此區分出二種事物：讓思想平靜的事物，和（柏拉圖將在較後面說到的）「迫使」去思考的事物。第一類是認識的客體。思想和它所有的能力在此得以施展；思想能盡其所能，但是，這件事和此職責皆與思考毫無相關。思想在此只是被其自身的形象所填滿，在此，因為它認識到諸事物，故更佳地認識自己：這是一根手指、這是一張桌子、日安，泰阿泰德。因此蘇格拉底的對話者之提問為：當人們沒意識到的時候、當人們難以認識到的時候，人們是否真正地思考著？這位對話者似乎已經是笛卡兒主義者了。然而，懷疑顯然沒辦法使我們從認識的觀點脫離出來。因此它只啟發了部分的懷疑主義，或是已普及的方法，只須思想有決心去認識到在本質上區分著確實性和懷疑者。即可疑的事物與肯定的事物：這些事物預先假定了被設想成認識的理想典型之思考者的良善意志和思想的良好本性，這種對於真實來說所謂的親屬關係，此友好關係（φιλία）同時預先確定了思想的形象和哲學的概念。而且也不是令人懷疑的事物、確實的事物迫使人去思考。三角形的三個角度務必等於兩個直角，這件事假設了思想、思考之意志，以及考慮著三角形之意志，且甚至是考慮到三角形的角度之意志：笛卡兒曾指出，如果人們思索、考慮到這些的話，那麼沒有人能否定這項等式，但是，若沒有考慮到此等式的話，人們卻能十分有力地思考著，甚至能考慮到三角形。此方法的所有真理皆為假定的，因為真理並無能力使思考的行動在思想裡誕生、因為真理假設一切為成問題者。事實上，概念向來僅指明一些可能性。這些概念缺乏一隻絕對必要的爪子，亦即一種原初的暴力，被產出於一種奇特古怪、一種密切性的想法中，即唯有自其然的驚愕或無休止的可能性取出這種絕對必要的爪子：當在思想中只有不由自主的、被強迫激起的思想時，因為它通過強行的方式、源自意外而來到世界中，就更加絕對必要了。在思想中最初的，正是非法破壞、暴力，即敵人，且沒有任何事物假設了哲學，一切皆開始於一種恨智學（misosophie）。讓我們不要為了建立思想所思考之物的相對必要性而倚賴它，反而要倚賴與迫使人去思考著相遇的偶然性，為了提升和樹立思考行動、思考熱情的絕對必要性。十足的批判和真正的創造之條件皆相同：預先假定其自身之思想形象的破壞、在思想自身中的思考行動之生成。

世界上有某種迫使人去思考的東西。這某種東西正是一場基本的「相遇」之客體，而非一種認識之客體。被遇見者，可能是蘇格拉底、神殿或惡魔。它能在種種不同的情感調性下被領會，如在仰慕、愛戀、仇恨、痛苦之下。但是在它的第一特性中，且無論在哪一種調性下，它只能被感受。在此意義上，其與認識相對立。因為感性在認識裡絕非只能被感受者，而是直接與能被召喚、想像、設想的客體中之意義有關。感性不僅僅被用來指涉一種能作為被感受者之外的其他事物之客體，而且其自身亦能被其他的能力所涉及。感性因此預先假定在共知裡諸意義的練習，以及其他能力的訓練。相反地，相遇的客體使感受

8 柏拉圖，《理想國》，VII，523 b。

性真正地誕生於意義中。這不是可感知的（αἰσθητόν）而是感性的（αἰσθητέον）。這不是一種質性，而是一個跡象。這不是一種有感覺的存有，而是感性「之」存有。這不是被給定者，而是，被給定者即出於此而被給定。因此在某種方式下確實是無感者。正是無感者，確切地說，這是就認識的觀點而言，也就是說從經驗的練習活動之觀點看來，感受性只領會到同樣通過其他能力而將作為感受性者，且在共知之下，與同樣必須被其他能力領會之客體有關。感受性，面對只能被感受者（同時面對無感者）時，處於面對著自己的極限——即符號——且達到一種超驗的練習——N次方的力量。共知不再為了界定從感受性到相關工作的狀況條件之特殊提呈而存於此；感受性於是進入了一個不和諧的遊戲裡，其器官變成形而上學的。

第二特性：只能被感受者（感覺（semtiendum）或感性之存有）使靈魂感動、使得靈魂「困惑」，也就是說迫使靈魂提出問題。彷彿相遇的客體、跡象，就是問題的持有者——好像是他製造了問題[9]。按照柏拉圖的其他文本，是否應當將問題或提問與先驗的虛存記憶之特異客體等同起來，使得學徒期在此領域中透過領會只能被喚起記憶者而變為可能的呢？一切皆顯示出以上這種方式；誠然，柏拉圖的不朽靈魂之回憶企圖領會過去「之」存有，回憶錄或備忘錄，同時受到一種必要的遺忘之打擊，按照超驗練習之法則，其想望著只能被喚起者，或許同樣地作為不能被喚起者（於經驗的練習活動中）。在這必要的遺忘和經驗的遺忘之間存在著一個巨大的差異。經驗的記憶藉助一些能夠被領會或甚至是必須以不同方式被領會的事物：我想起的，應該是我看過、聽過、想像過，或思索過的事物。遺忘，在經驗的意義上，是人們最終無法通過記憶而重新捉取者，當人們第二次尋找它的時候（這太過遙遠了，遺忘將我與回憶分離或將它抹去）。但是，先驗的記憶在第一次中、自第一次起，即捉住了只能被喚起者：並非是一偶然的過去，而是像這樣的過去之存有且其一向作為已逝去的。「被遺忘的」，正是以此方法，事物親自「出現」，在於基本上領會此事物之記憶。被遺忘的若沒有前往記憶中的遺忘之境，就不會到達記憶裡。備忘錄在此也同樣是可被遺忘的、遠古不可追憶的。遺忘不再是一種將我們與瑣碎回憶自身分離之偶然的無能，而是存於基本必要的回憶裡，作為關於記憶的限度或只能被喚起者之記憶的N次方力量。它同樣是為了感受性：從超驗練習觀點看來，與只能被感受者混淆不清的一種基本必要的無感者，與，對於我們在經驗的練習活動中之意義來說，過於細微的、太遙遠的，偶然的無感相對立。所以這就是感受性，其通過相遇而被迫使去感受到感覺，反過來強迫記憶去記起備忘錄、憶起只能被喚起者。且最後，對於第三特性，輪到先驗的記憶迫使思想去領會只能被思考者，即思考（cogilandum）、理解（νοητέον）、本質：並非智力，因為它還只是模式，在此模式之下人們思考著除了思想之外能夠作為其他事物者，然而，智

9 同上，524 ab。我們將注意到加斯東・巴舍拉（Gaston Bachelard），在《應用唯理主義》（Le Rationalisme appliqué, P. U. F., 1949, pp. 51-56），將問題或問題的客體——持有者與笛卡兒的懷疑相對立，並揭露了在哲學上的認識之典型。

力的存有作為思想的最後能力，確實也同樣作為不可思者。迫使人思考之暴力，從「感覺」到「思考」而開展。每一能力自其鉸鏈脫離而出。不過，除了共知的形式使所有能力運轉且趨向同一目標之外，何謂鉸鏈呢？每項能力，由於自身考量與在其秩序中，已打破了共知將之固定在「意見」（doxa）的經驗要素裡之形式，為了達到其 N 次方力量以及在超驗練習中的悖論要素。並不是所有能力皆趨向同一目標，且對於認識一個客體的共同努力做出貢獻，人們參與了不同的努力，基本上每項能力皆涉及之以使它的「特性」在場。眾能力的不和諧，每項能力在力量結成鏈系和塵埃聚成繩索之中正視其限度，且僅自其他能力那裡接收到（或僅傳遞給其他），一種暴力，其將不和諧放在自己的要素前，且將之放置於不相稱或不可比擬的面前。

不過，讓我們停留在以柏拉圖於每一情況下所確定的諸限度之本性的方法。在基本上作為被遇見者、與任何認識應當做出區別者，《理想國》的文本將此定義為一種「同時反向的感覺」之客體。堅硬若不同樣作為軟的話就從未是硬的，而手指卻從來就只是一根手指頭，且總是請求認可的一根手指，因為堅硬與將相反面放入它之中的生成變異或相對關係不可分離（同樣道理，大和小、一與多）。因此，這是反義的共存，多與寡共存於無限的質性生成變異中，其建構迫使人思考的跡象和起始點。認識則相反地透過與某事物相關聯而去度量和界定質性，因此使變成—瘋狂停止。但是通過自此「對立的或質性衝突對立的形式」去定義最初的堅決要求，柏拉圖難道不是已將感性之存有與有感覺的普通存有、一種純粹質性的存有（αἰσθητόν）混淆不清了嗎？人們一旦考慮到第二堅決要求，即不朽靈魂之回憶的堅決要求，猜疑就更堅不可摧了。因為不朽靈魂之回憶與認識的典型之間關係的破裂，只不過是在表面上而已。更恰當地說，此回憶僅限於將圖示複雜化：然而，認可被支撐在一種感知的或被領會的客體上，不朽靈魂之回憶則被支撐於另一種客體上，即人們假設與此第一客體連結，或更恰當地說，與不朽靈魂之回憶被包覆在其中的客體連結在一起，以及，此客體為其自身而央求在有區別的感知之外被認可。這個被包覆進符號裡的其他事物，或許必須同時是從未—見過者，且然而是已經—被認可者，即令人不安的古怪。以詩的方式試著這麼說，這件事已被理解，不過是在另一個生命裡、神話般的現在中：你是相似性……但如此一來，一切皆表露無遺：首先相遇的本性作為，不向認識提出特別困難的考驗、特別難以展開的包覆，卻與任何可能的認識相對立者。接著，先驗記憶的本性與只能被喚起者的本性；因為這種第二堅決要求只在「不朽靈魂之回憶裡的相似之形式」下才會被設想。因此，同樣的異議湧現了；不朽靈魂之回憶將過去之存有與已消逝的存在混為一談，而且，缺乏能夠指定此過去在場的經驗時刻，因而援引原始的或神話的現在。不朽靈魂之回憶的概念之偉大（以及徹底地與天賦性笛卡兒的概念做出區分），正是在這樣的思想中引入時間、時延：藉此，這種概念確立了思想所特有的隱晦不明、證明了劣質以及劣意志，必須經由符號且自外部被動搖。然而，我們已理解到，由於時間在此只能像物理的迴圈一樣被引入，而並非根據其純粹的形式或本質，思想仍被假定具有良好本性、閃耀光輝的明亮，這些在自然迴圈的變形中只變成黯淡或失常的。不朽靈魂之回憶仍是認識的典型之庇護所；而且不亞於康德，柏拉圖也將先驗記憶的練習轉印在經驗的練習之樣貌上（這是我們在《斐多篇》的敘述中完全可以讀到的）。

至於第三堅決要求，即純粹思想或僅能被思者之堅決要求，柏拉圖將此確定為截然不同的反義：高大僅是大的，矮小僅是小的，沉重只是重的，或統一，只不過是一——就是這樣，在不朽靈魂之回憶壓迫下，我們被迫去思考。正因此而作為「實在同一性的形式」（相同被理解成「此一」，即希臘文「αὐτόχαθ'αὐτό」），根據柏拉圖的方式去定義本質。一切皆以崇高原則而達到最高點：無論如何，以及首先，即存在著親屬關係、家系（filiation），或許更值得說是思想與真實的（錯視）之家系關係（philiation），總之良好本性和良善欲望，歸根究柢被建立在「於善之中的類比形式」上。因此，當柏拉圖書寫《理想國》時，也是第一位去樹立思想之教條式和說教的形象，他使此文中立，且僅讓它更加發揮其「懺悔」的作用。對於發現能力的最高或超驗練習，柏拉圖把這種練習歸屬於感性中的對立形式、回憶中的相似形式、本質中的同一性形式、善之中的類比形式；他以此方法預備了再現的世界、施行要素的最初分布，且已反覆了教條式形象所預先假定的分配以及將它表露出來的思想練習。

一項能力的先驗形式與其所分離的、最高級的或超驗的練習混淆不清。超驗絕非意指，能力於世界之外與客體交涉，然而相反地，能力在世界裡領會到唯獨與它有關，以及使它誕生在世界上者。如果超驗練習不應該被轉印至經驗的練習活動之上的話，確切地說，這是因為超驗練習從共知的觀點去意會只能被領會者，所有能力的經驗運用，根據在它們協作的形式之下返至每一項能力的回歸者，去衡量只能被領會者。這就是為什麼就先驗自身之考量，應由最高的經驗主義來做裁決，唯獨它具有探索其領域和範圍之能力，因為這與康德所認為的相反，先驗不能從諸如出現在共知的確定性之下的、經驗的一般形式中被歸納出來。失去威信，能力學說如今身陷於此，然而全然必要的部分跌入哲學系統裡，經由此先驗所特有的經驗主義之不理解來解釋，人們徒然地將轉印在經驗上的先驗取代此不理解。應當將每一能力帶至其錯亂的端點，於此，能力作為三重暴力的犧牲品，強迫能力被運用者之暴力、能力被迫去領會的暴力和能力成為唯一能夠領會然而也是莫測的暴力（從經驗練習的角度來看）。即最終之力的三重限度。每一項能力於是發現屬於它的激情，亦即其根本的差異和無休止的重複、其微分的要素和重複作動者，作為其行動的瞬間所蘊生者與其客體的無止境地反復、透過已經重複而誕生之方法。譬如我們會問：是什麼強迫感受性去感受？而且究竟什麼是只能被感受者？以及同時是無感者？而這項提問，我們仍應當將它提出，不僅僅針對記憶和思想，也針對想像力——是否有一種「想像」（imaginandum, φανταστέον），或許同樣也是限制、不能去想像者？就語言來說——是否有一位「說話者」（loquendum），其同時也保持緘默？——而且對於其他在完整學說裡重新找到其位的能力而言——生機，其超驗客體同樣也是怪物、群居性，其超驗客體也可能是安那其主義（l'anarchie）——且甚至最後對於尚未被臆測的能力而言，在於去發現[10]。因為人們無法預先說些什麼，無法對研究預先判斷：某些相當熟悉—過於熟悉的能力，有可能暴露出沒有自己的極限、沒有現在分詞構成的形容詞，因為這些能力只在共知的形式下才被規定和帶有檢驗；相反地，一些嶄新能力有可能被提升，而已被此共知的形式所抑制。這種關於研究成果的不明確、在每一能力的特殊情況之考察中的複雜性，就一般學說而言並不會令人懊惱；反之，先驗的經驗主義即是不將先驗轉印在經驗的形貌上之唯一途徑。

我們的主體在此並非像這樣的一種能力的學說所奠定的。我們僅力求確定它們所要求的本性。然而在這方面柏拉圖的確定性是無法使人滿意的。因為這不是已成為中介以及與再現有關的形貌，反而是差異於其自身的自由和原始狀態，能夠使所有能力達到其個別的極限。這不是在感性裡之質性的對立，而是於其自身作為差異的要素，且同時在感性裡創造質性與在感受性裡創造超驗的練習：此要素即強度，作為於自身之純粹的差異，同時也是無感者，由於經驗的感受力只能領會被它所創造的質性所遮蓋的或已使成為中介的強度，然而，僅能被感受者，是從在相遇中立即領會到之超驗感受性的觀點出發。而且，當感受性將它的束縛加諸於想像力時、當輪到想像力提升至超驗的練習活動時，這是幻想，在建構想像的幻想裡之不相稱，即只能被想像者、經驗的不可想像者。以及，當記憶來臨的時刻，這並不是不朽靈魂之回憶裡的相似性，反而是建構超驗記憶之遠古不可追憶的時間純粹形式裡的不相似。而且這是被此時間之形式所撕裂的我，此時間形式最後處於強制去思考只能被思考者之狀態，並非相同，而是此超驗的「隨機點」，出於本性上始終是其他（Autre），所有的本質皆以思想的微分之方式被包覆，並且僅由於不斷如此指出在經驗運用中之不可思或無能力思考，才會意指著最高的思考力。我們想起海德格的深奧文章，其指出思想只要在一種共知、「理性」、「思想」、「普遍天性的思想」之形式下，而停留在其良好本性和良善意志的預先假定裡，它就完全不會去思考，受到意見所困，凍結在抽象的可能性裡……「人會思考，由於他具有可能性，但此可能尚未向我們保證，吾人有能力為之」；思想僅在強制和強迫下思考，面對「使人思考」者、待思考者的時候——而且待思考者，也同樣是不可思者或非－思想，亦即「我們尚未思考」之永無休止的「事實」（根據時間的純粹形式）[11]。誠然，關於引領至待思考者之途徑，即感受性之任何部分。從強度到思想，總是經由一種突然發生在我們面前的思想之強度。作為起源之感受性的優先權以此方式出現，即迫使人去感受者和只能被感受者在相遇點皆為唯一且相同之物，而

10 「想像力的境況」：康德在這種唯一的境況裡，端詳著一種屬於共知形式的解放能力，並且發現了一項為了能力確實「超驗」的正當練習。實際上，《純粹理性批判》中，模式化的想像力仍舊在上述邏輯的共知之下；在美的審判裡，可反射的想像力還在美學的共知之下。不過，以崇高的方式，根據康德思想之想像力被強迫、被強制去正視其極限、想像，同樣作為不可想像者之最大限度、在本性中的未定型和變形（《判斷力批判》，§ 26）。而且想像力將它的束縛轉嫁給思想，且輪到它被強迫去思考超－感性，作為思考的本性和能力之基礎：思想和想像力在此進入本質的不和諧、進入以和諧的嶄新類型為條件之交互暴力裡（§ 27）。因此，認識典型或共知形式在崇高中，為了思想的其他全部概念利益，而處於缺乏的狀態（§ 29）。

這兩種堅決要求在其他境況下卻是不同的。實際上，強度、在強度中之差異，既是相遇的客體也是相遇將感受性提升至此客體中。這不是相遇的眾神；即使是被隱藏的，眾神只是就認識而言的諸多形式。被遇見者，皆為惡魔，即跳耀、間隙、強度或瞬時的力量，而且僅以相異填滿差異；它們是跡象—承載者。而且最為重要的是：從感受性到想像力、從想像力到記憶、記憶到思想——當每一分離的能力，傳達在其自身的極限所承載之暴力給其他能力時——正是每一次，差異喚醒能力，並且將它喚醒為此差異之相異的，一種自由形貌。因此，這就是在強度中之差異、在幻想中的不一致、在時間形式中的不相似以及於思想中之微分。「對立、相似性、同一性且甚至是類比性，只不過是透過差異的再現而產生之結果」，並非作為使差異從屬於自身且將差異變成已再現的某事物之狀況條件。人們從未能論及友誼，表現出欲望、愛戀、良好本性或良善意志，透過這些，所有能力或許已經擁有，或趨向暴力使這些到達之客體，且呈現出與客體或與在諸能力間之同源等價一起的類比。每一能力，其所包含在內的思想，唯有不由自主的偶發事件；有意識的運作仍深陷於經驗裡。邏各斯破裂成象形文字，它的每一個字皆說著一項能力的超驗語言。即使作為起點，感受性，在與迫使人去感受者相遇裡，既毫不假設任何親屬關係也無任何宿命論。反之，正是相遇保證它迫使人去思考的必要之偶然或偶發性。這不再是「友誼」，作為相同和相似的情誼，或者仍然結合了諸對立面，其已將感受性和感覺聯繫在一起。有陰暗的先驅者就夠了，它使得如此般的相異得以傳送，且使相異與差異交流：陰暗的先驅者並不是一位友人。《史瑞伯》（Le président Schreber）[11]以他的方式重拾柏拉圖的三段時機，透過恢復最初和富感染力的暴力之三種時機：神經和神經的合併作用、被審查的靈魂和靈魂的謀殺、被強制的思想或迫使思考之強制性。

一種交流的原則自身，因其屬於暴力，似乎堅持著一共知之形式。其實不然。確實存在著諸能力的連貫，以及在此連貫中的一種秩序。不過無論是秩序或連貫皆不意味著一種協作，此協作關乎在我思考的本性中被假定為相同或主觀的統一性之客體的形式。這是一條被強行扯斷和打碎的鏈子，遍歷解體的自我之碎片以及裂開的我之邊緣。能力的超驗運用準確地說是一種悖論的運用，在共知的法則下與其練習活動相對立。因此，能力的和諧只能以「不協調的和諧」被產出，因為每一能力僅向其他能力傳遞暴力，這是使能力面對它的差異且面對它與所有能力之分歧的暴力[13]。康德是提出這樣一種出於不協調的和諧之例子的第一人，隨著想像力和思想的關係之處境，例如它們表現在崇高之中。因此，有某

11 海德格，《人們稱思考為何?》（Qu'appelle-t-on penser?, trad. Becker et Granel, Presses Universitaires de France），頁：21。——海德格確實保留了思想和待思考者之間的欲望或友誼（φιλα）、類比或最好是同源等價的主題。正是他保持了相同的優先至上，即使此相同被認為匯集且包含了如此般之差異。因此，暴力的隱喻被天賦的隱喻取而代之。從這一切的意義上看來，海德格並沒有拋棄了這種我們先前稱之為主觀的預先假定之觀念。如人們在《存有與時間》（trad. Bœhm et Waehiens, N.R.F., p. 21）所見到的，實際上存在著一種存有的前—本體論的和隱含的理解，「儘管」，海德格明確地指出，「清晰—概念不應由此而得出」。

12 譯注：佛洛伊德經典的妄想症案例之精神分析。

事物從一項能力被傳播到另一項能力，不過此事物完全變形了，且不形構出共知。人們或許也同樣可認為，有一些遍歷了所有能力的理念，特別是，不作為任何能力之客體。也許事實上，我們將會理解，應當保留理念之名，這並不是要預留給純粹的「構想」（cogitanda），而倒不如說是要保留給一些堅決要求，其從感受性到思想，且從思想到感受性的，能夠在每一境況裡，根據屬於它們的秩序，孕育出每一能力的客體—極限或超驗。理念皆為問題，但問題僅帶來諸狀況條件，諸能力通過這些條件進入其最高練習。理念在此面向之下，並不具有良向和共知作為介於兩者的中間路線，而是指向一種並行—意義（para-sens），其確定著分離的諸能力之僅有的交流。諸理念因而被自然光明照亮；更恰當地說，它們是閃閃發光，如同跳動和變形的微分閃光一般。自然光明的構想本身與理念的某一假定的價值是不可分離的，即「清晰與有區別」，也不與某一假設的起源分離，即「天賦性」。可是天賦性只不過再現了思想的良好本性，從基督教神學的觀點看來，或者，更為一般地，就創造的要求之觀點而言（柏拉圖因此將不朽靈魂之回憶與天賦性對立，並指責天賦性無視那根據純粹的思想、在靈魂裡的時間之形式的角色，或者無視在之前與之後間的形式上區別之必要性，其能夠將遺忘奠基於迫使人思考者之中）。此「清晰和有區別的」其自身不與作為任何正統性工具之認識典型相分離，因認識是理性的。清晰和有區別是認識的邏輯，且天賦性是共知的神學；這兩者已將理念傾注於再現裡了。在能力學說裡，理念的重建引起清晰和有區別的分裂，或是一種酒神戴奧尼索斯式的價值之發現，據此價值，「理念必須作為有區別而模糊的」，因為理念越是有區別，就更加模糊。有區別—模糊在此成為哲學的真實聲調、不協調的理念之協和音。

沒有什麼會比賈克・里維埃（Jacques Rivière）與安東尼・亞陶（Antonin Artaud）之間的信件交換更具代表性了。里維埃維持著自主可思的功能之形象，具有本性和正當的意志。當然，我們對於思考其實有極大困難：因缺乏方法、技術或應用，且甚至缺乏健康。而這些困難卻是難能可貴的：不僅僅因為這些困難阻礙了那吞食我們自己的本性之思想的本性、不只因為它們將思想和一些與「事實」同樣多的障礙建立起關係，思想沒有這些事實終究無法訂定方向，而且也因為，我們為了克服困難所做的努力，使我們可以在純粹的思想中保持住自我的理想典範，以及一種「屬於我們自身的同一性之最高程度」，通過所有在事實上不斷地影響我們的變動、差異和不平等。讀者觀察到、感到驚訝的是，里維埃越是認為自己與亞陶相似，而且了解他，他就越是離得更遠且講的是別的東西。難得，有這樣的誤解。因為亞陶不只是談論他的「處境」，也已經預感到，在這些早期的書信中，他的處境使他面對思考之普及化過程，不再躲藏於令人安心、無疑慮的教條形象之下，並且相反地與此形象的全面毀滅混淆起來。因此，他說他遭受的困難不應該被理解成事實，而應理

12 「不協調的和諧」之觀念已被柯斯塔斯・埃克斯羅斯（Kostas Axelos）適當地確定了，他將此觀念應用於世界中，且為了在此意義上指明本體論式的差異而使用（「或／與」）特別的符號：參見《朝向全世界的思想》（Vers la pensée planétaire, Editions de Minuit, 1964）。

解成涉及和影響著思考意味了什麼的本質之正當的難題。亞陶說，問題（對於他來說）不在於定位其思想之方向，既非使他所思考的表達式臻至完美，亦非獲得應用或方法，抑或使他的詩更完善，而是達到極簡單地去思考某事物之狀態。對於他來說就是這一點作為唯一可以想像的「工作」；此工作假定了思想穿越各種岔口的一股衝動、強迫，從神經開始且與靈魂交流以至於到達思想。從那時候開始，思想被迫去思考，畢竟是它的中央塌陷、它的裂縫、它自己天生的「無能力」，其與最高能力混淆不清，亦即與「構想」混淆在一起，這些未被表明的力量，如同與同樣多的思想之偷竊或破門竊盜混淆不清。亞陶在這一切追求無形象的思想之駭人的揭露中，與一種無法讓自己再現的嶄新、前所未聞的正當之征服。他知道像這樣的困難，以及問題與提問之伴隨物，都不是一種事實的狀態，而是思想的正當結構。在思想中有一種無頭者，以及在記憶中的失憶症者、在語言中的失語者、在感受性裡的思覺失調症者。他知道思考不是天生的，而必須在思想中被孕育。他明白問題既不在於引導也非有條理地應用在一種出於本性且正當地先存在的思想，而是在於使尚未存在者誕生（沒有別的使命，其餘一切皆是專斷的，且作為裝飾罷了）。思考，就是進行創造，沒有別的創造活動，而只有進行創造，首先即是在思想中孕生「思考」。這就是為什麼亞陶將在思想中的「生殖性」與天賦性相對立，而同樣也將之與不朽靈魂之回憶對立起來，且由此提出先驗的經驗主義之原則：「我是一個天生的生殖者……有一些傻瓜自認為存在、出於天賦性之存在，我呀，我就是這個為了存在而必須鞭策自身天賦性的傻子。這種出於天賦性者即是必須作為一種存在之傻瓜，也就是說，一直鞭策這個髒亂如狗窩的陰性負面物種，喔！雌犬的不可能性……在語法學之下，存在著作為最難以容忍之恥辱而必須被克服的、作為非常粗糙之未開墾地而必須被超越的思想，當人們將此思想視為一個天生固有事實的時候。因為思想是一位始終不存在的接生婆」[14]。

* * *

這非關思想的教條式形象與另一種形象相對立，例如從思覺失調症借來的形象。而是關係到去提醒，思覺失調症不僅僅是人類的事實，它也是思想的一種可能性，因而只在形象的廢除裡被表露出來。因為值得注意的是教條式的形象，在它這一方面，只將「錯誤」確認為思想的災禍，且將一切簡化成錯誤的形貌。這甚至是我們必須點出的第五公設：錯誤，被呈現為思想的唯一「負面否定」。而且此公設大概與其他的公設有關，即其他的盡可能與它接連起來：它是否能到達一種「普遍天性的思想」，其假定了思考者的良善意志以及思想的良好本性，除非是弄錯了，換言之將假的看成真的（虛假依照本性而作為根據意志

14 安東尼．亞陶（Antonin Artaud），《與里維埃的書信》（Correspondance avec Rivière）（全集著作，N.R.F. 出版，1，I，頁：9-11）。——關於此通信，將參照莫里斯．布朗修的評論，《未來之書》（Le livre à venir, N.R.F.）。

的真實）？而且難道錯誤自身不能證明共知的形式，既然它不能到達一種會獨自弄錯的能力，但能夠到達至少兩種能力，從它們的協作之觀點看來，一種能力的客體會被與另一種能力的「另」一客體混淆嗎？且何謂錯誤，如果不都是不正確的認識的話？以及如果不是來自再現要素的假分配，來自對立、類比、相似性和同一性之不符合實際的評估，那麼錯誤來自於何方？錯誤只是理性正統的反面，而且還為了它所背離者、為了這個被說成弄錯者之正直、良好本性和良善意志而作證。因此錯誤向著「真理」致敬，在不具有形式、在它將真實的形式賦予虛假之範圍內。在此意義上，柏拉圖在《泰阿泰德篇》裡，在一種於表面上完全與《理想國》的啟示相異之靈感啟示下，同時安置了認識或共知的正向典範，以及錯誤的負面典型。思想不僅僅借用「正統性」的理想典範，而共知不僅僅在對立、相似、類比性和同一性的範疇分類中找到其客體；而且也是此錯誤於其自身意味著，這種關於感覺的共知之超驗性，以及關於在錯誤決定於相同的形式中協作（三段論）的所有能力之靈魂的超驗性。因為，如果我不能混淆我所感受或構思的兩件事物的話，那麼我總是可以把我感受到的一件事物與我構思或憶起的另一事物混同，就像是當我把我的感覺之當前客體滑進我的記憶中之「另」一客體的記憶痕跡裡一樣——所以，「日安，狄奧多」，當泰阿泰德經過時。錯誤在它的苦難之中因此仍作為超驗性而證明了天生的思想。錯誤簡直是一種保持在完整無傷的、正直的共知形式下之良向的錯失者。通過此方法，錯誤證實了上述教條式形象的公設，就它由此而產生者，且以歸謬法予之論證。

誠然，此論證全然是無效的，在與公設自身相同的要素裡運作著。至於《泰阿泰德篇》與《理想國》的文本之調解，也許比一開始看來要更容易發現。《泰阿泰德篇》是一篇疑難的對話錄，這並非出於偶然；且確切地說它結束在疑難上，這正是差異（diaphora）的難題（思想為了差異而要求一種相對於「意見主張」的超驗性，同樣地，意見主張為其自身而要求一種差異的內在性）。《泰阿泰德篇》是共知、認識和再現、以及作為相關物之錯誤的第一本重要理論。不過差異的疑難，從一開始，即指向失敗，以及在全然另一個方向裡找尋一種思想的學說之必要性：這是《理想國》的第七卷所指出的嗎？……不過以這項保留，《泰阿泰德篇》的典型繼續以隱蔽的方法行事，以及再現的持續要素仍波及了《理想國》的新看法。

錯誤即是負面否定性，其在「普遍天生的思想」之假設中自然地發展出來。然而，教條式形象絕不會無視思想有比錯誤還要嚴重的其他災難、有最難以克服的恥辱、有更難以發展的負面否定性。它只無視著瘋狂、無價值之事、惡意——不被化約成相同之恐怖、醜惡的三位一體——更不會被簡化成錯誤。然而又再一次地說，對於教條式形象而言，在此只有「事實」。無價值之事、惡意、瘋狂皆被視為外部因果關係的事實，其啟動外來的力量自身，能從外部改變思想正直的方向——且這件事，在我們不只是作為思考者的範圍內。但確切地說，這些力量在思想裡唯一的效應卻被看成錯誤，即被認為正當地獲得外部事實的所有因果關係之錯誤。正是因此，「正當地」，應該包含無價值之事、惡意、瘋狂皆被歸結為錯誤的唯一相貌之化約。因此，這索然乏味的概念之混雜特徵，可能並不屬於純粹的思想，假使純粹的思想受到「外部」之影響而誤入歧途的話，然而，它卻不自此外部得到結果，倘若這是「在」純粹思想裡的話。這就是為什麼，在我們這一方，不能限於以某些事實為理由來反對教條式思想的正當形象。如同對於認識而言，我們應該繼續在正當的平面上去爭論，藉由自問關於諸多被教條式形象運作的經驗和先驗的分配之合理性。因為在我們看來，倒不如說存在著錯誤的「事實」。不過是什麼樣的事實呢？「誰」說了「日安，狄奧多」，當泰阿泰德走過來時，以及誰說「三點了」，當現在是三點半鐘時，以及，7 + 5 = 13？是近視眼的人、漫不經心的人、小學生。這裡有許多錯誤的實例，但這些就如同大多數的「事實」一樣，都指向完全人為或幼稚的情況，而且使思想有一種怪誕的形象，因為這些事實將此形象與極為簡單的詢問聯繫起來，人們通過不相關聯的命題而能夠與必須回答這些詢問[15]。錯誤僅在於，思想的遊戲為了變成一種傳播式遊戲而不再是思辨的情況下，才有了意義。因此必須完全反轉過來：正是錯誤，成為一個事實，專斷地被推論、專斷地被投進先驗之中；至於思想的真正先驗結構，以及關於將其包覆的「負面否定性」，可能必須在別處、在錯誤之外的其他相貌裡找尋之。

以某種方式，哲學家已不斷地去擁有此必要性之強烈意識。少有哲學家體驗到這樣的需求，即通過一種不同的本性之確定性去充實錯誤概念。（讓我們援引某些例子：例如迷信的觀念被盧克萊修（Lucrèce）、史賓諾沙和十八世紀的哲學家們所制訂，特別是豐特奈爾（Fontenelle）。迷信的「荒謬」顯然不被歸結為它的錯誤核心。同樣地，在柏拉圖哲學中的無知或遺忘與錯誤做出區別，和不朽靈魂之回憶自身與天賦性做出區別相比是同樣多的。斯多葛學派的愚蠢（stultitia）之觀念，同時是瘋狂且愚笨。康德對於內在幻象的看法，其內於理性，在根本上與錯誤的外在機械論做出區別。黑格爾主義的異化，假定了真—偽關係的深層重整。叔本華的庸俗和愚蠢的觀念意味著意志—理解力關係的全面顛覆。然而，阻止這些為其自身更為充實發展的確定性者，無論如何就是教條式形象的維持，以及隨之而來的共知、認識和再現的公設之堅持。那麼對於不恰當所進行的修正，只能顯現為「後悔」才得以為之，其將使得形象片刻變得複雜或被打亂，而沒有顛覆隱含的原則。

愚笨並不是動物性。動物被一些特有形式保證，阻止其作為「愚蠢的」。人們經常在人臉和動物的頭之間確立了表面上的相符，亦即在人的個別差異和動物的特有差異之間。不過卻因此，人們並沒有說明作為人類專有的獸行之愚笨。當諷刺詩人遍歷了所有程度的辱罵，他並非停留在動物的形式，而是著手進行最深層的退化，從肉食性到草食性，且通

15 參見黑格爾，《精神現象學》（Phénoménologie de l'esprit, trad. Aubier Hyppolite, t. I, p. 35）：「在知的領域裡之思考的教條式方法僅僅是主張，根據此主張，真實由一種固定結果之命題所組成，或仍由一種立即被理解的命題所組成。凱薩何時誕生？一個體育場有多少英尺？，等等，人們必須給予這樣的提問一個明確答案……而這樣一種被如此命名的真理之本性卻與哲學的真理不同。」

過在泄殖腔裡，流入動物消化的和豆科的共同深處作為結束。比起具攻擊的外顯手勢或貪食的動作更為深刻，有消化作用的內部過程、以蠕動狀運動的愚笨。這就是為什麼暴君不僅僅有牛的頭，也有梨、大白菜或馬鈴薯的頭。從未有某人比他所利用的這些更高明或更為外顯：暴君使得愚笨制度化，但他是第一個適用於他的系統和第一個被建立的制度，這始終是支配著奴隸的奴隸。而且在此仍然要問，錯誤的概念是如何說明愚笨和暴戾、怪誕和嚇人的這個統一性，其使世界的運行加長了一倍？膽怯、暴戾、卑劣、愚笨不只是身體的力量，或性格和社交的事實，也是像這樣的思想之結構。先驗的風光獲得生氣；人們必須在此引入暴君、奴隸和傻瓜的位置——而位置卻不會與占據位置者相似，以及先驗永遠不會被轉印在使它變為可能之經驗的相貌上。阻止我們將愚笨變成先驗的問題者，總是我們對於「思想」（Cogitatio）公設的相信：愚笨更只能作為經驗的確定性，指向心理學或軼事——還要更糟的是，指向論戰和辱罵——且指向作為格外地可憎的偽—文學體裁的蠢話錄。但是過錯在於誰呢？首先過錯難道不在於哲學嗎，讓自己被錯誤的概念說服，冒著向一些事實借來概念的風險，然而是向少有意義的和極為武斷的事實借來的？最劣質的文學製造了一些蠢話錄；而最好的文學則被愚笨的問題縈繞著，它會直通哲學大門，透過給予哲學其整個宇宙的、百科全書的和認識論的維度（例如：福樓拜（Flaubert），波特萊爾（Baudelaire），布洛伊（Bloy））。哲學可能足以用其恰當的方法和必要的謙遜重新開始這個問題，以重視愚笨從未是他人的愚笨，而是先驗的專有提問之客體：愚笨（且並非錯誤）如何可能？

按照思想和個體化的連接，它即是可能的。這關係鏈比起在我思考裡出現的關係還要更深厚；它在已建立可思主體的感受性之強度場域裡結成關係鏈。因為我或自我可能只是一些物種的指標：人性作為物種和諸部分。物種大概轉入人類裡的隱含狀態；因此，作為形式的「我」可以當作認識和再現的普遍原則，然而，明確的特有形式只不過是被我的形式所認可，且規範只是再現的諸要素其中一個的規則而已。我因此不是一個物種，然而倒不如說是因為它不言明地包含了屬和種明確地使之發展者，亦即形式之被再現的生成變異。厄多斯和艾比斯特蒙，他們的命運是共同的。反之，個體化與規範毫無相關，甚至延展超出規範之外。它不僅僅在本性上異於任何規範，而且也是我們將見到的，使規範成為可能且先於規範。它由諸多流動的強度因素之場域所組成，這些強度因素更加不是從我和自我那裡借來的形式。像這樣的個體化，在所有的形式之下運作，與其所使之湧現的和自身帶著的純粹之底是不可分離的。描述此底是困難的，且同時也難以描述它所引起的恐懼和誘惑。翻攪此底是極危險的工作，但也是在遲鈍意志的驚愕時刻裡最誘人的事。因為此底，由於個體，上升至表面然而卻不取用形式或相貌。它在此，注視著我們，然而無須雙眼。個體與它做出區別，可是它呀，不與個體做出區別，繼續與其分離者結縭。它是未確定者，不過作為繼續掌握確定性者，如皮鞋上的泥土。然而動物以某些方式提防了此底，透過牠們明確的形式。對於被個體化場域所生成而逐漸侵蝕的我和自我而言是不同的，對於底的上升給了它們畸形或變形的反射毫無防範，且在此所有維持被思考的形式瓦解了。愚笨既不是底也不是個體，然而卻是這層關係，個體化在此使底上升而無力賦予它形式（它通過我而上升，進入思想的可能性裡最深處，建構了任何認識的非—認可）。所有的確定皆變成冷酷無情和低劣的，只能通過一種凝思和創造出它們的思想而被領會，從它們有生命的形式剝離、分離出來，正在此陰沉之底上漂浮著。一切在此被動消極之底上變成暴力。在這消化之底上，變為攻擊。這裡，發生了愚笨和惡意的喧譁。這可能是使人類最高尚的相貌有所負擔的憂傷之起源：人臉所特有的醜陋、愚笨的上升、在不幸中的變形、於瘋狂裡的反思之預感。因為從本性的哲學之觀點看來，瘋狂於個體被反射在此自由之底的這一點上突然湧現，所以，結果是，傻事被反射在愚笨中、殘酷被反射於暴戾中，且不再能被容忍。「那麼，拙劣的能力在它們的精神裡發展開來，即看見愚笨和不再容許愚笨的能力……」[16]。誠然，這最拙劣的能力也變成了皇家的能力，當它賦予哲學生命作為精神之哲學時，亦即，當它將所有其他能力引入這個超驗練習中，此練習使得個體、底和思想的強制暴力的和解變為有可能。因此強度的個體化因素自認為是客體，為了建構超驗的感受性之最高要素，即「感覺」；而且，以官能式的漸進，底在思想裡處於被攜帶的狀態，始終作為非—思想和非—思考者，不過此非—思想已變成必要的經驗形式，在此形式下，思想在裂開之我（布法「和」貝居榭）裡，最終思索著「思考」，亦即只能被思考的超驗要素（「我們尚未思考之事實」或何謂愚笨？）。

* * *

教師們已經非常明白，在「作業」裡（除了在必須通過命題以表達命題，或者是產出一個固定不變的解答之練習題外），極少遇見錯誤或某假造不實的事物。但會遇到非—意義、沒益處也不重要的評注、被當作值得注意的平庸見解、慣常「點」和特異「點」的混淆、不當提問或被曲解其意義的問題，這就是最糟糕和最常見的，然而卻是嚴重的威脅到，我們所有人的命運。當一些數學家論戰的時候，有人將懷疑，一部分數學家指責著另一方在他們的結果或計算裡出錯了；他們更是互相指責對方製造出微不足道的定理、缺乏意義的問題。這正是屬於從中得出結論的哲學。意義的要素被哲學完全認可，甚至對於我們來說變得非常熟悉。儘管如此，這或許還不足夠。人們將意義定義成真實的條件；但是當人們假定了，此條件保留了一種比受條件限制者更寬的廣度時，意義若沒有同樣使錯誤成為可能的話，就不會締造真相。一個錯誤的命題因此亦不乏留下一個具有意義的命題。至於非—

16 福樓拜，《布法和貝居榭》（Bouvard et Pécuchet）——謝林（Schelling）寫了一些絕妙的篇章，關於惡（愚笨和惡意）、關於其來源如同已變成自主之底（與個體化有基本的關係），以及關於隨之而來的全部歷史，《對人類自由本質的研究》（Recherches philosophiques sur la nature de la liberté humaine），參見《論文集》（Essais, trad. S. Jankélévitch, Aubier），頁：265-267：「上帝讓此底自主行事……」

意義，它可能是不可作為真或偽者之特徵。人們在一個命題中區分了兩個維度：「表達式」的維度，命題以此陳述、表達理念式的某事物；「指示」的維度，命題以此指出、指定陳述或表達所適用之客體。其一是意義的維度，另一個，則是真實和虛假的維度。然而意義若因此而沒有與它所建立者保持著無差別的狀態，那麼就可能不會締造出一個命題的真相。真和偽是指示的事務（如羅素〔Russell〕所說的：「真相和錯誤的提問涉及著，字詞和陳述所指出的事物，而非其所表達的」）。人們因此處在一個奇怪的處境裡：人們發現了意義的領域，但僅僅將它指為心理上的敏銳力或邏輯上的形式主義。必要的話，人們將一個新價值，即非—意義或荒謬的價值，加入真與偽的傳統價值中。但人們卻假定，真與假繼續存於跟昔日相同的狀態中，也就是說，如真偽獨立於人們所指定給它們的條件或是加入它們的新價值之外。對此人們說得太多或還不夠：若過多，是因為基礎研究形構了「批判」的要點，其應該讓我們從一種思考的新方法得到啟發；還不夠的話是因為，只要基礎比有根據者處於更廣大的狀態，這種批判就只不過用於證實傳統的思考方法。人們假定真與偽處於不被影響的狀態，通過若沒有使其中一個有可能就不會建立另一個之狀況條件。透過將真與偽回送至在命題中的指定關係，人們得到第六種公設，即命題自身或指定的公設，其繼承先例且與它們連貫起來（指定關係只是認識的邏輯形式）。

事實上，條件必須是實在經驗的條件，而不是可能的經驗之條件。其形構出一種內在生成，而非外在的決定條件。真理無論從哪一方面來看都是生產的事務，而非恰當之事。

生殖之事務，既非屬天賦性亦非屬於不朽靈魂之回憶。我們無法相信有充分理性根據者會保持不變，與它昔日曾是相同，當它不曾具理性根據時、當它不曾禁受基礎考驗時。如果充分理由、如果基礎被「彎成肘型」，這是因為它將自己所創立的歸於一個真正的無—底。此情況可說是：人們不再意識到它。創立，就是使完全變形。真與偽並不涉及一種普通的指定，即意義僅限於透過處於無差別的狀態而使之有可能。命題與其所指明的客體之關係必須被確立在意義自身中；此關係屬於朝向被指定的客體而自我超越之理念式意義。指定或許從未被創立，倘若，作為在一真實命題的情況中被落實者，它不應該被設想為生成系列的限度或建構意義的理念式關係連結之限度。如果意義朝向客體而自我超越的話，客體不再能於實在性裡被假定為外於意義，而只被假定成其步驟過程的限度。而且從命題到其所指明者之關係，由於此關係被落實，故處於被建構在意義的統一性裡之狀態，同時，客體將它實現。唯有一種情況，已被指定者為了自身才有用處且維持在意義之外：確切地說，這正是特異命題的情況，被拿來當成例子，專斷地從它們的上下文語境脫離出來[17]。但在這裡仍要問，如何相信幼稚和人為造作的小學之例子能夠證實思想的形象呢？每一次，命題在有生命的思想之語境裡被重新安排，它顯然完完全全具有根據其意義而博得

17 因此羅素的態度賦予特異命題優先性：參見他與卡爾納普（Carnap）的論戰，收錄於《涵義與真理》（Signification et vérité, trad. Devaux, Flammarion），頁：360-367。

的真相、根據其隱含的非—意義而回返至命題的錯誤。關於真實，我們總是擁有根據我們所說出的意義而自行博得的部分。意義是真實的生成或生產，而真相只是意義的經驗結果。在所有教條式形象的公設裡，我們再發現了同樣的混淆，其在於將經驗的普通形貌提升至先驗層次，冒著使先驗的真實結構崩塌於經驗裡之危險。

意義是命題的被表達者，可是何謂「被表達者」（l'exprimé）呢？不能將此簡化、歸結為被指定的客體，或其被表達的過去經驗狀態。我們甚至必須從下列的方法去區別意義和涵義：涵義僅指向概念，且為了與再現場域裡已受條件限制的客體有關聯；然而，意義作為理念，於次—再現的確定裡發展。人們將不會感到訝異的是，去講述意義不是什麼比起去講述意義是什麼更為簡單。實際上，我們從未能同時明確表達一個命題與其意義，從未能講述我們所說出來的話之意義。意義，自此觀點看來，是真正的「說話者」（loquendum），在經驗的慣用法中不能被講述者，儘管它只能在超驗的用法中被講述。理念，遍歷了所有能力，然而卻不會被簡化成意義。此即，說到理念，它也同樣是非—意義；而且毫無困難地使此雙重面向得以調解，通過此面向，理念由出於其自身不具意義的結構性要素而被構成，但理念自身構成任何其所生產（結構和生成）者之意義。只有一個字被用來表述其自身與其意義，這確實是非—意義的字，如 abraxas、snark 或 blituri[18]。而且，如果意義對於諸能力的經驗慣用法來說必須是非—意義的話，那麼相反地，在經驗的慣用法中如此常見的非—意義都是意義的祕密，亦即對於盡責的觀察者而言，他的所有能力皆朝向一個超驗的限度而被拉伸。當那麼多的作者以各種方式認識到此意義的祕密時（福樓拜或路易斯・卡羅（Lewis Carroll）），非—意義的機械論就是意義的最高目的論，同樣地，愚笨的機械論即是思想的最高目的論。如果誠然，我們並不講述我們所說出來的話之意義的話，那麼我們至少可以得到意義，亦即一個命題的「被表達者」，作為另一個命題的「被指定者」——輪到後者時，我們不講述意義，如此一來無窮無盡了。因此，經由稱呼意識的每一個命題為「名詞」，這樣的一種命題處於被引入未定義名詞的退化中，每一名詞指向另一個指示先前意義的名詞。不過，經驗意識的無能力在此作為語言的「N 次方」力量，以及其超驗的重複，即無窮的能力，此能力論及諸字詞自身或關於諸字詞。無論如何，思想被教條式形象背叛了且處於諸命題的公設之中，哲學根據此公設在一種第一意識的命題，即我思（Cogito）中找到一個開端。然而我思也許是不具意義的名詞，且沒有別的客體，只有未定義的退化作為反覆的力量（我認為我思索著我思考……）。任何意識的命題皆意味著一個純粹思想的非意識，其建構了人們無窮盡地退化的意義範圍。

18 譯注：德勒茲在《意義的邏輯》（Logique du sens）一書中清楚地表明非—意義之詞，參見第十一系列：非—意義，斯多葛學派提出不具意義的詞，Blituri，其為象聲詞，與樂器聲有關。意指，詞在一系列中 = x，而同時物在另一系列中 = x，根據所有系列的交流和產生鳴響，且形構成一段錯綜復雜的歷史，應該在永恆（l'Aiôn）之上再加入第三面向，即行動 = x。「如 Snark 為一個未知之名，也是一頭看不見的怪獸，且指向一項巨大的行動，打獵結束後，獵人會消失和失去其身分。」

意義的第一悖論因此是增生的悖論，根據此悖論，一個「名詞」的被表達者作為另一個名詞的被指定者，後者將重複倍增第一個名詞。有人大概可以擺脫此悖論，不過卻是為了陷入另一個悖論之中：這一次我們懸置了命題、將其固定，恰巧是時間從中提取了只留住理念式的內容、內在的材料之雙重性。語言所必要的悖論式重複因此不再由重複倍增所組成，而是由一分為二所組成；不再是由積澱作用所組成，而是經由懸置。正是此命題的雙重性，其在我們看來同時與命題自身、與明確表達命題者以及與命題受其支撐的客體有別。此雙重性與主客體皆有別，因為它並不存在於表達它的命題之外。它與命題自身做出區別，因為它與作為其邏輯的屬性、其「可陳述者」或「可表達者」的客體有關。這是命題的「複合題材」，且以此方式作為認知的最初術語。為了使它同時與客體（例如上帝、天空）以及與命題（上帝存在、天空是藍的）做出區別，人們將在一不定式或分詞的形式下陳述之：上帝—存有（原型動詞 être），或上帝—存在（現在分詞 étant），天空之藍（藍之名詞化，由現在分詞—形容詞 l'étant-bleu 構成，即正是、正存在為藍色的）。此複合表語就是一個理念式的事件。這是一個客觀的實體，然而人們卻甚至不能說它存在於其自身：它堅決主張、它持存，具有一種類—存有、外—存有、作為與實在的、可能的以及甚至是不可能的客體共同的最小值。但因此，我們陷入第二困境之中。因為，如何避免矛盾的命題具有相同的意義，既然肯定和否定只不過是一些命題的模式？以及如何避免不可能的、於其自身矛盾的客體擁有一種意義，儘管它並不具有「涵義」（例如圓的方形）？且還有，如何使客體的稍縱即逝與其意義的無始無終得以調和呢？最後，為了逃離鏡射的遊戲：一個命題必須是真確的，因為其可表達者為真，但是可表達者只在命題自身為真的時候才是真確的，如此一來該怎麼進行呢？這一切的困難具有一個共同起源：藉由提取命題的雙重性，人們所召喚的只是一個幽靈。意義如此被定義，只是一層蒸氣在最不得已的情況下演出了物與詞。意義就在此出現了，在邏輯的最強烈努力之後，但可以說是無效，如非物質的貧瘠、喪失其生成的能力[19]。路易斯．卡羅不可思議地進行了這一切的悖論之計數：進行著中立化的一分為二之悖論在沒有貓的微笑那裡找到其形貌，以及進行著增生的重複倍增之悖論，其相貌，在總是替一首歌取新名稱的騎士那邊找到——且在這兩極端之間，所有次要的悖論形構出愛麗絲的歷險記。

寧可在疑問句的形式之下，而非不定式或分詞形式下（與其說上帝—存有（不定式 être）或上帝的存在（現在分詞 l'étant），倒不如問「是上帝嗎？」），透過表達意義，我們就可能獲得某事物嗎？乍看之下，收穫微薄。但微薄是因為疑問句總是憑著可給定的、或然的或可能

19 參見于貝爾．艾利（Hubert Élie）卓越的著作，《可表意的複合詞》（Le complexe significabile, Vrin, 1936）指出，例如十四世紀在奧坎學派（Grégoire de Rimini, Nicolas d'Autrécourt）裡發展的這種意義理論之重要性和悖論，同樣地，邁農（Alexius Meinong）將重新發現它。——意義之貧瘠、無效用如此被構思，又在胡塞爾的理論中出現，當他寫道：「表達式的疊層不是生產式的。或者，如果人們想這麼做的話，那麼它的生產力、思想的行動，隨著表達它且在與此功能一起被採用的概念性形式裡消耗殆盡。」（《對於現象學的指導理念》（Idées directrices pour une phénoménologie, trad. Ricœur, N. R. F., p. 421）。

的答案被模仿。疑問句自身因此是先存在的假定命題之被中立化的雙重性，其能夠或必須作為答案。演說者把他的全部技巧用於製造疑問句，按照他想引發的回覆，也就是說他想說服我們的命題。而且甚至當我們不知道答案時，我們僅透過假定此答案已被給定、正當地先存在於另一意識裡的方法來提問。這就是為什麼疑問句，根據其詞源，總是在一共同的範圍內產生：提問不僅僅涉及共知，也涉及良向、知與被給定者的分配，這相對於經驗意識，即根據它們的形勢、觀點、功能和技能，以使得意識被認為是已經知曉另一意識不知道的事（現在幾點了？——因你有手錶，或你較靠近時鐘。凱撒何時誕生的？——因你懂羅馬史）。儘管這種不完善，疑問的公式還是占了不少優勢：同時，促使我們將相符合的命題視為一種回答，也為我們開啟一條嶄新的道路。一種被設想成回答的命題始終是個解決辦法的特殊境況，此境況為其自身被抽象地考慮、與最高綜合分離，該綜合將它與問題的其他境況聯繫在一起作為問題。因此輪到疑問句來表現出，問題在經驗裡和因為意識而被肢解、被出賣、不確切地被表達之方法，根據其被意會成各式各樣的解決辦法之境況。儘管疑問句給予我們一種不夠充分的想法，仍因此而使我們從它所肢解者的啟示裡得到預感。

　　意義即在於問題自身中。意義被建構於複合主題裡，而複合主題卻是這個問題和提問的總體，就此而言，命題作為回答的要素和解決辦法的境況。不過，此定義要求人們擺脫思想的教條式形象所特有的幻象：必須停止將問題和提問轉印至作為或能作為答案的相應命題之上。我們知道幻象的施動者是哪一位；正是疑問句，在一個共同的範圍內，將問題和提問肢解，且將其重建，根據經驗的共同意識之命題，亦即根據單單一個「意見」（doxa）的逼真性。藉此，諸問題或一組合性的估量之邏輯的宏大理想，處於妥協的狀態。人們已認為，問題、提問只不過是相符合的命題之中立化。主題或意義只是一種無效的雙重性，以其歸入的命題類型為對象被仿製，或甚至模仿任何命題被推定為共同的要素（直陳式論點），因此，如何不這麼認為呢？由於沒理解到意義或問題是外—命題的，出於本性，其與任何命題皆相異，人們因而錯過了要點、思考行動的生成、諸能力的應用。辯證法是問題和提問的技術、組合性、如此般的諸問題之估量。但是辯證法喪失了它自己的能力——那麼，使自己陷入負面否定性的力量中之長期變性（質）的歷史開始了——當它僅限於將問題轉印至命題之上時。亞里斯多德寫道：「如果有人藉由例子說：動物—立行—兩足就是人類的定義，難道不是嗎？或者動物是人類之屬，難道不是嗎？人們得到一個命題；如果有人反著說：動物—立行—兩足是否為人類的定義？在此，這是一個問題。而且對於其他觀念而言亦相同。完全必然地從中獲得結論，即問題和命題在數量上是相等的，因為人們可以將任何命題變成一個問題，透過簡單地改變句子的表達方式。」（直到當代邏輯學家的理論中，人們重新找到幻象的緩慢進展。問題的估量被呈現為外—數學；確實，既然計算在本質上是邏輯的，亦即辯證的；但其根據命題的普通演算而被推論，總是複製、摹印諸命題自身）[20]。

使我們同時相信諸問題都是既成且被給定的，以及在答案或解決之中消失；在此雙重面向之下，諸問題已經只能作為一些幽靈。使我們相信，思考的活動力，也是就此活動力來說的真與偽，僅以解決辦法的尋求而開始、僅僅涉及解決辦法。大概是，此相信具有與其他教條式形象的公設相同的起源：總是與其背景分離的幼稚案例，其專斷地被當作典範。這是幼稚的偏見，主宰者根據此偏見提出問題，而我們的任務就在於解決問題，且任務的結果被強而有力的權威定性為真或偽。以及，這是一種社會的偏見，在使我們保持在孩童的狀態之顯而易見的利益裡，總是促使我們去解決來自別處的問題，以及透過告訴我們，如果我們已經會回答的話我們就已戰勝了，來安慰我們或為我們解憂：作為障礙的問題，和作為海克力士（Hercule）的回覆者。這就是文化的滑稽形象之來源，人們也同樣在試驗中、政府的明令中、報章的競賽中（鼓勵任何人根據自己的品味去選擇，只要此品味與所有人的品味相吻合）重新發現它。做你自己，被理解成，此自我必須是其他的自我。猶如我們不再是受支配的人，當我們不擁有問題自身、問題參與、問題權利、問題的管理。這就是思想的教條式形象總是依賴心理學上幼稚的例子、社會上反動的例子之命運（認識的機會、錯誤的情況、簡單命題的案例、答案和解決方法的境況）為了預見在思想中必須成為最高者，亦即思考行動的生成和真與偽的「意義」。因此，這是待加入其他公設的第七種公設：即答案和解決辦法的公設，據此，真與偽僅由於解決辦法才得以開始或定性諸回答。然而，當發生在錯誤問題已「被給定」的科學檢驗中，這難能可貴的醜惡言行所引起之議論已經在此，為了提醒諸學派，問題並不是既成的，而是必須被建構和被注入其所特有的象徵性場域裡；以及提醒他們，大師的書務必需要一位大師、必然會犯錯，為了被完成。許多教育的嘗試打算讓學生，甚至是非常年輕的學童參與諸問題的製成、它們的創立、作為問題的狀況處境。再者，大家以某些方法「認識到」最重要的，就是問題。但事實上，認識這個重要性是不足夠的，宛如問題只是在知的構成裡被號召以消逝的暫時和偶然的運動，且其重要性只由於否定的經驗條件，認知主體處在服從於此條件下之狀況；反之，應該要將此發現提升至先驗的層次，而且不能將問題視為「材料」（「數據」），而是看成一些理念式的「客觀性」，具有其充足、意味著一些建立和投入其象徵性場域裡之行動。真與偽首先影響著問題，而非涉及解決辦法。一個解決辦法總是擁有按照其所回答之問題而得到的真相；以及問題始終具有，根據「它」自己的真相或謬誤，亦即根據其意義，而得出的解決辦法。這確實是如「真正重大的問題只在當它可被解決的情況下才會被提出」，或「人

20 參見亞里斯多德，《論題篇》（Topiques, 4, 101 b, 30-35）。同樣的幻象在現代邏輯中持續進行著：諸如尤其被柯爾莫戈洛夫（A. Kolmogoroff）所定義的問題估算，仍處於對命題估算之模仿狀態，以與其「共構」之方式進行（參見德圖什－費弗里耶（Paulette Destouches-Février），〈問題與命題的估算之間關係〉（Rapports entre le calcul des problèmes et le calcul des propositions），Comptes rendus des séances de l'Académie des Sciences 期刊，1945：4月）。我們將看到，如格里斯（G.F.C. Griss）所提出的「無否定式的數學」之舉，僅根據問題分類的錯誤構想才會找到其極限。相反地，萊布尼茲預測到在問題或主題與命題之間，多變卻總是深層的間距：「人們甚至可以說，有一些主題是在理念和命題中間的。這就是諸提問，僅僅要求是與非的提問；且這些是與命題最為相近者。不過，也有要求如何產生和諸形勢狀況等的提問，在此有更多是為了把提問變成命題而必須去補充的。」（《人類理解新論》（Nouveaux essais sur l'entendement humain）IV，第一章，§ 2）

性僅提出其有能力解決的問題」著名的用語所代表的意思：完全不是實踐或思辨的問題，作為先存在的解答之影子，反倒是因為解答必定從人們確定問題作為問題所根據的完整條件中、從人們為了提出問題而擁有的方法和詞語中得出。問題或意義，同時是原初真相之場所和衍生出來的真相之生成。非─意義、偽意義、曲解的基本觀念必須與問題自身有關（有一些問題由於未確定性而是虛假的，另一些則因在上下文中之詞義的限制；以及，愚笨最終作為諸虛假的問題之能力，證明了無能力去建構、去意會和確定如此般的問題）。哲學家和學者一心想要在問題中擔負起真與偽的檢驗；這就是辯證法的客體，作為高等的或組合的估量。但在此還是，只要先驗的結論不被明確地從中得出，且只要思想的教條式形象正當地續存，此夢想就只不過如一種「後悔」的方式進行。

自然天生的幻象（其在於將問題轉印至命題上）實際上在一種哲學的幻象裡延展。人們意識到批判性的要求，盡力去使真偽的檢驗直達問題中；但人們卻堅持，一個問題的真相僅存在於其得到解決辦法的可能性裡。幻象的全新相貌、其技術性特徵，這一次來自人們塑造了關於命題的「可能性形式」之問題的形式。這已是亞里斯多德的案例——亞里斯多德賦予辯證法其實際的、唯一有效的任務：問題和提問的技術。然而，分析給予我們一項已被給定的問題之解決方法，或針對提問的回答方式，辨證法必須指出人們如何合理地提出問題。分析探討三段論必然做出結論之過程，然而辯證法則創造出三段論的主體（亞里斯多德明確地稱之為「問題」）及孕生出涉及一主體（「命題」）之三段論要素。不過，為了判斷問題，亞里斯多德促使我們去考慮「被所有人或大多數人，或被智者所接受的意見主張」，為了將這些主張與一般（可作謂語的）的觀點聯繫在一起，且由此形成在辯論裡有可能被確立或反駁其觀點的「場所」。這些共同的場所因此是共知自身的考驗；任何問題將被看作虛假問題，其相符合的命題包含了一種涉及意外事故、種類、本義特性或定義之邏輯的惡習。如果辨證法在亞里斯多德的學說中出現被貶低的狀況、被簡化成主張或「意見」（doxa）的普通逼真性，這並不是他誤解基本任務，反而是因為他錯誤地設想此任務的實現。為自然天生的幻象而困惑，他將問題轉印至共知的命題上；受哲學的幻象所苦，他使問題的真相依共同的場所而定，亦即取決於得到解決辦法的「邏輯的可能性」（命題自身指示著可能的解決辦法之境況）。

頂多，在哲學史的進程中，可能性之形式是變動的。因此數學方法的擁護者企圖反對辯證法；然而他們卻留住了主要的部分，也就是說問題的組合或估算的理想典型。但他們並非求助於可能之邏輯形式，而是從可能性中引出另一種形式，數學所專有的——或者是幾何的，或者是代數的。問題因此持續被轉印至相符合的命題上，且依據其得到解決辦法的可能性持續被估算。更確切地說，從幾何和綜合的角度看來，問題根據人們稱之為定理的特殊類型之命題而被推論。這是希臘幾何學的一般趨勢，一方面為了利於定理而限制問題，另一方面為了使問題從屬於定理自身之下。即定理似乎表現和發展出單純本質的諸特性，然而，問題僅僅涉及一些可表現出在想像力裡的本質投射、貶損退化之事件與情感。

但因此，生成的觀點必然是被降為次等行列：人們論證一個事物不能不存在，而不是去指出它存在，以及為什麼它存在（因此，負面否定、間接和以歸謬法的推論在歐幾里德（Euclide）的理念中經常出現，這些推論在同一性原則的支配下堅持著幾何學，且妨礙它作為一種充足理由的幾何學）。從代數和分析的觀點看來，形勢的主要部分不會改變。諸問題目前仍被摹印在代數方程式上，且依據在方程式的係數上將一提供根的運算之集合落實的可能性而被評估。不過，同樣在幾何學上，我們想像出已解決的問題，在代數學上我們運算著猶如已知的未知量：用這樣的方式所持續進行的工作，在於將問題簡化成有能力作為其解決方案之命題形式。這一點人們在笛卡兒的理論中看得相當清楚。笛卡兒的方法（清晰和有別的研究）是一種為了解決已被假設為給定的問題之方法，而非問題自身的構成和提問的內涵理解所特有的發明方法。涉及問題和提問的諸規則，僅具有一個明確作為次級與從屬的角色。反對亞里斯多德的辯證法，然而笛卡兒卻與此辯證法有一共同點、一個決定性的要點：問題和提問的估量仍從被預先假定的「簡單命題」之估算中得出結論，始終都是教條式形象的公設[21]。

變異持續進行著，然而，是在相同的觀點裡。除了發明可能性的新形式之外，經驗論者所做的是：得到解決辦法的或然性，或物理可能性？以及康德自己呢？然而，康德比起任何人更加要求被包含在問題與提問裡的真偽檢驗；甚至因此，他定義了批判理論。他的深入理念論，如問題化的與成問題的理論，使他能夠重新找到辯證法的真正來源，且甚至將問題引入實踐理性的幾何學陳述中。不過，因為康德哲學的批判停留在教條式形象或共知的支配下，康德仍通過問題獲得解決辦法的可能性中定義了問題的真相：這一次是關乎先驗的可能性之形式，按照在每一境況下通過共知的如此或這般之組織（問題與之相應的）而被確定的能力之合理應用。——我們總是重新找到幻象的兩種面向：自然天生的幻象，在於將問題摹印至人們假設為先存在的命題上，如邏輯的意見主張、幾何學定理、代數方程式、物理性假設、先驗判斷；以及哲學的幻象，在於評估問題，根據「可解答性」，亦即根據解決之可能性的外在變異形式。那麼，無可避免地，此依據自身只是外部的普通決定條件。透過在原地奇特的跳躍和循環論證，哲學家想要將真相從解決辦法帶到問題裡，但，仍舊被教條式形象所困，將問題的真相指向其解決辦法的可能性。所缺乏的，正是如此般的問題之內在特徵、內部絕對必要的要素首先決定了其真理和錯誤，且衡量其內在生

21 笛卡兒區分了與「簡單命題」有關的以及與「提問」有關的規則（《規則》（Regulae），XII）。確切地說，後者僅以第十三條規則開始，且從前者中做出結論。笛卡兒自身強調，在他的方法和亞里斯多德的辯證法之間的相似處：「這就只是我們用來模仿眾辯論學家們的方式：為了傳授三段論的形式，他們假定詞語和內容皆為已知的；我們也是，於此之前要求提問完全地被理解」（XIII）。— 同樣地馬勒伯朗士（Malebranche）的「提問」之從屬角色：參見《真理的探索》（Recherche de la vérité），VI，2，第七章。以及對於史賓諾沙來說，沒有任何「問題」出現在幾何學方法的應用上。然而，在《幾何學》裡，笛卡兒從問題構成的角度去強調分析過程的重要性，而並非只有從它們的解決辦法之觀點（奧古斯特·孔德（Auguste Comte），在一些卓越的篇幅裡，強調此觀點並指出「特異性」的分布如何確定「問題的狀況條件」：參見《解析幾何學淺論》（Traité élémentaire de géométrie analytique），1843）。在此意義上可以認為，笛卡兒作為幾何學家比作為哲學家走得更遠。

成的能力：辯證法或組合的客體自身，即「微分」。諸問題就是一些考驗和選擇。主要部分則是，在問題內部，真相的生成、真實的生產，其發生於思想之中。問題，就是思想中的微分要素、真實中之生成要素。因此，我們可以把決定條件的普通觀點替換成有實效生成的觀點。真和偽並非停留在與其條件相比的已受條件限制者之無差別裡，狀況條件亦非停留在，對比於它使之變為有可能的無差別裡。真與偽通過問題以及在意義的程度上之生產，這就是認真看待「真的和假的問題」之表達式的唯一方法。對於此事而言，足以放棄將問題複製成可能的命題，以及放棄經由得到解決辦法的可能性去定義問題的真相。反之，這是必須取決於內在特徵的「可解決性」：其必須處於被問題的狀況條件所確定之狀態，同時，真正的解決辦法應處於在問題之中且被問題所孕育出來的狀態。若無此顛覆，著名的哥白尼式革命就什麼都不是了。因此，只要人們停留在歐幾里德的幾何學中，就不會有革命發生：必須進行直至一種充足理由的幾何學、黎曼類型的微分幾何，其傾向從連續開始產生不連續，或趨向將解決辦法奠定於問題的狀況條件裡。

不僅僅意義是理念式的，而且問題也同樣是理念自身。在問題與命題之間，總是存在著一種本性的差異、一個必要的間距。一個命題出於其自身即是特殊的，以及再現著已被確定的「答覆」。一個諸命題的總體能被分配，即為了諸命題所再現的答案形構出一般「解決辦法」的諸境況（因此作為一代數方程式之值）。不過確切地說，無論是一般的或特殊的，諸命題只在啟發它們的隱蔽問題裡找到其意義。唯有理念、唯有問題才是普同的。這並不是解決辦法將其一般性歸於問題，而是問題將自己的普遍性借給了解決辦法。簡單境況的系列扮演著分析要素的角色來協助解決問題，這絕對是不足的；仍必須確定諸狀況條件，在這些狀況條件中，問題獲得理解和廣延的最大值，且有能力將它所特有的理念式持續性傳達給解決辦法的諸境況。甚至對於一個可能只有唯一解決境況之問題來說，指定此境況之命題，僅僅在有能力去理解想像出來的處境，且能納入持續性的理想典型之複合詞裡，才會找到其意義。解決，即在一種作為理念之運作著的持續性之基底上，總是孕生著間斷性。當我們「忘記」問題時，在我們面前，我們只擁有抽象的一般解決辦法；且當沒有任何東西能再支撐此一般性時、沒有什麼可以阻止此解決辦法，在構成諸境況的特殊命題裡被弄碎。被與問題分離的諸命題，再度陷入特殊命題的狀態，其唯一價值即是作為指定者。那麼，意識會竭盡全力地重建問題，不過是根據特殊命題之已中立化的雙重性（疑問句、懷疑、逼真性、假設）以及根據一般命題的空洞形式（方程式、定理、理論……）[22]。把問題和諸「假設」的系列看作相似，且使問題從屬於諸「斷然」的系列之雙重混淆因此而開

22 現代認識論最為原初的特性之一即是對「問題」的雙重不可約性之認可（在此意義上「成問題的」這個字作為名詞的使用，在我們看來是不可或缺的新詞義）。參見布利岡（Georges Bouligand）與他在「要素—問題」和「要素—總綜合」之間的區別（尤見《數學—邏輯絕對性的衰落》（Le déclin des absolus mathématico-logiques, Enseignement supérieur, 1949）；岡居朗（Georges Canguilhem）與他的問題—理論之區別（尤見《正常與病理》（Le normal et le pathologique, Presses Universitaires de France, 1966））。

始了。普同的本性已喪失；但隨著它，特異的本性也同樣喪失了。因為問題或理念作為具體的特異性，並不亞於作為真正的普遍性。顯著點和特異點構成問題的狀況條件之確定性的一些分布，與構成問題的普同之關係相應。普羅克洛（Proclus），一切透過維持著定理對於問題的至上優先性，已將問題嚴謹地定義成涉及事件和情感的一種秩序[23]。以及萊布尼茲曾確實講述過的，與問題和命題的分離者：任何種類的事件，「如何產生和諸時機」，諸命題在此找到它們的意義。不過，這些事件是一些理念式的事件，屬於一種不同的本性，而且，比在解決辦法之秩序中所確定的實際事件還要深層。在喧譁的重大事件、寧靜的微小事件之下，以及，在自然光明、理念的朦朧微光之下。比起普同超越一般命題而言，特異性不少是超越特殊命題的。成問題的理念不是些單純本質，而是複合體、關係的多重性以及相符的特異性之多重性。從思想的角度看來，慣常和特異之成問題的區別，和來自於問題的狀況條件裡的不均勻分配之非—意義，大概比真與偽之假設的或斷然的二元性還要重要，此二元性隨著僅僅來自真與偽在解決辦法的境況中之混淆的「錯誤」。

問題不存在於其解決辦法之外。但問題並非消失，而是在適用於它的這些解決辦法裡，堅持和持續著。問題被確定的同時也被解決了；不過它的確定性並不與解決辦法相混淆，這兩種要素在本性上相異，而確定性則是作為伴隨相生的解決辦法之生成。（正因此，特異性的分布完全屬於問題的狀況條件，然而，其規範已指向被建立在這些條件下的解決辦法。）問題既是超驗的也是內在的，相對於其解決辦法。因為它由在生成要素間之理念式連結的或微分關係的系統所組成，所以是超驗的。因為這些連結或關係被體現在不與它們相像，且被解決辦法的場域所定義之現實關係裡，所以是內在的。沒有人比羅特曼（Albert Lautman）有更好的說明，在他受到景仰的著作中，他已指出諸問題首先是一些柏拉圖式的理念、一些在「辯證法」觀念之間的理念式連結，這些與「存在者的可能發生的形勢」有關；但問題同樣實現在被尋求的解決辦法之構成性實際關係裡，此解決辦法關於「數學的」，或「物理的」等等的一個領域。在此意義上，根據羅特曼的論點，科學總是具有超越它的辯證法，亦即具有後設數學和外—命題的能力，儘管此辯證法只將其連結體現於有實效的科學理論之命題裡[24]。問題始終是辯證的；這就是為什麼，當辯證法「忘記」它與問題的內在關係即作為理念時、當它僅限於將問題摹印至命題上時，它就失去了其真正的能力，由於落到負面否定性的權力下，且必須以對立、反面或矛盾的命題之普通衝突取代了「成問題」的理念式客觀性。長久的歪曲變質與辯證法自身一同開始，且在黑格爾主義

23 普羅克洛（Proclus），《對幾何原本的評論》（Les commentaires sur le premier livre des Eléments d'Euclide, trad. Ver Eecke, Desclée de Brouwer, pp. 65 sq.）。

24 阿爾貝．羅特曼（Albert Lautman），《數學上結構和存在的基本觀念之論》（Essai sur les notions de structure et d'existence en mathématiques, Hermann, 1938），I. I，頁：13；I. II，頁：149（「我們設想的唯一「先天的」要素，在問題的這種急迫性之經驗裡被給定，於發現其解決辦法之前……」）。以及關於理念—問題的雙重面向，超驗性與內在，參見《數學的辯證法結構之新探究》（Nouvelles recherches sur la structure dialectique des mathématiques, Hermann, 1939），頁：14-15。

裡找到其極端的形式。但如果在原則上是辯證法者，確實就是諸問題的話，以及在原則上即是科學者，確實是諸問題的解決辦法的話，那麼我們必須以更完整的方法來區分：問題作為超驗的堅決要求；在象徵體系的場域中，問題的狀況條件於其內在運動中被解釋；在科學的可解決性場域裡，問題被體現，且上述的象徵體系根據此問題而被定義。這只不過是問題與相符的理念式綜合的一般理論，終將可以明確地指出在這些要素之間的關係。

* * *

問題及其象徵體系皆與一些符號有關。這些都是「製造問題」的符號，且在象徵體系場域裡展開。屬於諸能力的，以及首先在符號裡之感受性的悖論式運用，因此指向遍歷所有能力且反過來啟發它們的理念。相反地，理念指向每一能力之悖論式運用，且其自身將意義提供給語言。探索理念，和將每一能力提升至其超驗練習中，皆是同一回事。這是「學習」和基本學徒期的兩個面向。一方面，因為學徒建構和投入如此般的實踐或思辨的問題。學習是，適於被運作以面對問題（理念）之客觀性的主觀行動之名，然而，知只不過代表著概念的一般性或解決辦法的規則之沉著支配。一項心理學上著名的考驗，上演著猿猴在各式各樣顏色的盒子當中、在被設定一種顏色裝有食物的盒子裡找到牠的食物；悖論式不合常理的階段到來了，「錯誤」的次數在此縮減，而猿猴卻仍不具有對於每一境況之解決辦法的「知」或「真相」。幸福時刻，猿－哲學家在此向真相推心置腹，且自身產出真實，而只不過是在牠著手穿入問題的色彩濃度之範圍內。人們在此理解到，答案的間斷性，在理念的學徒期之連續性的基底上是如何被釀成的，以及真與偽如何根據人們對問題的理解而被分配，當最終真相被獲取時，它是如何湧現作為完全被理解和確定的問題之限度、作為建立意義的生成系列之產物，或不僅僅發生於猿猴的智能中之生成的結果。學習，就是穿入建立理念的諸關係之普同，以及滲入與之相應的特異性中。譬如同萊布尼茲所提出的例子——大海的理念，是在微粒間之連結或微分關係的系統，以及與這些關係的變異程度相應之特異性系統——系統的總體被體現於海浪的實際運動之中。學習游泳，正是結合了我們的身體之顯著點與客觀理念的特異點，為了形構出成問題的場域。這個結合對於我們來說確定了意識的閾限，在這方面，我們的實際行動與我們對於客體之實在關係的感知相配合，因此提供著問題的解決辦法。但確切地說，成問題的理念既是本性的最後要素，也是微小感知的意識下客體。因此，「學習」總是經歷非意識的狀態、總是在非意識裡發生，在本性和精神之間確立著一個深厚的同謀關係。

學徒，另一方面，即讓每一能力提升至超驗的練習中。在感受性裡，他力求使此第二能力誕生，其領會只能被感受者。這就是諸意義之教育。而且暴力從一種能力傳到另一種，但是在每一能力之無從比較中，其始終包含著其他（l'Autre）。從感受性的哪一類跡象開始、通過記憶的哪一個寶庫，思想終將被激起，在經由何種理念的特異性而被確定的一些扭曲之下呢？人們從未事先知道某人將如何學習——在拉丁文裡，人們透過何種愛變成高尚、人們經由什麼樣的際遇才成為哲學家、人們在哪一種字典裡學習去思考。能力的限度彼此間相互接合，在承載和傳遞差異者的破碎形式下。並不存在著，為了找尋寶庫之方法，且更沒有為了學習的方法，而是有一種暴力的矯正、遍歷整個個體之文化或派地亞（paideïa），即古希臘教育體系（感受性裡的感性行動，出現在白化症患者身上；語言中的話語，出現在失語症者身上；思想中的思考能力，出現在無頭類身上）。方法就是知（savoir）的手段，它・調整所有能力的協作；因此它是共知的表現或「天生思想」的實現，預先假定一種良善意志作為思考者「已事先考慮的決定」。而文化卻是學習的運動、非本意的冒險，連貫著一種感受性、一段記憶、然後是一種思想，隨著所有必要的暴力和殘酷，尼采曾說，恰好是為了「訓練由眾思想者群聚而成之人民」，為了「給精神一種矯正」。

當然，人們經常意識到學習的重要性和尊嚴。不過這如同向知的經驗條件表示敬意：人們在此預備運動中找到了崇高，然而卻必須在成果裡消失。即使人們強調學習的特性，以及在學徒期裡隱含的「時間」，這是為了使心理意識的不安緩和下來，當然，心理上的意識並不會允許自己與知爭奪再現整個先驗的先天權利。學習只是在非—知與知之間的中間狀態，自此至彼有生命力的過渡。學習終究是一件無窮無盡的任務，但這種說法是徒勞的；無窮無盡的任務不少是自形勢和獲取（知識）的一方被拋出，被置於知的假定單純本質之外，此本質即作為天賦性、「先天的」要素或甚至是調節的理念。而且最後，學徒期倒不如說是再度陷入在迷宮裡的老鼠這一邊，然而，在洞穴之外的哲學家則只帶走了結果——知——為了從中得到先驗的原則。甚至在黑格爾的理論之中，人們在現象學裡所目擊的非凡學徒期，在其成果中不亞於其原則之中，皆處在從屬於知的理想典範作為絕對知識的狀態。誠然，柏拉圖仍屬例外。因為，與之同行，學習的確是靈魂的先驗運動，不可化約成知與非－知。這是關於「學習」且並非關於知，思想的先驗狀況條件必須被提取。這就是為什麼被柏拉圖所確定的狀況條件是在「不朽靈魂之回憶」的形式下，而非天賦性之形式下。時間如此被引入思想中，並非作為服從於事實的條件下之思考者的經驗時間，以及對於思考者而言，思考所需之時間，而是作為純粹思想的時間或正當的條件（時間呈現思想）。而且不朽靈魂之回憶在學徒期的特殊物質中，找到自己的客體、備忘錄，亦即在作為這樣的提問和問題之中、在獨立於其解決辦法之問題的急迫中，即理念。為何如此多的基本原則，涉及著思考意味著什麼，必須被不朽靈魂之回憶自身所仲裁？因為，我們已見到，柏拉圖的時間將其差異引入思想中，以及學徒期，將其異質性導入思想中，僅為了使這些仍然服從於相似性和同一性的神話形式下，故服從於知本身的形象下。因此，整個柏拉圖學徒期的理論以後悔而修正的方式運作，被初生的教條式形象壓碎，且引起一種它始終無能力去探索的無－底。一位新人物美諾（Ménon）曾說：知只是經驗的形貌、普通的成果，其陷入且再陷入經驗中，但學習卻是真正的先驗結構，使差異結合差異、不相似結合不相似，卻不使它們通過中項成為間接的，且學習將時間引入思想中，然而是作為一般說來的空時間之純粹形式，而非作為此類神話的過去、此類神話的先前現在。我們總是重新找到顛覆經驗和先驗的假定關係或分配之必要性。以及我們應該將知的公設看作教條式形象裡的第八項公設，其只做摘要重述、使所有其他公設匯集成一個簡單假定的結果。

我們已清點了八項公設，每一公設都具有兩種相貌：1.原則，或「普遍天生的思想」之公設（思考者的良善意志，以及思想的良好本性）；2.理想典範，或共知的公設（共知作為「能力的協調」，及良向作為確保這個協調的分配）；3.典型，或認識的公設（認識促使所有能力被運作於已假定為相同的客體上，錯誤於分配中由此引起的可能性，當一能力將其客體之一與另一能力的另一客體混同時）；4.組成要素，或再現的公設（當差異被從屬於相同和相似、類似和對立的互補維度下）；5.負面否定性，或錯誤的公設（在此錯誤同時表達出「在」思想中任何可能出錯者，以及「外部」機械論的產物）；6.邏輯功能，或命題的公設（指定被當成真相的場所，意義只是命題之已中立化的雙重性，或其未定義的重複倍增）；7.模態，或解決辦法的公設（問題在實際上被摹印至命題上，或者是在形式上被其已解決的可能性所定義）；8.目的或結果的公設，知的公設（學習對於知，以及文化對於方法的從屬關係）。如果每一公設都具有兩種相貌，這是因為它曾是自然天性的，也曾是哲學的；曾在實例的專斷裡，也曾在本質的預先假設裡。諸公設不需要被講述：它們在此本質的預先假設裡以及在實例的選擇中，默默地更加起作用；它們全部，形構成思想的教條式形象。它們於再現裡的相同和相似之形象下壓碎了思想，可是此形象在最深處洩露了思考意味什麼，使差異和重複、哲學的開端和重新開始的兩種能力異化。誕生在思想中的思想、被孕生在其生殖性中的思考行動，既非在天賦性裡被給定，亦非在不朽靈魂之回憶中被假定，而是無形象之思想。然而，這樣的一種思想，以及它在世界上的運行過程是什麼呢？

Chapitre IV

差異之理念性綜合

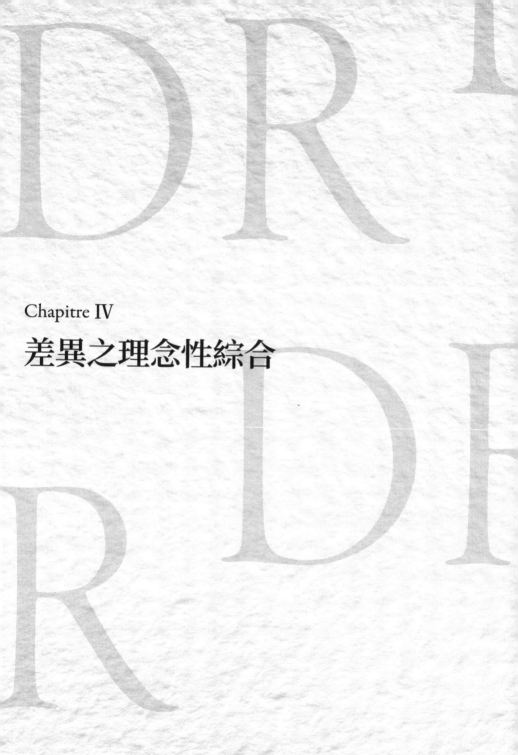

康德不斷地提醒著，諸理念基本上是「成問題的」。相反地，諸問題即為理念其自身。無疑地，他指出了理念使我們陷入假問題中。但此特徵並非是最深層的：如果根據康德的理性特別提出了一些假問題，因而於其內部帶有幻覺，這是因為理性首先即是提出一般性問題之能力。這樣的一種能力，於其本性之狀態中被理解，在它所提出的問題中，尚未有區分什麼具有真或假、有根據與否的方法。然而批判的操作明確地以給予它此方法為目的：「批判理論不須去留意理性之客體，而是理性其自身或出自於其內部的問題」[1]。人們終將得知假問題被與一種理念的非法使用連結在一起。由此可見任何問題都不是假的：諸理念，按照其被適當地理解的批判本性，具有一種完美合法的用途，被稱為「調節者」，據此，理念構成了一些真問題或者提出一些十分有根據的問題。這就是為什麼調節者意味成問題的。理念出於其自身即是成問題的、問題化的——而且康德，儘管他在某些文章裡掌握了措辭用語，仍竭盡全力地去指出在一方面為「成問題的」，與另一方面為「假設的」、「虛構的」、「一般的」或「抽象」之間的差異。因此康德哲學之理性，在哪一層意義上，作為理念的能力，以提出或構成問題呢？正是，唯有，它有能力去聚集理解力的方法步驟成為一全體，涉及著諸多客體的一個總體集合[2]。理解力出於其自身，處在深陷於分成小部分的方法步驟裡、處於被支撐在無論哪一客體之上的提問或部分經驗的探求所困之狀態，但從未提升直至一「問題」之構想，其有能力將一個有系統的統一性賦予其所有方法。理解力只會獲得一些成果或答案，在這裡與在那兒，但這些答案卻從未構成一個「解決辦法」。因為每個解決辦法皆假設了一個問題，也就是說，一個統一且有系統的場域之建立，指引與納入探求或提問，以至於反過來輪到答案明確地形成解決辦法的種種境況。康德有時候會說，諸理念是一些「無解決辦法的問題」。他的意思是，並非諸理念必定是假問題，所以難以解決，反而是，真問題就是理念，以及這些理念不會被「它們的」解決辦法所消除，既然它們是不可或缺的條件，無此條件任何解決辦法或許從未存在。理念只與理解力的諸概念聯繫起來時才具有合法的用途；然而相反地，理解力的概念則僅在其與成問題的理念有關的範圍內，才會找到它們（最大）實驗性的完全用途之基礎，或許是諸概念，在朝向一個於經驗之外的理想「中心」而匯聚的線上，組織起來，又或者是它們映照在完全環繞它們的高級「水平線」之底部深處[3]。如此的中心、水平線皆為理念，也就是說作為這樣的諸問題，在它們既是內在也是超驗的本性之中。

問題具有一客觀價值，理念則以某種方式擁有一客體。「成問題的提問法」並非僅僅意味特別重要的一種主體的行動，而是像這樣被這些行動所授與的客觀性維度。於經驗之

1 康德，《純粹理論批判》，第二版前言（trad.BARNI, Gibert, 1, pp.24-25）：「思辨的純粹理性批判具有此特殊之處，其能夠且必須精確地估算自己的力量，根據種種方式自行選擇其思想之客體，甚至以不同的方法去提出問題以做出完整計數……」

2 同上，〈先驗的理念〉（Des Idées transcendantales），I，頁：306。

3 這兩種形象被收錄於〈辯證法的附錄〉中，II，頁：151和160。

外的客體只能被再現於一種成問題的形式之下；這並不表示理念沒有實在客體，而表示作為問題之問題是理念的實在客體。理念之客體，康德所提醒的，不是一種虛構、一種假設、一種理性存有：這是一個客體，其不能被給定、亦非被知悉，而必須被再現，若不能被直接確定的話。康德喜歡去講述，理念作為問題具有同時是客觀且未確定的一種價值。未確定不再是在於我們的認知中一種普通簡單的不完善，也不是在客體中的一種缺乏；這是一種客觀的、完美正向肯定的結構，已經在感知裡以水平線或中心的名義作用著。實際上，未確定的客體、處於理念狀態的客體為我們再現了別的客體（那些屬於經驗的），未確定的客體提供給後者有系統的統一性之最大限度。理念不使理解力的形式上之方法步驟系統化，如果理念的客體不提供給諸現象從它們的物質觀點看來的，一種相似的統一性。然而因此未確定只是理念的第一客觀時刻。因為，另一方面，理念的客體間接地成為可確定的：理念的客體通過與這些它所給予之以統一性的經驗之客體進行類比，即是可確定的，但是這些經驗之客體反過來向它提出一種「類似」於它們之間所維持住的關係之確定性。總之，理念的客體本身懷著一種無限完整的確定性之理想典範，既然它保證了理解力的概念規範，藉此，這些概念透過擁有一種確切無限的持續性之場域而包含了越來越多的差異。

理念因此呈現出三個時刻：未確定的理念於其客體中、就經驗之客體而言可確定的理念、帶有無限確定性的理想，相對於理解力的概念而言。顯然地，理念在此重新採用了我思（Cogito）的三個面向：「我在」（le Je suis）作為未確定的存在，「時間」作為形式，此存在於此形式之下是可確定的，「我思」（le Je pense）作為確定性。理念完全是我思的諸思想、思想的諸微分。而且按照我思指向一裂開的我，從頭到尾被橫越它的時間之形式所劈開，應該說理念在裂縫裡萬頭攢動，總是在此裂縫的邊上浮現，不停地去返，由千變萬化的方式組成。因此問題不在於去填滿那不能被填滿者。然而同樣的，差異立即地集中並連接起理念所做出區別的，裂縫則留住了理念使之裂開的，諸理念亦包含了它們被撕碎的時刻。使得裂縫與它的居住者、螞蟻們內在化是理念之權利。在理念中沒有識別亦無混淆，但有一種屬於未確定、可確定與確定性之內在成問題的客觀統一性。或許這就是在康德那裡所顯不足的：三個時刻其中的二個，據他所言，都剩下外在的特性（若理念於其自身是未確定的，它相對於經驗之客體而言僅是可確定的，以及就理解力的概念來說僅懷著確定性的理想典範）。再者，康德使這些時刻體現在一些有區別的理念之中：自我（le Moi）特別是未確定的，世界是可確定的，以及上帝為確定性的理想典範。或許在這點上應該去尋求真正的理性，康德為此，像是後康德主義者們責備他這部分，堅持在決定條件（conditionnement）之觀點上，若沒有達到生成（genèse）之觀點的話。而且如果教條主義的過錯在於總是去填滿那分離者，那麼經驗主義的過失就在於讓已被分離者顯露在外；於此意義上看來，在康德的批判理論中仍有太多的經驗主義（以及在後康德主義者的理論中有太多的教條主義）。水平線或中心，差異用來使聚集於「批判」點，作為差異，尚未被指定。

* * *

我們以「dx」[4]來對抗「非—A」，如差異（「差異哲學」〔Differenzphilosophie〕）的符號與矛盾的符號相對立——如差異於其自身與否定性對立。誠然，矛盾尋求在最大差異這一方面的理念，然而微分冒著跌進無窮小的深淵之危險。問題卻因而沒有被適當地提出：這一項錯誤在於將符號 dx 的價值與諸無窮小之存在聯繫一起；而錯誤也在於，以這些無窮小的否定之名義去拒絕符號 dx 的任何本體論或認識論的價值。因而，在被說成不文明或前科學的微分計算的古老解釋中，有一珍貴的寶物應自其無窮小的脈石巖中被取出。需要非常多真正哲學式的天真素樸，以及許多的活力以認真對待符號 dx：康德和甚至是萊布尼茲，對他們來說皆放棄了。但在微分哲學祕傳難懂的歷史中，自一道有生命力光芒閃耀三個名字：索羅門・麥蒙（Salomon Maïmon），弔詭地，透過對於萊布尼茲計算的再闡釋而建立了後康德主義（一七九〇）；洪尼格・朗斯基（Hoëné Wronski），深奧的數學家，制定了一種既是實證主義、也是救世主降臨說與神祕主義的系統，意味著康德哲學的一種計算的闡釋（一八一四）；波爾達斯—德穆林（Bordas-Demoulin）在對笛卡兒的反思之際，從計算中產生一種柏拉圖哲學的闡釋（一八四三）。許多哲學的寶貴資源，於此，不應該被用來迎合現代科學的技術：計算一種萊布尼茲、一種康德、一種柏拉圖。一般來說微分哲學的原則應該成為一種嚴格的揭示之客體，而不是取決於任何無窮小。符號 dx 同時以未確定、以可確定和確定而顯現。三個原則符合於此三面向，構成了充足理由：一項可確定性之原則符合於像這樣（dx, dy）的未確定；互相確定之原則符合於真正可確定的（$\frac{dy}{dx}$）；完全確定之原則符合於事實上已確定的（$\frac{dy}{dx}$值）。簡言之，dx，就是理念——柏拉圖、萊布尼茲或康德哲學的理念，「問題」與其存有。

火的理念將作為增長的唯一持續且易感的一團火納入。銀的理念將其客體作為一種純金屬的液態持續性納入。然而，若連續確實必須與理念及其成問題的用途聯繫起來的話，這只要不再被一些從感性或甚至幾何知覺借來的特性所定義，當人們論及從未可能最小的中間階段、無限添加序列或部分的內插法時，連續仍是如此被定義。連續僅在決定一持續性之理念式原因的範圍內，才真正屬於理念。利用其原因而被領會的持續性，形成了可量化性之純粹要素。該要素既不與知覺的固定量「（量子 quantum）」、亦不與可變量作為理解力之概念「（數量 quantitas）」混淆不清。因此表達此要素的符號完全是未確定的：dx 就 x 而言、dy 就 y 而言，嚴格地說來什麼也不是。然而整個問題都在於這些零的涵義。量子作為知覺之客體總是擁有特殊值；而且甚至已被合併在某一分數關係中，每個量子保留了一項獨立於它的分數關係之值。「數量」作為理解力之概念擁有一般值，一般性在此

4 譯注：dx, dy 為萊布尼茲的微分符號。

指出可能的特殊值之無限性，按變量所能接收之值。然而始終需要一種特殊值，受託於再現其他值以及使它們獲得其值：由此，圓之代數方程式 x2 + y2–R2 = 0。對於 ydy + xdx = 0 來說則不再相同，意謂「圓周或相符函數之普同」。dx 與 dy 之諸零（Les zéros），為了「普同及其出現」之利益，顯示出量子和數量的、一般以及特殊的滅絕。這就是波爾達斯—德穆林的闡釋力：處於 dy|dx 或 0|0 而自行抵銷者，都不是微分量，而只是在函數中個體以及個體的關係（透過「個體」，波爾達斯同時領會到特殊與一般）。人們從一種類到另一種類如同從鏡子另一邊一般；函數已喪失其易變的部分或變化的特性，函數僅利用得出它的運算才再現不變。「那變化者於函數中互相抵銷，且藉由互相抵銷而使得它在那不會變化者之外暴露」[5]。簡言之，限度不應被設想成函數極限，而是一種真正的斷口，在函數自身中變化著和非—變化著之界限。牛頓的錯誤之處因此在於使微分等於零，然而萊布尼茲的錯誤則在於將微分與個體或可變性視為同一。以那方式，波爾達斯已接近計算的現代闡釋：限度不再假設持續的變數和無限近似值的諸理念。相反地，這是限度的觀念，其奠定一項持續性的靜態與純粹理念式的新定義，以及為了使其自身被定義，僅意味著序數或更恰當地說是在數之中的普同。明確指出此數之普同的本性，作為在「斷口」（在戴德金的意義下）中之堅實者，屬於現代數學之權責：這就是斷口，在此意義上，其構成可量化性的持續性或純粹要素之序數的鄰近種類、理念式原因。

Dx 就 x 而言、dy 就 y 而言，完全是未確定的，然而它們，此之於彼，皆是完美地可確定的。這就是為什麼一個可確定性之原則與像這樣的未確定相應了。普同並非一種虛無，因為按照波爾達斯的表語，存在著「普同的一些關係」。Dx 與 dy 完全是未「區」分的（indifférenciés），在特殊與一般之中，但在普同之中且透過普同，它們全然是「微」分的（différentiés）。$\frac{dy}{dx}$關係不是作為一種分數關係被建立在知覺中的特殊量子之間，然而更不是在可變的大小或代數量之間的一般關係。每一項絕對只存在於它與其他的關係中；它不再需要、也甚至不可能去指出一種獨立的變項。這就是為何，當前，一個互相的確定性之原則如此地符合於關係的可確定性。這是在一個互相的綜合中，理念提出其確實綜合的函數並使其發展。全部的問題因此在於：微分關係在哪一形式下是可確定的呢？一開始在質性形式下它是可確定的，而且因此顯示出一種與原函數自然不同的函數。當原函數表現曲線時，$\frac{dy}{dx} = -\frac{x}{y}$ 對其自身而言表現出三角學的角之正切，此為與橫坐標軸一起形成的曲線之切線；而且人們經常強調，包含在微分之中的此質性差異或此「函數的變化」之重要性。同樣地，斷口指出了無理數與有理數的級數項數本質上不同。但在這點上只是第一面向；因為微分關係，按照它表達出另一質性，仍保持與個別值或符合此質性

5 尚．波爾達斯—德穆林（Jean Bordas-Demoulin），《笛卡兒主義或科學的真革新》（Le Cartésianisme ou la véritable rénovation des sciences, Paris, 1843, t. II, pp. 133 sq. et 453 sq.）—夏爾．勒努維埃（Charles Renouvier），儘管他對波爾達斯的論點具敵對意見，而事實上，這是一個有理解內涵且深入的解析：參見《哲學式批判》（La critique philosophique, 1877）。

（例如切線）的數量變化之連結狀態。因此，輪到它是可微分的，而且僅證明理念的冪方力量引起一種理念之理念。對於一質性而言的普同因此與，仍擁有個別值且對於另一質性而言的普同不應該被混淆一起。在它的普同函數中，並非簡單地表現出此外的質性，而是一種可質化性之純粹要素。這是在此意義上，理念具有對於客體來說的微分關係：它因此納入了變異[6]，完全不再作為一種假設為恆定的關係之可變確定性（「可變性」），反而，作為關係自身的變異程度（「多樣化」），例如曲線的定性級數與之相符。若理念排除了可變性，這是為了人們將稱之為多樣化或多重性之利益。理念作為具體的普同而與理解力之概念對立，以及因其廣度是寬大的，而擁有一種更為寬廣的內涵。關係的諸程度之互相依靠，與最大限度來說，程度之間的諸關係之互相依靠，這就是對於理念的普遍綜合（理念的理念等）下定義者。

這是索羅門．麥蒙所提出的批判理論的主要修訂，藉由超越康德的概念與直觀之二元性。這樣的一種二元性將我們送往可構造性的外在準則，以及把我們留在可確定（康德的空間作為純粹被給定的）與確定（概念作為思想）之間的外部關係。其一通過模式（schème）去適應另一，又再度於能力的學說中，強化了僅僅是外部和諧的悖論：因此把先驗的堅決要求簡化成一種普通的決定條件，與放棄任何生成的需求。在康德的哲學裡，因此，差異仍處於外在，以及因而不純粹、經驗論的、懸置的差異都在構造之外，於可確定的直觀和確定性的概念「之間」。麥蒙的才華，就在於指出對於先驗哲學而言，決定條件的觀點是多麼不足：差異的兩項目應被同等地思考——亦即，可確定性其自身應該被思考為，朝向一互相確定的原則正自我超越著。理解力之概念十分知悉互相確定性，例如，在因果性或相互的行動中，而僅僅以一種全然形式與反思的方式。諸微分關係之互相的綜合，作為生產實在客體之源頭，這就是理念的物質，在其所沉浸的可質化性的被思考要素中。自此引出三重的生成：被產出的質性生成，作為認知的實在客體之差異；空間與時間的生成，作為差異認知的條件；概念的生成，作為為了認知自身的差異或區別之條件狀況。物理判斷因而傾向於確保其對於數學判斷之優先性，而且廣延之生成不與居於其內的客體之生成分離。理念顯現作為理想的關係連接之系統，也就是說，於交互可確定的生成要素之間的微分關係。我思（Cogito）從微分的非意識取回全部力量，純粹思考的非意識使得在可確定的自我與進行著確定的我之間的差異內在化，以及將非思想的某物放進像這樣的思想中，否則其運行可能因而總是不可能與空洞的。

麥蒙寫道：「譬如當我說：紅與綠不同，差異的概念作為理解力之純粹概念，並不會被看作為感性的質性之關係（不然的話，康德的提問「哪一類的權利」（quid juris）或許保持完整狀態）。然而：或者，依照康德的理論，如它們的空間作為「先天的」（a priori）形式之關係，或者，按照我的理論，如它們的微分皆為「先天的」理念之關係……一個客體的生產

6 譯注：內在變異（variation inhérente）。

特殊規則、或它的微分模式，這就是那產生一特殊客體者，以及在各種不同的客體之間的關係，產生一些它們的微分之關係」[7]。為了更加理解麥蒙所闡述的二擇一，我們要回到一個著名的例子：直線是最短的路線。「最短的」可以有兩種解釋方式：也許，從決定條件的觀點，如一種想像模式，其依據概念而確定空間（已定義為直線，作為可重疊於其自身所有的部分）——而且在此情況差異處於外部狀態，被一項建立於概念與直觀「之間」的結構準則所具體化。或者是，最短的從生成的觀點被解釋為，一種超越概念與直觀二元性之理念，其因而內化了直線與曲線之差異，且在相互確定的形式下以及積分的極小值條件裡，表現出此內在差異。最短的不是模式，而是理念；或者是理想的模式，而非一種概念的模式。數學家胡艾勒（Houël）在此意義上注意到，最短的距離絕非一種歐幾里得式的觀念，而是阿基米德式的，物理的更勝於數學的；它與一種窮竭法不可分，而且它較少用於確定直線，而是確定以使用直線而測得的彎曲線之長度——「人們做出積分計算而不用知道它是什麼」[8]。

微分關係最終呈現出第三要素，即純粹潛在力量之要素。力量是相互確定的形式，諸多變量據此皆被理解成彼此之函數；因此計算只考慮一些量值，其中一量值至少處在比另一量值更優越的力量狀態。無疑地，計算的第一行動關乎於一方程式的「去潛在化」（dépotentialisation）（例如得出 $\frac{dy}{dx} = \frac{a-x}{y}$ 而非 $2ax - x^2 = y^2$）。但相似的情形已存在於先前的兩個形貌之中，「量子」與「數量」之消失成為使可量化性元素出現的條件，以及去資格定性化，成為可質化性元素出現的條件。這一次，去潛在化決定了純粹潛在力量之條件，按照拉格朗日（Lagrange）的闡述，藉由允許一變量之函數展開成一個級數，此級數被 i 的冪方（未確定量）與這些冪方的係數（x 的新函數）所構成，以這樣的方式，此變量展開的函數可與其他的展開函數相比。潛在力量的純粹要素出現在第一係數或第一導數，別的導數與級數的所有項，因此從相同運算之重複中得出；然而確切地說，全部的問題就在於去確定此第一係數，其自身獨立於 i。朗斯基（Wronski）的反對意見就在此介入了，他反對卡諾（Carnot）的闡述（錯誤補償），同樣地，亦反對拉格朗日的闡述（泰勒級數）。他提出以下來反對卡諾，被說成輔助的方程式並非不準確，因為它們意味着 dx 和 dy，而是因為它們忽略某些補充量同時縮減了 dx 與 dy：不是去解釋微分計算之性質，因此，卡諾的闡述假設了此性質。而拉格朗日的級數亦然，自朗斯基所云，顯示出「先驗哲學」特徵的嚴格算法之觀點，不連續的係數只藉由構成它們的微分函數才能得到涵義。若理解力確實提供一種「不連續的求級數和」的話，後者只是量性的世代發生的物質而已；唯有「刻度」

7 索羅門．麥蒙（Salomon Maïmon），《論先驗哲學》（Versuch über die Transzendantalphilosophie, Vos cd., Berlin, 1790），頁：33。——參見馬夏爾．蓋魯（Martial Guéroult）最重要的著作，《麥蒙的先驗哲學》（La philosophie transcendantale de Salomon Maïmon, Alcan），1929（特別是關於「可確定性」和「相互確定」，頁：53 續、頁：76 續）。

8 朱勒斯．胡艾勒（Jules Houël），《基礎幾何學之基本原則評論集》（Essai critique sur les principes fondamentaux de la géométrie élémentaire, Gauthier-Villars, 1867, pp. 3,75）。

或連續性構成了形式，其歸屬於理性之理念。這就是為什麼微分的確不與任何產生的量相符，而成為一種不受條件約束的規則，為了量的認知生成，與為了構成物質之不連續性的世代或者為了級數結構[9]。如朗斯基所言，微分是「一種理想的差異」，若拉格朗日的未確定量無此差異，就無法運算人們對於差異所指望的確定性。在此意義上，數學微分完全是純粹的冪方力量，以及微分關係是潛在力量的純粹要素。

完全確定的原則與潛在力量的要素相符。完全確定與相互確定終究不被人混淆。相互確定涉及了諸微分關係與其在理念中的程度、多樣化，與各種不同的形式相符。完全確定則關乎一關係值，也就是說，一形式的組成或構成其特徵的特異點之分配，例如當關係變成無、或無限、或0/0。此關乎於客體的諸部分之完全確定：當前，正是在客體中，同樣在曲線裡，應該去尋找一些呈現出先前被定義為「線性的」關係之要素。而且僅僅在那，潛在力量中的級數系列形式得到其全部意義；甚至，表現出那作為一個總和之關係者，成了必要的事。因為於數字係數中的冪級數環繞著一個特異點，且同時也是唯一的。級數形式的關注與必要性，顯現在它納入的級數之多元性中、在它對於特異點的依賴中、在人們從客體的一部分過渡到另一部分的方式裡，即函數於前者中被一種級數所再現，而於後者中被表達於一種不同的級數裡，或者，兩個級數匯聚或互為延伸，又或者相反地，它們輻散開來。一切如同可確定性朝向相互確定而自我超越，相互確定則朝向完全確定自我超越：這三方一起形構出充足理由之面貌，在可量化性、可質化性與潛在力量之三重的要素中。理念是一種具體的普同，廣度與內涵在此並駕齊驅，不僅僅因為它本身包含了多樣化或多重性，也因它在其每一個多樣化中包含了特異性。它將顯著或特異點的分配納入；它全部的區分，亦即「有區別的」，作為理念之特性，確切地說在於分配慣常與顯著、特異與規律，以及在於將規律之上的特異延伸直至另一特異性之鄰近處。超越個體、超越特殊和一般，不存在一種抽象的普同：為「前—個體」的，就是特異性自身。

* * *

微分計算的闡釋之提問，大概已出現在下列的方式下：無窮小是實在的還是假想的？然而自一開始，亦涉及到其他事物：計算之命運是否被與無窮小連結起來，或者是否應接受從有限再現觀點看來嚴格的地位呢？真正界定現代數學，不是在計算自身中，而是在別的發現中，如集合論的發現，即使對於此理論來說需要一項無限的公理，仍強制規定了不

9 侯恩．朗斯基（Hoëné Wronski），《無限哲學》（Philosophie de l'infini, Didot, 1814），與《算法技藝哲學》（Philosophie de la technie algorithmique, 1817）。在後面這本書中，朗斯基闡述他的級數理論和公式。朗斯基的數學著作於 1925 年已由 Hermann 出版社重新修訂發行。— 關於哲學方面，參見《侯恩．朗斯基的哲學著作》（L'œuvre philosophique de Hoëné Wronski, éd. Vega, 1933），由弗蘭西斯．瓦漢（Francis Warrain）著手將他與謝林的哲學做出必要的對照。

少屬於計算的一種嚴格有限的闡釋。人們因而明白限度的觀念已喪失了其平衡運動（phoronomique）特性，僅能包覆一些靜態的考量；以及理解到，多樣性停止再現一條通過間隙的所有值之發展通道，為了僅僅意味在此間隙中的一數值的分離式上升；導數與積分變成了表順序的概念而非數量的；總之數學微分僅指明了一個量值，人們讓它保持在未確定狀態，是為了如果必要制作比一個已確定數更小的話。正是在此，結構主義誕生了，同時，計算的生成或動力的抱負可能逐漸消失。當人們論及計算之「形而上學」時，明確地關乎在無限再現與有限再現之間的這項抉擇。仍然是此二擇一，且因此是形而上學，二者於計算自身的技術皆緊密地固有的。這就是為何形而上學的提問自一開始即被陳述為：技術上，數學微分為什麼是可忽略不計的量，並且必須消失在結果中？顯然地，在此援引無窮小，和錯誤的無窮小特性（若有「錯誤」的話），則不具任何意義且預示著無限再現。精確的答案，卡諾已給出，在他著名的著作《論火的動力》（Réflexions sur la puissance motrice du feu）裡，但僅能以一種有限闡釋的觀點進行：微分方程是普通的「輔助」，表達出一組已求得的方程式回覆問題的條件；但在這些方程式間出現了一種錯誤的嚴密補償，不讓微分續存於結果中，既然此結果只在固定或有限的數量之間被確立。

然而，卡諾藉由基本上援引「問題」與「問題的狀況條件」之觀念，替形而上學開闢一條超出他的理論框架之路徑。萊布尼茲已經指出了計算是一種組合性工具，亦即表達出諸多問題，是從前無人可解答的，甚至尤其是無法提出的（超驗問題）。人們終究特別考慮的是，規律點與特異點進入一曲線空間的完全確定中之角色。大概特異點之規範（例如行、結點、焦點、中心）只透過完整曲線的形式指向微分方程的解答才會產生。有不少的完全確定涉及了這些點的存在與分布，取決於一項完全不同的堅決要求，換言之取決於由此方程式自身所定義的向量場域。這兩種面向的互補性，相反地，不會消除它們的本性之差異。而且如果點的規範已經指出，從問題到解答之必然的內在、適用於問題的解答中之投入，那麼存在與分布證明了在解答其自身的組織中，問題與其領導角色之超驗性。總之，一個問題的完全確定，與確定點「藉由確切地提供諸狀況條件」（一特異點引起兩種條件狀況的方程式）[10]之存在、數目、分布混淆不清。但因此越來越難去論及錯誤或者錯誤的補償。狀況條件的方程式不是簡單的輔助，亦非，如卡諾曾說的，不完善的方程式。諸狀況條件構成問題與它的綜合。正是由於缺乏去理解成問題的提問法之理念式的客觀本性，而人們將諸狀況條件簡化成甚至是有用的錯誤，或有根據的假想，無論如何，即簡化成不完

10 阿爾貝・羅特曼（Albert Lautman）已確實指出在諸特異點的存在或分布之間的這種本性差異，諸特異點的存在或分布指向問題要素，以及這些相同點的規範指向解決要素：參見《時間問題》（Le problème du temps, Hermann, 1946），頁：42。從那時候開始，他強調諸特異點在它們成問題化的函數、解決辦法之生成函數裡所扮演的角色：諸特異點「1.容許在任何不與特異性相遇的路徑上，用分析的方法延展解決辦法之基本系統的確定性；2.它們的作用在於分解一個數學域，以便確保表徵的函數在此域裡是可被定義的；3.它們允許微分方程的局部積分，經過作為這些方程解法之解析函數的整體特徵而得到通解。」參見《數學上的結構與存在觀念論文集》（Essai sur les notions de structure et d'existence en mathématiques, Hermann, 1936, t. II, p. 133）.

善、約略或錯誤的知（識）之主觀時刻。我們稱「成問題的提問法」為問題與其狀況條件之總體。倘若數學微分消失在結果中，這是在「堅決要求—問題」與「堅決要求—解答」本質上不同的範圍內，這是在解答將必然適用於問題的運動中，這是在某種意義上說來，問題的狀況條件皆為一理念綜合之客體，其不任由自己被表達於建立解答案例之命題式概念的分析中。因此首要的二擇一：是實在的還是假想的？皆非。既非實在亦非假想的，微分表現出作為這樣非此非彼的提問法之本性，其客觀的堅實性以及其主觀的自主性。

或許別的二擇一也不成立了，即無限或有限再現的二擇一。無限與有限，我們已看見它們皆為再現的特性，其根據再現所包含的概念，來發展它的整個可能之內涵，或反之停止此發展。無論如何，差異的再現指向作為原則的概念之同一性。所以可以將再現看待成意識的一些命題，指明對於一般來說被理解的概念而言的解答案例。但是提問法的要素，於其外—命題式的特性裡，並不會落入再現裡。既非特殊亦非一般、非有限亦非無限，它是作為普同的理念之客體。此微分元素是作為這樣的差異之遊戲，不會任由再現將自己中介化、亦不屈從於概念之同一性。當康德根據宇宙論之特殊性質，自認必須於再現中傾注世界理念之協調的內容時，有限與無限的二律背反確切地湧現。而且按照他的說法，二律背反已被解決，當它一方面為了，總是於再現中，去發現一種不可同時化約成有限與無限（倒退）的要素；以及當，另一方面為了，它把另一要素與再現（本體）本質上有所不同之純粹思想加入這個要素。不過是在下述的範圍內，此思想保持未確定狀態——不被確定為微分的——再現，在它的面向上，並非真正地被超越，更不再是意識的諸命題構成二律背反的細節與題材。然而，以另一種方式，現代數學亦將我們留在二律背反之中，因為其從計算中給出嚴格的有限闡釋，仍於創立此闡釋的集合論中，確實也假定了一種無限的公理，儘管此公理在計算中沒有找到闡明例證。我們始終避開的，就是超－命題式的或次－再現的要素，被微分所表達於理念中、於問題之確切模式上。

應該論及計算的一種辯證法，而非一種形而上學。透過辯證法，我們完全不理解某對立再現之循環，此循環使諸對立的再現於概念的同一性裡同時進行，而是領會到問題的要素，作為與解答的數學專有的要素做出區分。依照勞特曼（Lautman）的一般論題，問題具有三個面向：其與解決辦法在本性上之差異；其超驗性，相對於問題從自己限定的狀況條件開始產生的解決辦法；其歸屬適用於問題的解決辦法之內在，因問題更加被確定，就更容易「被」解決。由理想的關係連結構成的成問題的（辯證的）理念，因而在此被體現於，經由數學理論而被建立，且作為問題之解決辦法而被供給的諸實在關係中。我們已理解全部這些面向、這三個面向，在微分計算中是如何在場的；解答即如同諸不連續性能與諸微分方程兼容在一起，並且根據問題的諸狀況條件，在一理念式的連續性上自行產生。但必須明確指出一項要點。即微分計算明顯地屬於數學，正是全然數學式的工具。因此，或許難以見到一種柏拉圖辯證法高於數學之證明。無論如何這可能是困難的，倘若問題之內在面向不會給我們一個精確的解釋。「問題始終是辯證的」，辯證法並無其他意義，且問題亦沒有。那作為數學的（或物理學的、或生物學的、或心理學的、或社會學的……）都是解答。但一方面，解答的本性確實指向在辯證法其自身中，一些問題的不同「範疇等級」；而另一方面，諸問題，根據它們不亞於超驗性之基本的內在，確實於技術上表達其自身，在由問題根據其辨證的條理而產生的解答範疇中。當直線與圓透過尺和圓規而重複倍增時，每個辯證問題也倍增了一種其被表達的象徵場域。這就是為何應該說，有數學的、物理學、生物學、心理學、社會學的問題，儘管任何問題出於本性都是辯證的，以及儘管只有辯證的問題。數學因此不僅包含問題的解答；也包含了與問題所定義的可解性場域有關的問題之表達式，且此可解性場域由諸問題透過它們的辯證條理自身而定義之。這就是為什麼微分計算完全屬於數學，及在同一時刻裡，於一種超越數學之辯證法的揭露中，存在著它的意義。

在技術上，甚至無人可以細想，微分計算是作為這樣的問題之數學唯一的表達式。在非常多樣的領域中，窮竭法扮演此角色，分析幾何亦然。最近，這個角色已經能經由其他方法被更佳地執行。實際上，人們記得，問題理論在圓之中打轉：一個問題僅能在其為「真」的範圍內才是可解答的，但我們總是傾向自其可解性來定義一個問題的真實（性）。我們不是在問題（理念）之內部特性中奠定可解性的外在準則，而是使內部特性依存於普通的外在準則。然而，如果這樣的一個圓已被破壞，那麼先是被數學家阿貝爾（Abel）所打破；正是他完全構思一種方法，而根據此方法，可解性應該來自於問題的形式。並非盲目地探求一方程式一般來說是否為可解答的，而應當去確定問題之狀況條件，其逐漸列舉了可解性的場域，以「陳述含有解答之芽」這樣的方法。在解決辦法—問題之關係中，存在著一種根本的顛覆、一場比哥白尼更為可觀的革命。可以說阿貝爾因此開創了新的「純粹理性批判」，並且正是如此超越了康德的「外在主義」（l'extrinsécisme）。相同的見解在伽羅瓦（Galois）的研究中被證實、被運用：從一種基（R）「域」開始，於此域（R', R'', R'''...）接連的增添，透過可能置換的漸進限制，允許一方程根越來越明確的判別。因此存在著一逐次的「局部預解形」或「群」的接合，其使得解答自問題的條件狀況自身之中引出：一個方程式不是可用代數解決的，例如，這不再是出自一種經驗式的研究或摸索之發現，但遵循著群與局部預解形之特性，構成問題及其狀況條件的綜合（一個方程式只在局部預解形為二項式，且群的根指數為質數的情況下，才可用代數解決，亦即透過根式）。問題理論完全被改變，最後被奠定，因為我們不再處於師生間傳統的位置——在這相對位置上，學生只在老師已經知道解答，且因而，做出必要的添加之範圍內，才去理解與領會一個問題。因為，如喬治·維希艾斯特（Georges Verriest）所覺察，方程式的群論某時候所顯示的，不是我們所知的根，而是我們所不知的客觀性特點[11]。反之，此非—知（non-savoir）不再是一種負面否定性、一種不足，而是一種規則、在客體中的基本維度與之相應的「學」（apprendre）。新的《美諾篇》，這是被改造過的所有教學關係，不過以此關係，還有很多其他東西，即認知與充足理由。伽羅瓦（Galois）的「漸進式可分辨性」於被延長的同一運動中，匯集了相互確定與完全確定之過程（方根成對，與在一對之中根的判別）。此論點構成了充足理由的全貌，並且引入了「時間」。隨着阿貝爾與伽羅瓦的方法，問題理論，在數學上，是能夠履行其一切辯證特有的要求，並且打破影響著它的圓圈。

人們因此使現代數學遠離群論、或集合論，而非微分計算。然而這不是偶然，如果阿貝爾的方法首先指涉了微分公式的積分。對我們而言具重要性的，不是在數學史裡無論那一分界的確定（分析幾何學、微分計算、群論……），而是在此歷史的每一時刻中，組成諸辯證問題、它們的數學表達式及可解性場域的同時生成之方式。自此觀點，存在著一種同質性，作為在數學的生成變異中持續的目的論，其使得微分計算與其他方法之間的本性差異變成次要的。計算辨認出不同秩序的微分。但是數學微分和秩序的觀念首先與辯證法取的共識，這是以一種全然不同的方式。辯證的、成問題的理念，是微分元素之間關係連結的系統、生成要素之間微分關係的系統。有著理念的種種秩序，一部分秩序被另一部分所假設，根據關係的與被考慮的要素之理想本性（理念之理念等）。這些定義仍不具有任何屬於數學的。數學與最終秩序的辯證理念體現於其中的解答場域一起湧現，也和這些場域有關的問題之表達式一起產生。理念中其他秩序則體現於其他場域及符合於別的科學之其他表達式之中。因此，自辯證問題與其秩序開始，出現了多樣的科學領域之生成。微分計算在最明確的意義上說來，只是一種數學工具，甚至在其領域中，都未必去再現問題的表達式與解答結構之完成度最高的形式，就其所具體化之辯證理念的秩序而言。它亦具有廣大的意義，藉此應普遍地指出問題或辯證理念複合的總體——一個問題的科學表達式——解答場域之創建。我們應該更一般地去推斷出，沒有涉及所謂的數學應用之困難，且特別是從微分計算或群論到其他領域之應用。倒不如說每個被形成的領域，而某秩序的辯證理念體現於此，其具有自己的算法。理念總有一種可量化性、可質化性、潛在力量的要素；都有一些可確定性、相互確定、完全確定的過程；一些顯著點與慣常點之分布；始終有一些增添域形成一種充足理由的綜合數列。在此完全不存在著隱喻，除了與理念同質的隱喻，即辯證的傳送或「差異」（diaphora）的隱喻之外。理念的偶發事件就在於此。這不是數學被用在其他領域，這是辯證法為了其問題，根據其秩序與條件狀況，去創建符合於、專屬於被考慮的領域之方向微分計算。在此意義上，一種普遍學（*mathesis universalis*）回答了辯證之普遍性。若理念是思想的微分，那麼存在著符合每個理念的微分計算、思考意味什麼的字母表。微分計算不是功利主義者平庸的計算，也不是使得思想屈從於其他事物如同屈

---

11 參見喬治・維希艾斯特（Georges Verriest），《埃瓦裡斯特・伽羅瓦與代數方程式理論》（Evariste Galois et la théorie des équations algébriques），1961，頁：41，收錄於伽羅瓦的《數學著作》（Œuvres mathématiques, Gauthier-Villars）。—涉及問題—解決辦法的重大聲明被收錄於阿貝爾的《著作全集》（Œuvres complètes, Christiania, 1881, t. II），《關於方程式的代數解法》（Sur la résolution algébrique des équations）——關於阿貝爾與伽羅瓦，參照於朱勒斯・于伊曼（Jules Vuillemin）的兩個主要章節，《抽象代數哲學》（La philosophie de l'algèbre, Presses Universitaires de France, 1962, t. I）。于伊曼分析了諸問題的理論之作用與在阿貝爾思想中的理性批判之新觀念的作用，且分析了伽羅瓦的確定性新原則之作用：特別在於頁：213-221；頁：229-233。

從於其他目的之算術的重大計算，而是純粹思想之代數、問題自身的高級諷刺——唯一的計算「於善與惡之外」。這完全是理念有待描述之冒險特性。

* * *

理念就是一些多重性，每個理念為一種多重性、多樣化。「多重性」這個字在此黎曼式用法中（被胡賽爾重新採用，同樣也被柏格森所用），應給予作為實體而存在的形式最大的重視：多重性不應代表多（multiple）與一（un）的一項結合，反而是一種屬於作為這樣的多所特有的組織，根本不需要去形成一個系統的統一性。一與多皆屬理解力之概念，其構成一種歪曲辯證的過於鬆弛的網眼，透過對立進行著。最大的魚都能通過。人們是否能相信，當我們用抽象的對立面之不足去補償它的不足時，還有沒有具體性呢？人們長久以來能去講「一就是多，且多就是一」——人們像是柏拉圖口中的年輕人，甚至局限在徒勞的爭吵中去表達思想。人們結合對立面、製造矛盾；人們從未講到重點，「多少」、「如何」、「在什麼樣的情況中」。然而，本質是微不足道的，而一般性已掏空，當它被這種措施、方法與鑽牛角尖隔開時。有人組合謂語，有人錯過了理念——空話、空洞的組合，缺乏作為實體而存在之物。真正作為實體而存的、實體本身，即「多重性」，使得一與多皆變成無用的。可變的多重性，就是多少、如何、每一情況。每個事物皆為一種多重性，按照它使理念具體化的方式。即使多是一種多重性；或甚至一是多重性。若一成為「一種」多重性（在此仍舊如柏格森和胡塞爾已指出的），這就是足以背對背地反照「一—多」與「多—一」（l'un-multiple et le multiple-un）類型的形容詞命題。到處都是多重性之差異，以及在多重性中的差異，取代了概括與粗淺的對立。僅有多重性之多樣化，亦即差異，而非一與多的巨大對立。而這或許是一種諷刺的說法：一切皆為多重性，甚至是一、是多。但諷刺自身是一種多重性，或更恰當地說是多重性之技藝，在物之中領會理念、具體化的問題之藝術，以及將諸事物領會成體現、領會成為了解決理念問題的解答案例之技巧。

一理念是一種被定義且延伸的多重性，於 n 維度中。顏色，或更確切地說，顏色之理念是三維的多重性。按照維度來說，應當去理解一個現象所依據的諸變數或坐標；按照持續性，應該領會到在這些變數的變換之間關係的總體，例如坐標的微分之二次方形式；就定義而言，必須理解被這些關係所相互確定的要素，如果多重性沒有變更秩序及公制度量，這些要素就無法變化。我們應該何時，以及在什麼條件狀況下論及多重性呢？這些狀況條件共計三項，且可以去定義理念的突現時機：1. 必須是，多重性之要素不具有感性形式，也沒有概念涵義，自那時候開始，亦無可指定的函數。這些要素甚至實際不存在，且與一潛力或潛在性密不可分。在此意義上，其非意味着任何先決的同一性、或人們會說是一或相同的某事物之任何身分；反而它們的未確定性使得，作為任何從屬關系所解放的差異之表明成為有可能；2. 實際上，這些要素必須被確定，不過是相互地，透過一些不讓任何獨立性續存的相互關係。這樣的關係正是屬於理想的、非定位的連結，或者是，總體上顯示了多重性之特點，又或者，透過鄰近區域的並列來進行。可是多重性，若不離開內在、亦不求助於它可能陷入的同一形式之空間中，就始終經由內在的方式而被定義。時空關係無疑地保留了多重性，而卻因而喪失內在性；理解力之概念保留了內在性，然而卻失去了多重性，其概念用一種我思或被思的某物之同一性取而代之。相反地，內在的多重性才是理念之特性；3. 一種理想多重的關係連結、一種微分「關係」（rapport）必須被實現於不同的時空「實存關係」（relation）中，同時，其「要素」現行地體現於一些「專門術語」與多樣化形式裡。理念因此被定義為結構。結構、理念，就是「複雜主題」、一內在多重性，也就是說，微分元素之間非定位且多重的關係連結系統，其體現於實際的關係裡和現行的術語中。於此意義上，我們看不見任何調解生成與結構之困難。根據羅特曼（Lautman）及于伊曼（Vuillemin）關於數學的研究工作，我們甚至覺得「結構主義」似乎是唯一的辦法，一種生成的方法藉此得以實現其抱負。只要去理解，生成，即使它有多小，都並非從一個當前術語到另一時間裡的現行術語，而是從潛在到其現實化，亦即，從結構到其體現、從問題的條件狀況到解答案例、從微分元素與它們的理想關係連結到現實的術語和不同的實際關係，這些實際關係在每一時刻構成時間的現實性。無生氣之生成，在一種超—史實性的要素中演變著，「靜態的生成」（genèse statique）被理解成「被動綜合」觀念的相關事物，以及自我闡明此觀念者。微分計算的現代闡釋之錯誤難道不在於，推託它已得出一「結構」分離計算與任何運動學和動力學的推論，而禁止了生成的抱負嗎？存在著一些與實在性和數學關係相應的理念，另一些則符合於事實與物理法則。還有別的，根據它們的秩序，符合於有機體、心理現象、語言、社會：這些無相似性之相符是結構的—生成的。同樣地，結構獨立於一項同一性原則之外，而生成則獨立於一種相似性規則之外。但一個理念利用了如此多的偶發事件而浮現，即可能是理念已經滿足於某些結構與生成的條件，而尚未滿足於其他的條件。因此必須在諸多十分不同的領域、近乎隨機的例子中，找尋這些準則的應用。

「第一個例子，原子論作為物理理念」——古代的原子論不只增加了巴門尼德的存有，它也已將理念構思成原子的多重性，原子作為思想的客觀要素。自此開始，相當必要的是，原子和在一結構現實化於感性成分中之其內部的其他原子有關。在這一方面，「偏斜」（clinamen），完全不是原子運動中方向的變更；更不是未確定性證明了一種物理的自由。這是運動方向的原初確定，運動與其方向之綜合，聯繫著原子與其他原子。未知時間（Incerto tempore）並不代表未確定，而是不可指定、不可定位者。若原子、思想之要素，確實「和思想自身一樣快地」移動，如伊比鳩魯（Épicure）給希羅多德（Hérodote）的書信中所云，那麼「偏斜」就是相互確定性發生於「比可思且持久的時間之最小值還要短的時間」之中。不令人感到驚訝的是，伊比鳩魯在此使用了窮盡分析之詞彙：在「偏斜」中，有某物，類似於一種在運動狀原子的微分之間的關係。在此，有一種偏斜也同樣完全形成思想之語言，在這有思想中的某物證明了思想的一極限，但其從何開始思考：比思想更快、「以一個更短的時間……」——然而伊比鳩魯的原子仍保留太多的獨立性，一種外形與一種現實性。相互確定則還有很多時空關係的面貌。問題在於，現代原子論是否，相反地，履行了所有結構的狀況條件，應該以下列依據被提出，根據決定自然法則的微分方程、根據被建立於粒子之間的「多重且非可定位的關係連結」之類型，以及根據透過這些粒子而明確地被察覺的「潛在力量」之特性。

「第二個例子，有機體作為生物理念」。——傑歐弗華・聖—伊萊爾（Geoffroy Saint-Hilaire）似乎是第一位要求要素推論，他對其稱之為抽象的、獨立自它們的形式及功能之外所被理解的。這就是為什麼他責備其前人、亦同樣地責備其同時代人（居維葉）（Cuvier），指責他們停在一種差異與相似性之經驗的重複中。這些純粹解剖學的、及原子的組成要素，例如解剖學中的小骨，皆被一些相互確定之理想關係接合一起：它們因此構成一種可以說是動物本身之「本質」。這是在體現於多樣動物形貌、各式各樣器官及其功能的純粹解剖學組成要素之間的微分關係。即解剖學的三重特性：原子的、對照的與超驗的。傑歐弗華，在《自然哲學的綜合及歷史之觀念》（*Notions synthétiques et historiques de philosophie naturelle*, 1837）中，可明確表達出其夢想，他說，也是拿破崙年少時之夢：在感性與概念的相似性或差異的粗淺遊戲之下，成為無窮小量的牛頓（力的單位），發現「細部世界」或與「最短距離」的理想連結。一個有機體是專門用語與實際關係的總體（維度、位置、數量），對它而言，無論在什麼樣的發展程度上，都使得微分元素之間的關係現實化：例如，貓的舌骨有九支小骨，然而人只有五支，其他四支則接近顱骨處，在被垂直立位所化約的器官之外。生成或有機體的發展因而必須被設想成本質的現實化，按照由於環境所變化而確定的速度與比率，遵循著加速或停頓，不過獨立於任何從一當前術語到另一個現行術語的物種變化論之過渡。

這是傑歐弗華的才氣。但在此仍有生物學上的一項結構主義的問題（根據常被傑歐弗華所使用的字「結構」），其取決於微分元素的最後確定與它們的關係類型而定。眾多解剖學的組成要素，尤其是骨骼的要素，是否有能力扮演此角色，猶如肌肉之必要性不把限度強加給它們的關係；以及彷彿它們自身尚未有現實的存在——過於現實的？那麼，可能是結構再升到一層完全不同的水平程度，透過其他方法，利用微分元素以及理想的關係連結之一全新的確定性。這是遺傳學的案例。或許在遺傳學與傑歐弗華之間、現代原子論與伊比鳩魯之間，有著同樣多的差異。但染色體顯得像一些「遺傳學的位點」（loci），也就是說並非簡單得像是在空間中的地點，而是一些鄰近關係的聯合；基因表達出微分元素，該元素也以整體方式描繪出一個有機體特徵，以及在一種相互和完全確定之雙重過程中擔任顯著點的角色；基因的雙重面向在於同時支配好幾種特性，以及只與其他基因的關聯下起作用；總體構成一潛在、一潛力；而且此結構體現於現行的有機體組織中，它們的規範之觀點與它們的部分體之區分化等多，按照人們明確地稱之為「微分的」節奏、遵循一些測量著現實化運動的迅速或比較緩慢的速度。

「第三個例子，以馬克思主義的意義上看來，是否存在著一些社會理念？」——在馬克思稱之為「抽象的勞動」中，人們不考慮勞動的有效產物、以及勞動者的資格，但不是撇開一個社會中的生產力、勞動力及勞動方式的狀況條件不談。社會理念是社會的可量化性、可質化性、潛在力量。它表達了理念的多重連結、或微分元素之間的微分關係之系統：生產與屬性的關係，其不被確立於具體的人跟人之間，而是在勞動力所承受的原子或屬性的再現者之間。經濟是由這樣的社會多重性所構成，亦即，由這些微分關係的多樣化所構成的。這是關係如此的多樣化，以和它相符的諸顯著點，使其體現於已區分化的具體勞動中，這些勞動描繪了一種被限定的社會之特徵，體現在此社會的實際關係中（司法的、政治的、意識形態的）、在這些關係的現行專門用語中（例如資本家—受薪者）。阿圖色（Althusser）和他的合作者們因此完全有理地，在《資本論》中指出一種真正的結構之在場，以及拒絕馬克思主義之歷史主義的闡釋，既然此結構完全不以傳遞的方式和不遵循時間中接續的秩序而起作用，而是藉由將它的多樣性具體化在不同的社會，以及透過，每次在每一社會中，意識到構建現實性的所有關係與措辭的同時性：這就是為什麼「經濟」確切地說從未是被假定的，而是指出一種待闡釋的微分潛在性，這個潛在性總是被其現實化的形式所掩蓋，一個主題、一項「提問法」總是被其解答案例所遮蓋[12]。總之經濟，是社會辯證其自身，亦即向一個已知的社會提出的問題總體、此社會的問題化與綜合場域。極其嚴格說來，只有經濟的社會問題，儘管解答是司法上的、政治的、意識形態的，以及問題也在這些可解性之場域中被表達。《政治經濟學批判》之名句，「人類只提出自己能夠解決的任務」，並非意味問題只不過是表象、亦非問題已被解決，反而是，問題的經濟狀況條件決定或引發了，在某社會的實際關係之框限中找到其解答的方式，儘管如此若觀察者還不能從中得到絲毫樂觀的話，是因為這些「解答」可能具有愚蠢與暴戾、戰爭或「猶太人問題的解決辦法」之可怕。更確切地說，解答總是一個社會所需要、所引起的，根據在其實際關係中，社會已能夠提出的方法，諸問題裝扮成社會的樣貌且向它提呈，在它所具體化的微分關係中。

理念皆為共存複合，所有理念以某種方式共存。然而通過諸點、於邊上、在從沒有某自然光均等明度的微光下。每一次，一些陰暗區、晦澀處與它們的有別相符。諸理念被區分，但全然不是以同樣的方式使理念體現於形式與詞項的狀態作出區辨。它們客觀地產生與潰散，根據確定其流動綜合之條件狀況。這就是它們集中最大能力去進行「微」分（se différentier），同時伴隨著進行「區」分化（se différencier）的無能力。理念屬於多樣化，其於自身中包含著次—多樣化。我們區別多樣化的三項維度。首先是一些「序列的多樣化」，

12 參見路易．阿圖色（Louis Althusser）、艾提恩．巴里巴（Etienne Balibar）、羅傑．埃斯塔布萊（Roger Establet），《讀資本論》（Lire le Capital, Maspéro, 1965, t. II），特別在頁：150 續下頁，頁：204 續下頁。

在高度上，遵循微分關係與組成部分的本性：數學、數學—物理學、化學、生物學、心理學、社會學、語言學……的理念。每一程度水平意味著一種不同的辯證「秩序」之諸多微分；但一秩序的組成部分可以進到另一秩序的組成部分中，在新的關係之下，或者，它們在更巨大的最高階（目）裡解體，或者是被映照在低階裡。其次，一些「特有的多樣化」，在廣度上，相應於在同一階的一項微分關係之諸程級，以及特異點為了每個程度級別的分配（如此的圓錐形方程式根據「境況」而給出一橢圓、雙曲線、拋物線、直線；或從構成的統一性觀點看來，動物的井然有序的多樣化自身；或者，從音位學系統觀點看來，語言的多樣化）。最後，一些「公理的多樣化」，在深度上，決定一種共同的公理作為不同階的微分關係，只要此公理自身與一項第三階的微分關係相符（例如，實數的加法與位移的合成法則；或者，在完全不同的領域中，格里奧爾研究的多貢人（les Dogons de Griaule）之「織—說」）。——諸理念、理念的區別，與其多樣化類型以及與每一類型滲入其他類型的方式不可分離。我們提出「內超摺」（perplication）之名來代表理念有別和共存的這個狀態。並非是「困惑」，由於一致的領會，意謂一種疑惑、遲疑或震驚的系數，亦非任何在理念自身中屬未完成者。反之，此涉及了問題和理念之同一性、理念的徹底成問題的特性，亦即涉及了問題客觀地被確定的方法，透過它們使彼此間的性質互相兼具的條件，根據理念綜合的情況要求。

理念完全不是本質。問題，作為理念之客體，處在事件、情感、意外的一方，而不是在定理的本質那一方。理念開展於輔助物裡、於測量其綜合能力之添加的域之中。因此理念之領域，就是非本質。它以一種同樣堅決的方式倚仗著非本質，反之，理性主義為了理念而去要求本質的支配與理解，前者與後者都有同樣頑強的固執。理性主義所要求的是，理念之命運與抽象的本質和死亡聯繫在一起；且甚至，在理念的成問題形式被公認的範圍內，希望此形式與本質的提問連結，也就是說與「是什麼？」的提問連結一起。然而不知道有多少誤會在此意志中。誠然，柏拉圖使用「此」提問為了使本質對上表象，而且拒絕那些只會舉例的人。不過他沒有別的目的，而只在於使經驗論的回答噤聲，以致於從一種作為理念客體的超驗問題去開啟未確定的視野。一旦涉及去確定問題或像這樣的理念、一旦涉及去作動辯證法，「是什麼？」的提問就會讓位給，不同功效與能力的、不同樣迫切的其他提問：多少、如何、在什麼情況下？「是什麼？」的提問僅推動被稱為疑難的對話，亦即被提問的形式自身所投進矛盾中的以及在虛無主義中使開通的那些，大概是因為它們除了預備教育之外沒有別的目標——開啟一般性問題領域的目的，藉由委託給其他方法，對於確定性作為問題或理念的處理。當蘇格拉底式的諷刺因而被嚴肅地引用，當整個辯證法與其預備教育混淆不清時，由此終究導致許多令人極為遺憾的後果；因為辯證法將停止作為問題的學科，而且，在最糟糕的情況下，與負面否定性和矛盾之普通運動混同一起。哲學家們如同困在徒勞爭吵中的年輕人一樣的方式說話。黑格爾，以此觀點看來，他成為一段久遠傳統之結果，其嚴肅看待「是什麼？」的提問，以及用此提問來確定作為本質的理念，而卻以那樣的方式，將使負面否定性取代了提問法之本性。這是辯證法的一種變質結果。而且在這段歷史中不知道有多少神學的成見，因為「是什麼？」，總是指上帝，作為抽象謂語的結合處。應當注意到有那麼少的哲學家，為了獲得一理念而去信任「是什麼？」的提問。亞里斯多德，尤其不是他……一旦辯證法釀製其物質，而不是針對預備教育的意圖之空洞練習時，處處引起「多少」、「如何」、「在什麼情況下」，以及「誰？」的提問，我們稍後會看到它們的作用與意義[13]。這些提問都是意外、事件、多重性的提問——差異的提問——反對本質的提問、反對一（l'Un）、對立面與矛盾的提問。處處可見西庇亞斯（Hippias）獲得勝利，甚至及已經在柏拉圖的時候已是如此，西庇亞斯拒絕本質，然而，他不僅限於例子上。

問題屬於事件的秩序。不只是因為解答的案例如實際事件般地湧現，也因為問題的條件自身意味著一些事件、切面、切除、增添狀況。在此意義上，再現事件在兩個平面上開展的雙重系列是確切的，產生不相似的回聲，一些實際的回聲在被形成的解答層級中、另一些理念式或理想的回聲則在問題的條件狀況裡，如同一些行動，或更恰當地說，是眾神之夢，倍增了我們的歷史。理念式系列與實際相比，較具有一種超驗性與內在之雙重屬性。其實，我們已經理解，特異點的存在與分配是如何完全屬於理念，儘管它們的規範於其鄰近處的曲線—解答之內在，亦即，於理念體現的實際關係之內在。佩吉（Péguy），在他令人讚賞的事件描述中，部署了兩條線，一條水平，而另一條則是垂直的，在深度上重取符合於第一條線之顯著點，再者，不停地超越與產生這些顯著點與其在第一條線裡的呈現。「時間永恆」在兩條線之交叉點結成——理念與現實的聯繫、粉塵集結成繩狀——以及，決定著我們的最高掌握力、最大的權力，即涉及問題其自身者：「而且突然間，我們覺得我們不再是同樣的苦役犯人。什麼都沒有。以及一個看不到盡頭的問題、沒有出口的問題，一個大世界在一個問題裡被撞擊、突然間問題不再存在而有人思索著，大家到底都在談論些什麼。這並非去採用一種慣常的解決辦法、一項人們得到的解答，此問題、此困難、此不可能性，剛通過一個可以說成是物理的解決點。通過一個危機點。而且這是整個世界同時已通過一個可以說成是物理的危機點。有一些事件的關鍵點如同存在著一些溫度關鍵點：熔點、凍結點；沸點、凝聚點；凝固點；結晶點。且甚至，在事件中存在著這些過冷狀態點，其唯有透過一種未來事件的碎片之引入而加速沉澱、結晶、確定下來」[14]。

這就是為何「副—措辭」（vice-diction）的方式，適於遍訪及描述諸多重性與主題，比那聲稱決定本質及保存著簡單性的矛盾方式更為重要。好像是，最為「重要的」，自然地

13 譬如賈克・布朗斯維基（Jacques Brunschwig）已明確指出，亞里斯多德的提問 τί τὸ ὄν；和 τίς ἡ οὐσία；代表著，並非指何謂存有？和何謂本質？；而是：何者是存有（誰是存在者）以及何者為實質（或較好的問法，如亞里斯多德所說的，哪些東西是實體）？——參見〈亞里斯多德的辯證法與本體論〉，《哲學雜誌》（Dialectique et ontologie chez Aristote, Revue philosophique, 1964）。

14 夏爾・佩吉（Charles Péguy）《克里歐》（Clio, N.R.F., p. 269）。

就是本質。但這就是一切問題之所在；而且首先在於知道重要與不重要的觀念，是否明確地不屬於一些涉及事件、偶然的觀念，以及在偶然深處，比本質與偶然自身的重大對立更為「重要」之觀念。思想之問題不被與本質聯繫一起，而是與具有重要性者和不具重要性者之評估、與特異和規律及顯著和慣常之分配作連結一起，其完全發生在非本質或一多重性之描述中，相對於構成一個「問題」的條件狀況之理想事件。具有一個理念不意味其他事物；而且，不符合實際的理智、愚笨其自身，首要地經由其關於重要與不重要、慣常與特異的長久混淆所定義。孕育諸境況是屬於副—措辭的責任，從輔助物和添加物開始。正是它，在理念中支配著顯著點的分配；就是它，決定了一系列應被延伸之方式、決定了在規律點之上的特異點，直至另一特異點及無論哪一個；是它，確定了在理念中得到的諸系列是否為匯聚或輻散（所以按照系列的匯聚來說有一些其自身為慣常的特異點，與根據其輻散則有顯著的特異點）。副—措辭的二種進行方式，同時涉入於問題的條件狀況之確定，以及解答案例之相關生成中，一方面，作為「添加的域之準確性」，而另一方面，則是「特異性的凝聚」。一方面，其實，我們應當在條件狀況的逐步確定中，去發現添加可使如此的問題之初始域得以完整，或許是在所有維度中多重性的多樣化，是未來或過去的理想事件之碎片，其同時使得問題可解答；以及我們必須確定它們與初始域連貫或嵌合起來的模式。另一方面，我們應該在以下情況，崇高的情況、時機（Kairos）使解答爆裂成突然、意外及革命性的某事物之下，凝結所有的特異性、定下一切的時機，熔點、凍結點、凝結點。還是這件事，具有一個理念。每個理念具有如同愛與憤怒兩面：愛，在碎片中找尋、在添加的理想域中逐步確定與連貫裡；憤怒，則在諸特異性的凝結中，以圓滿事件之行動定義了一種「革命性情境」的肅立靜思，且使得理念在現實中爆裂。在此意義上，列寧擁有一些理念。（有一種添增與凝結的客觀性、一種諸狀況條件的客觀性，它的意思是理念也和問題一樣不只在我們的腦袋裡，而是在此與彼處、在一個當今歷史世界的生產中。）以及，在這所有的表語中，「特異與顯著點」、「增添域」、「特異性之凝結」，我們不應考慮一些數學的隱喻；亦非在「熔點、凍結點……」裡物理的隱喻；也不在於「愛與憤怒」中，抒情或神祕的隱喻。這都是辯證理念之級別、微分計算之廣度（「普遍數學」，而且也是普遍物理、心理學、社會學）於其所有的多重性領域中回應理念。在任何理念中有革命性、愛戀者，出自於此的理念，總是一些愛與憤怒的不均勻微光，其全然不是去形成一道自然光明。

（在謝林的哲學中最為重要的，即為對力量的重視。以及關於夜裡的母牛一般黑來諷喻無知，黑格爾在此方面的批評是多麼不公道。在這兩位哲學家中，正是謝林懂得使差異脫離，與一些更為細微、多變、駭人的閃光，也是矛盾的閃光恆等的黑夜：與「漸進性」恆等的黑夜。憤怒與愛皆為理念之力量，其從一種「非」（μὴ ὄν）開始展開，換言之，不是從負面否定或非—存有（οὐκ ὄν），而是自成問題的存有或非—存在者開始，超越基礎而存在的隱含存有。對於具有一個理念而言，愛之神與憤怒之神並非多餘。A, A2, A3 形成了去增強化作用與純粹潛在力量之規則，在謝林的哲學中證明一種適切於辯證法的微分計算之在場。謝林是萊布尼茲學派的。然而他也是新柏拉圖學派。新柏拉圖學派的強烈譫妄對於《斐德羅篇》的問題給出一個答案，將諸宙斯（les Zeus）依照一項窮竭法與力量開展的方法分級、嵌合：宙斯，宙斯2，宙斯3……在此，劃分得到其整個跨度範圍，並非廣度上處在同一屬（genre）的種（espèces）之區分化裡，而是深度上在分流偏移以及增強化裡、在已微分的微分化（différentiation）之中。那麼，一差異聚集與接合的諸力量以一系列的辯證法獲得生氣（建議者（ὁ συνόνυχος）），而且隨著憤怒變得如泰坦狀、隨著愛而成造物主一般，且還變成阿波羅、戰神阿瑞斯、雅典娜一般[15]）

* * *

更沒有結構－生成的對立，沒有於結構與事件、結構與意義之間的對立。諸結構具有與特異點及關係之多樣化等多的理想事件，並與其所決定的實際事件相互交叉。人們所稱之為結構、微分元素與關係的系統，同時也是生成觀點之下的「意義」，根據其被體現的關係和現行術語。真正的對立自其他原因：於理念（結構－事件－意義）與再現之間。再現裡，概念作為可能性；然而再現的主體仍然將客體確定為真正地符合於概念，以及確定為本質。這就是為什麼再現在其總體中是知（savoir）的組成要素，被落實在被可思考的主體思索的對象之再截獲及對它的認識之中。但理念指出的是全然不同的特性。理念的潛在性與可能性毫無相關。多重性並不支持任何屬於主體或客體中之同一的從屬性。理念的事件與特異性不讓本質作為「事物是什麼」的任何立場續存。而且，若人們堅持，保留本質這個字詞大概可被允許，不過只須這麼說，本質明確地作為意外、事件、意義，不僅是人們慣常地稱作本質之其對立面，也是對立面之對立面：多重性不再是相較於本質之表象、不再是相較於一之多。副－措辭的過程因而不會任憑自己以再現的措辭進行表達，即使是無限再現；如人們在萊布尼茲那裡已見到的，這些過程會在此喪失它們的主要能力，即肯定輻散分歧或中心偏移之能力。其實，理念並非知的組成要素，而是一種無限的「學」之組成要素，其與知在本性上不同。因為學，在如此般的問題之理解中、在特異性的領會和凝聚裡、在理想事件和域的構成中，全面地進化演變著。學習游泳、學習一種外語的意思是，自己的身體或語言之諸特異點，與另一面貌、另一組成要素的諸特異點一起構成，後者將我們肢解，但卻使我們進入一個問題世界裡，直至不知悉的、前所未聞的時刻。而且除了投身於甚至要求我們的身體及語言轉變之問題外，我們要獻身於什麼之中呢？簡言之，再現與知完全以指明解答方案的意識命題為榜樣；但這些命題出於其自身產生了一種

15 參見新柏拉圖主義最重要的著作之一，其使得差異之成系列的和潛在的辯證法發揮了作用，達瑪修斯（Damascius）的《第一原則的疑惑法與解決辦法》（Dubitationes et solutiones de primis principiis, éd. Ruelle）。—— 關於謝林的差異與諸力量之理論，特別參照《斯圖加特的演講》（Conférences de Stuttgart, trad. S. JANKÉLÉVITCH, in Essais, Aubier éd.）以及《謝林生平創作》（les Ages du monde, trad. JANKÉLÉVITCH, Aubier）。

屬於堅決要求之全然不確切的觀念，此即由諸命題來解答或解決問題，並且將之產出作為諸境況案例。理念與「學」相反地表達了此成問題的、外—命題的或次—再現的堅決要求：即非意識的呈現，而不是意識的再現。人們終究不感到驚訝的是，「結構主義」，在推動它的作者們之理論裡，如此經常地伴隨著號召一齣新戲劇、或劇的新闡釋（非亞里斯多德式）：多重性的戲劇，全然不同於所有關於再現的戲劇，且不讓被再現的事物、作者、觀眾、登場人物的同一性續存，沒有任何再現能通過劇情的變動而使一項最終的認識或知的靜思成為客體，而是，使總是開放的問題與提問成為戲劇，引動著觀眾、場景與人物，在屬於整個非意識的學習過程的實在運動中，其最後的組成要素仍為諸問題自身。

應當如何去領會理念之必然是非意識的特性呢？是否應該理解成，理念是一專有特殊的能力之客體，此客體更加能於自身中找到其限度的組成要素，或是此能力不能從經驗的鍛鍊之觀點去領會的超驗要素？此假設可能已具有優勢，在於消除理性或甚至是作為理念能力的理解力[16]，以及更為普遍地，在於除去任何構成一種共知的能力，此共知之下，其他能力涉及一個被假設為相同的客體，其經驗的鍛鍊被歸入。思想，例如，在自身中找到其「不能」思索的某事物，既是不可思者與必須被思索者，也是不可思者與只能被思索者——這件事只在共知或摹印在經驗上的鍛鍊之觀點下才是不可理解的。按照一項常被用來反對麥蒙（Maïmon）的異議，諸理念，被理解為思想的諸微分，引入自身一種不可被思索的「已給定的」最低程度；理念復興了無限理解力和有限理解力的二元性，以及存在的條件與認知的條件之二元性，康德的整個批判理論卻企圖去消除這些二。不過，這個異議只在，對於麥蒙來說諸理念具有知性的能力之範圍內才生效，同樣地，在過去根據康德的思想，諸理念具有理性的能力，也就是說無論如何，一種構成共知的能力，而此共知自身，並無能力在其深處去承擔聯合官能的經驗鍛鍊可能破滅的核心力量的出現。唯有在這些狀況條件中，思想裡的不可思者，或是一種純粹思想的非意識，應被實現在作為「知」的理想典型之無限理解力中，以及，諸微分被迫成為普通簡單的「杜撰假想」，若其在此無限理解力中，無法找到一種全然「現行的」實在性辨法的話。然而二擇一又再次犯錯。這就是說，提問法的特殊性，以及非意識於有限思想之隸屬，仍處於未知狀態。這並不同於在此範圍內，即理念與從共知所解放的特殊能力之超驗練習有關。

然而，我們並不認為這第一個答案是充分的，以及理念或結構指向一種特殊官能。因為理念遍歷並涉及了所有的能力。根據其秩序，它同時使得，被確定為這樣的能力之存在，與此能力的微分客體或超驗練習成為有可能。或者說，語言學的多重性，作為「音素」間互相連結之潛在系統，體現在多樣的語言之關係與現行措辭中：這樣的一種多重性使得作為能力的話語成為可能，以及此話語的超驗客體，此「後設語言」在經驗練習中不能被說成一種已知的語言，但必須被說成、或只能在詩性訓練中被說成與潛在性共延的話

16 譯注：l'entendement 指智力或知性（康德用語）。

語。或者是，社會的多重性：它確定了社交性的能力，也確定了社交性的超驗客體，不能在多重性體現的現行社會中被經驗，而是必須被經驗及僅能在社會動亂的場所中被經驗（簡單地說就是自由，總是被一種舊秩序的殘餘與一種新的開端所掩蓋）。人們或許認為有同樣多的其他理念或多重性：心理的多重性，即想像與錯視；生物的多重性，生命力和「怪物」；物理的多重性，感受性與跡象符號……然而諸理念因此相繼與一切能力相通，以及並非任何個別甚至不是思想的專屬客體。然而要點在於，如此一來，我們相反地完全不再度引入共知的形式。我們已理解諸能力的不協和，如何被每一能力所意會的超驗客體之專屬性所定義，其並不少意味著一種和諧，按照這一點，每一能力依循一條粉塵集結成繩狀路線將其暴力傳送給另一，然而正好是一種「不和睦的和諧」，其排除同一性的形式、共知的趨同匯聚與協作的形式。在我們看來，與透過其自身連接或匯集的差異相應的，就是此和諧的不和睦。因此有一點，可思索、說話、想像、感受等等，皆為唯一且同一件事，然而這件「事」僅肯定諸能力在其超驗練習中的輻散。此因重要的不在於共知，反而是「並行—意義」（para-sens）（意義上來說，悖論亦為良向之對立面）。這個並行—意義具有作為組成要素之理念，確切地說是因為諸理念為純粹的多重性，不在共知中預先假設任何同一性形式，反而從超驗的觀點，推動諸能力的隔開練習與將其描述。因此理念是微分閃光的多重性，如同，自一種能力到另一的一些磷火，「火花般，被拖曳的潛在性」，而從未具有描繪共知特徵的此自然光明（認識）之同質性。這就是為什麼「學」可被定義，以兩種同樣與知識中的再現形成對比的互補方式：或者「學」，就是進入理念之中，它的多樣化與顯著點；或者「學」，正是把一種能力提升至其分開的超驗練習，提升至此相遇與彼此交互傳遞之此暴力。這也是為什麼非意識具有兩種互補的確定，必定將非意識從再現中排除，然而使之與一種純粹的呈現相稱並勝任此能力：非意識，或者透過在並行—意義中諸理念的超—命題及非現實特性而被定義，或者透過諸能力「悖論的」練習之非經驗特性而被定義。

然而事實上，理念與純粹思想仍具有一種非常特殊的關係。或許，思想應在此，不被視為一切能力之同一性形式，而是一項和其他能力以同樣的名義被定義的特殊能力，透過它的微分客體和隔離的訓練所定義。總之，並行—意義，或遵循著一種秩序自一能力傳遞到另一能力的暴力，在思想上固定住一個特殊位置：思想只在暴力的連接線極端時，才被決定去理解它自己的思考（cogitandum），從一理念到另一個，暴力首先使得感受性及其感覺（sentiendum）等等作動起來。此極端亦可被視為理念的根源。然而在什麼意義上我們必須去理解「根源」呢？在此相同的意義上，理念應被說成思想之「微分」、純粹思想之「非意識」，思想對抗共知的任何形式的同一時刻，處於從未如此活躍的狀態。因此這完全不是，理念與作為意識命題或作為基礎的我思（Cogito）有關，而是與解體的我思之裂開的我有關，也就是說，與普遍的「去基底」（effondement）有關，其描繪了思想在它的超驗練習中作為能力之特性。理念不是一特殊能力之客體的同時，卻奇特地涉及一特殊能力，在這點上可說是：理念超出了此能力（為了構成所有能力的並行－意義）。再一次，在此超出，或找到其起源又意味什麼？理念來自於何處，問題、它們的組成要素與理想關係又來自何處呢？

在於確定問題與提問的兩個堅決要求之間的差異之時刻已到來，我們已將其保留在不明確中直到現在的。必須再次提醒，提問－問題之複合是一種現代思想的豐富成果，為本體論復興之基底：亦即此複合已停止被看作表達一種在知的再現裡暫時且主觀的狀態，尤其是為了成為存有的意向性，或者唯一的堅決要求，確切地說是存有對此要求的回覆，若提問沒有用那種方法被消除及超越的話，因為它相反地只具有一種共延的開放，對於必須對它回應者，以及對於只透過保持它、反覆考慮與重複它，才能對它回應者。提問以本體論範圍的這個構想確實賦予藝術作品和哲學思想活力。作品從其所未能填滿的一條裂縫周圍開始發展。小說，特別是自喬伊斯以來，已找到一種關於「問題表」（Questionnaire）或「審訊」（Inquisitoire）模式之全新語言，他已闡述了一些基本上成問題的事件與人物，顯然並非意謂全然未肯定的，明顯地不是一種被普及化的疑問方法之應用，亦非一種現代懷疑論之符號，反而是成問題的與提問的發現作為先驗視野、作為以「基本的」方式歸屬於諸存有、事物、事件的先驗中心。這是理念之小說般的發現，或其戲劇性的、音樂性的、哲學的……發現；以及，同時，一種感受性的超驗練習、記憶－形象化的、語言的、思想的發現，藉此，這些能力中的每一項在其完全不和睦中與其他能力相通，且為存有的差異而開啟，經由將之看待成客體，亦即它自己的差異，作為提問：因此這種文體就只是「何謂寫作？」這種提問，或此感受性就是提問「何謂感受？」，以及此思想為，「何謂思考？」從一種新的共知散發出最大程度的單調乏味、脆弱，當理念的天賦不在此時；但出現在並行—意義中最強而有力的「重複」、最奇特的發明，就在理念突然湧現、強行時。只不過再次提醒此提問的本體論之原則：1.與意謂一種被指定在答案中消失之知的經驗論狀態相去甚遠，一旦答案已定，提問使得所有企圖將它消除的經驗答案噤聲，為了「強奪」總是使其維持與重述的唯一答案：像約伯（Job）一樣，在其頑固中，此頑固屬於一種與提問自身混淆的第一手答案（荒謬的第一力量）；2.因此提問的力量，在於使提問者與關於它所提問的同樣地發揮作用，以及在於對自身提問：像俄狄浦斯一樣，以及其不和斯芬克司（Sphinx）一起完成之方式（謎題的第二力量）；3.所以與提問相應的存有之揭露，不任由自己被簡化為被提問者亦非提問者，而是在它自己的差異之連貫銜接中將它們結合起來：非（μή ὄν），不是非—存有或負面否定之存有，而是非—存在者或提問之存有（像這樣的尤利西斯，與「沒有人」的答案，第三力量是哲學的奧德賽力量）。

然而，此現代本體論遭遇到能力不足之苦。它有時使用未確定者作為提問的客觀力量，不過為了使它以存有為考量的任何一種主觀的不明確被接受，以一種重述的貧乏化或一種新共知的刻板取代了重複的力量。此外，它甚至遭遇到使複合分解、將提問的照管託付給一種美麗靈魂的宗教情感，藉由把問題拋至外在障礙方面。然而這將是一個什麼樣的提問，如果它不在以下場域內發展的話，於一種特有典型的「科學」中唯一有能力確定提問的問題化的場域內？美麗靈魂不會停止去提出它所特有的問題，婚約的提問；但有多少已訂婚者逃走或被悔婚，一旦提問找到它的正當問題，此問題會對它起反作用，自一個思想的所有差異來修正與挪動它（因此普魯斯特的主角問著「我將要娶阿爾貝蒂娜嗎？」，但在「有待藝術作品做出的問題」中展開提問，在此，提問自身經歷了徹底的變形）。我們應尋找，在理念中，諸提問是如何開展於問題狀態，在思想中，諸問題是如何自我包裹於提問狀態。以及在這方面仍舊，必須去對照思想的古典形象與另一形象，本體論的今日這項復興所提議之形象。

因為自柏拉圖到後康德哲學家們，哲學已將思想的運動，定義為從假設到必然之論證的某一過渡。即使是笛卡兒的運算，自懷疑到確信，亦為此過渡的一種變化。其他變化，則在「根本起源」（l'Origine radicale）中，自假設的必要性到形而上學的必要性之過渡。然而在柏拉圖那裡辯證法已經如此被定義：自假設出發、使用假設如同使用跳板，亦即如同使用「問題」，為了上升直到無假設原則，其應確定問題的解答和確定假設的真實性一樣；「巴門尼德」（Parménide）的整個結構自此引出，在這樣的狀況條件中，不再可能看到一種遊戲、預備教育、智力鍛鍊、形式的訓練活動，然而，正如有人已如此輕率地為之。康德自己比他所認為的更為柏拉圖式，當他從《純粹理性批判》，整個隸屬於可能經驗的假設形式，轉入《實踐理性批判》，於此，藉助於諸問題，他發現一種斷然的原則之純粹必要性。後康德哲學家們更加有理由如此，當他們想當場進行、且不改變「批判」，將假設的判斷轉變為正題的判斷時[17]。因此並非不合理，如此去概述、總結哲學運動，藉由經過笛卡兒，自柏拉圖到費希特或到黑格爾，無論初始假設與最終論證的多樣性如何。至少有共同的某事物：起點在一項「假設」中被找到，也就是說，在一個受誤差係數影響的意識之命題中（即使這是笛卡兒式的懷疑），以及終點，在一種必然論證或卓越道德秩序之絕對命令中被找到（柏拉圖的一—善（l'Un-Bien）、笛卡兒我思的非欺人之上帝、萊布尼茲的最優原則、康德的斷然的絕對命令、費希特的自我、黑格爾的「科學」）。不過，這種方法步驟以最大限度地輕觸了思想的真正運動，但它卻也是以最大限度地背叛、使之歪曲變質者；這種聯合的假設主義和道德主義、科學假設主義與理性道德主義，使得它們所接近的東西變得難

17 關於柏拉圖：參見《理想國》VI, 511 b：「……透過做出不被當作原則的假設，然而實際上，作為假設，亦即作為支撐點和跳板，為了朝向一切的原則而前行直至無假設狀態，然後，此原則到達、依附所有取決於它的後果，且這些後果因此朝著結論而塵埃落定……」—— 普羅克洛（Proclus）已對這篇文章進行深入評論，以「巴門尼德」的方法作為表述，並利用此方法去揭露在他的時代已經普及的懷疑論或形式上的闡述：諸如被分配在「巴門尼德」之假設裡的一（Un），明顯地與辯證學家以假設的漸進方式作為結果之無假設的一（Un）不相同，且其衡量著每一假設的真實性。參見《評巴門尼德》（Commentaire du Parménide, trad. CHAIGNBT, Leroux éd.）。
在麥蒙和費希特的哲學中，關於假設的判斷轉變成斷然的判斷，參見馬夏爾．蓋魯（Martial Gueroult），《費希特的科學學說之結構和演變》（L'évolution et la structure de la Doctrine de la Science chez Fichte, Les Belles-Lettres, 1930, t. I, pp. 127 sq.）。
關於黑格爾的類似轉變，參見：《現象學》中，在己和為己之關係；現象學自身和邏輯的關係；黑格爾的「科學」觀點，以及經驗命題到思辨命題的過渡。

以辨認。

如果我們說：運動不是從假設到必然論證，而是從成問題到提問——首先差異似乎非常微小。如果必然論證無法與一項道德的迫切需要分開的話，在提問方面，就不與一種迫切需要、甚至不與另一種分開，那麼如此一來差異會更加微不足道。然而，在這些公式之間存在著一道深淵。在將問題同化為假設的操作中，已存在著對問題或理念的背叛，亦即將其簡化為意識的命題與知的再現之非法過程：成問題與假設在本質上不同。「主題」（thématique）完全不能與「正題」（thétique）相混淆。以及在這種差異中觸及利害關係的，即為在一般性的學說之中，所有的分配、確定、終點、能力的訓練活動。而在談論必然論證或提問的堅決要求上也有很大的不同，因為此關乎兩種在各方面皆無從比較的命令形式。諸提問皆為一些迫切需要，或者更確切地說，「提問表達了諸問題之關係與作為它們所源起的迫切需要」。是否應該以治安（la police）為例來表示問題的迫切需要性？「提問者是我」，但其實這已經是被詢問者的解體之自我，透過其劊子手來說話。問題或理念來自冒險奇遇或以提問出現的事件之迫切需要。這就是為什麼問題不脫離一股決定性的力量、一種「決心」（fiat），當它通過我們時，使我們成為半—神聖的存在。數學家不是已經被用來形容眾神之種族世系了嗎？在增添與凝聚兩個基本過程中，這個被建立在待解決的問題之本質中的決定力在最高點被運用，因為這始終與一項被數學家增添的理想域有關，一種存在或不可約的方程式。無限力量在於增加某專斷數量：這不再涉及萊布尼茲的遊戲，其中成規的道德要求與，必須「假設地」（ex hypothesi）去履行的既定空間條件相結合。倒不如說它關乎骰子的一擲，和作為開放空間的整個天空，以及關於作為唯一規則之投擲。特異點皆在骰子上；提問皆為骰子自身；迫切需要就是投擲。諸理念則是由投擲次數所得出的成問題的組合。就是說，擲骰子，絕對不打算去廢除掉偶然機運（天—機）（le ciel-hasard）。廢除偶然性，這是根據幾次投擲的或然率規則將偶然分割，以這種方式而使得問題透過假設狀態，損益的假設，以及迫切需要，已被肢解，在確定收益的最優選擇之原則中被教化。擲骰子，相反地，一次就肯定了偶然性，骰子的每一擲即在每一次肯定了整個偶然性。重複的投擲不再屈從對於同一個假設的堅持、固執，亦不再服從於一種不變規則的同一性之下。為了使偶然性成為「肯定」（affirmation）的客體，這是最困難的，但這是其所掀起的迫切需要與提問的意義。諸理念起源於此，以及特異點來自此偶然點，其每次都一氣呵成地凝聚所有偶然。可以說，藉由指定諸理念的必要起源給此偶然點，我們只能求助於專斷、一種兒童玩遊戲般簡單普通的專斷、孩童—神。但這可能誤解了「肯定」[18]之意。在偶然之中，只歸因它不被肯定、不夠被肯定，就它被分布於空間裡、在數目和在一些被指定來消除它的規則之下，才有專斷存在。偶然性足夠被肯定，玩家就不再有所失了，既然任何組合與產生組合的每一擲，本質上皆對於偶然點的可變動位置和指揮

18 譯注：「affirmation」為「肯定」之名詞，在此則為其原形動詞「affirmer」。

來說是貼切的。因此每一次、以一次（一氣呵成地）去肯定整個偶然性，意味著什麼呢？該肯定與從（骰子）一擲發出的不相稱之共振的啟動相較量，並且形成此狀況條件下的問題。所有偶然性因而在每一擲中都是確實的，雖然它是部分的，並且在此一氣呵成，儘管所產生的組合是逐步確定的客體。擲骰子進行問題的計算、微分元素的確定或構成一結構的特異點之分布。由此形成了迫切需要與由此而來的問題之循環關係。共振構成了一個作為這樣的問題之真實性，在這個問題上，迫切需要被檢驗，儘管問題其自身源自迫切需要。被肯定的偶然，任何專斷每次都被廢除。被肯定的偶然，輻散分歧自身即為在一問題中之肯定的客體。如果基域沒有透過歸　所有藉由增加輔助可表達的量值去產生共鳴的話，那麼定義問題之添加的理想域，可能處於被託付給專斷的狀態。一般說來，一件作品於其自身，總是個理想域、添加的理想域。作品是源自迫切需要的問題，它會因問題更佳地被逐步確定為問題，而更加完美與全面，以一次投擲。作品的作者因此被適當地稱呼為理念的操作者。當雷蒙·魯塞爾（Raymond Roussel）提出他的「事實方程式」作為待解決之問題時，事實或理想事件開始在語言的迫切需要之作用下產生共鳴，這些事實自身就是一些決心；當許多現代小說家坐落於此偶然點上，這個迫切需要、提問的「盲點」時，自此開始，作品藉由對其輻散分歧的系列產生共鳴而發展為問題——他們並非進行應用數學，也沒有任何數學或物理的比喻，而是建立起這個「學科」，每個領域直接的普遍「科學」（mathesis），他們使作品成為一種學習或實驗，以及，同時是每一次全盤的某事物，在此所有的偶然在每一情況下都得到肯定、每次都可更新，卻從未有一種專斷續存，或許[19]。

這個在問題核心的決定性力量、這個創造、這個給予我們眾神種族世系之投擲，這卻不屬於我們的。眾神們本身聽從於女神阿南刻[20]（l'Ananké），亦即聽從於天—機。穿透我們的迫切需要或提問並非出自於我（Je），此我甚至不在此去領會它們。諸迫切需要皆屬於存有、任何提問都是本體論的，而且「存在者」（ce qui est）分配於問題中。本體論，即是擲骰子——宇宙源自的混沌世界。如果存有的諸迫切需要皆與我有關的話，這就是與此裂開之我有關，其裂縫，它們每次隨著時間順序所移動和重建之。迫切需要因此形成了純粹思想的諸構思、思想的諸微分，同時是不能被思索者，卻又是必須被思索且只能以超驗練習的觀點被思索者。諸提問皆為這些構思的純粹思想。以提問形式的迫切需要因此意即我的十分無力，而同樣這個點也是莫里斯．布朗修一直不斷地談論的，這個偶然、原始、盲目、無頭、失語症之點，指出「思想是，思考的不可能性」，以及在作品中開展成問

19 列舉菲利浦．索萊爾思（Philippe Sollers）的小說，《戲劇》（Drame, Editions du Seuil, 1965）。這部小說的箴言是萊布尼茲的用語：「假如某人以防萬一地在紙上畫了很多的點……我認為有可能根據某一規則找到幾何線恆量和均等的觀念，以便這條線通過所有的點……」這本書的整個開頭即關於這兩個公式而被構思：「問題……」和「缺乏……」。許多系列透過與講述者身體的特異點之關係而現實化，理想域，是「被思的而非被感知的」。——關於「盲點」作為作品的原點，參照自菲利浦．索萊爾思（PhilippeSollers）和尚—皮耶．費伊（Jean-Pierre Faye）在關於小說的辯論中之參與（《如此》雜誌（Tel Quel, n。 17, 1964））。

20 譯注：希臘神話中，命運、定數和必然之神，亦即天—機。

題，且「無能力」蛻變為力量之所在。諸迫切需要是向分裂之我以及思想的非意識所提出的，而並非指向作為意識命題之我思。因為此我具有一種非意識之權力，若無此權力則無法思考，以及特別是無法去思索純粹的「思考」。與意識的平庸命題陳述的相反，思想只從非意識開始思考，與在超驗練習中思考此非意識。況且來自迫切需要的諸理念，並非是一種思想實質之特性或屬性，其只是通過這道我的裂縫以使得進入與出走，此裂縫總是使得別的東西於自我中思考著，此別的東西自身必須被思考。在思想中位居首要者，正是偷竊。當然無能力可以保持著無力狀態，不過也唯有如此，它可以被提升至最高力量。這正是尼采想說的權力意志（volonté de puissance）：這種迫切的蛻變將無能力自身當作目標（或許正是懦弱、懶惰、順從，若你想要的話！只要……）——骰子的這一擲能夠肯定所有的偶然，這些提問在酷熱或極寒時穿過我們，這些迫切需要將我們獻給它們所發起的問題。因為「心靈深處不可化約的某物：命運（Fatum）的一整塊磐石般、決定的團塊，在以一切問題之衡量及與我們的關係中被決定的；而且，與此同時，我們擁有通達某些問題的「權利」，即在我們的名字上，以燒紅之鐵烙印出它們的印記」[21]。

* * *

然而答案似乎令人非常失望。我們或許會問，理念之起源是什麼、問題來自何方；而且我們引用偶然的骰子投擲、迫切需要與提問，而不是一種必然論證之原則，一個偶然點，於此一切皆「去基底」（s’effonde），而非堅實基礎。我們用此偶然性對抗專斷，在其被肯定、被迫切地肯定、關於這個非常特殊的提問模式而被肯定的範圍內；但此肯定自身，我們將之與被確立於來自擲骰子的成問題要素之間的共振相較。在哪個圓我們轉向，比如說，我們不能以別的方式談論起源？我們已區分了四項堅決要求：迫切的、本體論的提問；辯證的問題或從中產生的主題；可解性之象徵場域，在此，這些問題根據其狀況條件「在科學上」被表達出來；在這些場域中，透過體現於案例的現實性中而獲得的解決辦法。但是從起源開始，這些火的迫切需要、這些成為世界開端的提問是什麼？這就是，一切事物始於一個提問，然而人們不能說，提問自身開始了。提問，正如其表達的迫切需要，難道除了「重複」之外沒有其他起源嗎？已經實現了此提問與重複之最為深刻關係，這屬於在我們這個時代的偉大作者們（海德格、布朗修）的責任。然而，重複同一個重新被發現最終還是完好的提問並不足夠，即使是「存有是關於什麼呢？」這樣的提問。屬於同樣假設之下的骰子投擲（再現意識的命題或共知的意見），以及或多或少與必然論證原則近似的（再現收益的確定）皆是糟糕的。這些是低劣的玩家，僅由於不斷地將偶然性分割成數次投擲才得以重複。反之，好的骰子投擲一次就肯定了整個偶然性；而這就是所謂提問之本

21 尼采全集版（Musarion-Ausgabe），XVI，頁：35。

質。然而，存在著數次骰子投擲，骰子重新被投擲。但是每次投擲皆一次就捉住偶然性，而不是以相異、不同的組合，作為相同（Même）之成果，每次投擲具有相同或重複作為相異之結果。在此意義上，與提問同體的重複是在於諸理念之「內超褶」的源頭。理念的微分本身不與已去定義擲骰子的重複過程分開。在計算中存在著一種迭代重複（itération），在問題中存在著一種重複，其自身重現了這些問題所源起的提問或迫切需要之重複。不過，在此亦然，不是一種慣常的重複。慣常，正是延伸、持續，這段以時延伸長著的時間長度：赤裸的重複（它可以是不連貫的，但在根本上保持著相同之重複）。不過是「誰」如此延伸？一特異性，直到另一特異性的鄰域。反之，諸特異性於彼此中的重新開始、凝聚，那麼在同一問題或同一理念中，以至於從一問題到另一、從一理念到另一，定義著重複的非凡之力，著裝的重複比赤裸的重複更加深入。重複，正是這些特異性的投擲，總是在一回聲、一共振中，後者使得每個特異性變成別的特異性之複本、每個星座成為其他星座的重新分配。而且這回事等於說是，在問題的層面上，著裝的重複更加深層，以及，在問題所源起的提問之層面上，重複是由相異產生的。

海德格指出提問的重複是如何在問題與重複之關聯中自身發展：「我們透過一種基本問題之重複來說明它所蘊含的可能性之發現。這些可能性的發展具有去改變已被考慮的問題之作用，以同樣方法，去保留其真實可靠的內容之作用。保持一個問題意味釋放和保護『於其本質之源頭與使問題可能作為問題的內在力量』。一個問題的可能性之重複，因而不是經常可被許可關於此問題的接受者簡單的重新開始……如此被理解的可能會阻止任何真正的重複，與藉此阻止任何與歷史的關係……（好的闡釋反而必須去決定）是否支配著任何重複之可能的理解已被充分推進，以及是否，處於真正需要去重複的高度」[22]。位於問題深處之可能，與意識的可能性或命題對立、與通常可被接受且形成假設的看法截然不同，這個可能到底是什麼呢？除了理念的潛力、其可確定的潛在性之外沒有別的了。由此論證而言，海德格是尼采主義者。永劫回歸中的重複被用來指涉什麼呢？除了指涉為權力意志、權力意志的世界、它的迫切需要和骰子投擲，以及從投擲而產生的問題之外。永劫回歸中的重複從未意味持續、永續、延伸，甚至亦非某事物至少能夠在一部分循環（同一性、我、自我）裡延伸的不連貫回返，反而意味，前—個體的特異性之重新開始，為了能夠被理解成重複，首先假設一切預先的同一性之解體。任何起源皆為一個特異性，任何特異性都是在水平線上的開端，慣常點之線是它所延伸之處，作為許多形成赤裸重複的時機之再製或複製品。不過，它是一個重新開始，在凝聚了特異性的垂直線上，以及於此，其他的重複、偶然的肯定線被編織著。如果「存在者」首先是差異與開端的話，那麼存有自身即是重複、存在者的重新開始。重複，是「具備」證實存有之迫切需要的狀況條件。這總是起源觀念的模稜兩可，也是我們先前失望的原因：起源只在一種世界中才被指定，這個世界爭論起源同樣也爭論複本，起源則只在一個已經陷入普遍「去基底」的世界中才去指定基礎。

指涉著否定地位的一項最後結果由此產生。有一種非—存有，然而卻不存在著負面否定或否定。有一種非—存有，絕非負面否定之存有，而是成問題的存有。這個（非）—存有、這個？—存有，具有作為符號0/0之意。零在這裡僅表示著差異及其重複。語法學家很難去解釋被稱為贅詞的「非」（NE），我們於其之中重新發現這個（非）—存有與一種成問題場域的形式相應，雖然命題的諸模態趨於將之與一種負面否定的非—存有同化：這總是相對於以問題的方式而被開展的提問，一種出現在命題中贅詞式的「非」，作為一種語法上、外—命題的堅決要求之見證。負面否定是一種幻象：這只不過是問題的陰影。我們已理解問題是如何必然地由符合於解答案例的可能命題所重新覆蓋；那麼，問題就只以作為假設、假設的級數系列而出現，而非被理解為問題。這些每一個的假設，作為意識的命題，都被一種負面否定的雙重性所掩護：若「一」是、若「一」不是……如果天氣好、如果天氣不好的話……負面否定是一種幻象，因為否定形式以下述方式湧現，利用命題表達使其所依賴的問題，而只透過使此問題歪曲變質、遮蔽其真正結構的方式。一旦問題被表達為假設，每個假設的肯定都是以一種否定而被重複倍增，此時，其再現了被它的陰影所背叛的問題之狀態。不存在著負面否定的理念，在本性中更沒有假設，雖然本性是藉由問題而進行著。這就是為什麼全然非關乎負面否定是否能被設想成邏輯上的限制或實際的對立。我們端詳著負面否定重要的觀念，多相對於一、混亂失序相對於秩序、虛無相對於存有：將它們闡釋為一種毀壞退化的限度或者論題的反命題皆是無關緊要的。頂多，過程有時候被建立在上帝的分析實體上、有時候在自我的綜合形式中。不過，上帝或自我，是同一回事。在這兩種情況下，人們都停留在普通概念的假設要素中，有時將同一再現的所有無限的程度歸入其中，有時則將兩個反向的再現之無限對立歸入。負面否定的批判因此從未是決定性的，只要這些批判引用一項第一概念（一、秩序、存有）之權時；同樣地，只要這些批判僅限於將對立表達為限制時。負面否定的批判效率，只在於透過揭露對立和限制的無差別、用同樣的方式去揭露必然保留前者或後者，以及甚至彼此中之其一的假設概念性要素。總之，自理念開始，自理念的、微分的與成問題的組成要素出發，負面否定的批判必須被引領。這是多重性的觀念同時揭露了一與多、被多界定的一之限制以及多與一的對立。這是多樣化同時揭露了秩序與混亂失序，這是（非）—存有、此？—存有同時揭露了存有與非—存有。處處皆然，為了提問法與差異的一種更深層的連結之利益著想，負面否定與假設的共謀關係必須被解開。理念，其實是由微分元素之間的相互關係而產生，微分元素則完全在這些關係中被確定，其從未具有任何負面否定的字詞謂項，亦無否定性關係。多麼粗劣地出現了對立、衝突、在概念中的矛盾、沉重的思想、笨拙粗略的估計，相較於描繪理念特徵之精細的微分機械論—輕盈。我們必須保留「積極性」之名來

22 海德格，《康德與形而上學疑難》（Kant et le problème de la métaphysique, trad. WAEHLENS et BIEMEL, N.R.F.），頁：261。

指定此多重理念之地位或提問法的堅定密實。而且每一次，我們必須監督此完美正面積極的（非）—存有之方式，此存有偏向於負面否定之非—存有，且以和它自己的影子相混淆為目的，卻藉助於意識的幻象而找到它最深的歪曲變質。

這或許是今日，何等經常地被引用的語言學上理念的例子。正如其被音位學所定義的那樣，語言學的理念確實具有一個結構的所有特性：被稱為音素的微分元素之在場，被提取自連續音的聲流；微分關係之存在（有區別的特點）全面地且交互確定著這些要素；特異點之值被此確定中的音素（相關特點）所承擔；語言系統的多重性特點因此被構成，它的成問題特徵客觀地再現了語言對自身所提出的，以及其在諸涵義的構成中所解決的問題之總體；非意識、非現實、潛在的特點，則再現諸多要素和關係，以及它們從超驗性與內在到現實發音清晰的聲音之雙重狀態；微分元素的雙重現實化、諸微分關係同時在不同語言中與同一種語言的各式各樣涵義的部分（區分化）之雙重體現，每一種語言具體化了某些關係的多樣化與某些特異點；意義與結構、生成與結構的互補性，作為在此現實化中顯露的被動生成。然而，儘管這些全部面向皆定義一種全然積極的多重性，總是有時會有語言學家不斷用消極的方式說話，把音素之間的微分關係與對立關係同化。或許可以這麼說，在此同化中，只有一種約定成俗的術語之提問，以及為了相關性而設置的「對立」。確實，由於在音位學家們的想法中，對立的觀念顯然特異地被多元（複數）化、相對化，既然每個音素，從不同的角度看來，與其他音素保持著好幾項不同的對立。例如，在特　貝茨科伊（Troubetzkoi）的分類中，對立已如此地被肢解、被分布在諸多關係中同時存在的多樣化裡，它不再以對立而存在，而倒不如說是作為複雜或困惑的微分機械論。一位黑格爾主義者看不到他的狹隘，換言之，巨大矛盾的一致。然而，我們觸及到一個基本點：於此和他處相同，在音位學中如同在其他領域和其他理念中一樣，其涉及到去知悉，人們是否能滿足於將對立多元化、或以多種條件決定矛盾、把它們分配在無論如何仍保持著負面否定形式之不同形貌中。在我們看來，多元主義是一種更危險且最吸引人的思想：人們不會沒有顛覆就分散。諸對立共存的一種多元性之發現，在任何領域都不與更深層次的發現分開，即差異之發現，揭露了負面否定和對立本身，與一種積極的多重性之成問題的場域相比的話，其作為一些表象[23]。人們若沒有離開其領域範疇，就不會將對立多元化，並且進入差異的洞穴裡，這些洞穴使得它們的純粹積極性產生鳴響、以及不接受對立作為只從外

23 沒有人比加布里埃爾・塔爾德（Gabriel Tarde）在各種對立的分類中研究得更深入，在任何領域都可根據：「在形式上」，靜態的（對稱）或動態的對立；連續的（節奏）或同時進行的動態對立；線性（極性）或輻射性同時發生的對立。「在物質上」，系列質性的或量的對立；程度上的定量，或力的定量。參見《普遍的對比》（L'opposition universelle, Alcan, 1897）

在我們看來，塔爾德是唯一從這樣的一種分類中得出結論者：對立，並不是獨立的、並非差異的最大化，而是就差異自身來說最小的重複。因此，差異的位置作為一潛在多重的場域之現實、以及於任何領域中微－過程之確定性，即對立只作為總結或已簡易化且已擴充的過程。關於此觀點在語言上的應用，和微－語言學的原則，參見《社會規律》（Les lois sociales, Alcan, 1898, pp. 150 sq.）。——似乎喬治・古爾維奇（Georges Gurvitch）在很多方面重新獲得與塔爾德相近的靈感，在《辯證法與社會學》（Dialectique et Sociologie, Flammarion, 1962）中。

面被看見的黑暗洞窟。

因此回到語言學的理念：索緒爾（Saussure），當他發現「在語言中只有諸多差異」的同時，為什麼他補充說，這些差異是「無正面措辭」、「永遠是負面否定的」呢？為什麼特貝茨科伊，以一種神聖原則，保持著構成語言的「差異觀念」、「假定了對立觀念」？一切都指向對立面。這難道不是一種方式，在於把意識的與現行再現的觀點重新引入可能必須作為語言學的非意識理念之超驗探索者中，亦即，與語言的零點有關之話語的最高練習中嗎？當我們將差異解釋為否定且屬於對立的範疇下，難道我們不是已經站在聆聽、甚至是聽錯（誤解）、於幾個可能的當前版本間躊躇、試圖透過建立一些對立來「認清」的這一邊，語言低微的一面，而不是站在說話者與指定意義者這邊呢？難道我們不是已經背叛了語言遊戲的本性，也就是說，背叛了語言上這種結合性、這些迫切需要或這些骰子投擲之意義，亞陶如此程度的尖叫，這些只能被在超驗練習中的說話者所體會嗎？簡言之，我們完全不認為，以對立形式對於差異的表達涉及一種術語或慣例的普通問題，那指涉著語言和語言學的理念之本質。當人們將差異視為一項對立時，人們已經剝奪了，差異肯定其積極性的自身特有的厚度。現代音位學缺乏一種可以防止它在單一平面上玩弄影子的維度，以某種方式而言，這就是語言學家古斯塔夫・吉隆（Gustave Guillaume）在他整個重要著作中沒有停止過的說法，人們今日才理解到他的著作之重要性。因為對立一點也沒有提供我們任何關於被認為互相對立者的本性。音素的選擇無論在任何語言中都具有一種相關值，其不能與作為語法構造的組成要素之語素（morphèmes）分開。然而語素，對其而言涉入了語言的潛在總體，皆為一種逐步確定的對象，以「微分閾限」進行著，並且意味著一種能夠衡量生成或現實化的純粹邏輯上的時間。音素的形式上相互確定指的是，這種逐步確定表達出關於聲音物質的潛在系統之行動；以及，這只是當人們抽象地端詳著音素時，也就是說當人們已將潛在簡化成一個普通的可能時，它們的關係具有一種空洞對立的負面否定形式，而不是去填補一閾限周圍的諸多微分方位。以一種「微分方位」原則替換掉區別對立原則，是吉隆著作的主要貢獻[24]。構詞學並非只是延伸音位學而已，也引入了確切成問題的價值，確定了音素之涵義的選擇，這此範圍內，這種替換產生了。對我們來說，正是以這種語言學的觀點來看，非－存有得到了其必要分解的確認：一方面，於人們可稱之為「不諧和」（discordantiel）、不相稱或微分的，而不是負面否定的非（NE）之中，成問題的非，應該被寫成（非）－存有或？－存有；另一方面，在被說成「完成否定的副詞」（forclusif）的不（PAS）之中，其應被寫成「非」－存有，不過，在被產生出來的

24 古斯塔夫．吉隆（Gustave Guillaume），尤其在《巴黎大學語言學研究機構講座》（Conférences de l'Institut de Linguistique de l'Institut de Paris, 1939）——我們在艾德蒙．歐爾蒂格（Edmond Ortiques）卓越的著作《論說與象徵》（Le discours et le symbole, Aubier, 1962）中，找到吉隆作品的陳述和闡明。同樣地，關於贅詞「非」和否定，參照自歐爾蒂格，頁：102-109；以及引述自歐爾蒂格、賈克．達姆賀特（Jacques Damourette）和愛德華．畢囪（Edouard Pichon），《法文語法論著》（Essaide grammaire de la langue française, éd.d'Artrey, 1911- 1952），第四與第五章節。這全靠達姆賀特和畢囪對於「不諧和」和「完成否定的副詞」之識別。

命題中，它只不過標記著先前過程的結果。事實上，並不是贅詞的非呈現出一個不容易解釋的否定之特殊案例；相反地，贅詞的非是原始意義，就是說否定的不（PAS）由此得出，不過也同時得出，如一種必然結果與不可避免的幻象。「非（Ne）……不（pas）」分為成問題的非（NE）與負面否定的不（PAS），如同分成兩個在本質上不同的堅決要求，且這兩者中的第二個僅透過背叛第一個的方式來引發它。

負面否定的生成如下：對於存有的肯定是生成的要素，以迫切需要的提問形式呈現；它們在問題的積極性中發展；意識的命題作為被引起的一些指示解答案例的肯定。但確切地說，每一命題都具有一種雙重否定，表達出在解決辦法的領域中問題的陰影，也就是說，問題通過再現所產生的歪曲變質之形象而續存之方式。「事實並非如此」的用語表示，一個假設，只要它不再現當前被履行的問題狀況條件，隨即進入負面否定之中，另一個命題則相反地符合於這些狀況條件。負面否定因此正是成問題的提問法之影子，轉向諸命題的總體，即其影子歸入作為境況。以一般規則而言，負面否定的批判仍是無效的，只要它在命題中採用固有的肯定形式。負面否定的批判只有在它「同時」運作著肯定的生成與否定表象的生成之情況下，才是激進的且有根據的。因為這是涉及到去知悉肯定其自身如何能是多重的，或者差異如何能夠，如此般作為純粹肯定之客體。這件事只在肯定作為命題模式，從外—命題的生成要素（迫切需要的提問或原始本體論的肯定）開始而被產出的程度上，才有可能，然後透過問題、由問題（成問題的理念或多重性、理念的積極性）所決定而

「被完成」。只要在這些條件下，實際上必須說，命題中的負面否定倚靠在肯定這邊，然而只不過是作為問題的影子，命題被認為回答了此影子，也就是說，作為產出肯定自身的生成堅決要求之影。

理念包含了一切微分關係的多樣化與特異點的所有分布，共存於不同秩序中，以及，於彼此之中「被內超折」（perpliquées）。當理念的潛在內容現實化時，關係的多樣化體現於不同種之中，以及相應地，符合於一種多樣化之諸價值的特異點，在無論何種的諸多不同、有特徵的部分體之中具體化。例如，顏色的理念就像白光一樣，本身內超折進所有顏色的組成要素與生成關係，不過現實化於不同顏色與它們各自的空間中；或者聲音的理念，如同白色噪音。同樣地有一種白色的社會、白色的語言（在其潛在性中，包含所有準備去現實化於不同語言與同一語言的顯著詞類之中的音素和關係）。隨著現實化，一種新類型的區別，特殊的與部分的，因此取代了流動的理念性區別。我們稱「微」分化（différentiation）為理念的潛在內容之確定；我們稱「區」分化（différenciation）為此潛在性於被區分的種與部分體之現實化。這始終相對於一種被微分化的問題、被區分化的問題狀況條件，種與部分體的區分化進行著，作為符合問題的解答案例。這總是一個成問題的場域，決定了其具體化之環境內部裡的區分化。從此開始，任何我們想說的，就是負面否定不會出現在微分化過程中、也不會出現在區分化過程中。理念無視於否定。第一個過程與一種純粹積極性的描述相混淆，在關於問題的模式上，於此微分的關係和點、位置和功能、分位和閾限皆被指定，排除任何負面的確定，且在一些生成或生產的肯定要素中找到它們的源頭。另一個過程與被引發的有限肯定的產出相混淆，涉及到占據這些位置和方位的現行術語、具體化這些關係和功能的實際關係。負面否定的形式在現行術語和實際關係中出現，但只在它們與自己使現實化的潛在性以及與其現實化的運動切斷時才會出現。那麼，以及只有這樣才會是，有限肯定似乎被限制於其自身、彼此相互對比，為其自身遭受缺乏或剝奪之苦。簡言之，負面否定總是被衍生和被再現的，從未是原始的抑或現在的；就負面否定和對立的過程而言，總是差異和區分化的過程為先。對於馬克思的注釋評論者，堅持強調馬克思與黑格爾的基本差異，理所當然地提醒著於，一種社會的多重性（分工）內部的區分化之範疇，在《資本論》中，取代了黑格爾的對立、矛盾與異化的概念——這些只不過形成表象的運動，以及僅對於與原則以及其生產的真正運動分離的抽象效果來說有用罷了[25]。顯然地，差異哲學在此應擔心進入一種崇高靈魂之論說裡：諸多差異，在一種以社會地位與功能之理念的祥和共存中，只有諸多差異……然而，馬克思的名號足以保護它免於遭受這種危險。

一個社會的問題，諸如其問題根據所謂「抽象的」勞動形式而被限定在底層結構中，從現實化或區分化（具體的勞動劃分）之過程得到一種解決辦法。然而同時，問題的影子堅持著關於形成解答的區分化案例之總體，這些案例自問題自身指出一種假象。甚至沒有人能說，偽造是在之後來臨；其同時發生，使得現實化重複倍增。問題總是被映照在「假問題」中，同時被解決，因此解答通常是被一種不可分的謬誤所曲解。例如，據馬克思所提的拜物教就是一種「荒謬」、社會意識的幻象，只須由此去理解、指出的，並非一種出自意識的主觀幻象，而是一種客觀幻象、一種誕生於現實化過程中意識的狀況條件之先驗幻象。有一些人的已分化的社會存在被聯結至他們所居存的假問題，而另一些人的社會存在則完全被保持在這些他們所遭受的假問題中，以及占滿其被作假的地位[26]。在假問題的客觀身體[27]中，出現了非—意義（non-sens）的所有面貌：亦即，肯定的造假、組成要素與關係的畸形、顯著與慣常的混淆。這就是為什麼歷史作為非—意義以及蠢事之場所亦不亞於作為意義的進程。問題本質上逃離了意識，其屬於成為一種假意識之意識。戀物、盲目崇拜的對象是社會意識作為價值的共知或認識之自然客體。社會問題只有在一項「更正」中才能被理解，當社會性的能力上升至其超驗的訓練活動，以及打破了拜物主義者的共知之

25 路易．阿圖色（Louis Althusser）、賈克．洪席耶（Jacques Rancière）、皮耶．馬舍雷（Pierre Macherey）、艾提恩．巴里巴（Etienne Balibar）、羅傑．埃斯塔布萊（Roger Establet），《讀資本論》（關於對立、矛盾和異化概念的本性和作用，參照洪席耶，t. I，頁：141 與下頁，馬舍雷，t. I，頁：233 與下頁，巴里巴，t. II，頁：298 與下頁）。——關於「問題—區分化」之圖示作為歷史的範疇分類，參照自阿諾爾得．湯恩比（Arnold Toynbee），確實很難懷疑他是馬克思主義：「一個社會，我們可以說，在它存在的進程中正視一連串的問題，每個成員必須以自己最好的方式去解決問題。這些問題之中每一個之陳述，取得應該被接受作為考驗的挑戰形式。通過這一系列的檢驗，社會成員彼此間逐漸地有所區別」《歷史研究》（L'Histoire, un essai d'interprétation, trad. JULIA, N.R.F.），頁：10。

26 譯注：已被假問題與其解答所假定為前提的社會地位之認同與履行。

27 譯注：客觀身體與其「位置」（被假定的地位）息息相關。

統一時。社會性能力的超驗客體，即是革命。正是在此意義上，革命才是差異的社會力量、一個社會的悖論、社會理念的專有憤怒。革命絕非經由負面否定進行。我們不能去固定住負面否定的第一層確定，即「作為這樣的問題影子」，若沒有已被投入於第二層確定中的話：負面否定即為「假問題的客觀身體」、個人的戀物、盲目崇拜。問題的影子，尤其負面否定也是假問題。實際的鬥爭不是經由負面否定進行，而是透過差異和它的肯定能力；以及，正義者之戰爭是最高權力之征服，此權力在於決定問題，透過復歸給諸問題其真理、透過超越意識的再現與負面否定形式而估量此真理、最終以通達問題所取決的迫切需要。

* * *

我們未停止援引潛在。這難道不是再落入比差異的確定更接近未確定者的一種觀念的模糊之中嗎？然而這就是我們想要避免的，確切地說，透過談論潛在以避免之。我們已將潛在與實在（le réel）對立；目前必須糾正此術語，此術語仍然未能準確。潛在並非與實在對立，而只是與現實（l'actuel）對立。「潛在擁有一種完全的實在性，作為潛在的」。關於潛在，必須確切地談到，普魯斯特（Proust）曾說的共振狀態為何：「實在卻不現實，理想而不抽象」；以及，象徵而不虛構。潛在甚至必須被定義為一種實在客體的精確部分——彷彿客體在潛在中具有它的諸部分之其一，且浸入潛在裡，如同在一客觀維度中。在微積分的陳述中，人們經常將微分等同於「差異的一部分」。或者，根據拉格朗日的方法，有人會問數學客體的哪一部分應被視為是衍生出來的，並且以提問闡述了諸關係。潛在的實在性由微分元素和關係所組成，以及由與它們對應的特異點所組成。結構是潛在的實在性。我們必須要避免，賦予形成結構的要素和關係一種它們沒有的現實性，同時避免收回它們所擁有的實在性。我們已理解，相互確定和完全確定的雙重過程定義了此實在性：非成為未確定的，潛在是完全確定的。當藝術作品仰仗著它浸入其中的潛在性時，並不援引任何混淆的確定，而是完全確定的結構，此結構形成了它的生成微分要素、「潛在化的」、「成胚胎的」要素。諸要素、關係的多樣性、特異點共存於作品或客體中、於作品或客體的潛在部分裡，而不能在其他的觀點去指定一種享有特權的觀點，和一個作為其他中心的統一者之中心。但是，如何能同時談論完全確定以及只論及客體的一部分呢？確定性必須是客體的完全確定，然而必須只形成一部分。根據笛卡兒在《給阿諾德的回覆》（Réponses à Arnauld）中的指示，這是人們必須仔細辨識出作為完全（complet）的客體與作為全部（entier）的客體。完全（Le complet）只是客體之理念式的部分，在理念中與其他部分在一起（別的關係、其他特異點）而具有客體的性質，但從未構成如此的完整性。完全確定所缺乏的是，現實存在所特有的諸確定之總體。一個客體可以是「存有」（ens），或更確切地說，「以各種方式確定（omni modo delerminatum）之（非）—存有」，不完全地被確定或現實地存在。

因此有客體的另一部分，是由現實化所確定的。數學家問，這個被原函數表現的另一部分是什麼樣的部分；積分法，於此意義上，絕非微分化的反面，而倒不如說是形成一種區分化的原始過程。當微分化決定了作為問題的理念之潛在內容時，區分化則表達此潛在的現實化與諸解答的構成（透過局部積分整合）。區分化作為差異的第二個部分，而且必須形成「微／區」分化（différen t / c iation）之複合的基本概念，去指定客體之完整性或全面性。t與c在此是差異之有區別的連字符或音位學關係的體現。任何客體皆是雙重的，它的兩個半邊卻不相似，一邊是虛像、另一邊是實像。不成對、不相等的半邊。微分化自身已經擁有對自己而言的兩個面向，它們對應於關係的多樣化和取決於每一多樣化值的特異點。但是對於區分化來說也有兩個面向，一個涉及實現多樣化的質性或不同種，另一則關乎實現特異點的數量或不同部分。例如，作為微分關係的系統之基因同時具體化在一物種與組成它的有機體裡。一般來說沒有任何質性不回送至被諸特異點所定義的空間，而這些特異點與被具體化在此質性中的微分關係相對應。列舉拉維爾（Lavelle）和諾給（Nogué）的作品，已適切地指出諸質性所特有的空間之存在，以及這些空間在諸多特異點的鄰域被構成的方式：因此質性的差異總是藉由一種空間差異（diaphora）作為基礎。尚有更多例子，畫家都在教我們對於每種顏色的空間、以及作品中的這些空間的連接之思考。諸多物種只根據每一物種具有一些其自身被區分化的部分體才被區分化。區分化總是同時作為物種和部分體、質量和幅員的區分化：資格定性或規範，而也是劃分或組織。自此開始，區分化的這兩個面向如何與先前微分化的兩個面向連接起來呢？客體的兩個不相似的半邊是如何嵌合在一起的呢？質性和物種使關係的多樣化具體呈現在一現行模式上；有機體使得相對應的特異點具體化。不過從兩個互補的觀點看來，嵌合的精確度似乎更好。

一方面，完全確定操作特異點的微分化；而其卻只涉及它們的存在和分布。特異點的本性僅被其鄰域之積分曲線的形式所規定，也就是說，根據物種和現實的或已區分的空間而定。另一方面，充分理由、可確定性、相互確定、完全確定的基本面向，在逐步確定中找到它們有系統的統一性。確定的相互性，其實，並非意味一種倒退、亦非原地踏步，而是一種真正的進展，於此進展裡逐漸獲得互惠條件，以及關係本身，被建立在它們之間。確定的完備性隱含不少添加域的漸進性之意。以從A走到B，然後從B回到A的方法，我們找不到如赤裸重複中的某起點；重複，更恰當地說，在A和B、B和A之間，是一種成問題場域之總體的歷程或漸進描述。就像在維特哈克（Vitrac）的詩中一樣，不同的步伐，形成每一步伐的一首詩（寫作、夢想、忘記、找尋其相反的事物、幽默化、最後「透過分析它而再發現」）逐漸確定了詩的總體作為問題或多重性。正是在此意義上，任何結構按此漸進性，都具有一種純粹邏輯的、理念或辯證的時間。但是這個潛在時間自身確定了一種區分化時間，或者更確切地說是一些節奏、一些現實化的不同時間，它們皆對應於結構的諸關係和諸特異點，以及對其而言測量從潛在至現實的通道。關於這方面的四個術語皆為同義詞：

使現實化、區分、整合歸併、解決。這就是潛在的本性，使自身現實化，正是對它而言使自身分化。每個區分化都是一種局部整合、局部的解法，在解集或全局積分中，與其他的區分化一起形成。因此，在活躍的生命中，現實化的過程同時呈現為部分體的局部區分化、一種內部環境的全局形構、一種於有機體的建構場域中被提出的問題之解答[28]。倘若有機體不是一個問題的解答，也不是它的每一個已區分的器官，如同眼睛解決光線的「問題」，那麼它或許無任何意義；但是若沒有具一般效率或調節的整合力之內部環境，它身上就無任何器官可能被分化。（在此仍舊，對立的與矛盾在生命中的負面否定形式、障礙與需求的負面否定形式，皆為次要或是被衍生而出的，相較於待建構的有機體，以及待解的問題之迫切需要。）

在這一切中，唯一的危險，就是將潛在與可能相混淆。因為此可能與實在相對立；可能之過程因而是一種「實現」（réalisation）。潛在，相反地，不與實在對立；出於其自身，它擁有完全的實在性。它的過程是現實化。可能犯下錯誤的在於，在這裡只見到字詞之爭：此關乎存在其自身。每次我們以可能和實在之措辭來提出問題，我們已被強迫將存在設想成一種原生的湧現、純粹的行動、總是在我們背後發生的跳躍，皆順從於全或無。如果非存在者是可能的、已被收集在概念中，擁有概念所授予作為可能性之一切特性，那麼存在者與非存在者之間能有什麼樣的差異呢？存在同於概念，卻外於概念。人們因此將存在置於時空中，不過作為無差別的環境，如果存在的生產自身不發生於特有的空間與時間中。差異就只能成為由概念所確定的負面否定：或者是於它們之間的諸可能為了使其自身得以實現之限制，或者是，此可能與實在之實在性的對立。潛在，相反地為理念的特性；從其實在性出發，存在是被生產而出的，及根據理念內在的時空而被產出。

其次，潛在和可能仍然不同，因為一個指的是概念中同一性的形式，然而另一則指出一種理念中純粹的多重性，其根本地排除了作為預先狀況條件之同一性。最後，可能將自身提給「實現」之範圍內，其自身被設想成實像，而且實在被設想成可能之相似者。這就是為什麼，透過以相似物倍增重複相似物的方法，人們對於存在所加入概念的東西缺乏理解。這就是此可能之缺陷，揭露其作為事後的、回溯式地被製造出來的產物，即揭露其自身對於與之相似者的形象。反之，潛在之現實化總是經由差異、輻散分歧或區分化而產生。現實化與作為過程之相似性的決裂，並不少於與作為原則之同一性決裂。諸現行術語從未和它們所現實化的潛在性相似：質性和物種不與它們所具體化的微分關係相似；諸部分體不與它們所具體化的特異性相似。現實化、區分化，在此意義上說來，始終是真正的創造。它並非透過限制一種預先存在的可能性之限制而產生。這是矛盾地透過某總力的單

28 關於內部環境與區分化的相關性，參見弗朗索瓦·邁爾（François Meyer），《演變的問題法》（Problématique de l'évolution, Presses Universitaires de France, 1954, pp. 112 sq.）——奧斯本（Henry Fairfield Osborn）是眾多古生物學家的其中一位，他們深切地強調生命作為「問題」的處境和解決、機械論的、動力論的或特有生物學的問題：參見《生命的演化與起源》（L'origine et l'évolution de la vie, 1917, trad. SAUTIAUX,Masson éd.）。例如不同類型的眼睛，只有根據一般物理—生物學的問題，以及在諸多類型的動物中之狀況條件的變異才能被探討。解決辦法的規則是，每一種解決辦法至少包含一項優勢和一項缺陷。

一限制去談及「潛力」，如某些生物學家所說的，以及矛盾地去定義區分化，彷彿此潛力與一種邏輯上的可能性混淆不清。使自身現實化，對一種潛力或潛在而言，總是去創造出諸多輻散分歧線，與潛在的多重性相符而不相似。潛在具有一項待完成的任務以及某待解決的問題之實在性；這是指引、決定條件、產生解答的問題，但這些解答並不與問題的狀況條件相像。因此柏格森所言是正確的，從區分化的觀點看來，甚至在分歧的演進線裡（例如眼睛作為「同功」器官）湧現的相似性，也應當首先與在生產的機械論中的異質性關聯一起。而且在同樣的運動中，必須顛覆差異對於同一性以及對於相似性之隸屬關係。但什麼是這種相符而不相似，或這種創造性的區分化呢？柏格森的圖示將《創造進化論》與《物質與記憶》連接起來，從某巨大記憶的陳述、由「圓錐體」的所有切面潛在共存所形成的多重性開始進行，每一切面都作為所有其他切面的重複，且只有透過特異點的關係和分布秩序與之做出區分。然後，此記憶的潛在之現實化，以分歧線的創造而產生，每條分歧線都對應於一潛在切面且再現了解決問題之方法，然而，透過將已被考慮的切面特有的特異點關係和分布之秩序，使其具體化於已分化的諸多種和部分體之中[29]。潛在中的差異與重複，創建了現實化的、作為創造的區分化之運動，因而取代了同一性和可能之相似性，此同一性和相似性只煽動了一種偽—運動、實現作為抽象限制之假運動。

潛在和可能、理念的秩序和概念的秩序之間任何的躊躇，皆是毀滅性的，因其廢除了潛在的實在性。在萊布尼茲的哲學中可發現這樣搖擺不定的痕跡。因為，每當萊布尼茲論及理念時，他將之表達成由微分關係和特異點而組成的潛在多重性，以及思想於一種鄰近睡眠、暈眩、昏厥、死亡、失憶、喃喃低語聲、醉酒的狀態裡而有所領會[30]……但這就是，諸理念自身現實化之處，更確切地說此處就是被設想成一種可能、一種已經實現的可能。潛在和可能的這個躊躇說明了，在充分理由之探索中，沒有人比萊布尼茲已想得更遠、更進一步；以及，儘管如此，更沒有人能保持此充分理由對於同一性的隸屬之幻象。沒有人更靠近一種在理念中的副—措辭之運動，卻沒有人冒著使再現成為無限的危險，而更佳地去維持所謂再現的正當性。沒有人能夠更好地將思想浸入差異的要素中、去賦予它一種微分的非意識、以一些閃現微光與特異性圍繞思想；然而這一切，皆為了拯救與重新組織一種笛卡兒式的自然光明之同質性。事實上，這是在笛卡兒思想中，以良向或共知顯露再現的最高原則。我們可以稱此原則為，「清晰『與』有區別」的原則，或者清晰與有區別的比例性原則：當一個理念越清晰時，就越有區別；清晰—有區別構建了這種光明，其使得思想在所有能力的共同訓練活動中變成有可能。然而，面對此原則，不能夠去

29 柏格森是一位把對於可能的批判推得更遠的作者，而且他也是最常引用潛在之觀念者。從《論意識材料的直接來源》起，時延被定義成非現實的多重性（Editons du Centenaire, p.57）。在《物質與記憶》（Matière et mémoire）一書中，純粹回憶的錐體，與它的切面和在每一切面上的「亮點」同時，（頁：310）其完全是實在的，只不過是作為潛在的。在《創造進化論》（L'évolution créatrice）一書中，諸分歧線的區分化和創造被認為是一種現實化，每條現實化的線似乎與錐體的一個切面相應（參照自頁：637）。

30 萊布尼茲，《人類理智新論》（Nouveau essais sur l'entendement humain, livr. II, chap. 1）。

誇大萊布尼茲經常在他的理念邏輯中做出的一項覺察之重要性：一個清晰的理念由於其自身是混雜的，它「由於清晰」，而混淆不清。無疑地，這項覺察能與笛卡兒邏輯達成和解，並且僅意謂，一個清晰的理念是混亂的，因為在它的所有部分中還不夠清晰。而且，最終難道不是如同萊布尼茲，他自己傾向於去闡釋它呢？然而，難道此理念不也可以有另一更為根本徹底的闡釋：可能存在著本性上之差異，而非在清晰與有區別之間的程度上之差異，因此清晰由於其自身可能是混雜的，反之亦然，有區別由於其自身則是模糊的呢？回應著清晰—混雜的有區別—模糊是什麼？讓我們回到萊布尼茲關於海洋的喃喃低語聲之著名文本：於此仍舊有兩種可能的闡釋。或者我們說，整體噪音之統覺（l'aperception）是清晰卻又混雜的（無區別的），因為組合成分的微小感知自身並非清晰的，而是模糊的。或者我們說諸微小感知其自身是有區別且模糊的（非清晰的）：因為它們抓住了微分關係和特異性，所以有區別，因為它們尚未「被辨識」、被區分，所以模糊——而且這些凝聚一起的特異性決定了與我們的身體有關的意識閾限，作為區分化之閾限，諸微小感知自此開始自身現實化，不過是現實化於一種統覺中，對此統覺而言只是清晰且混雜的，因為它已被辨識、被區分，所以清晰，以及因為清晰所以混雜。於是問題不再以諸部分—整體之說法（從一種邏輯上的可能性之角度）被提出，而是潛在—現實（微分關係的現實化，特異點之具體化）。這就是在共知中的再現價值，碎裂成並行—意義中兩種不可化約的價值涵義：有區別只能是模糊的，越是有區別就更模糊，以及，清晰—混雜，只能是混雜的。這是屬於有區別且模糊的理念。準確地說，「理念是實在而不現實、已微分的而非已區分的、是完全的而非全部的」。有區別－模糊是確切哲學式的酒醉、暈眩或酒神的理念。因此還差一點兒，萊布尼茲在海岸邊上或靠近水磨坊處，錯過了酒神狄俄尼索斯。而且或許需要太陽神阿波羅，作為清晰－混雜之思想者，去思索酒神狄俄尼索斯之理念。但這兩者從未相聚在一起去重建一種自然光明。更確切地說，它們構成了在哲學用語中的兩種編碼語言，並且用於諸能力之分歧的訓練活動：風格的不相稱。

* * *

現實化如何產生於事物自身中？為什麼區分化與定性和組成、規範和組織相關呢？為什麼區分化於這兩種互補途徑中分化？存在著比現實的質性與廣延、種和部分體更為深層的諸時－空動力論。這就是這些時－空動力論作為現實化、區分化者。應當在任何領域將它們製作成測繪，雖然它們通常由被構成的廣延與質性所涵蓋。胚胎學家指出，將一個蛋劃分成諸部分仍是次要的，相對於諸多不同涵義的型態生成運動、自由表面的增加、細胞層的伸展、經由折疊的胚胎內褶、群體的區域移動而言。整顆蛋的運動學出現了，這意味著一種動力學。然而，這種動力學動態表達了某理念性的事物。輸送是酒神和神聖的，它是譫妄的，在被局部轉移之前。因此，蛋的類型透過作為結構現實化的第一因素之諸方位導向、發展軸、微分速度和節奏而做出區別，創造出使自身現實化者所特有的空間與時間。拜爾（Baër）由此得出結論，一方面，區分化從最一般到最不一般，既然一些巨大類型或分支的動態結構特性出現在種、屬或甚至是綱只是形式的特徵之前；另一方面，這些類型之間的斷層或動力論的不可約性將特別地限制了演變的可能性，並且在眾理念之間強加一些現實的區別。然而，這兩點引起了一些重大問題。因為，首先，拜爾的最高一般性只對於一位從外部凝視著它們的成年觀察者而言，才是一般性。於其自身，它們在其個體化場域中被個體—胚胎所經驗。此外，正如拜爾的弟子維亞勒東（Vialleton）所注意到的，它們只能被經驗、且僅能經由個體—胚胎被經驗：有一些「事」只有胚胎可以做，它能單獨進行，或更恰當地說，能夠經受的一些運動（例如，烏龜的前肢經受著 180° 的相對位移，或者其頸部所涉及的原生脊椎可變量的向前滑動）[31]。胚胎的過程和命運，就是如此地無自生能力，以及受迫運動打碎任何骨骼或扯斷韌帶之程度。區分化確實是漸進的、一連串的：巨大類型之特性出現在規範秩序中屬與種的特性之前；以及在組織秩序中，這種芽組織，是在成為右或左爪之前的爪子之芽。然而不是一般性的差異，此運動指向一種本性上之差異；並非在最不一般之下發現最為一般性之事物，而是在涉及著被構建的諸質性與諸部分體之形態學、組織學、解剖學、生理學等等之下，發現一些純粹的時—空動力論（胚胎的經驗）。並非從最一般到最不一般，而是根據逐步確定與遵循現實化的第一要素，自潛在至現實進行。「一般性」的觀念，在此所具有的缺點，在於提出了潛在（le virtuel）由於經由創造而被現實化，與可能（le possible）由於透過限制而被實現，這兩者之間的混淆。以及在胚胎作為質性與部分體一般的載體之前，存在著作為時－空動力論的個別與被動主體、幼蟲主體之胚胎。

至於另一面向，即進化的一種可能性面向，我們應該根據前－進化論者的論戰來思考它。居維業與傑歐弗華・聖－伊萊爾（GeoffroySaint-Hilaire）之間激烈的論戰涉及了組成的統一：是否有動物自身作為普遍動物的理念——或者，諸巨大分支（門）是否在眾多動物類型之間引入不可跨越的斷層裂縫呢？此討論在「折疊」中找到了它的方法和其具有詩意的試驗：是否能夠，經由折疊，而從脊椎動物過渡到頭足綱動物呢？是否可以採用這種方式將脊椎動物彎曲折疊，使得脊柱的兩邊更為接近，並且使頭向腳、骨盆朝頸部伸展，以及內臟被部署成在頭足綱動物中一般呢？居維業否定折疊能夠作出這樣的部署。什麼樣的動物經受得起此試驗，甚至被化為骷髏呢？誠然，傑歐弗華並不認為，折疊的確操作著此過渡，他的論點其實是更深入的：或許有一些發育的時刻，能使得無論是哪一類動物皆停止在組成的這樣的程度（「器官A與器官C將處在一種異常關係中，如果器官B沒有被生出來、如果發育的停止過早衝擊到器官B，比其生殖先到的話」）[32]。時間因素的引入是必要的，儘管傑歐

31 路易・維亞勒東（Louis Vialleton），《四足的脊椎動物帶與成員》（Membres et ceintures des vertébrés tétrapodes, Doin, 1924, pp.600 sq.）。

弗華在停頓的形式下設想之，亦即在所有動物的一種共同「可能」的實現中，被安排的漸進階段之形式下。為了讓進化找到一個作為其條件的原則，只需給予時間其創造性的現實化之真正意義。因為，從現實化的觀點來看，如果空間方向的動力論確定諸類型的區分化，這些動力論內在的或快或慢的時間，創建了自此到彼，或從一種已區分類型到另一種之過渡，或者以減慢速度、或者以迅速急促地通過。人們根據加速或延遲之理，利用緊縮或放鬆的時間創造了其他空間。甚至停頓也採取在「幼蟲期性成熟」中具創造性現實化的面向。原則上，時間因素使得動力論的轉變成為可能，雖然它們是不對稱的、空間性不可化約且完全已區分的，或更確切地說，甚至是正在區分的。正是在這個意義上，佩里耶（Perrier）看到動物界分支初始的「加速重複」（胚胎加速生成）之諸多現象，並且在諸類型出現發育過早的情況裡找到演化自身的一項優越證明[33]。

整個世界是一個蛋。諸物種和部分體的雙重區分化始終以一些時―空動力論為前提。可說是分為二十四個具有相似特性的細胞元素之劃分：仍無任何事物告訴我們，此劃分是透過什麼樣的動力過程而被得出，2×12、或（2×2）＋（2×10）、或（2×4）＋（2×8）……？如果諸運動和方向、在空間中的軌跡走向終究不作出劃分的話，那麼甚至連柏拉圖式的劃分也沒有任何區分成兩邊的規則。因此，為了釣魚：鎖定獵物或擊中它，從上到下或從下到上擊中它。這些都是確定理念的現實化之動力過程。但這些過程和此現實化處於什麼樣的關係中呢？它們完全屬於「戲劇」，使得理念戲劇化。一方面，它們創造，它們開闢出對應於必須現實化的微分關係和特異性的空間。當細胞遷移發生時，如雷蒙．呂耶（Raymond Ruyer）所指出的，這是一種「角色」根據必須現實化的結構性「主題」的要求，其決定形勢，而反之亦不然[34]。世界是一個蛋，然而蛋本身就是一齣劇：上演的戲劇，劇中諸角色勝過演員，空間勝於角色，理念超過空間。再者，由於理念的複雜性，以及其關係與其他理念的複雜性，空間的戲劇化在幾個層面上發揮作用：在一內部空間的構成中，而也在此空間超出外部幅員、占據一區域的方式中。終究不會混淆的，例如，一種顏色的內部空間，和它所占據與其他顏色相關的程度範圍之方式，無論這兩種過程的類同如何。一個生命不僅透過決定其內部環境的動力論，根據生成、基因的觀點而被定義，也透過支配生命在廣延中的分布之外部運動，根據生態的觀點而被定義。種羣的動力學，無相似性地，與蛋的動力學接合；一種隔絕的地理學上過程成為物種的形成者，並不少於作為內部的生成變異，而且有時還先於這些生成變異[35]。如果人們認為，內部空間

32 艾蒂安．傑歐弗華．聖—伊萊爾（EtienneGeoffroy Saint-Hilaire）《動物學的哲學原則》（Principes de philosophie zoologique, Paris, 1830, p.70）。——與居維業的論戰文章被收錄於這本書中。

33 艾德蒙．佩里耶（EdmondPerrier），《有機體的構成和動物群體》（Les colonies animales et la formation des organismes, Masson, 1881, pp. 701sq.）。

34 雷蒙．呂耶（Raymond Ruyer），《有生命的形體生成》（La genèse des formes vivantes, Flammarion, 1958），頁：91 續下頁：「人們不能驅散區分化之謎，透過將其變成經由等分而得出的諸形勢差異之結果……」—呂耶並不亞於柏格森，他已深入分析了潛在和現實化的觀念；他的整個生物學的哲學理論，即基於這些觀念和「主題」之理念：參見《心理—生物學的元素》（Eléments de psycho-biologie, Presses Universitaires de France, 1946），第四章。

本身由多種必須被局部地集成、接合的空間所組成；認為能以多種方式完成的這種連接，將事物或生命推至它們的極限，而與外界接觸；也認為與外界的這種關係，以及與其他事物和其他生命的關係，對於它來說意味著總的連接或整體化與諸多前述在本性上不同，那麼一切又更加複雜了。到處皆有一種多層級的演出。

另一方面，時間的動力論並不亞於空間的。它們構成現實化或區分化的時間，並不少於它們開闢出的現實化空間。不僅僅是空間開始去體現相互與完全地確定的結構要素之間的微分關係；也是區分化的時間，使得結構的時間、逐步確定的時間具體化。這樣的時間可被稱為微分節奏，取決於它們在理念的現實化中所作用的。最終，在諸物種和部分體之下，人們發現的只是這些時間、增長率、發展的步伐、減緩或急促、妊娠期間。唯有時間才能回答問題，且只有空間能解決問題，所言甚是。例如，關於不育症或繁殖力（對於雌性海膽和雄性環節動物）——「問題」：某些父系染色體將被併入新的胞核之中，或是分散在原生質裡？——「提問」：他們發生得夠快嗎？然而區別必然是相對的；顯而易見的是，動力論同時是時間和空間的，時—空（在此指劃分的紡錘體發育、染色體分裂和將這些分裂送至紡錘體端的運動）。二元性不存在於現實化本身的過程中，而只存在於其最終、在現行術語、物種與部分體中。儘管如此，這並不涉及一種實在的區別，而是一種嚴格的互補性，既然物種指明了部分體的質性，以及部分體指明了物種的數量。物種在質性（例如獅、蛙之定性）中確切地收集了動力論的時間，然而部分體則詳細描繪了空間。質性總是在空間裡閃爍，並持續著此空間的全部時間。簡言之，戲劇化是區分化之區分化，同時是質和量的。然而，講這些的「同時」，我們認為區分化在物種與部分體、規範和劃分這兩種相關途徑中，其自身分化。同樣地，存在著一種聚集相異的差異之差異、一種整合與接合已區分者的區分化之區分化。戲劇化使得理念的兩項聯繫，微分關係與相應的特異點不可分離地具體化，這些特異點現實化於諸部分體中，以及微分關係現實化於諸物種中，必然的成果就在這樣的範圍內。

這些時—空動力論的確定，難道不已是康德所稱的模式嗎？儘管如此，有很大的差別。模式雖是時間確定和空間構建的規則，但它被設想與實踐成對於概念而言邏輯上的可能性；此參照於其本性自身中是存在的，在這一方面模式只是將邏輯上的可能性轉換為先驗的可能性。模式將時—空關係對應到概念的邏輯關係。然而，於概念之外，人們並不理解它如何能夠確保理解力和感受性的和諧，因為它本身必訴諸於奇蹟，以確保自身與理解力概念的和諧。模式論具有一股巨大力量：透過它，一個概念可根據類型學而被劃分、詳細說明。一個概念完全無法自行詳細說明或劃分；在模式論下面作動者，如同隱藏的藝術、區分化的施動者因子，這都是時—空動力論。沒有這些，人們一直停留在亞里斯多德以反對柏拉圖式劃分所提出的問題：而且，這兩半邊來自何處？只是，模式並沒有考慮到

35 呂西安・居艾諾（Lucien Cuénot），《物種》（L'espèce, Doin, 1936），頁：241。

它「以此力量」而作用。當動力論不再被視為概念的模式，而是作為理念的戲劇時，一切皆變化著。因為若動力論在概念之外，且作為此模式，它於理念之內，並作為戲劇或夢。物種被劃分為系譜、林奈（linnéon）物種分類論被劃分為若爾當（jordanons）物種分類論、概念則被劃分為類型，但是這些劃分和被劃分者不具有相同的準則，與被劃分非同質的，而且被建立在概念之外的領域裡，卻在主宰劃分本身的理念之內。動力論因此包含了其自身去決定時間和空間的力量，既然它使得微分關係、特異性與理念之內的漸進性立即具體化[36]。「最短的」不是簡單地作為直線概念的模式，而是夢、戲劇或線的理念之戲劇化，由於其表達了直線和曲線的區分化。我們區辨著理念、概念和戲劇：戲劇的作用在於，藉由體現微分關係和理念的特異性，詳細說明了概念。

戲劇化產生於做夢者的腦袋中，亦在博學者的批判之眼下。戲劇化在做夢者或博學者所納入的概念與再現裡起作用。沒有任何事物不會失去如它在概念中的同一性，以及不會失去如它於再現中的相似性，當人們發現它的現行構成的動力論空間和時間時。「丘陵類型」就只是一種以平行線方式的流動，「海岸類型」則是，堅硬的巖層的露頭，這些巖層沿著以垂直於山丘的方向凹陷的岩石；但對於最堅硬的岩石來說，在百萬年構成它們的現實化時間的規模範圍內，皆為液體物質，在對於其特異性進行的極低約束之下流動。任何類型都是戲劇性的，任何動力論都是一場災難。必然地有殘酷的某事物，在這個混沌宇宙的世界誕生中，在這些無主體的運動、無演員的角色之世界中。當亞陶曾論及殘酷劇場時，他只不過是透過一種極端的「決定論」將之定義，時—空確定性的劇場由於確定性將精神或本性的理念具體化，而作為一個「焦慮不安的空間」、能夠直接擊中生物之旋轉且傷人的萬有引力運動、沒有作者、沒有演員與主題的純粹演出。人們僅以發動、牽連整個身體的扭曲與移動作為代價，才去開挖空間、加速或減緩時間。諸多閃耀發亮的點穿透了我們，特異性逆反著我們，到處都是烏龜的脖子和牠的原椎骨令人暈眩的滑移。甚至天空也受到它的方位基點和星座之苦，於其軀體中記入一種理念，如「演員—太陽」。因此，確實有一些演員和主題，不過都是一些幼蟲，因為牠們是唯一能夠經得住路徑走向、滑移和旋轉者。隨後就為時已晚了。誠然，任何使我們變成幼蟲的理念，放下了我的同一性與自我的相似性。這是人們以談論發展的倒退、固定或停頓而表達不良的。因為我們並非被固定在一狀態或時刻之中，而總是被一種理念與一種注視所閃現的微光所固定、始終被固定在一個正在發生的運動中。一個理念會是什麼，如果它不是維利耶·德·利爾—阿達姆（Villiers de l'Isle-Adam）所談及的固定與殘酷的理念？至於理念，人們總是有耐心的。但這不是一種尋常的耐心或固定。固定不變並非全部完成或已完成者。當我們停留或再次成為胚胎時，更恰當地說，是重複在根本上與任何倒退不同之純粹運動。當我們停留於概念的再

36 此外，康德的模式理論在兩個方向上已自我超越了：朝向辯證法的理念，其屬於自身的，即是它自己的模式，且確保著概念的規範（《純粹理論批判》，「辯證法的最終目標」）；以及朝向美學的理念，其使模式用於符號論的更複雜且更能理解之過程（《判斷力批判》，§ 49 和 59）。

現時，幼蟲於其肉體中懷有理念。幼蟲不知道可能的領域，而其所懷有的則是相當接近潛在，作為它們的選擇、初期的現實化。這種水蛭和高等人類的內在密切性，同時作為夢和科學、夢的對象與科學的客體、咬痕和認識、嘴與腦。（這是佩里耶所談的，在脊椎動物和環節寄生蟲之間，嘴與腦的衝突。）

一個理念在許多層級上被戲劇化，而且不同秩序的戲劇化也產生共鳴回響且橫貫諸層級。或者是島嶼理念：地理上的戲劇化使之區分，或根據兩種類型將概念劃分，原始海洋類型，標誌著噴發、脫離水面之隆起，被衍生出來的大陸類型則指向分離與碎裂的。然而島的幻想者重新發現了此雙重的動力論，既然他想像著在一段長時間的漂移之後，無止境地分離，並且絕對會在一種根本的基底創建中重新開始。人們經常注意到，男性和女性的整體性行為傾向於重現他們的器官之運動，而此運動，則換它來繁殖細胞元素的動力論：三種不同秩序的戲劇化產生了精神、有機（器官）和化學的共鳴回響。如果探索潛在直到思想的重複之底部，是屬於思想的責任的話，那麼，從這些重新開始或回響的觀點領會現實化的過程，是屬於想像力的責任。正是想像力貫穿、跨越了諸領域、秩序和層次，推倒了隔閡，其與世界共延，引導著我們的身體和激勵我們的靈魂，意會了自然與精神的統一性，幼蟲的意識不斷地從科學走到夢，反之亦然。

現實化，在空間、時間中，也在一意識中，遵循這三種系列而發生。任何時—空動力學都是從自身開闢出一些方向的基本意識湧出，該意識也重複倍增了運動和遷移，以及誕生於被集結的特異性之閾限，相對於身體或其作為意識的客體而言。意識，是某事物的意識，這種說法是不足的，意識，是這個某事物的複本，以及每一事物皆為意識，因為它具有一複本，甚至與意識相距甚遠和非常陌生。重複在被現實化者之中無處不在，以至於在現實化中亦然。重複首先在理念中，遍歷關係的多樣化和特異點之分布。它亦確定了空間和時間的再生產，以及意識的重新開始。但在這一切的情況下，重複是差異和區分化之力量：或者，它凝結特異性，或者，它加速或減緩時間，又或者，它使得空間多樣化。重複從不透過概念中的同一性形式被解釋，亦非經由再現中的相似。概念的障礙可能使得裸的重複湧現，人們的確將這種裸的重複再現為相同之重複。然而，如果不是理念，那會是「誰」阻礙了概念呢？因此，我們已經看到，障礙循著空間、時間與意識三種形貌而產生。這是理念的過多，解釋了概念的缺乏。以及在同一時間，這是取決於理念之著裝的重複、非凡或特異的重複——其解釋了慣常與裸的重複，則取決於概念，並且只不過是充當一件最後衣著的角色。在理念及其現實化中，我們同時發現概念障礙的自然原因，以及一重複優於被阻擋的概念所納入的重複之超自然原因。停留在概念之外者更深層地指向於理念之內者。理念全然在微／區分化的數學—生物系統中被領會。但是數學和生物學在此只以一些技術模式，作為差異的兩個半邊之探索，即辯證的半邊和美學的半邊、潛在的陳述與現實化的過程，才會起作用。辯證的理念是被雙重確定的，在微分關係的多樣化與相應的特異性之分布（「微」分化）中。美學的現實化是被雙重確定的，在規範與構成（「區」

分化）中。規範使關係具體化，以及構成體現特異性。質性與現實部分體、物種與數量，皆與理念中的可質化性與可量化性元素相對應。然而，落實充分理由的第三種面向、理念的潛力元素是什麼呢？大概是先於數量與先於質性的，戲劇化。實際上，正是它去確定或啟動，在它與理念的「微」分化之相對應之中，進行區別現實和「區」分化。然而，這種戲劇化之力來自何處呢？難道它不是在物種和部分體，質性和數量之下，最為強烈或最為個體的行動嗎？我們沒有指出是誰，同時為了現實且在理念中，以充分理由的第三要素之開展去創建戲劇化。

Chapitre V

感性之非對稱綜合

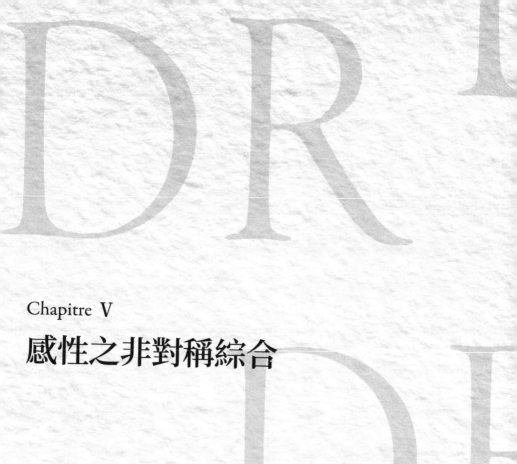

差異不是多樣化。多樣化是被給定的。然而，被給定者正是出於差異而被給定的。被給定者正是出於差異而被給定，作為多樣化。差異並非現象，而是最接近現象的本體。因此，上帝透過計算確實創造出世界，可是祂的計算從未公正過，而且正是在成果中的這種不公正、這種不可化約的不平等，形成了世界的條件。當上帝計算的時候，世界就「產生」了；倘若計算是公正的，可能就不會有世界了。世界總是可被看作一種「餘數」，以及，在世界裡的實在事物，僅以分數或甚至是不可通約數的項才能被思考。任何現象皆指向，作為其條件的一種不平等。任何多樣性、任何變化則指向作為充足理由的差異。這一切發生和顯露，與諸多差異的秩序相關：層級、溫度、壓力、張力、勢能的差異，即「強度差異」。卡諾定理（熱力學）以某種方法敘述它，而居禮定律則以另一種方式為之[1]。高低通行的船閘口無所不在。任何現象在信號—符號（signal-signe）系統中閃現。我們將信號稱為一種系統，諸如由至少兩組異質系列、有能力進入交流的兩個不相稱的秩序所建構或圈邊之系統；現象是一種符號，亦即在此系統中，藉助於不相稱的交流而閃現者。「祖母綠在它的諸雕琢面隱藏著明眸的精靈……」：任何現象皆屬於「明眸的精靈」之類型，祖母綠使其成為可能。任何現象皆是複合而成的，因為將其圈邊的兩組系列不僅僅是異質的，而且每組系列自身皆由異質項所組成，並由諸多形成一樣多的次—現象之異質系列作為基礎。「強度差異」此表達式是一種恆真式。強度是差異的形式，作為感性之論據。任何強度都是微分的，於其自身之差異。任何強度是 E－E'，在此 E 自身指向 e－e'，且 e 回返至ε－ε'，以此類推：每一強度已是一種聯結（在此，每一成對的組成要素反過來指向另一秩序的多對要素），並因此顯示出量的特有質性內容[2]。我們稱呼這種差異無限地分成兩部分之狀態為「不相稱」，其無窮地產生著鳴響。不相稱，即差異或強度（強度差異），是現象的充分理由、顯現者之條件。諾瓦利斯（Novalis），與他的碧璽藍，比起康德的空間和時間，更接近感性之狀況條件。感性之論據，即顯現者之條件，並不是空間和時間，而是本身的不平等，諸如被包含和被確定在強度差異裡、在作為差異之強度中的「不相稱性」（disparation）。

* * *

1 關於不對稱作為「充足理由」，參見路易斯．魯吉耶（Louis Rougier），《居禮、卡諾和愛因斯坦之外》（En marge de Curie, de Carnot et d'Einstein, Chiron, 1922）。

2 羅斯尼（J.-H. Rosny aîné），筆名：博耶克斯─波黑勒（J.-H. Boex-Borel），《科學與多元論》（Les sciences et le pluralisme, Alcan, 1922），頁：18：「能量學表現出，任何作功皆衍生自溫度、勢性、層級，以及其餘的差異，任何加速皆假定了速差：或許任何可計算的能量都意味著形式 E-E' 的諸多因素，E 和 E' 於此之中自行隱藏了形式 e-e' 的因素……強度已表達著差異，可能需要更貼切地去定義那必須藉此以說明者，而且特別要使人理解到，強度不能由兩個同質項組成，而是至少要由兩組異質項系列以為之。」─ 在這本非常卓越且涉及強度量的書裡，羅斯尼發展了兩項論點：1. 相似性假設了差異，這些是相像的差異；2.「差異獨自使存有去構思」。羅斯尼曾是居禮的朋友。在他小說般的著作中，他發明一種在強度裡的自然主義，從那時起，在強度等級的兩端，為史前洞穴和科幻的未來時空而開敞。

儘管如此，當我們試圖將卡諾定理或居禮定律視為先驗原則的區域性表現時，我們終究會遇見很大的困難。我們只知道，諸多已被局部化和被分布於廣延性中的能量形式、諸多已經被能量形式所定性的幅員。能量學以「強度的」和「廣延的」兩種因素之結合，去定義一種能量（例如，就線性能來說的力量和長度、對表面能而言之淺表張力和表層、就體積能而言的壓力和容積、就重力能而言的高度和重量、對熱能來說的溫度和熵……）以此看來，在經驗裡，「強度」（intensio／intensité）與將其和「廣延性」（extensum／étendue）關係聯繫起來的「廣度」（extensio／extensité）不可分離。而且在這些條件下，強度自身顯然從屬於占滿廣延性之質性（第一秩序的物理質性或「定性」，第二秩序的感性素質或「質感」）。簡言之，我們只受理，在廣延中已經發展且被質性特徵所覆蓋的強度。由此產生了我們的傾向，其在於將強度量看作一種經驗的且尚無根據的概念，即屬於廣延性和感性素質的概念，或甚至是物理質性和廣延量不純的混合概念。

誠然，這種傾向不會成功，倘若強度自身不因其考量而提出一種相對應的傾向，在使其發展的廣延性裡，以及使其被覆蓋的質性特徵下。強度即是差異，但此差異在廣延性中和質性特徵下卻趨向於被否定、撤銷。質性確實是一些符號，且在差距裡閃現；然而，正是如此，這些質性審慎地安排均等的時間，也就是說，時間由在廣延性中被分配而自行撤銷的差異所安置。這就是卡諾、居禮、勒沙特列（Le Châtelier）等原理最為一般的內容：差異是改變的充分理由，但僅在此變化傾向否定差異的範圍內才是。因果性原則甚至以此方法，在信號發送的過程中，找到其不容置疑的物理確定性：強度因為不可逆狀態的系列，而將客觀的方向定義為「時間的指針」，據此人們得以進行著，從最多到最少的已區分狀態、從生產的差異到被簡化且最終被消除的差異。人們知道，在十九世紀末，這些關於差異的簡化、多樣化的統一或均勻化、不平等的均等化之主題，是如何建立起作為最後一次最為奇怪的結盟：在科學、良向和哲學之間。熱力學是此熔合之功率強大的爐窯。一種基礎定義的系統被建立起來，使所有人滿意，也包含了令某種康德主義得到滿足：被給定者作為多樣化；理性作為對同一性之傾向，並作為識別和均等的過程；荒謬或無理作為多樣化對於這種起識別作用的理性之抵抗。「實在是理性的」這句話在此找到了一個嶄新的意義，因為多樣性在自然裡趨向被縮減，並不亞於在理性中。因此，差異既非形成自然法則，亦非形成精神的級別，然而只有多樣化的起源 = x：被給定者，並非「價值」（除了調節或補償的價值之外）[3]。我們的認識論傾向，即懷疑強度量觀念之傾向，其實什麼也無法證明，倘若它不與另一種傾向相符的話，此即強度差異自身傾向在已定性的外延系統中

3 參見〈差異的價值〉（Valeur de la différence）（《哲學雜誌》〔Revue philosophique〕，1955 年 4 月），安德烈．拉朗德（André Lalande）摘要他的主要論點。愛彌爾．梅爾森（Emile Meyerson）的立場有類似的錯誤，儘管梅爾森對於卡諾定理的意義和角色有完全不同的評價。但是他接受相同的定義系統。同樣地，阿爾貝．卡繆（Albert Camus），在《薛西弗斯的神話》（Mythe de Sisyphe）中，引用了尼采、齊克果和舍斯托夫，可是他大多更接近梅爾森和拉朗德的傳統思想。

自行消除。我們僅因強度似乎自取滅亡了才去懷疑它。

因此，科學和哲學在此給予良向一個最終的滿足。因為需要被提出討論者，並不是科學，其對於卡諾定理的廣延漠不關心——亦不是哲學，其以某種方式，保持對卡諾定理其自身無動於衷的態度。科學、哲學和良向每一次相遇時，具體化的良向不可避免地把自己當作科學和哲學（這就是為什麼這些相遇必須最為仔細地被避免）。這因而關係到良向的本質。此本質被黑格爾以簡明的方式，在《費希特和謝林之系統差異》（*Différence des systèmes de Fichte et de Schelling*）一書中確切指出：良向，就是部分的真理，由於絕對之感受力於其會合。真理作為理性，在此屬於局部的狀態，以及，絕對作為感受力。然而絕對之感受力如何與部分的真理會合呢？良向在本質上是配發者、分派者：「一方面」與「另一方面」都是它庸俗乏味或偽深度的公式。良向分配著諸事物。可是顯而易見地，任何配給皆不屬於良向：有諸多瘋癲的配給、異常的分配。甚至去假定瘋癲，以及為了糾正在預先配發中的瘋癲無理智者而次要地到來，都可能是屬於良向之權責。當配給透過其自身去消除在已配給者裡之差異為目的時，配給與良向一致。只有在諸份額的不平等已被假定為，循著時間並在介於兩事物中間處狀態裡自行消除的情況下，分配確實與良向一致，或遵循著一個被認為是良好的方向。良向出於本性即是末日論的，補償的先知與最終的統一。如果它次要地到來，這是因為它假定了異常的配給——即游牧式瞬時的分布、被加冕的無政府狀態、差異。不過良向，它呀，定居不動且堅忍者，它呀，支配時間者，良向，糾正差異，將差異引入一個必然導致差異的消除或份額的補償之中間處。其自身就是「中庸」。為了在兩極之間自我思考，良向會消除這些極端，將其間距填滿。它反而不會去否定差異；它盡量讓差異自我否定，在廣延的條件下與在時間的秩序裡。它增加了中位數（值），以及，如同柏拉圖的造物者一般，它在此之前，堅持不停地消除可分割裡的不平等。良向是中產階級的意識形態，其在平等之中將自我認知成抽象的產出物。它較少渴望去行動，而是一心想著去建構自然本性的中庸、從最多到最少的已區分狀態之行動要素：因此，十八世紀政治經濟的良向，經歷了在商人階級裡的諸極端之自然補償，且在貿易的繁華中使諸份額均等的機械過程。因此，良向較少渴望去行動，而是一心想要預見，並讓從無法預料到可預見的（從諸差異的生產到它們的簡化）行動進行著。它既非凝視沉思者亦非主動積極者，而是預見者。總之，它進行著，從諸事物到熱源的部分：從已產出的差異到被簡化的差異。它就是熱力學。在此意義上，它使絕對之感受力和部分的真理結合一起。良向既非樂觀亦非悲觀；它染上悲觀或樂觀的色彩，隨著帶走一切和統一所有份額的熱源部分，使它被標上不可避免的死亡和虛無之記號（面對死亡，我們皆為平等），或者相反地，具有存在者之幸福完滿（面對生命，我們皆有同等的可能性）。良向不否定差異；反之，它承認差異，然而這恰巧是必須以足夠的廣延和時間之方式，為了去肯定差異會自我否定罷了。在異常的差異和被消除的差異之間、在可分割裡的不平等和均等化的可分割之間、在不平等的配給和分布的平等性之間，良向必然是以共同分配的規則而存，因此作為普遍天賦條件。

良向建立在時間綜合之上，準確地說，我們已將此綜合確定為第一綜合，即習慣的綜合。良向，僅因它根據此綜合與時間的指向貼合，才是適切良好的。它進行著從過去到未來，以及從特殊到一般，表現出活著的現在（與此現在之疲乏）。但它將此過去定義為不大可能或較不可能。實際上，任何的部分系統皆具有一種差異以作為起源，此差異使其領域個體化，那麼，既然差異在觀察者背後的話，一位被建立於系統中的觀察者是如何領會到，差異不同於過去，而且是極度「不大可能的」呢？與之相反，在相同系統之內部深處，時間的指針，亦即良向，識別著：將來、或然性、差異的消除。此條件創立了預見自身（人們時常注意到，假使首先難以察覺的溫度透過自行區分而進展的話，人們不會預見哪個將增高或降低；且倘若黏度變快的話，它會使動力脫離休息狀態，然而卻是在一個不可預測的方向裡）。波茲曼（Ludwig Boltzmann）的許多著名篇章裡，評論了此良向之科學和熱力學的保證；這些篇章指出，在一個部分系統中，一方面，過去，如何與不大可能及差異成為同一，另一方面，未來，如何與很有可能及均一性成為同一[4]。這種均勻化、均等，不只是在每一個部分系統中形成，也渴望在真正普同的良向中，從一個系統到另一個，亦即其將月球和地球連接起來，以及將絕對之感受力與部分真理的狀態結合在一起。但（如同波茲曼所指出的），此連接並不是合理的，這種時間綜合也不是充分的。

我們至少能夠，明確指出良向和共知的關係。共知以主客觀的方式被定義，主觀地，透過自我之已假定的同一性，其作為所有能力之統一與基礎，客觀地，則經由任意一個客體之同一性，所有能力都被認為與此同一性有關。但此雙重同一性仍是靜態的。而我們亦不是普同的自我，並非面對著普同的某一客體。諸客體在一些個體特性場域中被切分，同樣諸自我也是如此。因此，共知必須朝向另一堅決要求而自我超越，即動態的、有能力將任一客體確定成無論哪一種，且能使被建立於如此的諸客體之總體裡的自我進行個體化。這另一種堅決要求就是良向，從起源於個體特性的差異開始。但確切地說，因為良向以差異在客體中傾向相互抵消之目的而確保著分配，又因為不同的客體根據良向所給出的規則而使它們自身趨向平等，而且不同的自我趨向統一，良向反過來朝向共知的堅決要求而自我超越，此堅決要求為良向提供了普同的自我與任一客體之形式。良向自身因而具有兩種定義，即客觀的和主觀的定義，這兩種皆與共知的定義相應：共同分配規則、普遍天賦條件規則。良向和共知，兩者之中的每一方皆指向對方、反射著對方，並且構成正統性的一個半邊。在此相互關係、雙重映射中，我們可以經由認識的過程去定義共知，以及透過預見的過程定義良向。其一，作為多樣化的質性綜合，質的多樣性之靜態綜合被與一種客體聯繫起來，對於同一個主體的所有能力來說，此客體被假定為相同；另一個，作為差異之量的綜合，量的差異之動態綜合則與一種系統有關，差異在此系統中客觀地和主觀地被消

4 路德維希．波茲曼（Ludwig Boltzmann），《分子運動論專題講座》（Leçons sur la théorie des gaz, trad. Gallotti et Gauthier-Villars Bénard, t. II, pp. 251 sq.）。

除。

無論如何，差異並不是被給定者自身，然而被給定者正是出於差異而被給定的。思想如何能避免走到那種程度，即如何能避免去思考那與思想最為對立者呢？因為，人們以恆等的方式用盡全力去思考，但毫無所獲，反之，人們在相異中並不具有最高思想，然而人們就無法思考嗎？這個相異之抗議充滿了意義。即使差異傾向於以消散的方式被分配在多樣化中，並且使其所創造出來的多樣化均勻一致，差異首先必須被感受，如那給出多樣化讓人感受者一般。而且差異必須被思考成創造出多樣化者。（我們並非因此而回返至諸能力之共同練習，而是因為已區分開的能力確切地進入此暴力關係，在此關係中，一種能力向另一種傳送它的強制手段。）妄想就在良向之底部深處，這就是為什麼良向總是位居第二。思想應該思索著差異，然而，思想的這種發人省思的絕對相異，卻賦予它一種思想。拉朗德，在一些極為卓越的篇章裡述說著，實在性就是差異，然而實際法則，作為思想的原則，則是認同識別：「實在性因此與實際法則處於相對立的狀態，現行的狀態則與其生成相對立。一個相同的事物狀態究竟是如何被生產的？物理的世界是如何通過一種自身的法則不斷衰滅之基本特性而被建構的呢？」[5]或許可以這麼說，實在並不是支配著它的諸法則之成果，以及農神薩圖爾努斯（Saturne）一口吞食了祂所生育的異端、制定法規對抗祂的創造，既然祂創造出與其法規相逆者。以上就是我們被迫去感受與思索差異。我們感受到與自然法則相逆的某事物、我們思考與思想原則相反的某事物。而且，即使差異之生產是透過「無法解釋的」定義，那要如何避免「涉及」在思想自身深處的無法解釋呢？不可思為何不在思想的核心中？且妄想怎麼不在良向之中呢？人們怎能僅限於將極低的可能性（不大可能）棄置在局部進化的開端，而沒有領會到它同為過去的最高權力以及在記憶裡的遠古不可追憶？（在此意義上，現在之部分綜合已將我們拋入時間的、遠古不可追憶之記憶的另一種綜合裡，哪怕是還要把我們推得更遠……）

哲學的表現不是良向，而是悖論。悖論是哲學的感人修辭法或激情。還有好幾種悖論與正統、良向和共知的互補形式相對立。主觀上，悖論打破了共同的練習且促使每一種能力面對它自己的極限、面對它的無從比較，悖論使思想面對不可思，無論如何，思想是唯一能思考此不可思者，悖論使記憶面對遺忘，此遺忘同樣也是它的遠古不可追憶，悖論使感受性面對與其強烈性混淆不清之無感……然而在同一時間，此悖論對於被阻斷的能力傳達著這種不屬於良向的關係，在星火燎原的火山稜線上確定了這些能力的位置，從一條界線跳到另一條。以及就客觀上而言，悖論強調指出，成分要素不任由在一共同總體裡被加總，而且差異也不任由在一良向的領導裡被均等或消除。人們有理由認為，諸悖論的唯一駁斥就在於良向和共知它們自身中；然而只須有人已將一切給予它們，即仲裁者的角色與

5 安德烈．拉朗德（André Lalande），《進化論之幻象》（Les illusions évolutionnistes, Alcan, 1930），頁：347-348，378：「差異的『生產』，與思想的一般規律相悖之物，嚴格來說，即『無法解釋的』。」

當事人的角色，以及，絕對和部分真理同行。

*
* *

差異事實上可能是「無法解釋的」、無法令人感到訝異。差異被解釋，但確切地說，就是在它被解釋的系統中趨向自行消除。這只不過意味著，差異在本質上是被隱含的、差異的存有即是蘊涵。對於差異而言，被解釋，就是自行消除、除去建構它的不平等。根據此公式「解釋，即視為同一」為恆真式。人們無法從中得到差異自行消除之結論，至少是它本身自行消除。差異自行消除，因其被置於自身之外，「在」廣延性中和「在」充滿此廣延性的質量裡。然而此質性與廣延性，都是差異創造出來的。強度被解釋、展開於廣度（extensio）裡。正是此廣度將強度和廣延性（extensum）的關係聯繫在一起，在廣延性中強度顯現於自身之外，被質性所掩蓋。強度差異於此系統中自行消除或趨向自行消除；不過，這是它透過被解釋而創造出來的系統。因此，質性的雙重面向作為符號：指向構成性差異的一項隱含秩序、傾向於在解釋它們的廣延秩序中消除這些差異。這也就是為什麼因果性在信號裝置裡，同時找到了起源和方向，一個目的地，以某種方法推翻起源的目的地。而且效應的本義，在因果的意義上，正是去製造出「效果」，在感知的意義上，即能夠以專有名詞著稱（賽貝克效應、克耳文效應……），因為效應湧現於專有微分的、以名為象徵的個體特性場域中。確切地說，差異的消逝不會和我們淪為犧牲品的「效應」分離。當差異在廣延中被解釋因而自行消除時，作為強度之差異於其自身保持著被隱含的狀態。因此，為了拯救熱寂[6]或捍衛永劫回歸的可能性，而去想像一些極度「不大可能的」、被認為能夠恢復差異的外延機械論，是不必要的。因為當差異在其自身之外被解釋時，它不斷地在己存有、被隱含於自身裡。因此，並非只有感性的幻象，亦有先驗的物理幻象。我們相信，萊昂·塞爾門（Léon Selme）在這一方面已有深入的發現[7]。當他以卡諾定理反對克勞修斯（Clausius）時，他想呈現出，熵之增長是虛幻的。而且他指出幻象的某些經驗因素或偶發因素：溫度差的相對微小值被落實於熱機中，緩衝的異常似乎排除了「熱水錘」的製成。然而，特別是他從幻象中得出一種先驗的形式：從所有的廣度之中，熵是唯一不可直接測量的，甚至不可經由與能量學無關的程序間接地被測量；假使這對於體積或電量皆相同的話，那麼它們就會在不可逆的轉換裡增長，我們必然有此印象。熵的悖論如下：熵是廣延的因素，不過，與所有其他廣延因素不同，這是一種廣度、一種「闡述」，如此般被隱含在強度中，只以被隱含而存，而不存於蘊涵之外，而這是因為它具有使一般運動

6 譯注：熱寂（l'univers de la mort calorifique）理論起源於十九世紀物理學家，就熱力學第一定律和熱力學第二定律關於宇宙進程的影響之研究。

7 萊昂·塞爾門（Léon Selme），《卡諾定律反克勞修斯－克拉佩龍方程》（Principe de Carnot contre formule empirique de Clausius, Givors, 1917）。

「變為有可能」之功能，被隱含者通過此運動而被解釋與擴展。因此，有一種先驗的幻象，在本質上與熱「定性」（la qualitas Chaleur）以及熵廣度性質（l'extension Entropie）有關。

值得注意的是，廣延性並不解釋於其之中產生的個體特性。高和低、右和左、外形和底部大概都是一些進行著個體化的因素，在廣延性裡勾勒出一些下降和上升、一些流動、一些潛入。但它們的值只不過是相對的，因為它們在一個已展開的廣延性裡被運用。因此，它們來自較為深層的堅決要求：深度自身，並非廣度，而是純粹的「複雜性」。無疑地，任何深度皆為可能的長度、寬度。但此可能性只能根據觀察者改變位置而落實，且在一個抽象概念裡匯集了，就自身而言的長度與對他者來說的長度：事實上，這總是從嶄新的深度開始，舊的已成為長度，或被解釋成長度。結果顯然同樣在於考慮一個簡單的平面，或者在三個維度裡的空間，其中的第三維度與另外兩個是同質的。深度一旦被理解為廣延量，它就成了被形成的廣延之一部分，且停止在己之中包含著其自身相對於另外兩個維度的異質性。因此，我們觀察到它是廣延性的最終維度，不過我們卻只將它看成一個事實，而無須了解其原因，既然我們不再知道它是最初的。我們因而也在廣延性中觀察到，進行著個體化的諸多因素之在場，卻不須理解它們的力量來自何方，既然我們不再知曉它們所表達出的最初深度。這種深度，在第一維度裡被解釋成左和右、在第二維度裡則是高和低、在同質化的第三維度裡則是外形和底部。廣延性，若沒有表現出左邊和右邊、高和低、頂端和底部，成為自己的由來之非對稱的標記，那麼就不會顯現、展開。而且這些確定的相對性還證明了它們所源自之絕對。這正是整個擺脫深度的廣延性。深度，作為異質的（最終和最初的）維度，是廣延的孕生者，包含了被視為與另外兩個維度同質的第三維度。

尤其，例如出現在同質的廣延中，底部即是「深處」的投影：此深處只能被說成無底（Ungrund）。就客體呈現在中立位置的底面或別的客體之底部而言，假使首先客體自身不維持一個與它自己的深度之關係的話，那麼外形和底部的規則從未有用。外形和底部的關係只是外在平面的相對關係，其假設了表面與它們包覆進來的深度之內在且龐大體積的關係。此深度之綜合，賦予客體它的影子，然而使客體從影子中浮現出來，證明了最遠古的過去，以及證明過去與現在的共存。純粹的空間綜合，在此重新採用先前已被確定的時間性綜合，人們對此終究不會感到驚訝：廣延的闡述建立於第一綜合之上，即習慣或現在的綜合；而深度的蘊涵則建立於第二綜合的基礎上，即虛存記憶（la Mémoire）和過去的綜合。仍須，在深度裡去預感第三綜合之靠近和翻騰，其宣告著普同的「去基底」。深度作為自N（北緯）—E（東經）到S（南緯）—W（西經）馳名的地質線，其來自於事物的內部深處，斜向地，且為了將一種沸騰著的感受性與「在它的火山口轟轟作響」之思想接合起來而使火山分布開來。謝林懂得敘述之：深度不自外部來增加長和寬，而是處於隱匿於下方的狀態，作為創造它們的「爭論」（différend）之崇高原則。

廣延脫離深度，這唯有在，如果深度除了廣延之外是可被定義的情況下才有可能。廣延性，我們力求建立它的生成，成為外延的大小、「廣延」或所有「廣度」的引用術語。相反地，最初的深度確實是整體空間，然而，是作為強度量的空間：純粹的「空間」（spatium）。我們知道，感覺或感知具有本體論的面向：確切地說，在它們特有的諸綜合裡，面對只能被感受者，或只能被感知者。然而，深度顯然在廣延的感知中，基本上是「被隱含的」：人們並不透過客體的表面大小來判斷深度和差距，然而相反地，深度於其自身包覆著諸間距，這些間距則在外表的大小中被解釋且在廣延中被展開。深度和諸間距，亦顯然於此蘊涵狀態中，基本上，被與感覺強度聯繫起來：這是被感覺到的強度之弱化力量，此強度給出了一種關於深度的感知（或更恰當地說，其將深度交付給感知）。被感知的質性假設了強度，因為它僅呈現一種作為「可離析強度的薄切片」之相似性的特徵，在此強度薄片的諸限度裡，一個永久的客體被構建起來——即被定性的客體，通過易變的諸間距去肯定其同一性[8]。包覆諸間距的強度在廣延中被解釋，而且廣延展開這些間距自身，使之形諸於外或同質化。同時，一質性占據此廣延，或者，作為「定性」去定義一個方向的中間位置，或者，作為「質感」去顯示這種就此方向而言的客體之特徵。強度是無感，同時也是只能被感受者。它如何作為其自身而被感受，獨立於覆蓋它的諸質性以及獨立於它被分配於其中之廣延性？然而它如何作為別的事物而不是「被感受」者，既然是它給予人去感受，且定義著感受性的專有限度？深度是不可感知的，同時也是只能被感知者（在此意義上，巴利亞〔Paliard〕認為深度同時是決定條件者與受條件限制者，而且他表示，反向互補關係之存在，是在於作為理念式存在的間距與作為視覺存在的間距之間）。從強度到深度，最奇異的結盟關係已結成，即在差異中存有與自身的結盟，其使得每個能力面對它自己的限度，而且只在它們各自的孤單到達高峰時才使它們進行交流。在存有中，深度和強度皆為相同（Même）——不過相同被用來形容差異。深度是存有的強度，反之亦然。而且「廣度」和「廣延性」、「定性」和「質感」同時自此強度的深度、自此「空間」脫離。穿過廣延的諸向量、向量大小，而且還有作為向量勢的特殊情況之標量大小，都是強度起源的永久見證者：正是諸（海拔）高度。這些高度無論在哪一個方向或許都無法相加在一起，或甚至與連續性的秩序有著基本必要的關係，把我們回送至以深度之方式進行的時間綜合。

8 （A）關於在廣延的感知裡，深度的包覆或「蘊涵」，參見雅克．巴利亞（Jacques Paliard）一般說來如此重要且鮮為人知的著作。（巴利亞分析「蘊涵」的諸形式，且指出在他稱之為隱含思想和明確思想間的自然本性之差異。特別是《隱含的思想與視覺的感知》（Pensée implicite et perception visuelle, Presses Universitalres de France, 1949），頁：6：「不只存在著隱含的被包覆者，且尚有隱含的包覆者」，及頁：46：「此隱含的知……在我們看來一切既作為包覆者，就像可見的世界之深度或綜合的肯定一樣，也作為被包覆者，如同使細節成為密謀的多重暗示、深度自身內部多重且有差別的相對關係……」）

（B）關於深度的感知之強度特徵，和由此而生的質性地位，參見毛里斯．帕迪尼斯（Maurice Pradines），《心理學概論》（Traité de Psychologie générale, Presses Universitaires de France, 1943），第一章，頁：405-431 和 554-569。

（C）以及，自活動力的角度看來，關於強度空間和強度特徵的空間運作，參見尚．皮亞傑（JeanPiaget），《發生認識論入門》（Introduction à l'épistémologie génétique, Presses Universitaires de France, 1949），第一卷，頁：75 和 210。

康德將所有的直觀定義為廣延量，也就是說，例如諸部分之再現使全部的再現變為有可能，而且必然先於它。但空間和時間並不呈現出它們被再現之情況。反之，正是全部之呈現建立起諸部分之可能性，後者只會是潛在的，而且只被現實化於經驗直觀的已決價值裡。作為外延者，正是經驗的直觀。康德的錯誤，就出現在他拒絕給予空間與時間一種邏輯外延的同一時刻，這就在於維持一種幾何的廣延，且為物質保留強度量以填滿幅員至某一程度。在對映的身體結構裡，康德確實意識到「內在差異」；然而這並不是概念的，根據他的理論，內在差異只能和「外在關係」有關，並以整個幅員作為延展大小。事實上，對稱的客體之悖論，如任何涉及左和右、高和低、外形和底部者，皆具有一種強度來源。空間作為純粹的、「空間的」直觀，即是強度量；強度作為先驗的原則，不單只是預感，而且也是四重生成的根源，即「廣度」作為模式、廣延作為延展大小、「定性」作為占據幅員的物質、「質感」作為客體的指定之四重生成的根源。赫爾曼·科恩（Hermann Cohen）因此在他對康德主義的重新詮釋中，正確有理地賦予強度量的原則一個充分的價值[9]。如果空間確實不可化約成概念的話，人們不能因此否定它與理念的親緣關係，也就是說，它的能力（如強度的「空間」）即在廣延中確定諸理想連結的現實化（作為被納入理念中的微分關係）。而且，如果可能的經驗之狀況條件確實與廣度有關的話，那麼就有不少實在的經驗之狀況條件，其作為隱藏的條件，並與如此的強度混淆不清。

* * *

強度有三種特性。根據第一種特性，強度量包含著於自身之不平等。它再現差異於量之中，此即，在量的差異裡有不可消除者、於量自身中有不可均等化者：因此，強度量是量所特有的質性。它較少將量顯示為生物屬之種，與將其顯示為在任何量之中的基本時刻或原初現在之形貌相比。意即，另一方面，廣延量是另一時刻之形貌，更恰當地說，其標記著量的目的地或目的論（在局部的數字系統中）。在數字的歷史裡，人們非常了解每一系統的類型是被建立於本質的不等式之上，且保留這個相對於低等類型的不等：因此，分數於自身匯集了，從兩個量到一個整數關係的均等化之不可能性，無理數則表達出，為了兩個量而去確定公因數的不可能性，因此不可能將它們的關係等化為分數本身，等等。

誠然，數字的類型在其本質中並不會保留著不等式，若在其創立的新秩序裡沒有消除或取消不等式的話：分數以因數的等式補償其首數的不等式；無理數將自己的不等式從屬

---

9 赫爾曼．科恩（Hermann Cohen），《康德的經驗理論》（Kants Theorie der Erfahrung, 2e éd., Dümmler, 1885, § 428 sq.）— 科恩在康德主義詮釋中闡述關於強度量的角色，參見朱爾．維爾曼（Jules Vuillemin）的評論，《承繼康德與哥白尼革命》（L'héritage kantien et la révolution copernicienne, Presses Universitaires de France, 1954），頁：183-202。

於一種純粹幾何關係的等式之下，或仍更進一步地說，在算數上，取決於被有理數的收斂級數所標記的極限—等式。然而，我們在此只不過是重新發現了解釋和隱含、廣延和強度的二元性；因為，如果數字消除了它的差異，就只是經由在其所創立的廣度中解釋差異罷了。不過，它本身保存著差異，即將差異保存在建立其自身的隱含秩序中。任何數在最初都是強度的、向量的，由於它意味著確切不可抵消的量之差異；然而，因它在自己所創造的另一平面上消除此差異，並在此平面上被解釋，這時候它便是廣延的和標量的。甚至，最簡單的數之類型即證實了此二元性：自然數首先就是序數的，亦即一開始就是強度的。基數由此產生，且呈現作為序數之解釋。有人時常反對，排序不能作為數的起源，因為它已意味著類連接的基數運算。但這是因為人們並沒有充分理解此公式：基數是序數的結果。排序絕不預設同一單位元素的重複，其必須在每一次到達下一個序數時自我「基數化」。序數的構造不包含被假設為相同的單位元素，而只是，我們將見到的，間距之不可簡化的觀念——被包含在強度「空間」的深度裡之間距（有序的差異）。同一的單位元素不被排序所假定；反之，它屬於基數，且在基數裡假設了延展的平等、被歸於外的多項數之相對同等。因此，應當謹慎看待，基數是序數以分析的方法而獲得的結果，或有限序列級數的每一末項之結果（上述的反對意見可能因此而成立）。事實上，序數只能透過廣度才能變成基數，按照被包覆進「空間」裡的諸間距而被解釋或展開，以及被均等化於自然數所創建的廣延裡。數字的概念可說是，從一開始，就是綜合的了。

強度，就是在量之差異裡不可取消的，但這量之差異在廣度狀態下卻自行銷毀，廣度確切地說，即是強度差異被置於自身之外的過程，其經由此過程而被分配，以在它所創造的廣延之中被消除、補償、均勻化、刪除的方式進行之。然而，有那麼多的運算是必要的且必須介入此過程！《蒂邁歐篇》（Timée）諸多令人讚賞的篇章，使得可整除者與不可整除者同時在場[10]。重點在於，可整除者被定義為本身包含著不平等者，然而不可整除者（相同或是一（l'Un））力圖在它身上強加使它變得順從的平等式。然而，上帝著手將兩種要素混合在一起。不過確切地說，因為B，可整除者，逃避此混合且使它的不等式、奇數性凸顯出來，而上帝僅僅獲得：$A + B/2 = C$。因此，祂必須做第二次的混合：$A + B/2 + C$，亦即$A + B/2 + (A + B/2)$。但此混合仍是不服從的，祂必須避免此反抗：祂根據兩則算數級數將此分配成若干部分，一則算數級數以2為比率交付給元素A（1, 2, 4, 8），另一則算數級數以3為比率交付給C，以及識別奇數B（1, 3, 9, 27）。這就是目前上帝所面臨之諸多待填滿的間隙、「間距」：祂以兩項中位數來填補之，一項是可運算的（對應於A），且另一項為調和的（對應於C）。諸多關係，以及在這些關係之間的一些關係自此衍生出來，通過所有的混合，繼續進行追查可整除者中的不等式之任務。仍須，上帝將整體剖成兩半、使兩者交會，然後彎曲它們成兩個圓圈，其中一種是外部的圓，其匯

10 柏拉圖，《蒂邁歐篇》（Timée），35-37。

集了作為相同的運動之均等，且另一種作為內部的圓，其隨著對角線而被定位，透過在一些次要圓圈裡，分布著在可整除者中倚靠不等式而續存者，以留住此續存者。最後，上帝無法戰勝於自身之不平等；祂只不過使可整除者自其脫出、以外部的圓圈（χύχλος ἔξωθεν）圍住它罷了。祂已使可整除者在廣度上均等，然而卻是在世界之靈魂的這種廣度之下，於可整除者的最深處，仍是在強度上隆隆作響的不平等。這對上帝來說並不重要；因為祂用諸身體之廣延性和它們的質性去填滿整個靈魂的廣度。祂覆蓋了一切。然而祂卻在火山口舞動著。人們從來不去倍增最多樣、最瘋狂的運算，為了從強度「空間」的深度中抽出平靜且順從的幅員，以及為了使續存於自身的差異消失，差異，仍然在自身之外自行消除。始終是「巴門尼德」（Parménide）的第三假設，微分或強度的瞬間之假設，威脅著上帝的工作。

第二種特性來自於第一種：於自身包含著不平等，已成為本身的差異，即強度「肯定」了差異。它使差異變成肯定的客體。居里察覺到以否定的字詞談論不對稱，以及談論對稱性的缺乏，而沒有創造正向字詞能去指明非—覆蓋作用的無限性，這是容易的，但不適當。同樣對於不平等而言：這是人們經由一些不等式，發現無理數的肯定式（對於 p 而言，整數為 q，每一個數（p-q√2）2 將總是超越某一個值）。人們正同樣經由這些不等式，確切地證明級數的收斂（強函數）。無否定性之數學如此重要的進行，顯然不會建立在同一性之上，相反地，其在被排除的第三方與非—矛盾裡確定了負面否定性。它具有公理性質地，建立於作為兩個自然數的不等式（≠）之肯定的定義上，而且，在其他情況下，建立在「間距」（≠ ≠）的正向定義之上，其啟動在肯定關係的無窮序列裡的三項數。只需要考慮在以下兩種命題間之形式上的差異：「只要 a ≠ b 是『不可能的』，那麼就可得出 a = b」以及「如果 a 與任何數 c『相距』（一段距離），而任何數 c 與 b『相距』（一段距離）的話，那麼即可得出 a = b」——由於在正差的純粹要素裡，已預感到間距之肯定的邏輯力量[11]。但是我們將理解到，如此被包括在內的間距絕非是延展的大小，且應與其強度起源有關。因為強度已是差異，它指向透過自我肯定而去肯定其他差異的序列。人們通常會察覺到，並不存在著零速率比、的確零勢性、絕對零壓力；以及在對數刻度的標準上，零（無數）無窮盡地處於越來越小的分數這一邊。而且應當走得更遠，哪怕

11 這是葛利斯（George François Cornelis Griss），在布勞威爾（Brouwer）的直覺主義範圍裡，建立和發展無否定性數學的想法：《無否定性直觀數學的邏輯》（Logique des mathématiques intuitionnistes sans négation），法國科學院會報出版，1948；《關於否定性》（Sur la négation）（綜合法，Bussum 出版，阿姆斯特丹，1948-1949。）根據葛利斯，關於偏差、間距或是正差的觀念，參見海廷（Arend Heyting），《數學的直覺主義基礎》（Les fondements mathématiques, Intuitionnisme, Théorie de la démonstration, trad. Gauthier-Villars, Février）。— 波萊特．費弗里耶（Paulette Février），《互補的觀念意義和表現》（Manifestations et sens de la notion de complémentarité, Dialectica, 1948）— 特別是尼可爾．德夸伊（Nicole Dequoy），《投射幾何之無否定性直覺主義的公理系統》（Axiomatique intuitionniste sans négation de la géométrie projective, trad. Gauthier-Villars, 1955），作者在此提出大量葛利斯的論證例子，去反對包含否定性之論證。此數學之限度，諸如費弗里耶夫人所標記的，在我們看來並非來自間距或差異的觀念本身，而是來自葛利斯於此加入的問題理論：參見同上，第三章。

陷入諸強度量之「行為準則」（éthique）裡。至少在兩種系列上被構成，即高和低兩系列，且輪到每個系列來指向其他被隱含指涉的系列，強度甚至肯定那最「低」的，它將最低者變成一個肯定的客體。為了走到那種程度、為了將貶黜毀損自身變成一種肯定，需要特技表演或深深一跌的能力。一切皆為鷹之飛翔、一切都是突出、懸掛和下降。一切皆從高行至低，而且，通過此運動確認最低者——即不對稱的綜合。此外，高和低只是一些說法罷了。這是關於深度，以及在本質上屬於它的低—底。而非關乎作為低—底的「挖掘者」之深度：正是在這一點上間距被製造出來，然而此間距卻作為它所間離者之肯定，差異則作為低層的昇華作用。

負面否定性什麼時候會突然出現呢？否定，就是差異的倒反形象，亦即自下方被見到的強度之形象。實際上一切皆顛倒了。自上方者，是差異的肯定，以自下方的方式則變成了相異者之否定。這情況仍舊，負面否定性因此只與廣延和質性一起出現。我們已了解到，廣延的第一維度是限制的力量，以及第二維度是，對立的力量。而且這兩種負面否定性的面貌就在廣度的「保守」特徵裡被建立（人們若沒有使相關系統的相同本性之廣度逐漸縮減的話，就無法使一種廣度在一個系統中增長）。而質性卻似乎與對立不可分：矛盾的對立，如柏拉圖所指出的，在每一質性將「最多」與「最少」之同一性皆置於它所抽離出來的諸強度中之範圍內；將矛盾衝突的對立，置於諸質性自身的成對分配裡。而當衝突消除時，就如同在香水芬芳的情況下，這正是為了使限制的遊戲在消或長的相似性系列裡占有一席之地。此外，相似性無疑是質性之法則，以及，平等是廣延之法則（或者不變性是廣度之法則）：通過這些方法，廣延和質性即是普遍性的兩種形式。但確切地說，這足以將它們變成再現的組成要素，再現本身若沒有這些要素的話，則無法勝任其在於將差異和同一聯繫起來的這種最私密的任務。因此，在先前為了解釋負面否定性的幻象而確定的兩個理由裡，我們可以加入第三個。

差異不是否定，反之，負面否定性是顛倒的、著眼於枝微末節方面的差異。即永遠在小圓窗裡的蠟燭。差異，首先，被再現的迫切要求倒轉，這些就是使其從屬於同一性的要求。接著被諸「問題」的陰影所顛倒，這種陰影使負面否定性的幻象產生。最後，通過將會覆蓋或解釋強度的廣延和質性而倒反。「這正是在質性之下、在廣延之下，強度出現頭腳倒置的狀態」，以及，其具特徵的差異呈現出負面否定性的面貌（限制或對立的面貌）。差異只在廣延裡、在質性之下，才將其命運與負面否定性連結在一起，確切地說，廣延和質性傾向消除差異。每當我們在面對被定性的對立，且在對立被分配的廣延裡時，我們不該為了解決它們，而去指望或許能克服它們的外延綜合。反之，這是在強度的深度中，構成性的不相稱、被包覆的間距，它們皆屬負面否定性的幻象之來源，不過，也同樣是此幻象的揭露原則。唯有，深度會解決，因為唯有差異產生著問題。並不是諸相異之綜合在廣延裡將我們帶往它們的和解（偽—肯定），反之，是它們的差異之「區分化」在強度上肯定了它們。對立總是平面的；對立只是在一平面上表現出原初深度之歪曲變質的效果。對於立體圖像而言，人們經常注意到此深度；而且任何力量的場域直指一種勢能、任何對立皆指涉最深層的「不相稱性」（disparation）更是一般，對立若要在時間和廣延裡被解決，只能根據不相稱首先在深度上創造出交流的秩序，且重新找到不相稱在此自我包覆的維度，於被定性的廣延之今後的世界中，闢出一些勉強可被辨識的強度道路[12]。

什麼樣的存有是「屬於」感性的呢？根據這個提問的諸狀況條件，答案必須指明「某事物」不合常理的存在，同時，無法被感受（以經驗的練習之觀點）以及只能被感受（以超驗的練習之觀點）。在《理想國》第七卷的文本中，柏拉圖指出，這樣的一種存有是如何將力量的考驗傳遞給其他能力、使這些能力從它們的麻木中脫離出來，觸動著記憶且約束著思想。然而，柏拉圖以下列方法確定此存有：同時是，感性—對立。柏拉圖想說的是，如同他明確指出的《菲力帕斯篇》（Philèbe），一種質性或一個感性的關係，於其自身不會與一衝突對立分離，且甚至不會與人們將之賦予主體而產生的矛盾分離。任何質性皆為生成變異，人們不會變得比以往曾是那般更硬實（或更巨大），除非，同樣也藉此方法，同時變得更「軟弱」，即人們正在變得（比現在即是這般更渺小）。我們無法透過區辨諸時間的方式而從中脫身；因為時間的區別是在生成變異之後，此變異將時間置入相互彼此中，或同時提出兩種運動，嶄新的現在由其中一種運動而被構成，而先前的現在由另一種運動而被建構成過去。人們似乎無法擺脫一種變成—瘋狂異常、一種無限的生成變異，其意味著諸對立面的同一性，作為在質性中「最多」和「最少」之共存。然而，柏拉圖的這個回答有一些嚴重的缺陷：事實上，此回答已取決於諸強度量，但只在正發展中的質性裡才意識到這些強度量——而且這就是為什麼，此回答將感性之存有指定為在質性裡的衝突對立。但感性—對立或質性裡的衝突對立，特別是它們能構成可感知的存有（l'être sensible），卻絕對不會構成感性「之」存有（l'être du sensible）。這是在強度中的差異，而不是於質性裡的衝突對立，前者構成感性「之」存有。質性的衝突對立僅是激烈性的反思，反思透過在廣延中解釋激烈性而將其泄露。正是強度，在強度中的差異，組成感受性的專有限度。因此強度具有此限度的悖論特徵：它是無感、不能被感受者，因為它總是被使其異化或使其「形成對立」的質性所遮蓋、被分配至使其顛倒和將其消除的廣延裡。但另一方面，強度是只能被感受者、感受性的超驗練習之定義者，既然它使人去感覺，且以此方式喚醒了記憶和制服思想。領會獨立於廣延之外或在質性之前且在兩者中展開的強度，這就是諸意義的扭曲之標的對象。一種諸意義的教學法被轉向此目標，且屬於「先驗主義」的一部分。許多藥理效應動力學的經驗、或者如暈眩的物理經驗，皆有相似之處：這些經驗向我們揭

12 關於深度、立體圖像和「二律背反的解決方法」，參見雷蒙德．呂耶（Raymond Ruyer）。〈價值論的突起點與深度之感〉（Le relief axiologique et le sentiment de la profondeur）（《形而上學與道德期刊》（Revue de métaphysique et de morale），1956 年 7 月）。以及關於「不相稱性」相較於對立而言之優先性，參見吉爾貝．西蒙東（Gilbert Simondon）以勒溫（Lewin）的「生命網絡空間」（l'espace hodologique）概念作出批判：《個體與其物理生物學之生成》（L'individu et sa genèse physicobiologique, Presses Universitaires de France, 1964），頁：232-234。

示了這種在己的差異、深度、強度，於其不再被定性亦不再被延展之原初時刻。那麼，強度的撕裂特徵，其級別程度是如此地脆弱，而使它釋出其真正的意義：並非感知的預期，而是從超驗的練習角度來看感受性的專有限度。

根據總結另外二種特性的第三特性，強度是被隱含、被包覆、「被胚胎化」的量。而不是被隱含在質性裡。被隱含在質性中者，僅僅是次要地為之。強度首先是被隱含於其自身：隱含的與被隱含的。我們必須將蘊涵構想成一種被完全確定的形式。在強度中，我們稱真正的隱含、包覆者為「差異」；我們稱真正被隱含或被包覆者為「間距」。這就是為什麼，強度既不是可分割的，即作為廣延量，亦不是不可分割的，作為質性。廣延量之可分性以此被定義：透過單位的相對確定性（此單位自身從未是不可分割的，只不過是標記著人們在此層級中斷了劃分）；透過被單位所確定的諸部分之對等；透過這些部分之同質與人們所等分的一切。劃分因此而能夠產生，且持續不斷，除非在等分性質裡毫無任何改變。反之，當人們注意到，一溫度不是由諸多溫度組成、一速度並非由諸多速度組成時，意思是，每一溫度已是差異，以及諸差異不是由相同秩序的諸多差異所組成，而是含有異質項的級數之意。如同羅斯尼（Rosny）所指出，一個均勻的量之假想在強度裡消散。一個強度量進行劃分，不過若沒有改變本性的話就不會進行劃分。就某種意義上說來，強度量因而是不可分割的，但只是因為沒有任何部分先存於劃分之前，且透過進行劃分保有相同的本性。然而，人們應該會議論「較小」和「較大」：確切地說，按照這樣的部分之本性，假設了如此的本性變化或反被它所假設。因此，一個運動的加速或減慢，以它來定義一些應該說成較大或較小的諸強度部分，同時，這些部分改變了本性且按照這些變化的秩序（有序的差異）。正是在此意義上，在深度方面的差異由諸多間距所組成，「間距」完全不是一個廣延量，而是不可分割的非對稱關係，屬於序列和強烈性的特徵，其建立於兩異質項的級數之間，而且每一次皆表現出，沒有改變本性就不進行劃分者之自然本性[13]。強度量，與廣延量相反，因此通過包覆性差異——被包覆的間距所定義——而且於自身之不平等證明了，自然「餘數」作為本性的變化之物質。我們必須，從那時候起，將多重性的兩種類型區分為間距和長度：隱含的多重性與明確的多重性，前者的度量隨著劃分而改變之，後者帶有其度量之不變原則。差異、間距、不平等，這些都是作為強度「空間」之深度的正向特性。而且闡明的運動，差異正是通過它而趨向自行消除，間距亦通過它而趨向在長度上延展、展開，以及，可分割者通過它而趨向相等。（再一次，柏拉圖思想中的量之大小，已見到了分割者只透過涵括著不平等才能形成於自身之本性。）

13 邁農（A. Meinong）《關於韋伯定律之涵義》（Über die Bedeutung des Weber'schen Gesetzes, f. Psycho u. Phys. d. Sinnesorg., XI, 1896）和伯特蘭．羅素（Bertrand Russell）《數學原理》（The principles of mathematics, 1903, chap. 31）已標出諸長度或廣度與諸差異或間距之區別。前者為均等分割的廣延量；後者屬於源自強度之量，相對地不可分割，亦即沒有改變本性就不進行劃分。萊布尼茲，正是首位建立間距理論者，透過將其與「空間」之關係聯繫在一起，且與「廣度」大小相對立——參見馬夏爾．蓋魯（Martial Guéroult），〈萊布尼茲的空間、點和空〉（Espace, point et vide chez Leibniz），R. M. M. 期刊，1946。

我們可能會因為在強度中置入所有本性的差異而遭到責備，且同樣因為，以通常會回返至質性者來蘊含之而備受責難。然而也同樣地，因我們將通常屬於廣延量者，與間距一同放置於強度裡而受到責備。這些指責在我們看來似乎沒有根據。誠然，差異透過在廣度方面之開展，而變成程度上之普通差異，不再擁有於其自身之原因。確實，質性因此從這個異化的原因中獲益，且擔負著本性之差異。但兩者之別，以及機械論和「定性主義」（qualitativisme）之別，皆倚賴著一種戲法：其一利用在另一之中已消失者，但真正的差異並不屬於這兩者的任何一方。差異只在廣度上自行消除的過程中才會變成質性的。於其本性自身裡，差異亦不是質性的而是外延的。首先我們應注意到，質性具有更多的穩定性、固定性和普遍性，而人們往往不去談這些。這些都是相似性的秩序。它們或許不同，且於本質上相異，這是肯定的，但始終在相似性已假定的秩序裡。而且它們在相似性裡的變化，明確地指向完全不同種類的一些變化。當然，質性的差異不會重現或表現出強度的差異。然而從一質性到另一質性的過渡中，甚至在相似性或連續性的最大值之下，存在著一些差距的現象與同層面的現象、一些差異的衝突、一些間距，完全是一種連結與分離的遊戲，完全是一種深度，其形成一組循序漸進的刻度，多過於形成一段特有質性的時延。而且人們將時延歸於質性，除了奔至葬身之處外，它還會是什麼，除了在相符的廣延裡，屬於差異之必須消滅的時間、必須在諸質性間均一化的時間之外，它還會有什麼樣的時間，倘若強度不張開、不堅持和不重新開始這段時延的話？簡言之，有可能從未存在著質性或本性的差異，亦沒有數量上或程度上的差異，倘若沒有強度能夠將一些差異建構在質性裡、將另一些差異建構在廣延中，冒著似乎會在彼此間消逝的風險。

這就是為什麼，柏格森對於強度的評論似乎難以令人信服。此評論賦予自己一些既成的質性和已被構成的廣延。它將差異以本性差異之方式分配在質性中、以程度差異之方式分配於廣延裡。自此觀點，強度不可避免地更只顯得像一種不純的混合；它既不再是感性的，亦非感知的。但因此，柏格森已將任何回返至強度量者置於質性中。他想要將質性自表面運動解放出來，此運動把質性與衝突對立或矛盾連接在一起（這就是為何他將時延與生成變異對立起來）；不過，他僅透過將一種深度歸於質性才可能落實，此深度確切地作為強度量之深度。沒有人可以同時反對負面否定性與強度。柏格森的驚人之舉在於，完全不將質性的時延定義成不可分割者，而是將之定義成透過進行劃分而改變本性者、透過改變本性的方式不停地進行劃分者：他說，潛在的多重性，與只保留程度上的差異之數量和廣延的現實多重性相對立。不過，柏格森主義的集大成在這種差異哲學裡表現出來了，即在柏格森自問關於質性和廣延的雙重生成到來的那一刻。而且這種基本的的區分化（質性—廣延）僅能在虛存記憶（la Mémoire）的重大綜合裡找到其理性，此虛存記憶使所有差異的程度共存，即使這些作為舒張和收縮的諸程度共存，且在時延內部深處重新發現此強度之隱含秩序，該強度只能曾經已被從外面且暫時地揭露出來[14]。因為程度上的諸差異，以及在力學上再現它們的廣延，都不具有於其自身之原因；然而本性上的諸差異，以及在質性上再現這些差異之時延，更是不具有此原因。機械論的靈魂說：一切都是程度上的差異。質性的靈魂則回答：到處都有本性上的差異。但這些都是虛假的靈魂，以及一些同夥、共謀的靈魂。讓我們認真看待此著名的提問：在程度上的諸差異和本性上的諸差異之間，是否存在著一種本性上的或程度上的差異？兩者皆非。差異僅在它被解釋的廣延裡才是屬於程度上的；差異只在將它涵蓋於此廣延中之質性下才屬於本性上的。在這兩者之間，存在著差異的所有程度，在這兩者之下，存在著差異的全然本性：即強度（的）。程度上的諸差異只是差異的最低層級，且本性上的諸差異是差異的最高本性。本性上和程度上的諸差異所分離或區分者，就是差異的諸程度或本性將之變成相同，然而這是被用來述說相異之相同。而且我們已見到，柏格森曾進行直至此極端的結論：差異之本性與諸程度的同一性，此「相同」，可能就是重複（本體論的重複）……

有一種幻象被與諸強度量連結起來。但幻象不是強度自身；倒不如說，強度差異通過此運動而自行消除。它並非在表面上消除。它確實是自行消除了，然而是在自身之外，在廣延裡與質性之下。我們因此必須去區分蘊涵或貶損的兩種秩序：即次要的蘊涵，指出一些強度被包入解釋它們的質性和廣延裡之狀態；以及初等蘊涵，指出強度被隱含於其自身，同時包覆著和被包覆之狀態。次要的貶損，強度差異於其中自行消除，最高級與最低階重新接合；以及原始貶損的力量，最高級在此肯定最低階。幻象，確切地說正是這兩項堅決要求、外在的和內在固有的這兩種狀態之混淆。而且，幻象如何能從感受性的經驗練習觀點下被迴避，既然此練習只在質性和廣延的秩序裡才能領會強度？唯有先驗的研究能夠去發現，強度處在被隱含於其自身和持續去包覆差異的狀態，此刻，強度映照在它所創造的廣延和質性之中，且輪到它們，只在次要的面向下隱含著強度，正好是那必須為了去「解釋它」而如此為之者。廣延、質性、限度、對立的確指出了一些實在性；不過卻是虛幻的，這是差異在此所取用的形貌。差異繼續過著隱蔽的生活，當它被表面反射的形象變模糊的時候。而且變得模糊是屬於此形象的任務，然而此任務只屬於此形象，以及，消除差異是表面的責任，但僅僅在表面上能消除之。

我們也許會問如何從卡諾或居里的經驗原則中，提取先驗的原則。當我們力圖去定義一般說來的「能量」時，或者是我們重視廣延的定性和外延的因素時：於是我們被迫認為「有某事物維持著恆定」，因而列出屬於恆等同一之重大卻平庸的恆真式。或者相反地，我們認為純粹的強度如同被隱含進此深入的區域裡，在此毫無質性得以發展、沒有任何廣延會被展開；我們透過被藏匿於此純粹的強度之中的差異去定義能量，而且這就是帶著恆

14 柏格森，從一開始，就將時延定義為「多重性」、可分性，但沒有改變本性就不進行劃分：《論意識材料的直接來源》（Essai sur les données immédiales de la conscience），收錄於《著作集》，Centenaire 出版），頁：57 與續頁，以及特別在《物質與記憶》，頁：341-342。因此，不僅有在時延和廣延間的本性之差異，也有時延與廣延做出區別，以及「本性之差異」自身與程度上的差異做出區別（兩種類型的「多重性」）。然而，一方面，時延與「差異的本性」混淆在一起，而且，如此一來即包含了「所有差異的程度」：因此內在的強度再次引入時延中，以及在所有舒張和收縮的程度之時延裡，一種共存之理念（《物質與記憶》和《思想與變動》（La pensée et le mouvant）主要的論點）。

真式的「強度差異」之公式，不過這一次是屬於相異之卓越且深層的恆真式。因此，人們將會避免把一般性能量與處於靜止狀之均勻不變的能量相混淆，後者使任何轉變成為不可能。唯有在廣延裡特殊的、經驗的、定性的能量形式能處於靜止的狀態，強度差異在此已被取消，因為其被置於自身之外且分布在系統的組成要素裡。然而，一般性能量或強度量即是任何變形的「空間」、劇場，於自身之差異，將它所有的程度包覆進每一程度之生產裡。能量、強度量，在此意義上，是一項先驗的原則且並不是個科學的概念。根據諸經驗和先驗原則之分布，人們稱經驗原則為支配一個領域的堅決要求。任何領域皆是一個被延展且被定性的局部系統，以下述的方式處於被支配的狀態，即創建此領域的強度差異趨向於系統中「（自然法則）」自行消除。可是眾領域都是個別配分的且不相互加總；在廣延中，一般性幅員並沒有多過一般性能量。反而有一個沒有其他質性確定的強度空間，且在此空間中有一種純粹的能量。先驗原則不支配任何領域，而是提供給經驗原則待支配的領域；它解釋說明了領域對於原則之歸順。正是強度差異創建此領域，且將它提供給經驗原則，強度差異根據此原則（在此）自行消除。正是它，先驗原則，在經驗原則所及的範圍之外被保存於自身。而且同時，諸自然法則支配著世界的表面，永劫回歸不停地在這另一維度裡、在先驗的或火山「空間」的維度裡轟轟作響。

當我們說永劫回歸不是相同、相似或平等的回歸時，我們想表達的是，它不預先假定任何的同一性。反之，它被用來述說一個無同一性、無相似性以及無平等的世界。它被用來形容一個世界，其基底本身就是差異，於此世界中，一切皆取決於諸多不相稱、被無止境地反射的差異之差異（強度的世界）。其自身，即永劫回歸，是恆等同一、相似和平等。然而，正確地說，它毫不預先假定在其所述說者中的任何既存者。它被用來述說不具有同一性、相似性和平等者。它是被用來述說著，相異之恆等同一、純粹不相稱之相似性、不平等之相等、所有差距之鄰近。諸事物必須在差異和其解體的同一性裡被四分五裂，為了使它們變成永劫回歸的戰利品，以及在永劫回歸裡之同一性的犧牲品。從那時候起，人們可以度量那裂口，其隔開了作為「現代的」信仰，且甚至是未來的信仰之永劫回歸，與作為古老的或假定成古老的信仰之永劫回歸。說真的，這是我們的歷史之哲學微不足道的獲得，即把可能是我們的歷史性時間，與可能已是古代人的循環時間相對立。人們或許相信，對於古人們而言，「這旋轉著」，以及對於現代人來說，這是直行的：這種循環時間和直線時間的對立是個拙劣的想法。每當這樣的一項綱要受到考驗時，就會從這一點被推翻，且由於好幾種理由。首先，永劫回歸，比如人們將之歸於前人，預先假定著被認為使得回返之一般而言的同一性。然而，此恆等同一的回歸，服從於某些在事實上與其背道而馳的狀況條件。因為，永劫回歸或者建立在質性的組成要素於相互彼此間之循環轉變上（物理的永劫回歸），或者，建立於不會腐爛變質的天體圓周運動之基礎上（天文學的永劫回歸）。在這兩種情況下，回歸被呈現為「自然法則」。在其中一種情況下，它以質性措辭的方式被闡明，在另一種情況下，則以廣延的措辭方式。然而，天文的或物理的、外延的或質性的，這種對於永劫回歸的闡釋已經將其所假設的同一性簡化成極為一般的普通相似性；因為「相同」的定性過程，或諸星球之各自「相同」的方位，僅確定了一些粗略的相似性，在它們所支配的現象裡。再者，永劫回歸因而如此般被誤解成，對立於那緊密地與其相連結者：一方面，它在變形和轉生裡找到最初的質性限度，帶有一個在「諸生之輪」外之出口的理想典型；另一方面，它在無理數裡、在天體週期不可約的不等式裡，找到第二質性的限度。以上就是與永劫回歸連結最深的兩個主題，即質的變形和量的不平等這兩個主題，回過頭來反對它，已失去與它之任何可理解的關係。我們不認為永劫回歸，「如古人們所相信的一般」，是謬誤的或缺乏理性根據的。我們認為，古人們只約略地與不完全地相信它。這不是永劫回歸，而是一些不完全的循環、相似性的循環。這是一種普遍性，簡言之，即一種自然法則。（甚至，赫拉克利特的偉大年代只是火的部分之必要時間，其構成生命是為了轉變成大地和重新變為火）[15]。——或者，如果在希臘或別處存在著永劫回歸的真正知識，這是一種祕傳且嚴峻的知識，必須在其他的維度尋找，比起天文或定性週期之維度以及它們的普遍性維度更加神祕、更加特異。

尼采，身為古希臘的行家，為何知道永劫回歸是「他的」（自己的）創造，即不合時宜的或未來的信仰呢？因為「他的」永劫回歸絕非相同、相似或平等的回歸。尼采說得好：倘若有同一性、倘若對於世界來說存在著未區分的定性狀態，或對於星球來說存在著均稱的位置，那麼這會是一個不自其脫離的理由，而非進入週期循環的理由。因此尼采將永劫回歸與似乎和它相對立或自外部限制它者聯繫在一起：全面變態、不可化約的不平等。深度、間距、低—底、曲折、洞穴，於自身之不平等皆形成永劫回歸的唯一風景。查拉圖斯特拉使永劫回歸回到弄臣的角色，但也回到老鷹和蛇的角色：這不是天文學的「陳腔濫調」，甚至亦非物理的巡迴……這並不是自然法則。永劫回歸被製造於一種無底之底中，於此，原初的大自然就居存於其混沌中，在僅僅建立起第二自然的諸法則和支配之上。尼采將「他的」假設與週期性的假設相對比、將「他的」深度與在既定的行星軌道中的深度之缺席相對立。永劫回歸既非是質性的亦非是廣延的，它是強烈的，純粹地強度的。亦即：它被用來述說差異。這就是永劫回歸和權力意志的基本關係。其一僅能被說成另一。權力意志是變形、流通的強度、差異之差異、「氣息（靈感）」、影射和呼吸的閃爍世界：強度意向性的世界、擬像或「神祕」的世界[16]。永劫回歸就是這個世界的存有，即被用來述說此世界的唯一相同，排除任何先決的同一性。誠然，尼采關心他的時間之能量；但這不是一位哲學家在科學上的懷舊傷感，而必須猜測他在諸強度量的科學裡找到的——實現他稱之為帕斯卡（Pascal）預言之方法：為了將混沌變成一個肯定的客體。反自然法則而被感受的差異，在權力意志裡是感受性的最高客體，即「高度幽默」（la hohe

15 關於希臘人的刻意保留，譬如，對於永劫回歸，參見夏爾・穆格列（Charles Mugler），《希臘宇宙論之雙主題：週期性的生成和世界的多元性》（Deux thèmes de la cosmologie grecque, devenir cyclique et pluralité des mondes, Klincksieck, 1953）。

Stimmung）（人們終究記得，權力意志首先因被呈現為情感、距離感）。反對思想規則而被思考的重複，在永劫回歸裡是最高的思想、偉大的思想（la gross Gedanke）。差異是最初的肯定，永劫回歸則是第二，「存有的永恆肯定」，或所謂最初的 n 次方力量。這始終從一個信號開始，換句話說，從思想自身所指定的初始強度開始。通過被中斷的鏈繫或迂迴彎曲的圓環，我們被強硬地從意義的界線帶往思想的界線、從只能被感受者到只能被思考者。

正因為沒有什麼是平等的、正因一切皆浸於其差異裡、其不相稱和不平等中，甚至與自身在一起，一切皆回返著。或者倒不如說，一切皆不回返。不回返者，就是否定永劫回歸者、不接受考驗者。不回返者，就是質性、就是廣延——由於作為永劫回歸的條件之差異在此消失。不回返者即是負面否定性——因為差異為了自行消除而在此顛倒。不回返者，就是恆等同一、相似和平等——因為它們構成無差別的諸形式。不回返者正是上帝，是自我作為同一性的形式和保證。這是任何僅在「一次作為全部」的法則下顯現者，包含重複在內，當它服從於同一種質性、同一個已延展的身體、同一個自我（因此「復活」）之同一性的條件下……這是否真的意味著質性與廣延性皆不會回返呢？或者，難道我們沒有被導向去區分例如質性的兩種狀態、廣度的兩種狀態嗎？前者的其中一種狀態，即質性如符號一般，在強度差異的間距或間隔裡閃爍著；另一種則作為結果，已對於其原因起作用且趨向消除差異。後者的其中一種狀態為，廣度仍處於被隱含進差異的包覆秩序中，而另一種狀態是，廣延性在已被定性的系統裡解釋差異且將其消除。這個無法被落實在經驗裡的區別，從永劫回歸的思想之觀點看來變為有可能。闡釋的硬實法則，正是被闡明者「一次作為全部地被解釋」。強度量的行為準則僅有二項原則：即使是最低的也要去肯定、不要（過度地）說明原因。我們必須像父親一樣，因孩童說了他所知道的全部髒話而責備他，不僅僅因為這是不對的，也是因為他一次就把全部說出來，因他毫無保留，沒有留下任何作為屬於永劫回歸之隱含而難以捉摸的素材。如果永劫回歸，甚至以我們的協調性作為代價且為了最高層級的協調性之利益，把質性帶到純粹符號的狀態，且從廣延性中僅留住與原初深度相結合者，那麼，較適合的質性、更明亮的顏色、最珍貴的寶石、最生機勃勃的廣度將會出現，因為，全變成它們播種育苗的理由、中斷任何與負面否定性的關係，它們為了一直被扣留在正向差異的強度空間裡將持久存在——那麼《斐多篇》的最後預言反過來終將被實現，當柏拉圖答應給予，自他的經驗練習得出之感受力，一些人們從未見過的廟宇、星球和眾神，即一些前所未聞的肯定。此預言，只能在柏拉圖主義自身的顛覆裡，確實地被實現。

16 皮耶·克羅索斯基已指出，永劫回歸與作為「跡象」而運作的純粹強度之關聯：參見遺忘和有意識之回憶，在相同之永劫回歸的實際經驗中（收錄於《尼采，羅奧蒙特論壇備忘錄》（Nietzsche, Cahiers de Royaumont, Editions de Minuit, 1967）。克羅索斯基在他的小說《巴風滅》（Le Baphomet, Mercure, 1965）中，以這個構成永劫回歸的特有題材之強度「氣息」世界的描述而發展得極為深遠。

*
* *

強度量與數學微分之親屬關係經常被否認。而此批評只不過是支撐在一種對於親屬關係的錯誤構想上。親屬關係不應該建立在一個級數的考量、一個級數的多項和連續項間的差異之基礎上，而是必須建立於兩種關係類型的對照基礎上，即理念的交互系統裡之微分關係、感性的不對稱綜合裡之強度關係。交互的綜合 dy/dx 在將 y 與 x 聯繫在一起的不對稱綜合裡延伸。強度的因式為一偏導數（une dérivée partielle）或複合函數的數學微分。在強度和理念間，以及在差異的兩個相符的形貌之間，完整的交換電流被建立起來。理念是一些潛在的、成問題的或「令人困惑的」多重性，由諸多微分要素間之關係而產生。強度則是一些隱含的多重性、「複雜概念」，由諸多不相稱要素間的關係產成，其引導著理念的現實化過程且確定了對於問題的諸解決方案。因此，諸強度之美學發展了與理念的辯證法一致的每一時刻：強度力（深度）奠基於理念的潛在性。與美學已在同一水平上相遇的幻象，重取了辯證法的潛在性；而且負面否定性的形式是諸問題和它們的要素之投影，在成為強度差異的顛倒形象之前。強度量相互抵消，似乎不亞於成問題的理念自我消散。諸細微感知之無意識作為強度量，指向諸理念的非意識。且美學的技術與辯證法的技術相呼應。後者是諷刺，作為問題和提問的技巧，在微分關係的操縱裡與在慣常和特異之分配中被表達出來。然而，美學的技術是幽默、信號和跡象的物理性技巧，確定著部分的解決辦法或諸解決方案，簡言之，即諸強度量之隱含技術。

不過，這些極為一般的相應關係並非指出，親屬關係是如何被合理地使用，且如何進行著強度量與數學微分的接合。讓我們重新開始，與一現實化過程不可分之理念的運動。譬如，一個作為色彩的理念、多重性，是經由在某一秩序的生成或微分要素間的諸多關係之潛在性共存而被構成。正是這些關係被現實化於在質性上有別的顏色裡，同時，它們的顯著點體現於一些已被區分的、與這些質性相通的廣延裡。因此，諸質性都是已被區分的，而諸廣延性，則按照它們所再現的眾多分歧線，即依據這些分歧線，僅以理念式共存的諸微分關係得以被現實化。在此意義上我們已理解到，任何現實化的過程皆是一種質性的和廣延的雙重區分化。而且區分化的範疇級別大概是根據構成理念的微分秩序而改變：定性和劃分是物理性現實化的兩個面向，以及，規範和組織構造是生物性現實化的兩個面向。但一直重返的是，諸多已區分的質性之要求，根據它們各自實現的關係，以及諸多已區分的廣延之要求，根據它們所體現的顯著點。這就是為什麼，我們已被導向去構成微／區分化（différen t/c iation）之概念了，為了同時指出理念或潛在的多重性裡之微分關係的狀態，與質性的和廣延的系列之狀態，這些狀態在此概念中透過自我區分而被現實化。但因此處在完全未確定的狀態者，就是這樣的一種現實化之狀況條件。理念如何被確定要體現於已區分的質性中、在已區分的廣延性裡呢？是什麼確定了共存於理念中的關係，要在質性和廣延裡自我區分？諸強度量明確地給出了答案。正是強度，在現實化過程中的確定者。正是「戲劇化」的強度。就是它，在基礎的時—空動力論裡立即被表達出來，以及確定了一個微分關係，其在理念中「不可區分」、待體現於一種有別的質性與一個已被區別出來的廣延裡。藉此，以某一種方式（不過，我們將見到的，只是以某一種方式而已），區分化的運動和範疇與闡述的運動和範疇相混淆。我們所論及的區分化是對於被現實化的理念而言的。我們談論的闡述，即是就「展開」的強度來說的，而且此強度，確切地說，確定了現實化的運動。如果這全然真確的話，強度在它所創造的質性和廣延性之中被解釋，這正是，質性和廣延性不相像、與被實現在它們之中的理念式關係一點也不相像：區分化意味著諸線的創造，它就根據這些線來實行。

強度如何扮演此確定性的角色呢？強度必須在其自身中，獨立於區分化，不比獨立於源自它的闡釋來得少。獨立於闡釋的，即強度，經由定義它的蘊涵秩序以為之。強度獨立於區分化，通過在本質上屬於它的過程。諸強度量的必要過程就是個體化。強度是進行著個體化的，諸強度量則是進行個體化的因素。諸個體皆屬信號—符號系統。任何個體性都是強度的：因此像瀑布傾瀉而下的、開氣閘的、互通的個體性，包含著和於自身肯定著在諸強度中被建立的差異。吉爾貝．西蒙東近期指出，個體化首先假設一種亞穩定的狀態，亦即一種「不相稱性」的存在，作為至少兩種大小秩序或兩種異質實在性的標度，諸多潛力被分配於它們之間。然而，此前—個體的狀態並不缺乏特異性：顯著點或特異點經由潛力的分布和存在而被定義。因此出現了客觀的「成問題的」場域，通過在諸多異質秩序之間的距離而被確定。個體化湧現作為如此問題的解決行動，或者，回返至相同者，作為潛力之現實化和不相稱的交流。個體化的行動，不在於消除問題，而是將不相稱性的諸要素歸入一個確保著內部共振之聯結狀態。因此，個體處在與一個前—個體的半邊並列靠攏的狀態，於其中它不是非人稱，然而倒不如說是其特異性的儲存庫[17]。在這所有的面向之下，我們相信，個體化在本質上是強度的，且前—個體的場域是理念式—潛在的，或者以微分關係產生。個體化，正是它回答了「是誰？」的提問，以及，理念回覆「多少？如何？」等等提問。是誰?始終是一種強度……個體化，正是強度的行動，確定了微分關係根據區分化的諸多線而被現實化，在它所創立的質性和廣延性裡。況且整體觀念就是屬於這種：未—微／區分化（未—戲劇—微／區分化）。諷刺自身，作為微分理念的技術，絕不會無視特異性；相反地，它演出了尋常點和顯著點的整個分布。但這總是關乎著被分布於理念中的前—個體的特異性。諷刺仍然無視個體。而是幽默，作為強度量的技術，演出了進行著個體化的因素和個體。幽默證明了作為解決方案的個體之遊戲，相對於它所確定的區分化，然而，諷刺以自身為考量，在諸問題的計算或它們的狀況條件之確定中，著手進

17 參見吉爾貝．西蒙東（Gilbert Simondon），《個體與其物理生物學之生成》（L'individu et sa genèse physicobiologique, Presses Universitaires de France, 1964）。

行必要的微分化。

個體既非質性亦非廣度。個體化既非定性亦非劃分、既非規範也非組織。個體不是「最底層的（物）種」（species infima），更不是諸部分的複合物。進行著個體化的質性或廣延的闡述處於無能力去確定，對於質性而言，停止成為一般性的理由，或者對廣延性的綜合來說，自此開始到那兒結束之理由。定性和規範已經假定了必須質性化的個體；而且外延的諸部分與一個體相關，反之則不然。不過確切地說，去標記在個體化和一般性區分化之間的本性差異是不足的。當我們不接受必然的結論時，此本性差異就會處於難以理解的狀態：即個體化正當合理地先於區分化、任何區分化假設了先決的個體化之強度場域。正是在個體化場域之行動下，如此的微分關係和如此的顯著點（前－個體的場域）被現實化了，亦即在直觀裡被組織起來，根據一些相對於其他線之已區分的線。那麼，在此狀況條件下，它們形構了質性和數量、種和一個體的諸部分，簡言之，即它的一般性。因為，存在著不同種和同種的個體，人們傾向去相信，個體化使規範延伸，即使它是屬於一種不同的本性且借用其他方法。但事實上，在這兩段過程之間的任何錯亂、從個體化到一種限度或區分化的複雜之任何簡化，皆損害了差異哲學之整體；人們將一類似的錯誤，這一次是在現實中，推給由於混淆了潛在和可能而產生的錯誤。個體化並不假定任何的區分化，而是誘發它。諸質性和廣延性、外形和物質、（物）種和部分都不是原初的；它們被限制在個體裡以及結晶體中。而且正是整個世界，像在一個水晶球裡，在進行個體化的差異或強度差異之移動的深度裡被辨讀。

所有的差異皆由個體所承載，但它們並不因而是個體的。在何種狀況條件下，差異會被視為是個體的呢？我們清楚地看到，分類的問題一直在於去排序諸差異。但動植物的分類顯示出，人們只須委身於相似的持續性之多重網絡系統即可排序諸差異。有生命的存在之持續性看法，因從未與分類的持續性看法區隔開來，故仍少有與之對立者；這甚至不是一種擔負著限定分類的要求或使其具有些微不同之看法。相反地，這是任何可能的分類之徵用。譬如有人詢問，在諸多差異之間，哪一個才是形成真正「特性」的差異，亦即允許在一個諸點的最大限度上相像的一些存有，於一被反思的同一性裡進行分組歸結。正是在此意義上，（生物）屬可以同時成為反思的概念，然而也作為本性的概念（在它「裁量」的同一性被捕獲進鄰近（生物）種裡的情況下）。假使人們端詳著三種植栽A、B、C，其中A和B是木本植物，C不是木本的，B和C是藍色的，A是紅的，這是「木本」所形成的特性，因其確保著諸差異對增和減的相似性秩序之最重大的從屬關係。且無疑地，人們能去揭示相似性秩序即屬於粗淺的感知。不過這只須將反思的諸單元替換成一些構成性的巨大單元（或許是居維業（Georges Cuvier）的巨大機能單元，或是傑歐弗華（Geoffroy）的巨大組合單元），相對於這些，差異仍在類比的判斷裡被思考，或者是作為在一普同概念裡的變數。無論如何，只要人們使差異從屬於感知裡之相似性、反思裡之同一性、判斷裡的類同或概念裡之對立的這些標準下，差異就不會被視為個體的差異。差異只是一般的差別，儘管它是被個體所承載的。

達爾文的重大革新可能在於建立個體的差異之思想。《物種起源》（*L'origine des espèces*）的主要論調是：沒人知道個體的差異能做什麼！沒人知道它可以行至何處，只須在此加上物競天擇。達爾文的問題，以非常相似於佛洛伊德在其他情況會使用的一些表述方式而被提出：這關乎著去理解在什麼樣的狀況條件下，細微的、不被約束的、不穩定的或無關聯的差異，變成可估計的、有關聯的和固定的差異。然而，這就是物競天擇，真正地扮演著實在性和甚至是成功的原則之角色，其表明了諸多差異是如何在一個方向裡相連接和相堆疊，而且如何在不同或甚至對立的方向裡越來越趨向輻散。物競天擇具有一個主要的作用：區分差異（最為分歧者之續存）。在此，選擇不被運行或不再運作，差異停留著或重新變成浮動的狀態；而其被運用在此，是為了去固定諸差異以及使它們產生輻散。分類學的巨大單元，如屬、科、目、綱，不再用於思考差異，透過將其與一些相似性、同一性、類比、已被確定作為同等多的狀況條件之對立聯繫在一起。「相反地」，這些分類學的單元正是自差異開始被思考，以及自差異的區分化開始，此差異的區分化作為物競天擇的基本機械論。無疑地，個體的差異，為了其自身而被思考，作為選擇或區分化的原始材料，在達爾文的學說中尚未具有明確地位：自由的、浮動的、無關聯的差異，與未確定的變異性相混淆。這就是為什麼，魏斯曼（August Weismann）為達爾文主義帶來了一個必要的貢獻，當他指出個體的差異是如何在有性生殖裡找到一種天生的原因時：有性生殖作為「千變萬化的個體差異之無間斷地繁衍」的原則。在性別區分化自身是有性生殖的結果之範圍內，我們看見三種生物學的重大分化，即（生物）種的、有機體部分的和性別的三種分化，皆圍繞著個體的差異且反之則不然。這正是達爾文主義之哥白尼式革命的三種面貌。第一種涉及著諸個體差異之區分化，作為特徵的分歧和群體的確定性；第二種，涉及了諸差異在同一群體中作為特徵的協調一致性之連結；第三種，則涉及諸差異的生產作為區分化和連接關係的持續材料。

這是在表面上——當然，是在有理性根據的表象裡——有性生殖處在服從於種的準則和有機體部分的要求之狀態。誠然，蛋終究必須再生產出它所屬的有機體的所有部分。有性生殖同樣確實地、大概地，在種的限度裡發揮作用。但是，人們已時常注意到，所有的繁殖模式皆意味著有機的「去區分化」現象。蛋只要在不依存於它的一個場域中發育就能重新構成所有的部分。而且它只須同樣去呈現出特有的去區分化現象，才能在種的限度裡發育。唯有同種的生命確實可以超越種，且輪到它們來生產出以粗胚形式而作用之生命，暫時被簡化成一些超—特有的特徵。這完全是馮．拜爾（von Baer）的發現，當他指出，胚胎不自其他種的祖代成體形式而繁殖，然而其體驗和經受一些狀態，進行著特別不可行的運動，超出種、屬、科、目、綱的界線，且只經由胚胎，在胚胎的生命之狀況裡才能被經受的運動。拜爾從中得出結論，後成說（épigenèse）從最一般者行至最不一般者，亦即從最一般的類型到（生物）屬的且特有的確定性。然而，這種高度的普遍性與抽象的分類學概念毫無相關；因為它是，如此般地，被胚胎所「體驗經受」。一方面，它指向諸微分關係，其構成先存於種的現實化之潛在性；另一方面，指向此現實化的初次運動，且特別指向此現實化的狀況條件，亦即個體化，例如在蛋裡面找到其構成場域。因此，生命的最高一般性超越了種和屬，然而是朝向個體和前個體的特異性而超越它們，而不是朝向抽象的非人稱以超越之。如果有人和拜爾一樣察覺到，不僅僅是胚胎的模式出現得太早，甚至其特有的形式亦然，人們將必然不會作出諸類型或（生物學分類）門的不可化約性之結論，而是通過個體化對於現實化或規範之相對速度與加速行動作為結論[18]。這不是作為一個幻象之個體，其相較於種的天賦特性，這是種作為一個幻象，確實不可避免且有理性根據，相對於個體和個體化的遊戲而言。提問不在於去理解個體是否，在事實上，能與它的種和它的部分分離。它不能如此。可是這個「不可分離性」本身，與種和部分顯現出的速度，難道不能證明個體化在區分化之上正當的優先性嗎？在種之上者，正當地先於種的，正是個體。而且胚胎，就是像這樣的個體，在其個體化的場域裡直接被抓取。有性生殖定義了此場域本身；如果有性生殖在產物裡，伴隨著特有形式同樣更早熟的出現，這就是種的觀念本身，首先取決於有性生殖，有性生殖由於個體化而加速了現實化的開展運動（蛋自身已是最初運動之所在地）。胚胎是其雙親的一種錯視；任何胚胎都是一種凱美拉現象[19]，能夠作為粗坯而運行，且有能力作為就任何已被規範的成熟體來說不能生存者而存活。它進行著受迫的運動、構成內部的共鳴，它使生命的原初關係戲劇化。動物和人類的性徵之比較問題，即在於尋找性徵如何停止作為一種機能且中斷其與生殖的關係。這正是人類的性徵將錯視的生產條件內在化。夢是我們的卵、我們的幼體或心理特有的個體。無論如何，有生命的蛋已經是個體化的場域；胚胎自身即是純粹的個體；以及，在彼此相互中證明了個體化優先於現實化，亦即同時居於規範和組織構造之上。

進行個體化的差異應首先在其個體化的場域裡被思考——並非作為晚熟，而是以某種方式在蛋裡面被思考。自蔡爾德（C. M. Child）和韋斯（Paul Weiss）的研究工作以來，人們認識到一些在蛋裡的對稱軸和平面；但在此，正向積極性在被給定的對稱要素裡，與其在缺席者、不在此者裡相比，仍屬少數。沿著軸線，而且自一端到另一端，一種強度分布著其差異，形成通過原生質而延展之變異波。最大的活動力區域扮演第一個起作用的角色，且對於符合低速率的部分之發育起了主導性的影響作用：個體在蛋裡是真正的墜落，從最高行至最低、肯定著強度差異，個體被包括、墜入於此強度差異之中。在兩棲類的新生「原腸胚」裡，強度於「上囊胚孔的」正中心狀態時似乎是最大的，且在所有的方向裡逐

18 關於特有的形式類型所顯現出來的速度，參見埃德蒙·佩里耶（Edmond Perrier），《動物的群居與有機體的成長》（Les colonies animales et la formation des organismes, Masson, pp. 701 sq.）——佩里耶強調種的觀念對於有性生殖的依附關係：「在每一嶄新的世代，共同特徵呈現一種越來越沉穩的固定……所有近期的研究一致證實，種不存在於動物界的暈體裡，繁殖在此無需預先受精就會被落實。因此，種的出現與有性世代的出現緊密地聯繫在一起」（頁：707）。

19 譯注：「嵌合體」原文源自於希臘神話裡具有獅頭、羊身、蟒蛇尾的吐火神獸——凱美拉（chimère），因此又稱凱美拉現象，為一種動物學裡的特殊現象。關於人類嵌合體的特徵，其一，雌雄性器官同體；另一，脫離父母的基因系譜。

漸減弱，但朝向動物極時則沒那麼迅速地減退；強度在脊椎動物的初期「神經胚」之中胚層裡，為了每一個橫隔面的選擇，從中背脊線到中腹腔線逐漸減弱。為了探究蛋的「空間」，亦即其強度的深度，必須增加方向和間距、能動性或戲劇、潛力和潛在性。世界就是一顆蛋。而且蛋實際上給了我們理性秩序的典型：微分化—個體化—戲劇化—區分化（特有的和有機的）。我們認為，強度差異，如其被隱含進蛋裡，首先將諸微分關係表達為必須要現實化的潛在物質。此個體化的強度場域確定著其所表達的關係，這些關係會被體現在時—空的能動性裡（戲劇化）、在與這些關係相應的生物種裡（特有的區分化）、在相符於這些關係的諸顯著點之有機部分裡（有機的區分化）。這始終是支配著現實化之個體化：諸有機部分只能從其強度的鄰域之梯度開始被誘引促發；諸類型只根據進行著個體化的強度才會被列舉出來。然而，相對於特殊質性和有機廣度而言，強度是首要的。一些如達爾克（A. Dalcq）的基本觀念，「地形成因的潛力」、「場—梯度—閾」，基本上涉及了如上述的強度關係，解釋了此複雜總體。這就是為什麼細胞核和細胞質之比對作用的問題，在蛋裡與在世界裡，皆無法被輕易地解決。細胞核和基因只不過是指出了已微分的物質，亦即諸微分關係建構了待現實化的前—個體場域；而其現實化也只經由細胞質與它的梯度和個體化場域才會被確定。

物種不與在它之中現實化的微分關係相像；有機部分不與這些關係相應的顯著點相像。種和部分不會與確定它們的強度相像。誠如達爾克所說，當尾部的附肢被它的強度鄰域所促發時，此附肢取決於一個系統，在此系統中「沒有什麼『先天』是尾巴的」，且對於地形成因的潛力之某一層級作出反應[20]。正是蛋破壞了類似之典型。而且兩個爭論隨著相似性的要求消失，似乎失去了它們的許多意義。一方面，人們一旦承認，被包覆的先成是強度的、已發育成熟者是質性的和廣延的，以及承認它們彼此不相像的時候，先成論與後成論就會停止對立。另一方面，物種不變論和進化論，按照此動向，不是從一當前的終點到另一個，且更不是從一般的到特殊的運動，而是從潛在到它的現實化——通過確定性的個體化而趨向調和。

儘管如此，我們在這主要的難題中無法前進。我們援引個體化的場域、進行著個體化的差異，作為規範和組織構造的條件。然而，此個體化的場域僅以一般的和形式上的方式被提出；對於被給定的種來說似乎是「同樣的事」，且似乎在強度上從一物種到另一物種而變化。好像因而取決於種和規範，而且還將我們回送至一些由個體所承載的差異，而非回送至個體的差異。為了消除這個難題，進行著個體化的差異或許應該不只是在一般性個體化的場域中被思考，其自身也必須被思索成個體的差異。場域的形式也許應於其自身且務必被一些個體的差異所執行。此履行在蛋裡面必須是立即的、最早熟的，且非晚熟

20 阿爾貝·達爾克（Albert Dalcq），《蛋與其組織的能動力》（L'œuf et son dynamisme organisateur, Albin Michel, 1941, pp. 194 sq.）。

的——至此，難以分辨的原則確實具有盧可萊修（Lucrèce）所給予」（perplication）相應，換句話說，與其成問題的特性以及與其所再現的潛在之實在性相應。這就是為何理念具有同時作為有區別的－模糊的邏輯特性。正由於是有區別的（一個在所有意義裡皆被確定的存有），理念才是模糊不清的（未被區分的、與其他理念共存的、與所有理念一起「被內超折的」）。這關係到去知曉，當諸理念被強度或個體表達時，是什麼東西到達此蘊涵的嶄新維度裡。

這就是強度、於其自身之差異，表達出諸多微分關係和相應的顯著點。強度將一新類型的區別引入這些關係裡，以及引入諸理念之間。目前，諸理念、關係、這些關係之變異、顯著點可說是已被分離了；它們進入同時性或序列的狀態，而不是共存。然而，所有的強度都被隱含於彼此之中，每一強度輪流成為包覆者和被包覆的。因此，每一強度持續地表達出理念的易變全體、微分關係的多變總體。不過強度只將它們「明確地」表達為某些事物，或某些變異程度。它所明確表達的，確切地說就是當它具備「包覆」的功能時直接指向的這些。強度對於所有的關係、程度、點表達了不少，然而是「混雜地」表達之，在它的「被包覆」之功能裡。當這兩種功能相互交換，強度首先被其自身所包覆時，必須說，清晰和混雜不再是可分離的，作為在表現出理念的強度中之邏輯特性，亦即在思考著它的個體中，有區別和模糊在理念自身之中是不可分離的。清晰－混雜作為進行著個體化的強度之統一性，與有區別－模糊作為理念式的統一性相對應。清晰－混雜修飾的不是理念，而是思索或表達理念的思考者。因為思考者即是個體本身。有區別者不是別的，而只是模糊，即以模糊的狀態作為有區別者；然而目前清晰不是別的，而僅僅是混雜，且以混雜的狀態作為清晰者。我們已理解，再現理論的缺點，從認識之邏輯的觀點看來，就是已在清晰和有區別之間建立了一個直接的比例，無視於連接這兩種邏輯價值的反向關係；所有的思想形象處於妥協狀態。萊布尼茲是唯一靠近思想的邏輯之諸狀況條件者，確切地說，即經由他的個體化和表達式之理論而被啟發的思想。因為，儘管文章的曖昧不明和複雜性，似乎有時候，被表達者（微分關係或非意識的潛在理念之連續）於其自身是有區別的和模糊的：因此大海的所有水滴，作為生成要素與它們所包含的微分關係、這些關係的變異以及諸顯著點在一起。而且，表達者（感知、想像或思考著的個體）或許出於自然即是清晰和混雜的：由此，我們對於海浪聲的感知，混雜地包含了這一切，卻只清楚地表達某些關係和某些點，根據我們的身體，與根據其所確定的意識閾限。

蘊涵的秩序所包含的包覆者，並不少於被包覆者、深度和間距。當包覆的強度明確地表達出某微分關係和某顯著點時，混雜地表達了不少所有其他的關係、它們的變異和顯著點。強度因此於其所包覆的強度中、於被包覆的強度裡表現它們。不過後者存於前者之內。包覆的強度（深度）建構了個體化的場域、進行著個體化的差異。被包覆的強度（間距）則建構了個體的差異。後者因此必須填滿前者。為何包覆的強度已是個體化的場域呢？這就是它所涉及的微分關係還不是一個物種，其顯著點尚未涉及（有機）部分。它們將成為此，但只是要透過現實化，在這個強度所建構的場域之行動下。是否至少應該這樣說，同一物種的所有個體具有同樣的個體化場域，既然它們一開始就涉及了同樣的關係？當然不是，因為兩種進行著個體化的強度能夠抽象地相同，透過它們清晰的表達方式；透過它們所包覆的強度秩序或混雜地表達出的關係秩序，它們從未是相同的。有一種易變的秩序，諸關係的總體隨著此秩序以各種不同的方式被隱含進這些次要的強度中。然而，人們要避免這樣說，個體只是由於其混雜的領域才具有個體的差異。這可能再一次地忽略了清晰和混雜的不可分離性；這或許是遺忘了，清晰出於其自身即是混雜的，而作為清晰。實際上，次要的強度再現了原始強度的基本屬性，亦即透過改變本性而自我劃分之能力。兩種強度除了以抽象的方式之外從未是一致的，而是在本性上相異，或許只能透過此方法，即它們在自己所包含的強度中自我劃分。人們最後將避免說出，同一物種的諸個體，以參與其他物種的方式而互相區別：猶如在每個人裡面存在著譬如驢和獅子、狼或羊。完全存在著這一切，且靈魂轉世說保留其整個象徵性的真理；然而驢和狼與清楚地將它們表達出來的個體化場域相對比，只能被視為一些物種。在混雜和被包覆者之中，它們只不過扮演著變量、構成的靈魂或個體的差異之角色。這就是為什麼萊布尼茲以「後設模式論」（métaschématisme）取代了靈魂轉世說的觀念是正確的；以那樣的方式，他想說的是，靈魂不會變換身體，而是其身體自行重新—包覆、重新—隱含，為了於必要時進入其他個體化場域，如此回到一齣「更微妙的戲劇」[21]。任何身體、事物皆思索著且是一種思想，根據，被簡化成它的強度理性，思想表達出一種理念，此理念的現實化是由思想所確定的。

但思考者自身卻將任何事物變成其個體的差異；在此意義上，它載荷了石頭和鑽石、植物「以及動物自身」。思考者，大概是永劫回歸的思想家，是個體、普同的個體。正是他呀，使用了清晰的和混雜的、清晰—混雜的全力，為了在它的全力之中將理念思索成有別—模糊的。因此，必須不斷地喚起個體性的多重的、可移動的和相通的特性：即其被隱含的特性。個體的不可分性僅僅與強度量的屬性有關，此屬性若不改變本性就不會進行劃分。我們生於所有這些深度和間距、這些展開和自行重新—包覆的強度靈魂。我們稱進行著個體化的因素為這些包覆的和被包覆的強度、這些進行著個體化的和個體的差異之總體，其不停地將其中一方通過個體化的場域滲入另一方之中。個體性不是自我（le Moi）的特性，反而是形構和滋養解體的自我之系統。

* * *

我們必須明確表達闡釋和區分化的關係。強度創造出廣延性和質性，並在這兩者之中被解釋；這些廣延性與質性都是已區分的。一個廣延性在形式上與另一個有別，且於其自身含有與顯著點相應的部分之區別；一質性在物質上有別於諸多與關係的變動相符之區別

21 萊布尼茲，《以理性基礎論自然與神恩之原則》（Principes de la nature et de la grâce fondés en raison, 1714, §6）。

且包含著這些區別。創造，就是一直生產出一些區分化的線和形狀。但誠然，強度若沒有在它所創造的這種已區分的系統裡被消除的話，是不會得到解釋的。而且同樣值得注意的是，一個系統的區分化透過與更為一般的「去區分」之系統接合而產生。在此意義上，甚至是活躍著的生命都不會與退化的經驗原則背道而馳，而且總體的均勻化會補償局部性的區分化，準確地說，正如一種目的性的消除，其會補償原初的創造。然而人們見到，根據這些範疇，極為重要的變動出現了。一個物理系統和一個生物系統，首先以它們體現或現實化的理念秩序而有所區別：如此或這般的秩序之微分。然後經由確定此現實化過程之個體化而有所不同：在物理系統裡以一次的方式進行，且只有那麼一點點區別，然而生物系統則接收到特異性的相繼到來，且使它的整個內在中心參與在外部限度上發生的作用。最後它們以區分化再現此現實化本身的相貌而做出區別：生物的規範和組織構造，在它們與普通的定性和物理的劃分之差異中。不過，不管考慮哪類範疇，對於產出的差異之消除和對於被產出的區分化之抹去，皆只剩下闡釋的法則，其同樣表現在物理的均等與生物的死亡中。再重申一次，退化原則從未被否定也未被反駁。而且儘管如此，如果它「解釋」了一切，那麼就沒什麼可說明了。如果一切進到這裡，可說是，沒有任何東西出得去了。如果沒有什麼可反駁它，如果它不具有反－序亦不具有例外的話，反之，有很多屬於別的秩序之事物。如果熵的局部升高被一種更為一般的退化所補償的話，它絕非被此退化包含在內亦非被它製造出來。這正是諸經驗原則的命運，在於保留它們自己的基礎創建要素於自身之外。退化的原則顯然既不說明最普通的系統之創造，亦非說明諸系統之演變（生物系統和物理系統之三重差異）。因此，有生命者表現出別的秩序、異質的秩序和另一維度——猶如進行著個體化的因素，或個別地在它們相互交流和流動的不穩定性之能力中被獲取的原子，具有最高表達式的層級[22]。

此演變有什麼樣的公式呢？系統越是複雜，一些「蘊涵的特有價值」更是在此顯現。正是這些價值之在場，使人們得以去判斷一個系統的複雜性或混雜，以及確定生物系統的上述特徵。蘊涵的價值是一些包覆的中心。這些中心並不是進行著個體化的強度因素自身；而是在一複雜總體裡的諸再現者，它們正行於闡釋之路上。就是它們在一個系統的內部深處，建構了熵的島狀羣聚、局部上升，然而此系統之總體與貶損退化一致：因此，被個別獲取的諸原子，人們一旦以群的形式來端詳之，它們的確因而證實了熵增定律，在它們被隱含進之系統的闡釋秩序中。透過證明在已定位的分子間之個體的行動，譬如一有機體、哺乳類，能被看作與一種微觀的生命相似。這些中心的功能以好幾種方法被定義。首先，根據進行著個體化的因素形構了一種現象的本體，我們認為，本體趨向如此般地出現在諸複雜系統裡，其在諸包覆中心裡找到它自己的現象。接著，由於意義已與體現的理念

22 弗朗索瓦・邁爾（François Meyer），《演化的提問法》（Problématique de l'évolution, Presses Universitaires de France, 1954），頁：193：「生物系統的功能因而並非與熱力學對立，它僅僅在其運用的場域之外……」——邁爾在此意義上喚起若爾當（K. Jordan）的提問：「哺乳動物是一種微觀的生命嗎？」（頁：228）。

以及與確定此體現之個體化聯繫起來，我們認為，這些中心是有表現力的或揭示了意義。最後，根據任何現象在圍繞著它的強度差異裡找到其理性，以及一些邊緣，在這些邊緣之間任何現象皆閃爍著，我們認為，諸複雜系統越來越趨向使它們的構成性差異內在化：諸包覆的中心進行著這種諸個體化因素的內在化。而且系統所取決的差異在現象裡越是處於內在化的狀態，重複自身就更是處於內部的狀態，而較少取決於必須確保「相同」差異之再生產的外在狀況條件。

同時，如生命之運動所證明的，差異和重複趨向內在化於信號—符號系統中。當生物學家提出遺傳的問題，卻不局限在將兩種有別的功能歸於遺傳時，兩種有別的功能可能作為變動和生殖，他們是對的，但他們卻想說明這些功能或其相互決定條件之深層的同一性。正是在這一點上，遺傳理論必然進入自然哲學範疇。換句話說，重複從未是「相同」的重複，且總是像這樣的相異之重複，以及，差異於其自身具有重複作為客體。當它們在一個系統裡被解釋的時候（一次作為全部），微分的、強度的或進行著個體化的諸因素證明了它們以蘊涵的方式進行之持續，且證明了永劫回歸作為此蘊涵的真理。貶損退化和死亡的無聲見證者，諸包覆的中心同樣是永劫回歸的陰暗先驅者。不過這些在此仍是，無聲的見證人、陰暗的先驅者，其產生了一切或者至少是，一切於此發生。

由於不斷地談論演變，故應當在諸心理系統中談到它。對於每個系統類型，我們必須問到底是什麼會回返至理念、什麼會分別回到個體化—蘊涵與區分化—闡釋。如果問題隨著心理系統而具有特殊急迫性，我（le Je）與自我（le Moi）屬於個體化的領域，是完全不確定的事。更恰當地說，它們是區分化的形貌。我形構出心理特有的規範，而且自我，形構出心理的構造。我是人類的質性，就作為物種而言。心理的規範與生物的規範並不屬於同樣的類型，因為確定性在此必須等於可確定者，或與它同屬相同的力量。這就是為什麼笛卡兒拒絕任何以（生物）屬和差異所進行的人類的定義，以及作為一個動物的種類：譬如，有理性的動物。然而，正是如此，他提出了「我思考」作為「定義」的另一方法，能夠表達人類的特殊性或其實體的質性。處在與我一起之相關性狀態，自我必須在廣度上被理解：自我指出特有的心理有機體，與其被再現的顯著點，這些顯著點經由回到我的理解中之各種不同的能力而被再現。因此，基本的心理相關性在我自我思考（JE ME pense）的公式中被表達，以及，生物的相關性在物種和諸有機部分、質性和廣度的互補性裡被表達。這就是為什麼，我、自我，各自皆從諸多差異開始，但是這些差異，自一開始，即以自行消除的方式、按照良向和共知的要求而被分配。畢竟，我，最終因而顯現為無差異的精神生活之普同形式，而且，自我，作為此形式的普同物質（內容）。我和自我被解釋，且通過我思（Cogito）的整個歷史而一直不斷地被解釋。

進行著個體化的因素、個體化的被隱含因素，因此既不具有我之形式亦不具有自我之物質。這正是，我與同一性形式是不可分離的，而且自我與被相似性的持續所建構之物質是不可分的。被包含進我和自我裡的諸差異大概是被個體所承載的；儘管如此，根據差異對於這種在我之中的同一性以及這種在自我裡的相似性而言被思考來說，差異並不是個體的或個體化的。相反地，任何進行著個體化的因素已是差異，以及，差異的差異。它被建立在一個基本的不相稱之上、對於像這樣的不相稱之邊緣起作用。這就是為什麼這些因素通過個體化的場域，彼此間一直不斷地相互交流，在同樣打亂我之形式與自我之物質的勢力範圍裡，彼此相互包覆。個體化是移動的、非常易彎曲的、偶然的，具有條紋邊際和邊緣，因為推動個體化的強度包覆著其他的強度，也被其他的強度所包覆且與所有強度交流聯繫。個體絕不是不可分割的，其一直不斷地透過改變本性而自我劃分。個體並不是在其所表達者中的一個自我；因為它將諸多理念表達為內在的多重性，即由微分關係和顯著點、前—個體的特異性所產生的內在多重性。而且它更不是一個作為表達式的我；因為在此它仍舊形構一種現實化的多重性，以及一種顯著點的凝聚、一群開放的強度。人們常常會指出個體所擁有的未確定性的邊緣，和個體性本身之漂浮和流動的相對特性（例如，人們不再能追隨個體性的兩種物理粒子之情況，當它們的在場領域或個體化場域相互交疊時；或者是器官和有機體的生物學區別，取決於相符的強度，隨著它在更為廣泛的個體化場域裡被包覆與否之形勢）。但錯誤就在於認為此相對性或此未確定性，意指在個體性裡未完成的某事物、在個體化裡被終止的某事物。相反地，它們表達出像如此般的個體之正向全力，與個體在本性上與我以及與自我做出區別的方法。個體與我和自我做出區別，以及蘊涵的強烈秩序與闡釋之外延和定性的秩序做出區別。未確定者、漂浮者、流動者、聯繫者、包覆—被包覆者，都是被個體所肯定之同樣多的正向特性。因此，增加諸自我、使我減弱皆不足以去發現個體化的真正地位。然而我們已理解，必須假定多少的自我作為被動有機的綜合之狀況條件，其已扮演著無聲的見證人之角色。不過確切地說，被實現成這些見證人的時間綜合指向了其他的綜合，如同指向其他的見證人一般，且引導著我們進入另一個自然的領域，於此領域不再有自我亦不再有我，且相反地，個體化之混沌的統治於此開始。這是每個自我仍在其物質中保存著相似性，而且每一個我，皆保存著同一性，即使是弱減的同一性。然而，具有不相似性作為基底者，或具有差異之差異作為無底者，這並不會進入我和自我的範疇分類中。

尼采哲學的重大發現，在權力意志或酒神狄俄尼索斯的世界之名義下，標記了他與叔本華（Schopenhauer）的決裂，此決裂就是：大概是我和自我在一未區分的裂口中必須被超越；不過這個裂口不是於個體化之外的非人稱與抽象的普同。相反地，正是我、正是自我，此二者皆為抽象的普同。它們必須被超越，然而卻是經由或於個體化中，朝向進行著個體化的因素，其使我和自我耗竭，並建構了戴奧尼索斯的流動世界。不可超越性，即是個體化自身。在自我和我之外，存在的不是非人稱，而是個體與其要素、個體化與其場域、個體性與其前—個體的特異性。因為前—個體仍是特異的，以及前—自我、前—我皆仍是個體的。不僅僅是「仍」，或許應該說「最終」。這就是為什麼強度中的個體既不在自我的構造中，也不在我的規範裡尋找其精神的形象，反而在分裂之我和解體的自我裡，及在分裂之我與解體的自我之相關性裡找尋之。此關聯在我們看來是明確地，作為思考者和思想之相關性，對於有別且模糊的理念而言，清晰－混雜的思考者（戴奧尼索斯式的思考者）之相關性。這都是將我們從分裂的我引向解體的自我之眾理念。於裂縫邊緣萬頭攢動者，我們已見到了，這是如同與問題等多的眾理念，亦即如同由微分關係和關係的變動、顯著點和點的轉變所產生的多重性。然而這些理念在進行著個體化的因素中、於強度量的隱含世界裡被解釋，該強度量建構了思考者之具體普遍的個體性或解體的自我之系統。

死亡被登錄在我和自我之中，作為差異在闡釋系統裡的消除，或作為補償區分化過程的貶損退化。自此觀點看來，死亡作為不可避免者是徒勞的，任何死亡，作為意外和暴力者不在少數，且總是自外部而來。但死亡同時具有一個完全不同的形貌，這一次是在使自我解體之進行著個體化的因素裡：其因此作為一種「死亡本能」、內在力量，解放了被自我的物質或我的形式所監禁之進行著個體化的組成要素。人們可能誤將死亡的兩個面向混淆在一起，彷彿死亡本能被歸結為趨於增熵之傾向，或趨於無生命的物質之回歸。任何死亡都是雙重的，一方面出於死亡在廣度上再現了巨大差異之消除，另一方面出於死亡在強度上隱含了細微差異之萬頭攢動和解放。佛洛伊德提出下述的假設：有機體想要死去，然而是以它的方式死去，因此，真正到來的死亡總是呈現出一些縮影，一種與內在的欲－死相牴觸之外部的、意外的和暴力的特性。有一種必然的不適當性，其屬於作為經驗的事件之死亡且屬於作為「本能」、作為先驗的堅決要求之死亡。佛洛伊德和史賓諾沙全然擁有兩種理由：一種作為本能，另一種作為事件。自內被欲求，死亡總是自外而來，在另一種被動的、意外而引起的形貌之下。自盡是一種企圖，即為了使這兩種互相回避的面向成為一致且使它們疊合之企圖。但是這兩條邊線並不會接合在一起，每一個死亡皆持續作為雙重的。一方面，死亡是「去區分化」作用，以補償我、自我的區分化為目的，在一個使它們一致統一的總體系統中；另一方面，死亡是個體化、個體的抗議，其從未在，甚至是普遍的，自我和我之限度裡被察覺確認。

仍舊必須，在心理的系統裡正被解釋時，存在著諸多蘊涵的價值，亦即存在著諸多包覆的中心，作為個體化的因素而表現著。這些中心顯然不會被我與被自我所建構，而是由一個完全不同且屬於我—自我的系統之結構所構成。這個結構必須在「他者」（autrui）之名義下被指出。它並非指任何人，而僅僅指明了就另一個我而言的自我，以及就自我而言的另一個我。這些理論的錯誤恰好在於，不停地從他者被簡約成客體狀態的一端，搖擺到他者被送往主體狀態之另一端。甚至連沙特都曾受限於將此擺動記入像這樣的他者裡，經由表明著當我是主體的時候，他者即變成客體，且不會變成主體，除非換我變成客體時。以此方法，他者的結構停留於被忽視、未被認識的狀態，同樣地，其在心理系統中之功能亦然。他者並非任何人，而是對於其他而言之我，及對於我來說的其他，在兩個系統中，「先天的他者」（Autrui a priori）在每一系統中被其富有表達力的價值所定義，亦即隱含的和包覆的價值。人們端詳著一張被驚嚇的臉（在我沒見過和未能感覺到此驚駭恐怖之起因的經驗之狀況條件裡）。這張臉表達出一個可能的世界——駭人的世界。通過表達式，我們一如既往地理解到這層關係，其在表達者和被表達者間、在本質上具有一種扭曲，例如被表達者並不存在於表達者之外，儘管表達者與被表達者以及與完全不同的某事物皆有關聯。經由可能，我們因而不理解任何相似性，而是被隱含、被包覆的狀態，在其異質性本身與包覆此狀態者之中：被驚嚇的臉並不像嚇他的人所為之結果，但是前者將後者包覆於駭人世界的狀態。在每個心理系統裡，都有圍繞於實在性周邊萬頭攢動的諸多可能性；然而我們的可能卻總是其他。他者不能被與構成它的表達性分離。甚至當我們將他者的身體視為一客體時、將他的耳朵和雙眼視為一些解剖標本的時候，我們不會剝奪它們的任何表達性，儘管我們過分地簡化它們所表達的世界：眼睛是一道被隱含之光線、眼睛是一道可能存在的光線之表達，耳朵，即一個可能存在的聲音之表達方式[23]。不過具體地說，這是被說成第三質性者，其存在模式首先即被他者所包覆。相反地，我和自我直接透過一些展開或闡釋的功能表現它們的特點：它們不僅僅認識、體驗到一般說來的諸質性，以及在它們的系統之廣延性裡已被展開的質性，而且它們也傾向去解釋、發展被他者所表達的世界，或者是為了參與其中、或者是為了揭穿它（我展示出因他者而受到驚嚇的臉，我將此發展成一個令人驚恐的世界，並感受到其真實性，或揭露其不真實）。但形構出我們與他者的爭執也同樣形構出我們與他者之交流的這些關係，解散了其結構，且在一種情況下將他者歸於客體狀態，在另一種情況下使它提升至主體狀態。這就是為什麼，為了領會像這樣的他者，我們正當地去要求特殊經驗的狀況條件，無論這些條件有多麼人為：於此時刻，被表達者尚未（為吾）具有外於表達它者之存在——他者作為「一個可能的世界之表達」。

他者，在我－自我之心理系統裡，因此作為捲、包覆、蘊涵的中心而運作。進行著個體化的因素之再現者，就是它。一個有機體由於一個微觀的生命而有用，如果此話為真，那麼不知還有多少仍更為真確的他者，在諸心理系統裡。其在此形構了熵的局部上升，然而他者的闡釋透過自我而再現一種與定律一致相符的貶損退化。我們先前所援引的規則：不要被過度地解釋，代表著首先不要隨著他者而被過度解釋、不要過度地解釋他者，而要保持其隱含的價值、透過在它身上充斥著這些不存於其表達式之外的一切被表達者而增殖我們的世界。因為這不是作為另一個我的他者，而是我，作為一個其他、一個裂開的我。沒有任何的愛不是從這樣一個可能的世界之揭發開始，被捲進表達著它的他者中。阿爾貝蒂娜的臉龐表現出海灘和海浪混雜的表情：「它將我和什麼樣的未知世界區別開來？」此代表性的愛，其整個故事，即是被阿爾貝蒂娜所表達出來的，諸可能的世界之冗長闡釋，且她時而將此闡釋轉變成有魅力的主體，時而變成令人失望的客體。誠然，他者掌握了一

23 他者作為一個「可能的」世界之表達、蘊涵和包覆：參見米歇爾・圖尼埃（Michel Tournier），《星期五或太平洋上的靈薄獄》（Vendredi ou les limbes du Pacifique, N. R. F., 1967）。

種方法去賦予他所表達的諸可能，一個真實性，除了我們使這些可能性經受的發展之外。這種方法就是語言。被他者所大聲說出的諸字詞，授與如此之可能，一個實在的位置；因此謊言的創建已被登入於語言自身裡。正是此語言的角色，其根據諸蘊涵的價值或包覆的中心，授與它在內部共振系統裡之權力。他者的結構和語言的相符功能，的確再現了本體的表現、富表達力的價值之提升、這種朝向最終差異的內在化之傾向。

Conclusion

差異與重複

只要差異順服於再現的限制要求，它就不會於其自身中被思考，且不能如此被思考。問題：它是否「總是」順服於這些限制要求，以及為了什麼理由而順服呢？此問題應被仔細地檢視。但是，看來純粹的「不相稱」形成了，或者是天堂式的超越，屬於我們的再現思維無法理解的一種神的理解力，或者是，對於我們來說無法探測、地獄般的在此，屬於一種不相似之海洋。無論以任何方式，於其自身的差異似乎排除了使其可思之相異與相異的任何關係。可思，似乎差異只有被馴服才會變得可思，也就是說順服於再現的四重枷鎖：概念中的同一性、謂語中的對立、判斷中的類比、感知中的相似。正如傅柯十分確切地指出，如果存在著一種再現的古典世界的話，此世界經由量測與協調它的這四個維度而被定義。這些是理性原則的四個根本：被映照在一種知的理性（ratio cognoscendi）中之概念的同一性；謂語的對立，被發展於一已成的理性（ratio fiendi）中；判斷的類比，被分布於一存在的理性（ratio essendi）中；感知的相似，其決定了一種待制定的理性（ratio agendi）。任何其他的差異、任何不以這種方式扎根的差異，將是過度的、非協調、非組織的：過大或過小的差異，不僅僅作為被思考的，而且也作為存在的差異。停止被思考，差異消散於非－存有之中。人們可以由此得出結論，差異本身處於被詛咒的狀態，而且必須去彌補，或者在使其可活與可思、使其作為組織性再現的客體之理性的諸種類下而被救贖。

哲學盡最大努力可能在於，使得再現變成無限的（狂歡的）。此關乎將再現擴展直至差異的過大與過小；給予再現一種不容置疑的視野，亦即發明了諸多神學、科學和美學的技術，這些技術使其能夠去歸併差異本身之深度；使得再現征服了模糊晦澀；再現包含過小差異的消散以及過大的差異之分解；其吸引暈眩、酒醉、殘酷，甚至死亡之力量。簡言之，這是關於使得酒神狄俄尼索斯的一點血液，流動在阿波羅的有機組織血管中。這種努力向來已經滲透進再現的世界中。成為狂歡式的，並且征服了在己（l'en soi），是有機組織性（l'organique）之至上心願。然而此努力有兩個高峰時刻，萊布尼茲以及黑格爾。在其一境況下，再現征服了無限，因為無窮小之技術收集了最小的差異及其消散；在另一種境況下，則因無限大的技術收集了最大的差異及其解體。而且兩者皆一致，因為黑格爾的問題「亦」是消散之問題，以及萊布尼茲的問題，也是解體的問題。黑格爾的技術在矛盾的運動中（差異必須行至此、延伸至此）。它在於將非本質要素（l'inessentiel）記入本質中，並以一種有限綜合的同一性之武力去征服無限。萊布尼茲的技術在一種必須被稱為副—措詞（vice-diction）的運動中；它在於自非本質要素開始構建本質，以及透過無限分析的同一性去征服有限（差異必須被深化至此）。但是，使得再現變為無限之用處為何呢？再現保留了其所有的要求。被發現的，只是一種「基礎」（fondement），其將差異的過剩和缺乏與同一、相似、類比、對立關聯起來：理性已成為基礎，也就是說，充足的理性，不會讓任何事物逃脫。但是，什麼也沒有改變，差異仍處於被詛咒襲擊之狀態，人們只發現了更微妙與更崇高的方式去使之贖罪補償，或使之服從、彌補，於再現之範疇級別下。

因此，黑格爾的矛盾似乎將差異推至盡頭；然而這條道路，正是使差異返回同一性，並使得同一性成為足以使之存在與被思考之死路。這僅僅就同一（l'identique）而言，根據同一，矛盾才是「最大的」差異。酒醉和暈眩都是裝出來的；模糊晦澀從一開始就已經被澄明了。沒有人能指出比黑格爾的辯證法中圓形的乏味單一的定中心更好的。而且或許，以另一種方式，應該說在萊布尼茲的世界中匯聚的狀況條件也是同樣的。或者是，一種如萊布尼茲的不可構成性（l'incompossibilité）之觀念。所有人都一致地看出，不可構成是不能簡化成矛盾的，以及，可構成不能簡化為同一。甚至於此意義上，可構成與不可構成證明了一種特有的充分理由，以及證明了一種無限之在場，不只在諸可能世界之總體中，且在每個待選擇的世界中。更加困難地去述說這些新觀念到底關於什麼。不過，在我們看來建構可構成性的唯有此：一個連續性的最大限度之狀況條件，作為差異的最大值，也就是說，系列被建立在連續體的特異性周圍之一種匯聚的條件。反之，世界的不可構成性，於諸特異性之鄰域獲得解決，這些特異性激發了它們之間的諸輻散系列。簡言之，再現徒勞地變成無限，「它並沒有獲得肯定輻散與中心偏移之能力」。它需要的是一種匯聚的、單一中心的世界：於此世界中，人們只是在表象上酒醉般狂熱、理性生出酗酒者並唱出一種酒神般之樣態，但這仍然是「純粹」理性。即充分理性或依據之基礎，只不過是，使得同一去支配無限本身，且使相似的連續性、類比之關係、謂語的對立滲入無限中之手段罷了。充分理性的原創性被簡化為此：更加確保差異對四重枷鎖之屈從。毀滅性的，因此不僅僅是有限再現之強制要求，其在於為了差異固定住在過剩與缺乏之間，非過大亦非太小的幸福時刻；也是無限再現在表面上相反的強制要求，其聲稱整合了差異的無限大與無窮小、過剩和缺乏自身。「這是整個有限和無限的二擇一，非常不適用於差異」，因為它只構成了再現的二律背反（自相矛盾）。此外，我們已見到了關於計算方面：現代有限主義者的闡釋，背叛了微分之本性，並不亞於舊的無限主義之闡釋，因為他們讓兩者皆失去了外—命題式或次—再現的來源，也就是說，「問題」，計算從問題中得到其力量。再者，這是小和大的二擇一，或者，在排除這兩者的有限再現中，或者，在想要包含這兩者，且自另一包含此一的無限再現中——就是此二擇一，一般說來，完全不適合差異，因為它僅表達對於總是占有支配優勢的同一性之再現的擺盪不定，或者更確切地說，對於總是反叛的物質之同一的擺盪不定，有時拒絕過剩與缺乏，且有時歸併此二者。最終，讓我們回到萊布尼茲和黑格爾，他們共同努力將再現送至無限之中。我們不確定萊布尼茲沒有走得「最遠」（並且，不確定他們兩位之中，誰比較不是神學論者）：他的理念之構想，作為微分關係和特異點的總體，他的方法在於從非本質要素出發，以及在於構造了圍繞特異性周圍的包覆中心的本質，他對輻散分歧的預感、副—措詞的方法、有區別與清晰之間的一種成反比之研究，這一切都說明了為什麼在萊布尼茲的思想中，底部低沉轟鳴具有較多力量，為什麼酒醉和暈眩不那麼虛假、黑暗晦澀更加被領會、且確實更接近酒神狄俄尼索斯之岸。

差異，由於什麼動機而屈從於有限或無限再現之強制要求呢？透過柏拉圖主義來定義形而上學是真確的，然而經由區辨本質與表象來定義柏拉圖主義則是不足的。由柏拉圖所建立的第一個嚴格區辨是典範和摹本之區辨；然而，摹本絕不是一種普通的表象，因為它以理念作為典範的方式表現出一種精神的、精神學與本體論的內在關係。第二個區辨，又更加深遠了，其為摹本其自身與錯視（phantasme）之區辨。明顯地，柏拉圖只為了獲得在摹本和擬像之間的一種選擇標準時才去區辨、甚至去對比典範和摹本，摹本基於它們與典範的關係，而擬像則因不經受摹本的檢驗及典範之要求而被取消資格。因此如果有表象的話，即涉及了有充分理由的阿波羅式、壯麗的表象，與其他惡的、不祥的、鑽營影射的表象之區辨，而不遵守基礎只重視充分理由。正是柏拉圖的這項意志，在於驅逐了引起差異的屈從之擬像。因為典範只經由同一性作為相同之本質（αὐτὸ καθ' αὑτό）的地位才能被定義；而且摹本，只透過一種內部相似性之情感作為相似之質性才能被定義。而且因為相似性是內部的，摹本自身必須與存有以及與真實有一種內部關係，對其而言類似於典範與此二者之關係。總之，摹本必須在一方法之過程中被建構，該方法以兩個對立的謂語，而將適合於典範之謂語賦予它。以這一切方法，摹本僅透過使差異從屬於相同、相似、類比和對立之堅決要求之下，才能與擬像區別開來。而且，大概在柏拉圖那裡，這些堅決要求尚未被分配，正如它們於再現所開展的世界中終將被分配（自亞里斯多德開始）。柏拉圖開創、首創，是因為他在一種理念的理論裡演變，此理念「將」使得再現的開展成為可能。但是，確切地說，這是一種道德動機，在其被柏拉圖所表明的整個純粹性中：消除擬像或幻象之意志，除了道德之外沒有別的動機。在擬像中被譴責、禁止的，是海洋的自由差異之狀態、游牧分布、加冕的無秩序狀態，這整個惡毒的行為對摹本及典範的觀念提出異議。後來，再現的世界將能夠或多或少地忘記其道德的起源、前提。這些道德起源及前提仍將繼續起作用，在原始與衍生、最初與接續、基礎與充分理由之區辨中，此區辨經由延伸典範和摹本的互補性，推動了再現式神學的等級制度。

再現是先驗式幻象之場所。這種幻覺有好幾種形式，而其中四種相互滲透的形式，特別適用於思想、感性、理念以及存有。事實上，思想被一種「形象」所覆蓋，此形象由使得訓練活動與生成歪曲變質之公設所構成。這些公設，在同一思維主體之位置中達到高峰，作為對於一般性概念的同一性原則。從柏拉圖的世界到再現世界，發生了轉變（這就是為什麼，在此，我們仍舊可將柏拉圖呈現於起源、決定的交叉點）。柏拉圖理念的「相同」作為典範，由善（le Bien）所保證，已經讓位給被建立於思維主體的基礎上之原始概念的同一性。思維主體給予概念，其主觀的共變法、記憶、認識與自我意識。然而，這是世界的道德看法，如此被延伸、再現於被斷言為「共知」（「普遍天性的思想」）的這種主觀同一性中。當差異透過思維主體而處在屈從於概念之同一性（此同一性是綜合的）下的時候，消失不見的，是在思想中的差異，思考與思想的這種差異、這種思考的「生殖性」，我的這條深裂縫使得主體只通過思考著在時間的空與純的形式裡，其自身的激情與甚至是其自身之死亡，才會去思考。恢復思想中的差異，就是去解開此第一個結，其在於將差異再現於概念之同一性與思維主體之下。

第二種幻象，更確切地說，涉及了差異對於相似性之從屬關係。例如其分布於再現中，相似性不再需要確切地作為從摹本到典範的相似性，而是任憑被確定為感性（多樣化）與其自身之相似性，以這種方式，概念之同一性適用於它，以及反過來接受一種規範的可能性。幻象採取以下的形式：差異必然地傾向於，在覆蓋它的質性中被取消，同時，不均等傾向於，在其被分布的擴展中均等起來。平等或數量均等化之主題，將使相似性和質性同化的主題重複倍增。我們已經看到這種幻象如何成為「良向」之幻象，前一種幻象及其「共知」之補充幻象。此幻象是先驗的，因為差異在質性上及延伸上消失，是千真萬確的。無論如何這是一種幻象，因為差異的本性，既非在涵蓋它的質性中、亦非於解釋它的廣度裡。差異是強度的，它與作為非延伸與非定性的空間（spatium）、不均等與相異的孕生者之深度混同。而強度卻不是感性的，它是感性「之」存有，於其中，相異與相異關聯起來。恢復強度中的差異，作為感性之存有，正是解開了第二個結，這個結在感知中使差異從屬於相似，且使之只在多樣化被當成恆等同一的概念之物質的同化條件下，才會去感受。

第三種幻象涉及負面否定，以及使得差異屈從於自己的方法，根據限制以及對立的形式。第二種幻象已為我們做好準備，對於此負面否定的騙局之發現：在質性和廣延中，強度逆轉、出現倒掛，以及其肯定差異之力量，被質性和數量之限制、對立的形象所背叛。諸限制、諸對立皆是在第一和第二維度中的表面遊戲，然而活躍的深度、對角線，則是充滿了無否定之差異。在負面否定的庸俗乏味之下，存在著「不匀稱」的世界。確切地說，使差異屈從於負面否定的假造力量之幻象起源應被探求，但這並非在感性世界其自身中探尋，而是在深入行動並體現於感性世界者之中。我們已經看到，理念是一些真正的客觀性，由諸組成要素與微分關係構成，並具有一特殊模式——「成問題的提問」（le problématique）。如此被定義的問題，並不表示在思維主體中的任何無知，亦非表達一種衝突，而是客觀地描繪像這樣的理念式本性之特點。所以有一種非（μή ὄν），可是不能將之與非存有（οὐκ ὄν）混淆，且其意味成問題式提問之存有，而完全不是負面否定的存有：贅詞的非（NE），而不是否定的「非」（non）。這種「非」之所以被如此地稱呼，是因為它先於任何的肯定；反之，它是完全正面的。理念—問題（Idées-problèmes）皆為正面的多重性、充分及已微分的正面積極性，經由相互和完全確定的過程所描述，此過程使得問題與其狀況條件關聯起來。這是「被提出」的事實（並藉此與其狀況條件關聯起來、被完全地確定）構成問題之正面積極性。誠然，問題從這個角度來看，產生了將其實現為答案或解決案例的諸命題。這些命題反過來再現了諸多肯定，具有作為客體之差異，這些差異對應於微分場域的關係和特異性。正是在此意義上，我們可以去確立一種在正面積極與肯定間之區辨，也就是說，在作為微分立場的理念之正面積極性，與其產生的肯定之間，這些肯定將此正面積極性具體化並且解決之。關於後者，人們不僅要說它們是不同的肯定，也是根據每個理念所特有的多重性之「差異的肯定」。肯定，作為差異之肯定，是由問題的正面積極性而產生的，作為微分的立場；多重肯定是由成問題的多重性產生的。於其自身成為多重的、且肯定著差異，是屬於肯定的本質之責。至於負面否定，只不過是關於被產出的肯定，問題之陰影；與肯定相比，否定仍保持於一種雙重無力狀，而卻見證了另一種力量、有效和持久的問題之力量。

然而，如果從一些在意識中再現這些肯定的命題開始的話，一切都會顛覆。因為理念—問題出於本性，即為非意識的：它是外—命題、次—再現的，並且不與再現它所產生的肯定之命題相像。如果我們試圖去重建屬於意識之命題的形象和相似性問題，那麼幻象就會具體化，陰影就會變得有生氣且似乎獲得一種自主的生命：好像是，每個肯定都指向其負面否定，唯有透過其否定才具有「意義」，同時，一種普及的否定、非存有，取代了問題與它的「非」。開啟了辯證法之歪曲變質的悠久歷史，其隨著黑格爾的思想而得到其成熟結果，以及在於差異和微分之手法由負面否定的工作取而代之。辯證法的堅決要求，現在被「非」—存有定義為負面否定之存有，而不是被（非）—存有定義為問題和提問之存有。肯定透過負面否定以及作為否定的否定而產生假的生成，其取代了正面積極和肯定、微分的立場和差異之肯定的互補性。而且，事實上，如果沒有這種歪曲變質之實際隱含和道德假設，這一切都將是無足輕重的。我們已經見到這種負面否定的價值評估所意味的一切，這種舉動的保守精神、人們打算由此產生的肯定之平庸、我們自最高任務而被改變方向的方式——這種評估在於去確定問題、將我們的決定和創造性能力帶入這些問題之中。這就是為什麼衝突、對立和矛盾在我們看來是表面效應、意識的附帶現象，然而非意識卻是以問題和差異而存在。歷史並非由否定、以及否定的否定而發展，而是經由問題的決定和差異的肯定。對於這件事而言，歷史並非不那麼血腥和殘忍。唯有歷史的陰影才以否定而活；但是正義者則以一種被提出的微分、被肯定的差異之全部力量進入其中；他們將陰影送還給陰影，且只以正面積極性和第一肯定之結論去否定。如尼采所言，對於正義者，肯定是第一位，它肯定了差異，而負面否定只不過是一項結論、倒影罷了，所謂的肯定就在這種倒影中重複倍增[1]。這就是為什麼真的革命亦看起來像節慶一般。矛盾不是無產階級的武器，倒不如說是資產階級為自己辯護和保護自己的方式，在陰影背後維持著其決定問題之意圖。人們並沒有「解決」矛盾，只是藉由制服了僅於矛盾裡投射其陰影的問題，而使矛盾消散。處處皆然，負面否定作為意識的反應，即真正的施動者、行動者之歪曲變質。哲學亦是如此，只要它仍停留於再現的限制裡，就會受到屬於意識之理論的自相矛盾（二律背反）所迫害。二擇一：差異應該被設想成數量限制或質性對立嗎？此問題並不亞於小和大二擇一的毫無意義。因為，限制或對立，差異被不公平地看作與負面否定的非－存有相似。因此，仍是一種虛幻的二擇一：或者，存有是完全的正面積極性、純粹的肯定，但因此存有是未區分的，不存在著差異；或者，存有包含著諸多差異，它即是差

1 參照自尼采，《道德系譜學》，章節 I，§ 10。

異，而且存在著非—存有、一種負面否定的存有。所有這些自相矛盾都連接在一起，並取決於一個相同的幻象。我們必須同時說，存有是完全的正面積極性與純粹的肯定，但也存在著（非）—存有，其為成問題的存有、問題和提問的存有，絕非負面否定的存有。事實上，自相矛盾的起源如下：一旦人們看輕成問題之本性，以及低估了定義著一種理念之多重性，一旦將理念簡化成相同，或者簡化成概念的同一性，那麼負面否定就會充分發揮作用。人們使得一種相反謂語之對立或第一謂語之限制的過程湧現而出，而不是在理念中之確定的正面積極過程。復興在理念中的微分差別，以及於由此引起的肯定裡之差異，正是打破這種使得差異屈從於負面否定的錯誤關聯。

最後，第四個幻象涉及差異對於判斷之類比的從屬關系。概念的同一性，其實尚未給予我們一個具體確定性的規則；它僅呈現為未確定的概念之同一性、存有或我存在（康德說這個我存在，是一種存在於任何確定性之外的感知或感覺）。因此，必須將最終概念或第一、最初的謂語設定為可確定的（déterminables）。它們從這一點被認識到，每一個皆與存有維持一種內在關係：在此意義上，這些概念都是類似的，或者存有對它們而言是類似的，而且同時獲得分配的共知與序列的良向之同一性（我們已理解類比法是如何具有兩種形式，其並非建立在平等之上，而是判斷關係之內在性）。因此，基於未確定概念的同一性，對於再現的建立而言是不足的，同一性其自身，必須每次都被再現於某一數量的可確定概念中。這些最初的概念，對其而言存有是分配和序列的，被稱為存有或級別範疇之「屬」。不過，在其狀況條件下，特定的衍生概念，反過來，又能透過一種劃分方法而被確定，亦即透過在每個「屬」之中相反謂語的手法。因此，差異在兩種不可約卻互補的形貌下，被賦予兩種限制，非常明確地標示著其對再現之從屬性（大與小）：級別範疇作為「先天的」概念與經驗的概念；最初的可確定概念與衍生的已確定概念；相似物和對立；大的「屬」，以及，「種」。這種差異的分配布置，完全和再現之要求相關，基本上屬於類比的看法。但這種由級別範疇所支配的分布形式，在我們看來背叛了存有之本性（如基本和集體概念）、分布自身之本性（如游牧的、和並非常駐或固定的分布）、差異之本性（如進行著個體化的差異）。因為個體僅是且更只是被設想成帶有一般性差異者，同時，存有本身被分配在這些差異的固定形式中，以及透過類比法，而被用來指涉存在者。

然而，必須指出，再現的四種幻象使得重複歪曲變形的程度，並不亞於它們使差異變形的程度；而且，這是為了在某些方面的可比擬的原因。首先，再現並不握有任何正面積極的標準，去區分重複和一般性、相似或等同的秩序。這就是為什麼重複被再現成一種完美的相似或極端的平等。實際上——這是第二點——再現為了解釋重複而援引概念的同一性，並不少於其在理解差異時所援引的。差異於恆等同一的概念「裡」被再現，且藉此被簡化成僅作為概念上的差異。反之，重複於概念之「外」被再現，作為沒有概念的差異，「但始終在恆等同一的概念之預先假定下」：因此，在事物在「數量上」（in numéro）、於空間和時間中做出區分的情況下，它們的概念是相同的，而這時候，存在著重複。因此，透過相同的運動，於再現中的概念之同一性包含了差異並擴展至重複。由此產生了第三個面向：顯然重複只能作為負面否定而得到解釋。其實，重點在於去解釋無概念差異的可能性。或者，人們在自己的每個時刻，皆援引著一種概念的邏輯限制，也就是說，一種相對的「制止」，例如，若將概念的理解推得如此遠，總是有能與之相應的事物之無限性，既然事實上永遠也到不了此理解的無限，其使得任何差異都變成一種概念上的差異。然而這就是說，重複只根據與我們概念的再現相對的限制才被解釋；而且確切地說，以此觀點，我們已自行去除掉任何區辨重複與普通的相似之方法。或者，相反地，人們將援引一種實際的對立，此對立能強加給概念一個絕對本然的制止，或許透過正當地指定必然有限的理解、或許藉由定義概念本身未定義的理解之外部秩序、或許經由訴諸一些力量，其與無限概念的主觀伴隨物（記憶、認識、自我意識）相對立。我們已經看到，這三種境況如何在名義上的概念、本然概念與自由概念中——在字詞、自然本性與非意識裡，似乎找到了它們的闡釋說明。以及在這所有的境況中，多虧了絕對本然的制止與人為或邏輯的制止之區分，無疑地，人們已具有區辨重複與普通的相似之方法，因為諸事物，當它們在一個「絕對」相同的概念下相異時，被說成重複出現。然而，不僅僅是這種區分，而是重複亦在此以完全負面否定的方式被解釋。因為「人們」（On）（字）並非實在，因為人們除了名義上的定義之外沒有其他的定義，所以「人們」（語言）重複。因為「人們」（物質）不具內在性，因為人們「彼此間互為外在部分」，所以「人們」（自然本性）重複。因為「人們」（自我）壓抑，因為「人們」（本我）沒有回憶、認識，亦無自我意識，所以「人們」（非意識）重複，——嚴格說來，因為人們沒有本能，此本能即物種作為概念的主觀伴隨物。簡言之，人們總是根據人們不成為和不擁有的東西而重複。人們重複，是因為聽不到。如齊克果所言，這是失聰者的重複，或者更恰當地說是為了失聰者，字詞之聾、自然之聾、非意識之聾的重複。確保著重複的力量，亦即對於絕對同一概念，諸事物的多重性只能於再現中以否定方法被確定。

這就是，第四點，重複不只是就一概念之絕對同一性而言而被定義，其自身應以某種方式，再現此同一概念。這裡產生了一種與判斷的類比相對應之現象。重複不僅限於在同一個概念下增加副本，它將概念置於自身之外且使其存在於同樣多的副本中，於「在此與此刻」（hic et nunc）。重複打碎了同一性其自身，如德謨克利特（Démocrite）已經將巴門尼德（Parménide）的「存有—一」（l'Être-Un）打碎並倍增為原子。或者更恰當地說，在一種絕對同一的概念下，諸事物的增多，即概念之劃分，以絕對恆等同一的諸事物作為劃分結果。這是物質，實現了概念於自身之外的這種狀態、或被無限重複的要素之狀態。這就是為什麼重複的典型與純粹物質混淆，作為最低限度的重複或同一的碎裂。從再現的觀點看來，重複因而具有「原始意義」，物質的與赤裸的意義、相同「之」重複（而不再只是「在」相同的概念下）。所有其他意義都從這個外在典型被衍生出來。也就是說：每當我們遇到變化、差異、偽裝、位移，我們會說這是關於重複，卻只能以衍生的方式和透過「類比」。（甚至對於佛洛伊德來說，在精神生活中重複的驚人構想，不僅受到壓抑理論中對立的圖示所支配，而且還受到死亡本能理論中一種物質的典型所支配。）然而，此外在的物質典型上演了現成的重複，並將此重複呈現給自外部凝視它的觀者；此典型消除了厚度，重複被製造與產生於此厚度，甚至在物質和死亡中。因此，相反地，試圖去將偽裝與位移再現為重複的組成要素。然而由此，這只須將重複與類比其自身混淆一起。同一性不再是要素的同一性，而是依照傳統的涵義，作為在不同要素之間關係的同一性、或眾多關係之間關係的同一性。剛才，物理的物質給予重複其「原始意義」，以及，其他意義（生物的、心理的、形上學的……）藉由類比而被講述。目前，類比出於其自身，即是重複的邏輯上物質，並賦予它一種「分配意義」[2]。但這總是就一種被思考的同一性、被再現的平等而言，所以重複保留著反思的概念，其確保了語詞的分布與位移、要素的傳輸，然而只在作為仍屬於一位外部觀者之再現中。

* * *

創立，就是去確定。然而確定到底是關於什麼、以及被運用於何處呢？基礎是邏各斯或充分理性之運作。如此一來，它具有三個意義。在它的第一個意義中，基礎是相同或同一。它具有至高無上的同一性，人們假定它屬於理念，即相同之本質（αὐτὸχαθ' αὐτό）。首先，它就是其所是、其所有。以及，除了勇氣之外誰是勇敢的，除了美德之外誰是良善的呢？因此，基礎必須去創立的，只是那些之後到來者、那一切最多只能作為次要擁有者之意圖罷了。要求一種基礎、求助於基礎者，總是關於一種意圖，也就是說，一種「形象」：例如，人們對於有勇氣、品德高尚之意圖——總之，就是去參與、參加（μετέχειν，即之後才具有）。人們因此去區辨，作為理念式本質的基礎、作為向往者或意圖之有理性根據的建立、與帶有意圖的，亦即基礎首先具有的質性，以及，向往者，如果他有理性根據的話，將以次要地擁有它。此質性、意圖的對象，即是差異——未婚妻，阿里阿德涅（Ariane）。作為基礎的本質，就是同一（l'identique），作為它最初包含其對象之差異。創立的運作使得向往者同基礎「相似」、自內部給予他相似性，並以那樣的方法，在此狀況條件下使他去參與，關於其所企求的質性、對象。與相同（même）相似，向往者被說成「與……相似」（ressembler）；但此相似並非是一種與客體對象之外部相似，這是一種與基礎自身之內部相似。正是，女兒必須像父親。差異於此被認為是在相同（Même）的原則和相似的狀況條件下。並且將存在著一些第三、第四、第五順位的向往者，按照在這種內部相似之等級中，被建立為依據之形象。這就是為什麼基礎會去選擇，以及在向往者之間

2 在此意義上，最精巧的嘗試是費伊（J.-P. Faye）在一本就稱作《相似物》的一書中（Analogues, Seuil, 1904）。關於在任何一些系列中的移動和偽裝，而同時，對於無論如何都在外的一隻眼而言，將重複看成一類似，參照自頁：14-15。以及，在整本書中，死亡本能的作用，以類比的方式被闡釋。

做出差異區別。每個形象或稱為再－現（聖像）的合理性根據之意圖，因為在其秩序中的第一，於自身中仍屬第二，相較於基礎而言。正是在這個意義上，理念開創或建立了再現的世界。至於反叛的形象與無相似性（擬像），它們會被消除、排出、揭露為毫無理性根據的假向往者。

在第二個意義上，一旦再現世界已建立，基礎就不再被恆等同一所定義。同一已成為再現本身的內在特性，以及它與事物的外在關係之相似性。同一當下表達出一種對其而言必須被創立的意圖。即意圖之客體不再是作為質性的差異，而是在差異中存在著過大與太小、過剩和缺乏，也就是說，無限。那必須被創立者，正是去征服無限之再現的意圖，對於女兒來說，只應歸屬於其自身且占有差異之核心。這不再是那種努力去征服差異的形象，儘管它最初似乎被包含在同一之中，相反地，這是同一性努力去征服不包含差異的形象。「創立，並非意味著開始與使得再現成為可能，而是使之變為無限」。基礎目前必須於再現內部中起作用，將諸極限擴展至無窮小與無限大。該操作透過一種方法來執行，而此方法確保了，於有限再現所有可能的中心裡，定立單一中心、一種再現的一切有限視點之匯聚。此操作表達了充分的理性。充分理性並非同一性，而是使得在第一個意義上，那屬於差異的、自它們那邊逃脫者，從屬於同一、且從屬於再現的其他要求之方法。

然而，基礎的兩種涵義匯集在第三種之中。創立，其實，總是使變彎、彎曲、再彎曲——組織著季節、年與日之秩序。意圖的客體（質性、差異）處於成圓圈的狀態；諸圓弧根據著基礎而有區別，此基礎建立於，被包含在正負兩極端之間的停滯、瞬時和停止的定性變化中。向往者被分布在可移動的圓周圍，每一個都接收著，符合於其生命之功勞成就的運氣：一個生命在此被看作，相似於一個精確的「現在」，使其意圖相當於圓的一份額，「收縮進」此份額，從此份額提取秩序中的得失，或多或少根據它自己在形象的等級裡的進展或倒退（另一個現在、另一個收縮進另一份額的生命）。人們確實可看見在柏拉圖主義中，圓的循環和運氣的分布、週期和靈魂轉生是如何形成基礎的試驗或命運賭局。但在黑格爾那裡仍然，所有可能的「開始」、所有的現在被分配在由一項原則奠定的連續不斷、唯一的圓之中，而且於其中心即包含了這些現在，猶如將之分布於其圓周上。以及，在萊布尼茲那裡，可構成性自身是一個匯聚之圓，所有的「觀點」皆在此被分配、所有的現在構成世界。創立，在此第三種意義上，就是去再現現在，也就是說，使現在於（有限或無限的）再現中發生與過去。基礎因此顯現為，無法追憶之記憶或純粹過去，從未是在場的過去自身，因而使得現在過去，而且就此過去而言，所有的現在以圓的方式共存。

創立，即總是去創立再現。但是如何解釋對於基礎而言是必要的一種模稜兩可呢？好像，它被自己所創立（以這三種意義）的再現所吸引，並在同一時間，相反地，被一項超越所吸入。彷彿它搖曳於，理性根據中的崩塌與無底裡的吞沒之間。對於基礎—記憶而言，我們已經見過它了：此基礎—記憶傾向於，使其自身再現為一種先前的現在，並傾向於，使它原則上組織的圓之中的要素返回。而且難道這不是基礎最為一般的特性，其所組織的圓也同樣是那哲學上「證明」的惡性循環，於此，再現必須去表明那證明它者，仍如同在康德那裡，經驗的可能性，為它自己的證明充當證明嗎？反之，當先驗記憶支配其眩暈，且保住純粹過去對於任何進入再現中的現在之不可約性，就是為了見到此純粹過去以另一種方式而解散，以及崩解了它將差異和重複過於簡單地分配在此的圓。因此這是第三時間綜合，其聚合了愛神厄洛斯（Éros）與記憶女神莫涅摩席妮（Mnémosyne）（厄洛斯作為回憶的探尋者，莫涅摩席妮作為純粹過去之寶藏），自身在第三綜合裡超越或顛覆，此第三綜合，在「空時間的形式」下，使得一種去性徵的死亡本能，和一個基本上失憶的自戀自我在場。而且如何阻止，基礎，從它的其他意義上來說，不受到輻散與中心偏移、擬像顛覆假分布、分配作為假循環圈與假命運賭局之力量所議論呢？基礎的世界，被它試圖去排除的、由嚮往它且粉碎它的擬像所逐漸損壞。而且當基礎在第一種意義上仰賴著理念時，只須提供給理念一種出於其自身所沒有的同一性，此同一性在它那裡只產生了它想要證實的事物之要求。理念不再意味著一種同一性，它的現實化過程並非透過相似性而被解釋。在「相同」的理念下，一整個多重性發出了低鳴聲。而且將理念描述成實體存在的多重性，其不可簡化為相同或簡化為一，大概已向我們說明了，充足理由其自身，如何能夠與再現的要求無關，在一種可確定性、相互確定和完全確定之原則的三重形貌下，透過確定著與理念相對應的諸要素、關係和特異性，自行產生於像這樣的多重（multiple）之路線中。但確切地說，這個多重理性到底是在什麼基底上產生與發揮作用、到底陷入什麼樣的無理性之中、以什麼樣的新類型遊戲、命運賭局而擁有其特異性與分布，而這些特異性與分布卻不可簡化成我們已能見到之物呢？簡而言之，「充分理性、基礎格外地被彎曲成肘形的」。一方面，它傾向於它所創立的東西、傾向於再現之形式。但另一方面，它偏斜並陷入一種無底（sans fond）之中，此無底於抵抗所有形式且不讓自己被再現的基礎那一方。如果差異是未婚妻阿里阿德涅，她會從特修斯（Thésée）走向酒神狄俄尼索斯、從創立的原則到普同的「去基底」。

創立，就是去確定未確定者。不過這種操作並不簡單。當「這個」確定性被運行時，它不只限於給出一個形式、在級別範疇之條件下去賦予物質形式。某種東西從底部重新上升至表面，升至表面卻無援引形式，更恰當地說，其滲入諸形式之間，作為沒有臉孔的自主存在、沒有形式的基底。現在位於表面上的這種底部，被稱為深處、無底。反之，當它們反射於此底部時，諸形式皆分解，所有起伏成形都被解除、所有面貌都消逝，唯有作為對於未確定者絕對貼切的確定，作為等同於夜晚的閃光、酸鹼相等、對於整個黑暗晦澀恰當的區辨之抽象線條續存：怪物。（一種確定性不與未確定者相對立、亦不限制它。）這就是為什麼物質—形式之對偶非常不足以去描述確定性的機械論；物質已被賦予形式，而形式與「種類」或「型態」之成形不可分離，總體是在諸級別範疇的保護下。其實，此對偶是全然於再現之內，並定義其第一狀態，這是亞里斯多德已確立、固定的。這已經是一種以力量和底部之互補性為理由的進展，作為形式、物質以及它們的結合之充足理由。但是仍更為深刻和具威脅性的是，無底和抽象線的對偶，解散了物質及拆開已成形者。思想必須，作為純粹確定、抽象線，來面對這個作為未確定者之無底。此未確定者、無底，也是思想特有的動物性、思想的生殖性：並非這種或那種動物的形式，而是愚蠢。因為，因為，如果思想僅設想著約束和強制的話，若只要沒有任何事物強迫它去思考時，它就仍是愚蠢的，那麼迫使它去思考者，不也是愚蠢的存在，亦即，只要沒有任何事物強迫它，它就不去思考嗎？讓我們複述海德格的一句話：「使我們更能去思考的，就是我們尚未去思考的。」思想是最高的確定性，處於面對著愚蠢小事，以及面對著與其貼切的未確定者。愚蠢（並非錯誤）構成思想最大的無能力，但也是它最高能力之泉源，在強迫它去思考者中。像是《布法和貝居榭》（*Bouvard et Pécuchet*）的驚人冒險，或非─意義與意義之遊戲[3]。所以未確定者和確定性保持同等而不推進，其一總是貼切於另一。奇怪的重複將它們帶至紡車，或者更恰當地說，帶至同一個雙斜面書檯。舍斯托夫在杜斯妥耶夫斯基那裡看到出路，也就是說，《純粹理性批判》的完成和離開。或許允許我們自己在布法和貝居榭裡，瞬間見到《談談方法》（*Discours de la méthode*）的出路。我思（cogito）是一種愚蠢嗎？在此命題企圖自稱其自身與其意義之程度上，這必然是一種非─意義。但這也是一種誤解（而且這是康德所指出的），在「我思考」（jepense）的確定性之範圍內，即我思企圖直接支撐在「我在」（je suis）這個未確定的存在，而沒有指定、賦予未確定者可確定的形式。笛卡兒的我思主體不思考，它只具有思考的可能性，而且在這種可能性內部保持愚蠢狀。它缺乏可確定之形式：不是一種特殊性、不是一種賦予一物質形式的特殊形式、不是一種賦予現在形式的記憶，而是時間的純粹與空的形式。這就是時間之空的形式在思想中引入、構成了差異，它自此開始思考，作為未確定者與確定之差異。正是它分配著，其自身之雙方，一個被從抽象之線所裂開之我（Je fêlé）、一個被動自我（moi passif），來自一種其所凝視沉思的無底。是它在思想中產生思考，因為思想只與差異一起、圍繞著去基底這一點去思考。正是差異，或可確定之形式，使得思想運行，亦即使未確定者與確定性的整個機器運轉起來。思想的理論就像繪畫一樣，它需要這種使其從再現轉向抽象藝術的革命；這就是一種沒有形象的思想理論之客體。

再現，尤其當它上升至無限時，以一種無底的預感而被遍歷穿透。但因為它使自身成為無限以承擔差異之責任，它將無底再現為一種全然未區分的深淵、無差異之普同、無差別的暗黑虛無。這就是再現已藉由將個體化與我的形式、以及與自我的物質聯繫起來而開始。對它來說，其實，我不只是個體化的高等形式，而且是認識和鑑別之原則，對於事物所支撐起的任何個體性判斷：「這是同一塊蠟……」就再現而言，任何個體性必須是個人

3 沒有必要去問，布法和貝居榭他們本身是否愚蠢。這全然不是個問題。福樓拜的計劃是百科全書式和「批判的」，並非是心理學的。愚蠢的問題以哲學的方式被提出，作為愚蠢與思想的關係之先驗問題。在同一個被分成兩份的，或更確切地說，被重複的思維存有中，其同時關乎作為「能力」的愚蠢，以及無法容忍愚蠢的「能力」。福樓拜，在此，承認以叔本華為其導師。

的（我），而且任何特異性必須是個體的（自我）。在人們停止說我的時候，也因此終止了個體化，以及在個體化停止之時，也終止了任何可能的特異性。必然從那時起，無底者被再現為沒有任何差異，因為沒有個體性亦無特異性。我們仍可在謝林、叔本華那裡，或甚至在《悲劇的誕生》之最初的酒神中見到這一點：他們的無底並不支持差異。然而，自我，作為被動自我，只是發生在諸多個體化的預先場域中的一個事件：它收縮進與凝思著這樣一種場域之進行著個體化的諸因素，以及被構成在它們的系列之共鳴點。同樣地，我，作為已裂開之我，讓所有被它們的特異性所定義之理念通過，這些理念自身先於個體化場域。

作為進行著個體化的差異之個體化，是前於我（ante-Je）、前於自我（ante-moi）的，這並不亞於，作為微分的確定之特異性，是前個體的。一種「非個人（人稱）的個體化」、以及「前個體的特異性」之世界，這就是人們（ON）、或「他們」（ils）的世界，其並非歸結為日常平庸，反之，相遇和共鳴被製造於此世界，酒神最後的面貌、深處與無底的真正本性超出再現的範圍，而且使得擬像突然發生。（黑格爾指責謝林，被一種無差別的夜晚所包圍，在這樣的夜裡，所有的牛一般黑。但是，當我們低語著「喔！天啊！」、「太誇張了！」等等，在我們沒有形象的思維之疲憊與焦慮中時，何等的差異之預感於我們背上萬頭攢動、此黑暗是多麼地已區分與進行著區分，雖然沒有或幾乎不被鑑別、個體化，不知有多少差異與特異性被分配為同樣多的侵略，不知有多少擬像在這樣的夜裡升起、變為白色，以構成「人們」與「他們」的世界）[4]。或許無底是沒有差異的，但它卻是萬頭攢動狀，這正是限制的幻覺、再現的外在幻覺，其由一切的內部幻覺所產生。而且，如果不是這些攢動的螞蟻藉由我的裂縫進出的話，什麼是具有構成的多重性之理念呢？

* * *

在一系統中，相異透過差異其自身而與相異有關，擬像正是這種系統。像這樣的系統都是強度的系統；它們在深度方面建立於強度量的本性上，透過它們的差異確切地進行交流。也許存在著此交流的諸多狀況條件（細微差異、鄰近等等），但這不應該使我們去相信先決的相似性之條件，而只該使我們去相信強度量的特殊屬性，按照它們的分裂，但遵循著其特有秩序，不會沒有改變本性而進行分裂。至於相似性，我們覺得它是系統運作所造成的，如人們錯誤地援引來作為原因或條件之「結果」。總之，擬像的系統必須在觀念的幫助下被描述，自一開始，這些觀念似乎與再現的級別範疇極為不同：(1)深度、「空間」，強度在此自行組織起來；(2)強度形構的不相稱之系列，勾畫出個體化之場域（進行著個體化的因素）；(3)「陰暗不明的先驅者」使強度進行交流；(4)接合、內在共振、受迫運

4 阿瑟・阿達莫夫（Arthur Adamov）撰寫了關於此主題的一個非常卓越之劇作，《大小手術》，1950年（幕I，N.R.F.）。

動因而產生；（5）於系統中，被動自我和剛萌芽主體的構成，及時—空純粹動力論的形成；（6）質性與廣（延）度、諸種與部分體形成系統的雙重區分化，以及再掩蓋先前的因素；（7）然而，在被質性和廣度所展開的世界裡，包覆的諸中心卻表現出了這些要素的堅持。擬像的系統肯定了輻散和中心偏移；所有系列的唯一統一性、唯一輻合是包含這一切的無形象之混沌。沒有任何系列對於其他享有優先權、沒有任何一個擁有原型的同一性、摹本的相似性。沒有任何一個與另一個相對立，也不與其類似。每個系列皆由差異所組成，且透過差異之差異與其他的交流。被加冕的無秩序取代了再現的等級制度；游牧式分布則代替了再現的固定位置之分布。

我們已看到這些系統如何成為理念現實化的場所。在此意義上，一個理念既非一個、亦非多個：其為多重性，由微分因素、於這些因素間的微分關係、以及與這些關係相應之特異性所組成。這三個維度，因素、關係和特異性，建構了多重理性之三面向：可確定性或可定量性原則、相互確認性或可定性原則、完全的確定性或潛力原則。它們三個全都投射於一種理想的時間維度裡，其為逐步確定的維度。因此，存在著一種理念的經驗論。在最多樣貌的境況裡，我們必須問，是否我們能處於面對一些理想因素之狀態，也就是說沒有形貌和功能，不過在微分關係的網絡中（非可定位的理念式連結）是相互可確定的。譬如：物理微粒是否在此情況下，以及哪一些微粒在此情況下？生物學基因是否在此情況下？音位是否在此情況下？我們也應該去問，哪一種特異性分布、哪一種特異點和規律點、顯著點和慣常點之分配與關係值相對應。一個特異性是一系列之起點，此系列朝向系統的所有慣常點延伸，直到另一特異性的鄰近區域；此另一特異性產生另一系列，其與第一個系列有時匯聚、有時輻散分歧。理念具有肯定輻散的力量，其建立了一種在輻散系列之間的迴盪共鳴。有可能是特異和規律、顯著和慣常的觀念，對於哲學自身，具有一種本體論和認識論的重要性，其遠比那些與再現有關的真和偽之重要性還要重大許多；因為我們稱之為「意義」的，取決於這些引人注目的亮點在理念的結構中之區別與分布。因此這是，從關係的角度來看之相互確定性的、以及從特異性的角度來看之完全確定性的，活動，其使得理念於其自身逐漸變為可確定的。這個在理念中的活動是微分的活動；它作為多重性而瀏覽、遍歷了理念，以及構成「副－措辭」方法（這是萊布尼茲具有如此的才華而塑造出的，儘管他將之從屬於非正當合理之匯聚條件之下，這些條件仍表現出再現的要求之壓力）。

由此被定義之理念不擁有任何現實性。它是純粹的潛在性。根據相互確定性之所有微分關係、根據完全確定性的一切特異性之分配，按照一種它們所特有的秩序而共存於理念的潛在多重性裡。然而首先，理念體現於個體化的場域中：進行著個體化的因素之強度系列包覆著諸多理念式特異性，於其前個體的自身中；於諸系列之間的迴盪共振使得理想關係發揮作用。於此仍可看出，萊布尼茲已多麼深切地表明了，個體的本質於這些關係與特異性之基底上被構成。其次，理念被現實化於諸種和部分、質性和廣度之中，它們再掩蓋和開展了這些個體化場域。一個（物）種是由諸多生成基因之間的微分關係所構成，以及諸有機部分和一身體之延展均由被現實化的前個體之特異性所組成。然而，人們必須強調非─相似性的絕對條件：種或質性不與它們所實現的微分關係相像，諸有機部分亦非與特異性相像。這是可能與實在的相像，而絕非是潛在和現實相像。亦非理念歸結成恆等同一或具有任一同一性，更不是理念的體現和現實化，以相似性進行且依賴著類似性。

如果諸種和部分、質性和廣度，或更確切地說規範和劃分、定性和廣延性，建構出「區分化」的兩個面向，我們將會說，理念透過區分而被現實化。對於理念而言，（被）現實化，正是（被）「區」分（se différencier）。於其自身和於其潛在性之中，它因而是完全未被「區」分的（indifférenciée）。然而，它絕不是未確定的：反之，它是全然已被「微」分的（différentiée）。（於此意義上，潛在絕非不明確的觀念；其擁有充分客觀的實在性；完全不可將潛在與缺乏實在性之可能（le possible）混為一談；況且可能是於再現中之概念的同一性模式，而潛在則是於理念中心深處的微分模態。）應該要非常重視「特殊連字符」微／區（t/c）作為差異的象徵符號：「微」分（différentier）和「區」分（différencier）。啟動理念的系統總體，其體現和現實化必須在「（未）─微／區分化」的複雜觀念裡被表達。任何事物具有如同二個不成對、不對稱和不相似的「半邊」，象徵符號的兩半，每個半邊自身一分成二：理念式的半邊投入潛在裡，而且一方面被微分關係構成、另一方面被相應的特異性構成；現實的半邊，一方面被使這些關係現實化之質性建立，另一方面則被使這些特異性現實化之部分建立。這正是確保著非相似的兩大半邊之嵌合的個體化。「一個在所有意義裡皆被確定的存有」（ens omni modo determinatum）的問題必須如此被提出：一個在理念中的事物能被完全確定（被微分），但是欠缺建立起現實存在的確定性（它是未被區分的，以及甚至尚未個體化）。如果我們稱「有區別」為理念完全微分的狀態，而稱「清晰」為質和量的區分化形式，那麼我們必須打破清晰和有區別的比例規則：像這樣於其自身中的理念，是有區別－模糊的（distincte-obscure）。而且正是以這種方式，理念是酒神狄俄尼索斯式的，在它所保留和保護於自身的這個模糊區域中、在這種不少被完全微分的區分化裡、不少特異的前個體中，去對抗太陽神阿波羅式的再現之清晰和有區別（leclair-et-distinct）：其酒醉將永不會被緩和－模糊的有區別（le distinct obscur）作為雙重色彩，哲學家用此雙重色彩，以一種微分的非意識之全力來描繪世界。

在諸「問題」中看到一種暫時且主觀的狀態是一項錯誤，我們的知識必須根據事實的限度通過此狀態。正是這個錯誤解放了否定、扭曲了辯證法，經由以負面否定的非－存有取代問題的（非）－存有。「成問題的」是世界的一種狀態、系統的一個維度，以及甚至是它的視野水平、它的中心：它確切地指出理念之客觀性、潛在之實在性。作為問題之問題是完全被確定的，使自身被微分是它的任務，在我們將它與其完全正面肯定的狀況條件關聯起來之範圍內——儘管它尚未被「解決」，而且藉此停留在未區分化裡。或者更確切地說，當它一被提出和被確定時就已經被解決了，但是在其所產生的解決辦法裡，它仍客觀地堅持著，而且在本性上不同於這些解決辦法。這就是為什麼微分計算的形而上學找到了其真正的涵義，當它自再現裡無限和有限的二律背反脫離開來、為了在理念中顯現作為問題理論的第一原則時。我們已將此理念—問題的狀態，以及它們的共存多重性與多樣化、組成要素的確定性、浮動特異性之分布、和圍繞這些特異性的理念式系列之形構，稱之為「內超褶」。而且「內超褶」這個字在此指出與意識狀態完全不同的東西。我們稱混沌狀態為「複雜」，此狀態抓住和包含所有的現實強度系列，其與這些理念式系列相符、並將這些系列體現，以及肯定輻散分歧。因此，此混沌於自身匯集諸問題之存有，而且賦予所有在其之中形成的系統和場域，一種成問題的持久價值。我們稱強度系列的狀態為「蘊涵」，由於諸強度系列透過它們的差異而進行交流，以及藉由形構出個體化場域而產生共鳴。「被隱含」，每個系列透過其他系列而作為被隱含者，且輪到它隱含著其他系列；它們建立了系統的「包覆者」和「被包覆者」、「解決者」和「被解決者」。最後，我們把在基本系列之間再掩蓋和展開系統的質性與廣延狀態，稱之為「闡釋」：定義了最終解決辦法的總體之區分化、整體化在此浮現出。然而「包覆的諸中心」仍顯示出問題的堅持，或在解釋和解決問題（「複製」）之運動中，蘊涵價值的持續。

至於他者（Autrui），我們已在精神的系統中見到了。他者不與隱含於系統中的個體化因素混同起來，但他以某些方法「再現」這些因素，而對這些因素來說有用。實際上，在感知世界被展開的質性和廣延之中，他者包覆、表達諸多可能的世界，這些世界並不存在於他們的表達之外。在那裡，他表現出持續的蘊含價值，此價值給予他在感知的被再現世界裡，一種基本的功能。因為，如果他者已假定了個體化場域的組織，相反地，他就是狀況條件，而在此條件下，我們「感覺到」在這些場域中不同的客體和主體，且將它們領會成以多種名義形構出可認出、可鑑別的個體。他者或許確切地說並非個人，非您亦非我，這意味著他者是一種結構，僅處於被多變的詞語落實於感知的不同世界裡之狀態——在您的世界裡，就您而言的我、在我的世界裡，對我來說的您。在他者那裡看見一般性感知世界之特殊或特有的結構甚至仍是不足的；事實上，這是一種結構，在其總體裡奠定和確保這個世界的整個運行。就是說，對於此世界的描述之必要觀念——外形—底部、輪廓—客體的統一性、深度—長度、水平—中心，等等——將保持在空的和不能應用的狀態下，倘若他者不在此，表現出可能的世界，於此世界，（為吾）位於底部者同時處於作為可能形式之前—感知事實或次—感知事實的狀態，作為深度者，則為可能的長度，等等諸如此類。客體的劃分、作為中斷之過渡階段，從一客體到另一的過渡，且甚至一個世界有益於另一世界而消失的事實，一直有被隱含的某事物仍待解釋、發展的事實，這一切僅經由結構—他者（structure-autrui）與其感知裡之表現能力才變為可能。總之，使感知世界之個體化穩固的，正是結構—他者。這全然不是我（le Je），亦非自我（le moi）；這些反而需要此結構以被感知成個（體）性。一切的發生猶如「他者將個體化要素和前個體化特異性歸併於客體和主體的限度裡」，客體和主體自身當前願為再現而作為感知事實或覺察者。因此，為了重新找尋，例如在諸強度系列中的個體化要素以及在理念中的前個體特異性，必須逆向循著這條路，然而，一些主體落實了結構—他者，應當再上升直到這種於其自身的結構，因而將他者領會成非個人，然後再超越、再走得更遠，根據充分理性的肘彎，到達結構—他者不再運作的這些區域，而不是它所決定之客體和主體，為了讓特異性展開、被分布於純粹理念中、以及讓個體化要素被分配於單純的強度中。誠然，於此意義上，思考者必然是孤獨和唯我論的。

因為，諸理念、其關係的變異與特異性的分布，到底來自於何處呢？在此，我們仍舊順著這條有轉角的路，在此「理性」浸入一種超越之中。根本的起源總是被看作與一種孤獨且神聖的遊戲相似。這仍有好幾種遊玩方式，而且屬於人類的與集體的遊戲並不會和這種孤獨神聖的遊戲相像。我們可以根據多種特性將兩種遊戲相對立，人類的和理想的。首先，人類的遊戲假設了先存且斷然的規則。接著，這些規則具有確定或然性的作用，也就是說虧損的「假設」和得益的假設。第三，這些遊戲從未肯定過整個偶然性，反之，敲碎它們，且對每一境況而言，擺脫偶然，將一次投擲的結果排除於偶然之外，因為它們規定某得益或某虧損務必與假設聯繫一起。這正是為什麼，最終，人類的遊戲以固定位置的分布進行著：事實上，預先而斷然的規則在此有屬於相同（Même）的不變角色，且具有一種形而上學或道德的必要性；此規則因而歸入了相對立的假設，它使得一個在數字上不同的擲、投、拋骰子的系列與這些假設相對應，且承擔操作這些假設的分配之責任；以及諸投擲的成績、結果，根據它們隨著假定的必要性之結論被分配，亦即，根據被落實的假設而被分配。這就是固定位置的分布，在此有一個已被分布的固定分割，按照一種被規則所固定的比例。這種人類的方法、錯誤的下注方式，隱藏不住它的預先假設：這些是道德預設、在此是善與惡之假定，以及遊戲，一種道德的學徒期。這個劣遊戲的原型，就是帕斯卡的賭注，以他的方式去粉碎偶然性、將所有碎片分布，為了分配人類存在的模式，在從未被質疑的一個上帝之存在的恆定規則之下。但是在《根本起源》裡，從柏拉圖的樂透到萊布尼茲的西洋棋，人們重新發現此遊戲的同一個構想，全部登錄於必要、假設和假定必要性的網絡裡（斷然或必然原則、假設、結論）。這個遊戲已經與再現的練習混淆不清，它呈現出全部元素、原則的最高同一性、假定的對立性、數字上不同的拋擲之相似性、於結論與假設關係中之比例性。

完全不同的神聖遊戲，可能是赫拉克利特所談及的、馬拉美以如此嚴謹的敬畏和懊悔所援引的、尼采以如此之堅決援引的——對於我們來說最難以理解的遊戲、於再現世界裡不可能操作的遊戲[5]。首先，沒有先存在的規則，遊戲撐起於其自身之規則中。因此，每一次，整個偶然性皆在必然獲勝的一擲裡被肯定。沒有任何事物被排除於遊戲之外：結果

5 參見歐根・芬克，《作為世界象徵的遊戲》（Le jeu comme symbole du monde, trad. HILDENBRAND et LINDENBERG，Éd. de Minuit, 1960）與柯斯塔斯・埃克斯羅斯，《朝向全世界的思想》（Versla pensée planétaire, Éd. de Minuit, 1964）——他們，以一種與我們所嘗試陳述極為不同的角度來看，試著去區分神和人的遊戲，為了從中提取一項他們所呼喚的公式，根據海德格，《本體論的差異》。

絕非透過一種，將結果與已確定的碎片結合起來的，假設的必要性之連結而擺脫偶然，然而相反地，完全適切於保留所有可能的結果且使這些結果產生分支的全部偶然。人們再也不能說，從那時候起，諸相異的投擲是在數字上的不同：務必獲勝的每一擲引起在另一規則下拋擲的再生產，在前例結論中又再切割出其所有後果。每次，諸相異的投擲，皆非於數字上不同，而是「在形式上」有別，不同的規則是唯一且相同的拋擲、通過所有次之本體論上的一次投擲之諸形式。而且不同的後果不再根據其所落實的假設之分布而被分配，而是，其自身被分布於唯一且未被劃分之拋擲的開放空間中：游牧式分布，而非固定位置。遊戲的純粹理念，也就是說，屬於一種遊戲，其僅作為遊戲而不是別的，並非透過人為施作被打碎、限制、一再切割。（什麼樣的人類遊戲是與此孤獨且神聖之遊戲最接近的呢？如蘭波所說的，去找尋奧爾東絲，藝術作品。）不過，關係變化與特異性的分布，例如在理念中的這些，並不具有其他起源而只有這些在形式上有別的規則，作為此本體論上的一次投擲。正是在這一點上，根源因缺乏起點而傾覆（在屬於永劫回歸的，總是移動之圓圈中）。一個偶然點通過所有在骰子上的點而移動著，如同一次作為所有次。這些不同次的拋擲，創造了它們自己的規則，且構成了於多重形式和永劫回歸裡唯一的一擲，皆是同樣多作為論據的絕對必要提問，透過唯一且相同的回答，此回答讓這些提問保持開放，而從未填滿它們。這些投擲使理想的問題富有生命力，因而確定了關係和特異性。而且，通過這些問題，它們鼓舞、啟發了後果，也就是說已被區分的解決辦法，其體現了這些關係和特異性。「意志」的世界：在偶然性的肯定（絕對必要和決定的提問）與被醞釀出之成果的肯定（決定性解決辦法之境況或解決）之間發展出理念的整個正面積極性。成問題的和絕對必要的遊戲已取代了假定的和斷然的遊戲；差異和重複的遊戲已取代了相同和再現的遊戲。骰子向著天被擲出，以偶然點的全部移動力、以它們如閃電般的絕對必要點，在天空中形構出理想的星座—問題。它們以引領著投擲的勝利解答之全力，在大地上回彈。這是一種在兩個平台的遊戲。在兩個平台的邊界、交接處，怎麼會沒有一道裂痕呢？而且如何在第一面平台上辨識出與自身同一之實體的我，於第二平台上辨識出與其自身相似之持續的自我呢？玩家的同一性已消失，以及支付後果之報酬或因而受益的玩家之相似性也消失了。裂痕、交接點是空時間的形式，即永恆（l'Aiôn），藉由骰子的所有投擲所經過之處。一方面，只有一種經由此空形式的，裂開之我。另一方面，僅有一個總是解體於此空形式裡的，被動自我。破碎的大地回應著裂開的天空。「喔！在自我上方的『天空』，純淨且高高在上的天空！現在，對於自我而言，這是你的純粹……你或許是一面神聖的偶然性於此舞動的地板、一張對骰子和非凡玩家來說的神聖檯桌！」[6]。對著另一張檯桌回應著：「如果我從未與眾神們在『大地』的神聖檯桌上玩骰子的話，因而使大地震動和破裂，並且噴發出

6 《查拉圖斯特拉》：此文及下述兩段，皆取自於第三部，〈日出之前〉；第三部，〈七個印〉，§ 3；第四部，〈高尚的人〉，§ 14。

大量岩漿——因為大地就是神聖的檯桌，因新的創造性話語和神聖骰子的噪音而顫抖……」然而兩者一起，裂開的天空和破碎的大地，不容許負面否定性，它們經由使之裂開或打碎者將否定性吐出、驅逐一切否定的形式，確切地說，被驅逐的是那些再現了錯誤遊戲之形式——「您已經錯過了骰子的一擲。但是您都不在乎，對您來說的其他骰子玩家。您已不當作應該去玩而去學習怎麼玩了……」。

我們並未停止提出描述性觀念：那些描寫著現實系列、或潛在理念、或一切自其而出之無底的觀念。然而，強度—接合—共鳴—受迫之運動；微分與特異性；複雜—蘊涵—闡明；微分化—個體化—區分化；提問—問題—解決辦法等等，這裡任何一個都不會形成一種級別範疇之列表。認為級別範疇之列表在原則上可被攤開是徒勞的；實際上，它是可以被攤開的，但並非在原則上。因為諸級別範疇屬於再現世界，於此世界中，它們構成種種分配形式，而根據這些形式，存有（l'Être）按照一些定點的比例性規則，而被分配於諸存在者之間。這就是為什麼哲學常常傾向於，使用完全不同本性的一些觀念來對抗級別範疇，而這些觀念確實是開放的，並且表現出一種理念之經驗和多元論的意義：「存在」（existentiaux）對抗「本要」（essentiaux）、潛感知（percepts）對抗概念——或是人們在懷德海（Whitehead）那裡找到的經驗—理念式觀念之列表，而且，是他使《歷程與實在》成為現代哲學最偉大的書籍之一。關於這種必須被稱為「錯視」的觀念，是在它們適用於錯視或擬像的範圍內而言，在幾種觀點下，與再現的級別範疇有所不同。首先，它們是實在經驗的狀況條件，而不僅僅是可能經驗之狀況條件。甚至在此意義上，它並非比受條件限制者更為廣泛，而是合併了美學如此不巧地分離的兩個部分，經驗的形式之理論與作為實驗的藝術作品之理論。然而此面向仍不允許我們去確定，在這兩種類型的觀念之間的本性上之差異，到底是關於什麼。其次，正是這些類型支配著完全不同、不可簡化和不相容的分布：透過錯視的觀念被引起之游牧分布，對抗著級別範疇的定點分布。這些游牧分布既非如級別範疇之普同，亦非此刻與在此（hic et nunc）、此刻在此（now here），作為於再現中，級別範疇所適用之多樣化。這些是空間與時間之複合，或許可到處被輸送，但只須強制性地規定它們自己的景象、在落定的那一刻之處紮營：因此，它們是一種基本的相遇之客體，而並非為認識之客體。最能去表示它們的字，大概就是塞繆爾．巴特勒（Samuel Butler）所造出的，erewhon[7]。這是一些 erewhon。康德已擁有同樣觀念的最強烈預感，其具有一種想像力的錯視、不可簡化成概念的普同以及在此－此刻（l'ici maintenant）之特殊性。因為如果對多樣化在此與此刻進行了綜合、如果綜合的諸統一體或者級別範疇皆為一些持續的普同，其規定了任何可能的經驗，那麼模式就是一些空間和時間的「先天」確定，其在任何地方與任何時間，然而是以不連續的方式，輸送著地方和時刻的實在複合。如果康德的模式沒有不適當地保持著屈從於，將之簡化為再現世界裡普通的中介狀態之級別範疇

7 巴特勒的 Erewhon，不只讓我們覺得是一個 no-where 的偽裝，而且是一種 now-here 的動亂。

的話，它就會朝向一種微分理念之構想而飛躍發展，並超越其自身。而且還要更進一步地，超越再現，我們假定了，完全存在著一種存有的問題，透過這些在級別範疇與錯視或游牧的觀念間之差異而發揮作用，存有被分布於存在者的方式——於最後的堅決要求，到底是類比或是單義性呢？

＊
＊　＊

當我們視重複為再現之客體，因此透過同一性來理解它，而且以否定的方式解釋它。其實，概念之同一性並不會去修飾一個重複，如果一個（限制或對立的）否定力量不同時去阻擋概念的話，此概念即根據其所歸入的多重性而自行規定說明、區分。我們已見到的物質，其合併了這兩種特性：以同樣多存在著「次數」或「境況」之類似事物，而使得一種絕對同一的概念存在；阻擋此概念根據它本性的貧乏、或非意識、異化的本然狀態，而更進一步地自行規定說明。物質因此是精神的同一性，亦即概念，但是作為異化的概念，沒有自身意識、被置於自身之外。取用一種物質與赤裸的重複作為典範，基本上是屬於再現所執掌，其透過相同而理解與透過負面否定去闡明之。然而這難道不仍是一種再現的自相矛盾，其僅能在這些類別下自行再現重複，而且無論如何不能沒有矛盾而如此去再現現之呢？因為這種物質與赤裸的典範，嚴格說來，是不可想像的。（意識自身如何能自行再現，只具有在場之非意識呢？）同一的組成要素只被重複在一種諸「境況」之獨立性條件下、一種進行著若彼不消失，此不會出現的「次數」之不連續性條件下：於再現中之重複，完全被迫同時解體與產生。或者更恰當地說，它完全不會產生。在這些狀況條件裡，它無法於其自身中產生。這就是為什麼，為了再現重複，必須到處去安置一些凝視沉思的靈魂、被動自我、次─再現綜合、有能力去「收縮進」於彼此交互中之境況或要素的慣習，為了隨後將它們重建在，一種特有於再現自身的保存之空間或時間中。不過，結果是非常重要的：這種收縮是一種差異，也就是說一種凝視沉思的靈魂之變化，以及甚至是此靈魂之「變化」、它自己的唯一變化，在此之後，它死了，看來最為物質的重複，只藉由與在一種透過矛盾而自其取出的差異中產生、一種自重複取出差異的靈魂。重複因此是被再現的，但在一種全然不同本性之靈魂的狀況條件下，則是凝思與收縮的，而非進行著再現與被再現的。物質因而被這樣的靈魂充斥、覆蓋著，給予它一種厚度，如果沒有這種厚度，它可能不會在表面呈現出任何赤裸的重複。而且我們不認為收縮外於其收縮進之物，或此差異外於重複：它是組成整體的部分、它是構成的部分、它是深度，若無此深度，什麼也不會在表面被重複。

因此一切變化著。如果差異必然（在深度上）是表面重複的一部分，而「被」自此重複中取出的話，那麼這是涉及到去知悉此差異到底是關於什麼。此差異是收縮，但這種收縮是關於什麼呢？這種收縮自身難道不是，在所有鬆開的水平級別裡及於所有程度之下，與自身共存的一種過去之最緊縮的程度、最緊繃的級別嗎？在每一刻，然而是在不同程度與水平的時刻裡，整個過去的現在僅僅是最為收縮、最為緊繃的。這就是柏格森極致壯麗的假設。那麼，現在的差異不再是，像剛才、一種取自一些瞬時的表面重複之差異，以至於可以草擬、勾勒出一種深度，若沒有此深度，表面重複不會存在。現在，是這種深度本身為了它自己而展開。重複不再是一種諸要素的重複或接續的外在部分之重複，而是與許多水平或程度共存的一些全體性。差異不再取「自」一種初級的重複，它在一重複的諸程度或水平「之間」，每一次都是全部的、全面綜合的（totalisante）；它移動與偽裝自己，從一水平至另一個，每一水平包含著它的諸特異性，作為其特有的專屬點之特異性。而且，除了自身作為此全面重複之最放鬆的水平之外，初級的、透過瞬時而進行著的重複到底關於什麼呢？以及，除了反之作為此全面重複之最緊縮的程度外，取自初級的重複之差異又是關於什麼？這就是差異其自身在兩個重複之間：在其所收縮進之外部、同一與瞬時的要素之表面重複，以及其作為最緊縮之程度的、一種總是多變的過去之諸內在全體性的深刻重複，此二者間。因此，差異具有兩種面孔，或者時間綜合已擁有兩個面向：一個是，慣習（Habitus），趨向其使之成為可能的第一重複；另一個則是，記憶女神（Mnémosyne），提獻給引起、造成它的第二重複。

因此同樣可以說，物質的重複具有一種被動與祕密的主體，它不做任何事，但在此主體中一切都產生了，以及，存在著兩種重複，而物質的重複是最為淺表的。賦予虛存記憶

（Mémoire）其他事物的一切特性，可能是不確切的，即使人們想藉記憶去指出一種純粹過去之先驗能力，此能力具有的創造性並不亞於記憶力。總之，記憶是第一個面貌，而兩種重複之對立特性於此面貌中出現。在這些重複中，一種是屬於相同的重複，而且只有減去或潷取法得到的差異；另一種，是相異的重複，且包含著重複。一種具有固定的字詞與位置，另一種，基本上包含了移動與偽裝。一種是負面否定和出於缺乏，另一種是正面積極與出於過剩。一種是一些組成要素、境況或次數、外在部分；另一種是內在多變的一些全體性、程度與水平級別。一種在事實上是接連的，另一種，正當地共存。一種是靜態的，另一種是動態的。一種處於擴張狀態，另一種則是強度的。一種是尋常的，另一種是值得注意的與特異性的。一種是水平的，另一種是垂直的。一種是展開的，且應被闡明的；另一種是包裹的，與必須被詮釋的。一種是「在結果中」相等的與對稱的重複，另一種是「在原因裡」不相等和不對稱之重複。一種是確切的與機械論的，另一種，選擇的與自由的。一種是赤裸的重複，只能透過增加與事後地被掩飾；另一種是著裝的重複，其面具、移動和偽裝皆為第一、最後與唯一的要素。

我們必須從這種特性的對立中，取出兩種結論。首先，這是人們自一相同觀點、同時聲稱，透過相同（le Même）來理解重複，而且以負面否定的方法去闡明之。於此存在著，對於重複之哲學而言的一種誤解，其確切地與損害差異之哲學者相符。其實，人們定義著差異之概念，透過其被登錄於一般性概念中之時刻或方式；人們因此將差異之概念與一種簡單概念的差異混淆起來；人們因此「在」同一性中去理解差異，其作為一般性概念，僅是如同被展開於再現中之同一性原則。重複一方，相應地，只能作為一種「沒有」概念之差異而被定義；對於重複者，這種定義顯然繼續預先假定著概念之同一性，但不是將差異登錄於概念中，而是把它置於概念之外，作為數字（目）的差異，以及將概念其自身置於己之外，如以同樣多有著數目上不同的次數、或境況之類似事物而存在者。它因此援引一種外部力量、一種有能力將差異置於同一概念之外，以及將同一概念置於其自身之外的外在性形式，藉由封阻其規範說明，與剛剛相同，人們援引了一種內部力量或內在性形式，其有能力將差異置於概念之內，並透過一種持續的規範說明而將概念置於其自身中。因此這是在同一時刻、以同一觀點，概念之已假定的同一性歸併了差異、使其內在化為概念式差異，而且，反之將重複投射為相應的差異，然而是沒有概念、以負面否定或出於缺乏的方式被解釋。不過，如果一切皆在此誤解的連貫中被連結的話，那麼一切應該同樣地，在差異與重複的振興之中被連結。理念不是概念；它不同於概念之同一性，而作為永遠正面積極的微分多重性；它解放了差異，以及使之在正面積極的系統中演變，在此系統裡，相異與相異有所聯繫，使得中心偏移、不相稱、輻散成為同樣多的肯定客體，打破概念的再現之框架界線，而不是去再現差異，透過使之屈從於同一的概念，並因而屈從於感知的相似、謂語之對立、判斷的類比。不過，對於重複之力量來說，其具有的移動與偽裝，與差異所擁有的輻散和中心偏移同樣地多。說到屬於理念，彼此皆不亞於對方，因為理念不再具有內與外（它是一種 erewhon）。理念使得差異與重複成為「同一個問題」。有一種理念所特有的過剩（excès），一種理念的誇大，使得差異與重複成為合併的客體、理念之「同時發生」。概念不適當地利用的就是此理念之過多，然而是透過背叛它、使它歪曲變質以利用之：概念，事實上，將理念式過多分配為兩份，概念的差異部分與無概念之差異部分、屬於其自身之概念同一性的成為—相等或成為—相似部分與出於缺乏的狀況條件之部分，其繼續事先假設著此相同、但卻被封阻的同一性。然而，如果我們思考著是誰封阻了概念，那麼我們會發現這絕非是一種缺少、一種缺乏、一種對立。這不是一種概念的名義上之限制；這不是一種空間和時間之本性上的無差別；更不是一種非意識的精神上之對立。這總是理念的過剩，構成了阻斷概念、或顛覆再現之要求的高等積極性。而且正是在同一時間、於相同的觀點下，差異停止被簡化為一種簡單概念的差異，以及，重複結下其與差異最深之關聯，並找到同時為其自身和為了此關聯的一正面積極原則。（超越記憶之外，這是「死亡本能」顯而易見的悖論，不管它的名義為何，在我們看來自一開始即具有一雙重功能：在重複中包含著相異的全部力量，以及同時，說明了最為正面積極、最過度的方式之重複。）

第二種結論是，使得以下兩種重複對立是不足的，一種是物質的和赤裸的、根據同一性與概念之缺乏的重複，另一種則是，精神的、形而上的與著裝的、按照差異和總是正面積極的理念之過剩。或許應該在這第二種重複中找到第一種重複的「原由」。或許應該是，包含著差異之活躍與著裝的、垂直的重複作為原因，而水平、物質與赤裸的重複（人們僅限於自此淬取出差異）只由此原因而產生。對於自由之概念、自然本性之概念與名義上之概念的三種境況而言，我們總是已見到此原因了：每次，物質的重複由更深之重複產生，後者轉化為厚度並產生前者作為結果、外部包裹物，這是一種可分開的外殼，但其失去任何意義、以及任何再生產其自身之能力，一旦它不再源自其「原因」或自另一種重複而被賦予活力。因此，正是著裝（le vêtu）在赤裸（le nu）之下，並且生產、排出赤裸，作為其分泌之結果。這是祕密的重複被一種機械與赤裸的重複圍住，如被一種最後的柵欄圍住，這種柵欄到處標記著，其所使之在一活動系統中傳播的差異之末端邊緣。而且總是，「在同一個運動中，重複包含著差異」（並非像一種意外與外在的變化，而是如其內心深處、像是構成它之本質變化、為了一種輻散和移動的差異自身，建構起它的移動和偽裝），「以及，它應該接收到，無差別的物質重複（被掏空的蛇皮、其所意味者之被掏空的外殼、只透過其靈魂或潛在內容而生與滅之外皮），由之而生的一種正面積極原則」。這對於自然本性之概念而言已為真。倘若自然被簡化為物質之表面、倘若此物質並不擁有一種深度以及自然之側翼，於此自然中，生與死的重複被製造、變成迫切需要與正面積極的，只須去移動和偽裝一種總是作為現在的、使得重複成為如此之演變的差異，那麼自然（Nature）絕不重複，其重複總是假定的、被託付給實驗者與博學者之良好意志。一位博學者、或一些博學者，不會製造出春天、亦不會製造出季節回返。倘若沒有在這些週期循環中移動與在此相同中偽裝自己、使得重複成為迫切需要的差異，而只交出赤裸的差異，在外部觀察者之眼下，認為變化不是基本要素以及不太能改變，那，無論如何，其自內而構成者，那麼相同（Même）絕不會為了在一些週期循環交替裡，被分配成好幾個「相同的人事物」而離開自身。仍更為真確的是一些自由的概念與名義上的概念。人們的話語和行動產生了一些物質或赤裸的重複，然而是作為更深的重複與另一種本性的結果（「結果」，於因果、視覺和衣著的三重意義上）重複，是感動人的修辭法（le pathos），重複之哲學，正是病理學（la pathologie）。然而有如此多的病理學、如此多彼此間錯綜複雜的重複。當著魔者重複一種儀式，一次、兩次時；當他重複著一種計數法時，1、2、3……他進行著一種廣延性要素重複，但是避免及表現出另一種垂直與強度的重複、一種過去的重複，此過去在每一次或每個數目上都會移動，而且在數目與次數之總體中偽裝自己。這是在病理學上宇宙論證據之等同物：在世界中，諸多原因與結果的水平連貫要求一種原始的、總的、外—物質世界的原因（Cause），作為諸多結果和原因之垂直原因。人們同時重複了兩次，但並不屬於同一個重複：一次是在廣度上來說，機械地與物質上之重複，另一次則是在深度上，象徵性地、透過擬像的重複；一次是重複著諸多部分，另一次則是重複了諸部分所依存之全（le tour）。這兩種重複並非產生於同一維度裡，它們共存著；一次是諸多瞬時的重複，另一次則是過去的重複；一次是初級的重複，另一次則是總的重複；而且最深切的，顯然，是那作為「生產者」之重複，其並非最為明顯可見或製造最多「結果」。一般來說，兩種重複進入非常多不同的關係裡，我們相信，或許需要一種非常有系統、尚未完成的臨牀研究，來區辨相應於它們的可能結合之諸境況。讓我們端詳一些舉動、語言學的重複，精神錯亂或精神分裂症類型的一再重複與刻板症。它們似乎不再顯示出，一種有能力在儀式框架內投入一客體的意志；更恰當地說，它們運行著，像是一些標記著投資的大破產之反射作用（因此，這是對病人而言，在人們使之經受的試驗中隨意去重複之不可能性）。總之，「非自主意願的」重複所依存的，並非如負面解釋所提出之失語症或失憶症的混亂，而是下皮質層病變與「情緒」的混亂。是否有另一種方式，負面否定地去解釋重複，彷彿病人由於身心衰退而再陷入未整合的原始迴路中？事實上，人們應該於一再重複裡以及甚至在刻板症中，注意到「收縮」之恆定在場，此在場至少會透過多餘、干擾的元音或輔音而顯示出來。不過，收縮持續帶有兩個面向，透過其一，收縮被其所變更之物理重複要素支撐起來，透過另一個，則涉及了在各種不同程度之可重複精神的全體性。在此意義上，人們認識到一種在每個刻板症中、甚至在青春期精神分裂症的下顎骨摩擦聲裡續存之意向性，而且此意向性，由於缺乏客體，而在於去傾注整個精神生活於一種碎片、舉動或字句中，其自身成為對其他重複而言之成分要素：如同此病人憑藉著一隻腳而旋轉得越來越快一樣，另一條腿伸展開以便於推開可能會突然來到其背上之人，此人如此模仿著他對女人的厭惡以及女人突然出現在他面前所造成之害怕[8]。那確切作為病理學的，正是，一方面，收縮不再保證一種共鳴，其在兩個或多個水平級別間，以已區分方式同時「可上演」，而是將之全部碾碎、壓縮在刻板的碎片中。以及，另一方面，收縮不再向成分要素準取一種，使得重複在被意志所組織起的空間與時間中成為可能的，差異或變更；反之，它使得變更其自身成為待重複之成分要素，在一種確切地使成分要素之赤裸重複變為不可能的加速中，它被用來當作客體。於一再重複與刻板症中，人們因而將看不見一種純粹機械的重複之獨立性，而倒不如說，將見到的是一特殊的混亂，此混亂屬於在兩個重複間之關係，以及屬於一種過程，藉此過程，一個重複，是且保持著，作為另一重複之原因。

重複是語言的力量；而且不以負面否定的方式、透過一種名義上的概念之缺乏而被解釋說明，它意味著一種總是過度的詩之理念。一種精神的全體性之共存的諸水平級別，根據顯示這些水平級別之特點的特異性，可被視為現實化於一些已區分的系列中。這些系列

8 人們將在阿貝利（Xavier Abély）的《刻板症》（Les stéréotypies, Dirion, 1916）中找到這種性格的各種例子。刻板症與一再重複的最佳臨床研究之一仍屬吉羅（Paul Guiraud）的《臨床精神病學》（Psychiatrie clinique, Le François, pp. 106 sq.），以及他的刻板症之症狀分析《腦》（L'Encéphale，1936 年 11 月）。吉羅區辨了行為動作等的持續症與重複（接連地一再重複或有間隔的刻板症）。因為如果持續症之現象能負面否定地被一種缺陷或心理空缺所解釋的話，那麼重複的現象之雙重特性是去呈現出一些凝聚與收縮，以及去要求一種初級的和正面肯定的解釋原則。人們將在這一點上注意到傑克森主義，當它把重複和「正面肯定的」症狀之範疇級別關聯起來，然而卻維持著一種完全負面否定的解釋原則；因為其所援引之正面積極性是屬於一種機械與赤裸重複的，表達著低等或過時的平衡之假定等級。事實上，構成一再重複或刻板症之明顯面向的機械重複並非表達一種總體之等級，而是於基本上指涉著一些如莫納科夫（Monakow）與穆爾格（Mourgue）所言的「碎片」、「碎塊」。因此，這是碎片般的收縮與凝聚之重要性。但在此意義上，真確的正面積極性是將精神生活之全體性投入在碎片中者，也就是說，將完全是另一種本性的重複投入在機械重複中者，其屬於總是可移動和已偽裝（情緒）之「本能」領域。可以說，在刻板症中，唯有能指是過時的，而所指不是：「在症狀之破碎下，總有一種持續的所指，或多或少饒具意義」（貝萊與勒佛朗梭，兒童的某些原發刻板症戲劇性徵候學之概述，《醫學年鑑》，1962 年 4 月）。

是可以產生共鳴的，在一種「昏暗不明的先驅者」、碎片之行動下，對此總體而言是有效益的，而在此總體中，所有水平級別共存著：每個系列因此被重複於另一個系列中，同時先驅者自一水平級別移動到另一個，以及在所有的系列中偽裝自己。如此一來，先驅者自身並不歸屬於任何水平級別或程度。在詞語的諸系列之境況中，我們稱「一種高等程度之字詞」為引用前例之「意義」作為所指者。然而語言學的先驅者、特別是（客體＝x）之祕傳難懂或詩性的字詞，在它企圖述說著其自身與意義的程度上，超越了一切程度，以及於此，它顯現為總是已被移動和偽裝之非—意義（non-sens）（不具有意義的祕密字詞，Snark 或 Blitturi……）。因此所有詞語的系列，形成了同樣多對這種字詞而言的「同義詞」，而且此字詞自身扮演著一種對所有系列來說的「同音（形）異義」之角色。因此，語言組織起它的整個系統，作為著裝之重複，根據它最為正面積極與理念式的力量。此刻，不言而喻地，實際的詩篇不須與此詩之理念完全相符。為了有實效的詩篇得以誕生，我們只須去「識別」昏暗不明的先驅者、給予它一種至少是名義上之同一性，簡言之，我們給予共鳴一個身體；那麼，如在一首歌曲中，已區分的系列以主歌或韻文般組織起來，而先驅者則體現於疊句或副歌中。主歌圍繞著副歌運轉。而誰，比一首歌曲更能使名義上的概念與自由的概念合併起來呢？正是在這些狀況條件中，一種赤裸的重複被產出：同時，於作為再現著客體＝x的副歌回返中，以及在某些已區分的主歌之面向裡（節拍、押韻，或甚至押韻詩自身與副歌一起），輪到這些面向去再現諸系列的互相滲透。有時甚至會有一些幾近赤裸的重複占用了同義性與同音異義的位置，如在佩吉（Péguy）與雷蒙・魯塞爾（Raymond Roussel）的作品裡。而且，詩的天賦自身與這些原始天然的重複成為同一。但此天賦首先屬於理念，以及屬於自一種更加祕密的重複開始，理念生產著諸原始天然的重複之方式。

然而，兩種重複的區辨仍然不足。第二種重複具有記憶與基礎的所有曖昧特性。它包含了差異，但唯有在諸水平級別或程度「之間」包含了差異。我們已見到，它首先顯現在，於其自身中，共存的過去之諸圓圈形式下；然後，在一種過去與現在之共存的圓圈形式下；最後，在一種過去著、以及對客體＝x而言共存的所有現在之圓圈形式下。簡言之，形上學使自然、物理形成圓圈。但如何避免，此深切的重複不被它所喚起之赤裸的重複所掩蓋，以及其自身不任由自一種原始天然的重複之至上的幻象而被援引呢？同時，基礎再陷入其所創建之再現中，諸圓圈開始轉為相同（Même）之步伐。這就是為什麼諸圓圈在我們看來總是在第三綜合裡被解散，於此，基礎被廢除於一種無底之中、諸理念自記憶的形式脫身而出、重複的移動與偽裝作為差異之力量，將完全符合於輻散與中心偏移。超越諸圓圈之外，首先是時間之空形式的直線；超越記憶之外，死亡的本能；超越共鳴之外，受迫之運動。超越赤裸的重複與著裝的重複之外、超越人們自其淬取出差異的重複之外與超越包含此重複的、一種「做出」差異的重複之外。超越已創立之重複、與創立者之外，一種在重複中，使得連接與解放者、死亡與生存者所同時依存之「去基底」的重複之外。超越物理的重複、以及精神或形上的重複之外，「一種本體論的重複」？這種本體論的重複並非作為消滅其他二者之功能；而是，一方面，其自身生產出影響它們的幻象，透過阻擋它們、然而發展著它們所陷入之毗鄰的錯誤。因此最大限度的重複、最終的劇場以某種方式收集了一切；並以另一種方式毀滅一切；以及，再以另一種方式，全部選擇。

或許藝術最高的客體，正是同時使這一切重複與它們在本性上及節奏的差異、它們各自的移動與偽裝、它們的輻散與中心偏移一起進行，將它們嵌合於相互彼此中，以及，自此至彼，將它們包裹在一些幻象中，這些幻象的「結果」在每一個境況裡變化著。藝術不模仿，然而首先是因為它重複，而且是重複著一切重複，透過一種內部的力量（模仿是一種摹本，但藝術則是擬像，它將摹本翻轉為擬像）。即使最為機械、最為日常、最為習慣、最為刻板的重複，都能找到它在藝術作品中，對於其他重複來說總是遷移的位置，只要人們懂得去取出一種為了這些其他重複的差異。因為，除了在日常生活中藝術的置入之外，並不存在著其他的美學問題。我們的日常生活越顯得標準化、刻板化、屈從於一種消費性客體的加速再生產下，藝術更應扣住它、以及使這種微小的差異自它脫離而出，此差異在另一方面以及同時在其他水平級別之重複間進行著，而且甚至使消費性習慣系列之兩極端與毀壞及死亡的本能系列產生共鳴，如此把殘酷圖表附加進愚蠢圖表裡、在消費之下發現一種青春期精神分裂症的下顎骨喀噠聲，且在最卑鄙下流的戰爭之毀壞下，仍是一些消費的過程、根據美學觀點再生產出諸幻象與欺騙，其使得此文明教化變為真正實在的本質，為了最終，差異表達其自身，用一種憤怒之重複的、有能力去引入最為奇怪的選擇之力量自身，這或許就是一種在此處或彼處之收縮，亦即一種對一世界之終結而言的自由。每一種藝術皆具有它的交錯重複技術，其批判與革命的力量能夠到達最高點，以引領我們自習慣的毫無生氣之重複，到記憶的深切重複、然後到死亡之最終重複，於此，上演著我們的自由。我們只希望能指出三個例子，它們是如此不同、如此不相稱：所有重複共存於現代音樂中之方式（「重複句法」之深化，在貝格爾的歌劇《伍采克》中已是如此）——普普藝術在繪畫上的方法，已經知道去推動摹本、摹本的摹本等，直至其自我顛覆、並且成為擬像（因此沃荷令人讚賞的系列作品《系列生成》，在此所有習慣的、記憶的與死亡的重複，處於被聯合的狀態）——小說般幻想的方式，其習慣之原始天然與機械的重複，任憑自微小變更中被取出，輪到這些重複來賦予記憶之重複一些活力生氣，為了一種更趨最終之重複，於此，生命與死亡起了作用，冒著藉由引入一種新的選擇而對總體起反作用之風險，這一切共存的、然而此之於彼移動的重複（布托爾的《變更》；或者，《去年在馬倫巴》表現出電影所擁有或發明的，重複之特殊技術）。

*
* *

所有的重複，難道不是那在時間的純粹形式裡排列著的嗎？此純粹形式、直線，實際上被秩序、總體與系列所定義，其分別為，分配著「之前」、「期間」和「之後」的秩序、將這三種匯集於其「先天的」綜合之同時性中的總體，以及使得一種重複的類型與（之前、期間和之後的）每一個相對應之系列。自此觀點看來，我們基本上必須去區辨純粹形式和經驗的內容。因為經驗的內容是可變動的且相繼而來；反之，時間的「先天」確定性則是固定不變、滯留不前的，像是在一張照片上或固定不動的地圖裡，共存於靜態的綜合中，其進行著對於一巨大行動之形象的識別。此行動、無論任何一行動，都可以是全憑經驗的方式，至少它可以在無論哪一種經驗的狀況中（行動＝x）找到其時機；這些狀況足以使「隔離」成為可能，以及隔離足夠在這一刻鑿洞，為了讓它的形象延伸至整個時間裡，而且成為形式的「先天」象徵。另一方面，由於時間之經驗的內容，我們在其未定義的連續中辨認出「第一」、「第二」、「第三」……：可能沒有任何事物重複，而且重複或許是不可能的；也可能是連續讓自己在循環裡被定義，以及重複被製造了，然而，卻「或者」是在一種內部—週期性形式下，2重複著1，及3重複著2；「或者」在一種相互之間—週期性形式之下，1_2重複著1，2_2重複著2，3_2重複著3。（即使人們構想一串循環的未定義連續，第一時間將被定義成相同或未被區分，作為諸循環或兩循環間之起源。）無論如何，重複處於被重複的某事物之外，其應被提出作為最先者；邊界被建立在第一次與重複自身之間。提問，在於去知曉第一次是否避開了重複（人們因此說，它是「一次作為全部」），或相反地，它是否讓自己在一循環裡或從一循環到另一個而重複——僅僅取決於一位觀察者的反思。第一次被提出作為相同，人們會問，是否第二為了與相同成為同一，而表現出與第一足夠的相似性：提問只能經由在判斷裡的類比關係之建立才能被解決，考慮到經驗狀況的變動（路德是否與保羅相似，法國大革命是否與羅馬共和類似？）。但是，從時間的純粹形式或直線的角度來看，諸事物極為不同地發生。因為目前，每一確定（第一、第二和第三；之前、期間和之後）已是重複於其自身、在時間的純粹形式之下且相對於行動之形象。之前，即第一次，作為重複，並不亞於第二或第三次。每一次於其自身皆為重複，問題不再由，就一位已假定的觀察者而言，反思的類比法來裁決，而必須被經歷，就巨大形象來說，作為行動的內在狀況條件之問題。重複不再（假設地）被一種能夠躲開它、以及無論如何都處在它之外的第一次所支撐；重複必須被諸多重複、重複的模式或類型所支撐。邊界，即「差異」，因而特異地移動：它不再於第一次和其他次、被重複者和重複之間，而在於這些重複的類型之間。重複出現者，正是重複自身。再者，「一次作為全部」不再修飾一種躲避著重複的第一，而反之修飾著一種重複類型，其與運作著次數之無限性的另一類型相對立（因此基督教的重複與無神論的重複相對立、齊克果的重複和尼采的重複相對立，因為對於齊克果而言，這是重複自身運作著一次作為全部，然而根據尼采的說法，重複為了所有次而操作；而且，這裡沒有數字的差異，而是一種在這兩種重複類型之間的根本差異）。如何去解釋，當重複被諸重複支撐著，當重複將它們集中成全部且在它們之間插入差異，同時獲得了一種可怕的選擇之權力嗎？一切取決於，在時間的形式、秩序、總體和系列之下的諸重複之分配。此分配極為複雜。根據第一層級，之前的重複（la répétition de l'Avant）以否定的方式及藉由缺乏而被定義：「人們」（on）重複著，因為人們不知道、因為人們想不起來，等等，因為人們是沒有行動能力的（此行動或許在憑藉經驗的方法下，已經完成或尚待去做）。因此，「人們」在此意味著本我（Ça）的無意識，作為重複的首要力量。期間的重複（la répétition du Pendant）由變成—相似（devenir-semblable）或變成—同等（devenir-égal）而定義：「人們」變成有行動能力的、變成等同於行動形象的，「人們」現在意味著自我（Moi）的無意識，在我（Je）或自我—理想之中，其變形、投射作為重複的第二力量。但作為變成—相似或同等，總是變成與某事物相似或等同，這種某事物是人們於自身中假定為同一、人們假定享有一種原初同一性的天賦特權，顯然，人們變成與行動形象相似或等同，這種行動形象在此仍舊僅作為一般性概念的或我的同一性而有價值。這兩種初次重複，在此層級上，因而匯集著與被分配了負面否定和恆等的特性，例如我們已看見這些特性建構了再現的限度。在另一層級上，英雄重複了第一次，亦即之前的重複，如同在一場夢裡和建立喜劇之某一種赤裸的、力學的、刻板的模式上；然而此重複倘若不像這樣去指向隱藏、偽裝在它自己的系列裡之某事物，它可能沒有任何能力引入一些收縮，作為游移不定的慣習，在此，另一重複醞釀中。這種屬於期間的第二重複，是英雄占有偽裝其自身的重複，披蓋著變形，此變形恢復他在悲劇模式上、以他自己的身分、他的記憶和世界所有記憶的最深處，他已變成有能力行動，企圖與整個時間齊行。因此這就是，在這第二層級上，兩種重複以它們的方法重新開始且分配著描繪這兩種重複之特徵的兩種時間綜合、赤裸的和著裝的這兩種形式。

當然，我們可以構思進入一個循環裡的這兩種重複，於此循環，它們形構出兩個類似的部分；而且它們在循環結束後重新開始，著手進行一條其自身與第一個類似的新路線；以及，最後，這兩種假設，內部—週期性和相互之間—週期性，不互相排斥，而卻變得更穩固且重複著在不同層級的重複。「然而，無論如何，一切取決於第三時間的本性」：類比強制要求著，第三時間是被給定而出的，同樣地，《斐多篇》的圓，強制要求著，它的兩條弧線被第三條所補足，於此，一切由它們自己的回返而得到解決。例如，我們已區分了《舊約》的透過缺乏之重複，和《新約》，藉由變形之重複（約阿希姆．德．佛洛）；或者，人們以另一種方法區辨了，透過缺乏、於人的非意識裡之諸神的年代，以及，在人的自我裡（維科）藉由變形的諸英雄之年代。雙重提問：(1)兩種時間是否在一種類比法中、於同一循環之內，彼此重複著？(2)這兩種時間自身是否在一嶄新的類比循環裡被重複？——對此雙重提問的回答完完全全地且只取決於第三時間的本性（佛洛的將臨之《聖約書》，維科的《人類的年代》，巴朗西的《無名之人》）。因為如果第三時間，將來，是決定的恰當時機，非常有可能，藉由透過其本性而去消除掉內部—週期性和相互之間—週期性這兩項假設、「拆解」這兩者、使時間成為直線狀、將其重新豎立且從中得到純粹形式，亦即，使時間脫離其「鉸鏈」，以及對於第三重複而言，它使其他兩個的重複成為不可能。第三時間並非確保著循環和類比，而是消除了這些。那麼，在諸重複之間的差異，按照新的界限，變成了第三重複：之前和期間皆是重複且持存著作為重複，但它們只操作一次作為全部。這是第三重複，其根據時間的直線分配它們，但同樣消除、確定它們只運作一次作為全部，而保留著「所有次」作為唯一的第三時間。約阿希姆・德・佛洛，在此意義上，已見到了基本要點：有兩種涵義作為唯一所指。基本要點，正是第三種聖約書。有兩種重複作為唯一被重複者，而唯有所指、被重複者於其自身中「重」複著，廢除著它們的意涵以及它們的狀況條件。界限不再是於第一次和它假定地使之成為可能的重複之間，而是於有條件的重複和第三重複之間，「在永劫回歸裡的重複」使得其他兩重複的回返變得不可能。唯有第三種聖約書轉向其自身。永劫回歸只在第三時間裡：在此，被固定的地圖再次獲得生氣，或者，時間的直線如同被它自己的長度牽引一般，重新組成奇怪的環形，其絲毫不與上個循環相像，卻通向非形象裡，且只作為第三時間以及屬於它的才有效益。我們已見到了，行動的狀況條件藉由缺乏而不會回返、施動者的狀況條件藉由變形而不會回返；唯獨，「無條件限制者」回返於作為永劫回歸之產物中。永劫回歸之排出的與有選擇性的力量，其離心力，在於將重複分配至偽—循環的三種時間裡，然而同樣地在於製造出，兩個不回返的第一重複，它們皆是一次作為全部，以及，唯一的一次作為所有次、作為永恆，轉向其自身的第三重複，回返。負面否定、相似、類比皆為重複，但是，由於一直被永劫回歸之輪驅趕著，它們不會回返。

尼采或許沒有給出永劫回歸的陳述，我們明白由於這同時是最簡單的文本之「客觀批判」的原因和最謙遜的文本之詩意或戲劇之理解的原因。《查拉圖斯特拉》的文本狀態教我們這是永劫回歸兩次的提問，不過始終作為一種尚未達到及未被表達的真理：一次，當侏儒、弄臣說話的時候（第三部，〈幻影和謎〉）；第二次，當動物們說話的時候（第三部，〈康復期者〉）。第一次足以使查拉圖斯特拉生病，引發他令人恐懼的惡夢且使他決定去海上旅行。第二次，在一次新的危機之後，康復中的查拉圖斯特拉向他的動物們微笑，滿心寬容，不過他知道他的命運只將在於不被說出的第三次裡（結尾所預告的第三次，即「跡象來臨了」）。我們無法使用作者過世後的筆記，除非收錄於被尼采的出版著作核准的管理中，因為這些筆記就像被保存的內容，但間接地作為未來的制定。我們只知道《查拉圖斯特拉》是未完成之作，它必須有一續篇包含查拉圖斯特拉之死：作為第三時間、第三次。然而，《查拉圖斯特拉》的戲劇性進展，如同它已經可以提出一系列的提問和回答了。

(1)為什麼查拉圖斯特拉第一次生起氣來、且遭受如此可怕的夢魘，當侏儒說「任何真理都是彎曲的，時間自身則是一個圓圈」的時候呢？他稍後將透過闡述其夢魘作出解釋：他害怕永劫回歸意味著一切、相同和相似的回返，其包含侏儒、最卑微的人（參見第三部，〈康復期者〉）。他格外地擔憂，重複是負面否定的，而且透過缺乏：我們重複，由於不斷地作為聾子、侏儒和瘸子、被置於他者的肩膀上。這是由於行動之無能（上帝之死），即使行動已經被完成。而且他知道一個圓形循環的重複必然屬於此類型。這就是為什麼查拉圖斯特拉已經否定了時間是一個圓，且回答侏儒：「重力之魔，不會將事物過分地簡化！」相反地，他同意時間是一條直線，在兩個相反方向。而且如果一個圓奇怪地偏離軸心而形成，這將只是在直線的「尾端」……；(2)為什麼查拉圖斯特拉會經歷一場新的危機且處於康復狀態呢？查拉圖斯特拉如同哈姆雷特一樣，海上旅行使其變得「有能力」，他已懂得英雄式變形之變成—相似、變成—同等；且，然而，他感受到時候未到（參見第三部，〈不由自主的幸福〉）。正是他已經消除負面否定性的陰暗面：他知道重複不是侏儒的重複。然而，屬於英雄式的變形之變成—同等、變成—有能力，僅是使他與已假定的原初同一性更為接近而已：他尚未消除同一的表面積極性。必須是新的危機，以及，康復期。那麼動物們可以說，這是重新回返的相同和相似，牠們可以把永劫回歸呈現為一種正向本性的確實性；查拉圖斯特拉不再聽牠們說，而假裝睡著了，他知道永劫回歸仍舊是別的東西，而且不會使得相同和相似回返；(3)然而，為什麼查拉圖斯特拉什麼也不說、為什麼他尚未「成熟」、為什麼他只在沒有說的第三次裡將變得成熟？這裡揭露出，一切皆不回返，相同亦然，意味著焦慮與對於相同和一切之回歸的相信一樣多，雖然這是另一種焦慮。將永劫回歸構思成有選擇性的思想，以及將永劫回歸裡的重複構想成有選擇性的存有，這是最高考驗。應當使時間存活且於其鉸鏈之外構思它，安置在直線上的時間無情地消除那些在此投入、發生者，其如此降臨於舞台上，卻只重複一次作為全部。選擇於重複之間產生：否定地重複者、一致地重複者將會被清除。它們僅重複一次。永劫回歸只作為第三時間：戲劇時間，於喜劇、悲劇之後（當悲劇變成歡樂的、以及喜劇變成超人的喜劇時，戲劇就會被定義）。永劫回歸僅作為第三重複、於第三重複裡。圓於線之盡頭。將回返的，既非侏儒亦非英雄、既非生病的查拉圖斯特拉亦非康復中的查拉圖斯特拉。永劫回歸並非只是不使一切回返，而且還使得不能經受考驗者消失。（而且尼采仔細地標記無法經受考驗的兩種不同類型，被動的卑微之人或者是最後的、主動且偉大的、英雄的，成為「欲死」的高尚之人）[9]。負面否定性不會回返。恆等不會回返。相同和相似、類比和對立皆不回返。唯有肯定性會回返，亦即相異、不同。不知有多少的焦慮先於從這樣有選擇性的肯定中抽出快樂：沒有任何東西從否定永劫回歸者那邊回返，既不是缺乏亦非同等，唯有過多才會回返。唯有第三重複會回返。以查拉圖斯特拉自身的相似性和同一性為代價：查拉圖斯特拉應當失去這些，以及自我的相似性和我的同一性必須消失，查拉圖斯特拉必須死去。查拉圖斯特拉—英雄相等同，但這是在於他與不等同相等，冒著當前失去英雄之虛構的同一性之風險。因為「人們」永無止境地重複，但「人們」現在卻指示著非人稱的個體性和前個體的特異性之世界。永劫回歸不是關於變成相似的世界之同一的結果，它不是一種被強加給世界之混沌的外部秩序，永劫回歸反而是，世界和混沌的內部同一性，即混沌宇宙（Chaosmos）。以及讀者如何能夠相信，尼采在永劫回歸裡意味、包含著一切、相同、同一、相似和等同、我與自我，他是這些範疇分類最偉大的評論家嗎？如何相信他將永劫回歸構思成一個循環、將「他的」假設與任何週期性循環的假設相對立呢[10]？如何相信他會陷入於循環時間和線性時間、古代時間和現代時間之間的一種對立性的錯誤和乏味之觀念裡呢？

但是，屬於這種第三時間的、在時間形式末尾之非形式的、於直線盡頭移動的軸心偏移之圓的，是什麼樣的內容呢？這種被永劫回歸所影響、「修正」的，是什麼樣的內容呢？我們已試著指出，這涉及了擬像、唯獨涉及了諸擬像。擬像在本質上意味著，在一種相同的力量之下，非意識裡的客體＝x、語言中的字詞＝x、歷史裡的行動＝x。擬像就是相異「經由」差異其自身而與相異有關聯的這些系統。基本要點，即我們在這些系統中找不到任何「預先的同一性」、任何「內部的相似性」。在諸系列裡，一切皆為差異，以及在諸系列之交流溝通中，一切皆為差異的差異。在諸系列中移動和喬裝者不能也不應該被視為同一，然而其作為差異的區分者而存在、行動著。不過，以兩種方式，重複在此必然來自差異的遊戲。一方面，因為每一系列只透過隱含了其他系列才被解釋、才有所發展；因此它重複著其他系列，且在其他反過來涉及、隱含它的系列中被重複；不過它不會「被」其他系列所「隱含」，除非作為「隱含著」這些其他系列而被涉及、隱含，因此，它在其自身中回返的次數與在另一系列中回返的一樣多。於自身的回返是赤裸重複之底，以及，於其他的回返則是著裝重複之底。另一方面，負責擬像分配的遊戲，確保了在數字上不同的每個組合之重複，因為不同的「骰子一擲」並非為了對其而言在數字上的不同，而只有「在形式上」被區分開來，以致於所有結果皆被包含進每一擲的數目裡，根據我們剛才提及的被隱含者和隱含者的關係，每一擲皆按照諸投擲形式上的區別在其他投擲裡回返，而且也按照差異的遊戲之統一，總是回返於其自身。在永劫回歸裡的重複，在這全部的面向之下，顯現為差異的專有力量；而且重複出現者的轉移和偽裝就是，使得相異的輻散分歧和中心偏移重現了，在作為運輸傳遞的唯一「差異」（diaphora）運動中。永劫回歸肯定了差異，其肯定了不相似和不相稱、偶然、多重與生成變異。查拉圖斯特拉，正是永劫回歸的陰暗先驅者。永劫回歸所消除的，確切地說，正是抑制差異之所有堅決要求，透過將差異從屬於再現的四重桎梏下而停止其傳遞。差異只能在其力量之末，也就是說，經由永劫回歸裡的重複，才自我復得、自我解放。永劫回歸消除的是，透過使差異的傳遞成為不可能，而使永劫回歸其自身成為不可能者。永劫回歸所消除的，正是作為再現的預先假定之相同和相似、類比和負面否定性。因為再－現與其預先假定回返了，但卻是一次、只有一次、一次作為全部，它們為了所有次而被消除了。

然而，我們談論著差異的遊戲之獨一性。而且我們確實會說「同樣的系列」，當它於其自身回返時，以及我們說「一些相似的系列」，當一系列在另一系列裡回返時。但是，語言中極細微的挪動表達出一些在概念裡的混亂和顛覆。我們可見這兩種用語：「諸相似皆不同」和「諸相異皆相像」屬於一些完全陌生的世界。在此同樣地：「永劫回歸確實是

9 參見尼采，《查拉圖斯特拉如是說》，序篇 4 和 5——以及第一部〈高尚之人〉：英雄的批判。
10 尼采全集（Krôner, t. XII, 1, § 106）。

相似的，在永劫回歸中的重複確實是恆等同一的——但確切地說，相似性和同一性並不先存於回返者的回歸」。首先，它們不將回返者定性，且與其回歸完全混淆起來。「這不是相同（Même）回返、這不是相似回返」，然而相同是返回者的回歸，「亦即相異（Différent）的回歸」，相似是返回者的回歸，「亦即不同（Dissimilaire）的回歸」。重複，在永劫回歸中，是相同，但作為只被用來指涉著差異與相異之相同。在永劫回歸中有對再現世界的一種完全顛覆，以及對「同一」和「相似」在此世界曾有之意義的巔覆。此顛覆不僅是思辨的，而且極其實用，因為它定義了「同一」和「相似」這兩個字的使用之諸合理性狀況條件，藉由將它們唯獨與擬像聯繫在一起之方法，以及，揭露在再現的觀點下所產生的不合理的慣常用法。這就是為何差異哲學會讓我們覺得被糟糕地建立起來，當人們僅限於在術語上，將被認為匯集著相異的相同之深度，與作為和自身同等的恆等同一之庸俗乏味，對立起來[11]。因為相同包含差異，以及同一將差異拋於自身之外，能夠以諸多方法被對立起來，此二者的原則，一直以來有不少是屬於再現的原則；它們最多只激勵了無窮再現和有限再現的爭辯。真正的差別不是在同一「與」相同之間，而是在同一、相同或相似之間，在此並不重要，因為它們一旦以不同的名義被提出作為第一「以及」同一、相同或相似被呈現為第二力量，對於這件事來說更加強而有力，因此圍繞著差異、被用來指涉於其自身之差異。那麼，一切的確改變了。相同，由於總是中心偏移，只有當其自身承擔著全部的存有（l'Être）、只應用於承擔著全部的「存在者」（l'étant）之擬像的時候，才會確實圍繞著差異轉。

長時間錯誤的歷史，就是再現的歷史、聖像的歷史。因為相同、同一，具有一種本體論的意義：重複，在相異者之永劫回歸中（每個隱含著其他系列的系列之重複）。相似具有一種本體論的意義：不成套者的永劫回歸（被隱含的諸系列之重複）。不過這就是，永劫回歸透過翻轉某一幻象而使其自身出現，它倒映於此幻象中且為此感到歡喜、為了增加對相異者的肯定而使用幻象：當前，它生產出一種同一性的形象，宛如這是相異的「終結」。它製造了一種相似性的形象作為不相稱的外部「效應」（l'effet）。它造成了一種負面否定的形象作為肯定者之「結果」，即它自己的肯定性之結論。永劫回歸使其自身被此同一性、相似性和否定性圍住，而它圍住了擬像。但確切地說，這是一種擬造的同一性、相似性、否定性。它假扮成一種始終沒能實現的結局、總是被扭曲的效應、一直偏離的結論：這些都是擬像運行的產物。每一次，它為了使恆等同一之中心偏移、改變相似性的容貌、以及使得結論轉變方向，而使用了這些擬像運行的產物。因為，確實只有被改變的結論、被毀掉容貌的相似性、中心偏移的同一性、沒能實現的結局。在其產出之物中感到歡喜，永劫回歸揭露了結局、同一性、相似性和否定之全部其他的用途。甚至與特別是否定，使用最激進的方式服務於擬像，為了拒絕任何去否定不同和多重的肯定性者、為了映出它自己的

11 參見海德格，「住在詩中之人……」，收錄於《隨筆與講座》（trad. PRÉAU, N. R. F., p. 231）。

肯定性、為了增加其所肯定者。基本上它屬於擬造同一與相似性、與負面否定之擬像的運作。

從本體論的意義到被擬造的意義，有一種必要的連貫。後者自前者衍生出來，也就是說，它保持在偏移的狀態，沒有自主性亦無自發性，本體論的因之普通的果裝扮成風暴一般。可是再現如何不從中受益？再現如何，藉助幻象，卻一次都沒有產生於浪的低潮處？如何，不使幻象成為一種「錯誤」呢？就是這樣，擬像的同一性、被擬造的同一性，處在被投射或反投射於內在差異上之狀態。被擬造的外部相似性處於被內在化於系統中之狀態。負面否定性成為原則和施動者。每一運作的產物取得自主性。人們因而假定，差異只在一種先存在的相同裡才有效益、也僅於此存在以及作為可思的差異，此相同將它理解成概念式差異，且經由謂語的對立以確定之。人們假定，重複只在一種恆等同一之下才有價值，也僅於此存在以及作為可思的重複，此恆等同一反過來將它確定成無概念之差異且以否定的方法解釋它。並非將赤裸的重複領會成著裝的重複之產物，亦非將後者領會成差異的力量，人們把差異變成在概念裡的相同之副—產品、將著裝的重複變成赤裸的衍生物、以及把赤裸變為在概念之外的恆等同一之副—產品。正是在一相同的中間位置、屬於再現的中庸之處，一方面差異被認作概念式差異，以及另一方面，重複作為無概念之差異。而且當相同分布於最大限度的可確定性諸概念之間，不再有概念式差異時，再現的世界處於被緊緊地約束在一種類比法的網狀系統裡之狀態，其使得差異與重複成為普通反思的諸概念。相同和同一能夠以諸多的方法被闡釋：以語言重複症的意義（A是A）、以等式（A＝A）或相似性（A≠B）的意義、以對立的意義（A≠非-A）、以類比的意義（如最終提出被排除在外的第三方，其確定著諸狀況條件，在這些條件裡的第三項僅在其他兩式恆等同一的關係中才是可確定的A/非-A（B）＝C/非-C（D））。不過這一切的方法都是再現的方法，類比法賦予它最終一鍵、作為最後因素的特殊閉鎖。它們是同時違背了差異之本性和重複之本性的「錯誤意義」之進展。長期錯誤就此開始，且因它被產出一次，錯誤期就會更加長遠。

我們已見到了類比法如何在本質上屬於再現的世界。當人們規定差異記入一般概念裡的限度時，高等級限度被最大限度的可確定性概念（存有之屬或範疇級別）所再現，然而低等級限度則被已確定的最小概念（種）所再現。於有限的再現裡，屬的差異和特殊差異在本性上和方法、進程上皆不同，但卻嚴格地互補：其一的歧義性具有另一個的單義性作為相關物。實際上單義者，正是屬（le genre）「相對於其諸種」，然而歧義者，是存有（l'Être）「相對於諸屬們自身或諸範疇級別」。存有的類比法同時意味著這兩個面向：存有被其中一個面向分配在區辨著意義和必定改變意義之諸多可確定的形式裡，然而，被另一個面向如下述方式分配著，亦即，它必然被分布於一些已被確定的存在者中，每一個皆具有唯一的意義。於兩端被錯過者，正是存有的集體意義，以及，於存在者中進行著個體化的差異之遊戲。一切發生在屬的差異與特殊差異之間。被錯過的真正普同，並不亞於真確的特異：存有只在個別配分的狀態下具有共知，以及個體只在一般的狀態下具有差異。

人們徒勞地去「翻開」諸範疇級別列表，或甚至使再現成為無窮，存有以幾種根據諸範疇級別的意義持續被指涉著，而且其所指涉者總是只被「一般說來」之差異所確定。這是再現世界假設了某一類的固定地點之分布，其劃分或分派著被分配者，為了給予「每一位」其固定的份額（因此在低劣的賭注裡、不正確的遊戲方法中，預先存在的規則定義了配給的假設，骰子投擲之結果根據這些假設而被分配）。那麼，人們更能理解，重複如何與再現對立。再現基本上意味著存有的類比。而重複，正是唯一被實現的本體論（Ontologie），「亦即」存有的單義性。從鄧斯．司各脫到史賓諾沙，單義性的地位始終基於二項基本論點。根據其一，確實有一些存有的形式，不過，與諸範疇級別相反的這些形式，不會在存有中引發任何劃分，作為本體論意義的多元性。根據另一項論點，存有所指涉者，按照本質上浮動的、進行著個體化的諸多差異而被分配，其必定給予「每一位」一種模態涵義之多元性。此綱領，從《倫理學》的一開始，即天賦式地被闡述和論證：人們得知，「屬性」（attributs）是不可化約成屬或範疇級別的，因為它們是「形式上地」有別，然而一切平等且「本體論式地」作為一，而且不引入任何劃分於實體中，此實體通過屬性，以唯一且相同的意義而被表達或敘述（換句話說，屬性之間實在的區別是一種形式的區別，而非數字的）。另一方面，人們得知「模式」（modes）是不可化約成種（espèces）的，因為它們根據著，以作為力量程度之強度而被運用的、進行著個體化的諸多差異，而被分配於屬性裡，將其立即地與單義的存有關聯起來（換言之，於「存在者」之間的數字區別是一種模態的區別，而非實際的）。

因此，這難道不是由於骰子真正的孤注一擲嗎？諸投擲在形式上有別，但作為本體論上的一次投擲，後果隱含指涉著、轉移著與使它們彼此之間的組合重新引返著，透過單義的唯一且開放的空間？史賓諾沙主義只是缺乏去使得實體圍繞著諸模式運行，以讓單義變成純粹肯定的客體，「也就是說，將單義性實現為在永劫回歸中之重複」。因為，如果類比法確實具有二個面向的話，經由其一，存有以多種意義被述說，然而經由另一個面向，存有被用來指涉著固定的與已被確定之某事物，而對於單義性而言，則具有截然不同的兩面向，據此，存有以唯一且相同的意義指涉著「所有的方式」，但也因此指涉著相異者、在存有中總是浮動和轉移的差異自身。存有的單義性與進行著個體化的差異擁有一種關聯，其於再現之外，與屬的差異以及在類比法觀點之再現中的特殊差異之關聯一樣深切。單義性意即：單義者，正是存有其自身，歧義者，正是存有用來指涉之事物。正好是類比法的相反。存有根據一些不打破其意義之統一的形式被述說，它以唯一且相同的意義、通過所有的形式而被述說——這就是為什麼，我們已使得一些另一本性的觀念與諸範疇級別相互對抗起來。但其所指涉者皆不相同，其所指涉者正是差異其自身。這不是被分配於諸範疇級別中類似的存有，其分配固定的份額給諸存在者，而是諸存在者，經由所有形式，而被分配在開放且單義的存有之空間裡。開放基本上屬於單義性。在單義中，游牧的分布或被加冕的無秩序，對抗著固定位置的分布。在此，只不過是，「一切皆平等！」和「一切回返了！」迴盪著。但是「一切皆平等」和「一切回返了」只在差異之極點被到達時才能被述說。就無數途徑的整個多重回聲而言之唯一且相同的聲音、對全部的水滴來說之唯一且相同的海洋、對於一切眾生而言之存有（l'Être）唯一的喧譁。只要為了每個存在者、每一滴水和在每一途徑裡，到達過剩的狀態，也就是說，差異使得它們轉移和喬裝，且使之回返，通過轉向它的活動尖端。

參考書目

姓氏與內容索引

「第一欄是作者姓氏；第二欄，著作標題；第三欄明確指出就主題而言，著作被提及的面向」[1]

我們尤其對於最具科學、文學特性的著作標注星號（＊）。

這項文獻目錄顯然不詳盡，而且不能作為書目。（譬如，像是在無意識裡「重複的強迫性」之主題，要從精神分析的書目調動全部，或幾近全部。）我們僅限於在此列舉，我們在文本的動向中需要去引用的作家和作品，「即使我們只留住其一細節或簡單的引文出處」。

我們有時以影射、不明確和一般的方法，援引一些必要的作家或作品：譬如：達瑪修斯、謝林、海德格，對於差異哲學；維科、佩吉，對於重複，等等。正是，在這些作家的境況案例中，我們沒有機會，就他們所形成的差異或重複之構想自身而言去闡述之。而在一些其他的境況案例下，相反地，我們被導向去勾勒出這樣的一種敘述：例如，柏拉圖、亞里斯多德、萊布尼茲、黑格爾或尼采。但甚至因此，這些敘述從哲學史的觀點看來，完全處於不足的狀態，既然他們只在我們研究的進程中才會找到其時機。因此，人們終將很想去細細端詳的，並不只是在此沒有任何差異理論的分析，諸如出現在很多極為重要的作者之中的那些，而且也同樣想去察看，在這些分析被勾勒出來的境況案例中，差異仍處於局部不全的狀態且僅具有斷簡殘篇的作用。

對於某一些作者（柏拉圖、亞里斯多德、萊布尼茲、黑格爾、佛洛伊德、海德格）我們在作品欄位裡僅僅以「多本著作」表示。這是由於差異或重複的主題在他們的整體著作中才真正被表達出來。大概有一些作品比起其他的作品更直接地探討此主題；不過這一些重要著作，我們已經將它們引用在本文裡了。在其他境況案例中，反之，特別針對最具文學特性的著作，雖然作者的著作全集圍繞著差異和重複，但我們只舉出某些被視為「代表性」的作品。

1 譯注：若原文書名無標注中文譯本書名，表示此書尚未被翻譯

ABEL（N. H.） ／阿貝爾	＊著作全集（Christiana, 1881.）	數學微分、確定性和問題理論。
ABELY（X.） ／阿貝利	Les stéréotypies,. Dirion, 1916.	精神病理學上的刻板症。
ADAMOV（A.） ／阿達莫夫	＊《大小手術》（*La grande et la petite manœuvre,* 1950, « Théâtre 1 », N. R. F.）	無人稱的差異。
ALLEMANN（B.） ／阿里曼	*Hölderlin et Heiidegger*, 1954, tr. fr., P.U.F.	根據海德格的本體論差異。
ALQUIÉ（F.） ／阿爾奇耶	*Le désir d'éternité*, P.U.F., 1943.	無意識裡的重複。
ALTHUSSER（L.） ／阿圖色	《保衛馬克思》（*Pour Marx*, Maspéro, 1965.）	差異與矛盾： 差異的結構式邏輯。
合著： BALIBAR（E.） ／巴里巴 ESTABLET（R.） ／埃斯塔布萊 MACHEREY（P.） ／馬舍雷 RANCIÈRE（J.） ／洪席耶	《讀資本論》（*Lire le Capital, Maspéro,* 1965.）	

ARISTOTE／亞里斯多德	多本著作	差異的邏輯與本體論（一般與特殊差異）。
ARTAUD（A.）／亞陶	*著作全集（N. R. F.）	確定性、戲劇和思想。
AXELOS（K.）／埃克斯羅斯	*Vers la pensée planétaire,* Éd. de Minuit,1964.	本體論差異與遊戲。
BACHELARD（G.）／巴舍拉	*Le rationalisme appliqué,* P.U.F., 1949.	問題和差異的認識論。
BALLANCHE（P.）／巴朗西	*Essais de palingénésie sociale,* Paris, 1827-1832.	重複、普遍歷史和信仰。
BEAUFRET（J.）／波孚勒	*Introduction au Poème de Parménide,* P.U.F., 1955.	根據海德格的本體論差異。
	Hölderlin et Sophocle in *Remarques sur Œdipe et sur Antigonede HÖLDERLIN*, éd.10/18,1965.	根據荷爾德林的差異、時間形式和頓挫。

BERGSON（H.） ／柏格森	全部著作（P.U.F., Éd. du Centenaire.）	物理重複、收縮、變化。 重複和記憶。 生物學的區分化。 強度、質性、廣（延）度。
BLANCHOT（M.） ／布朗修	《文學空間》（*L'espace littéraire,* N. R. F., 1955.） 《未來之書》（*Le livre à venir,* N. R. F., 1959.） Le rire des dieux,*La Nouvelle Reçue Française,* juillet 1965.	差異、思想和死亡：擬像。
BOLTZMANN（L.） ／波茲曼	* *Leçons sur la théorie des gaz,* 1898, tr. fr., Gauthier-Villars.	差異與或然性。
BORDAS- DEMOULIN（J.） ／波爾達斯—德穆林	*Le Cartésianisme ou la véritable rénovation des sciences,* Paris, 1843.	微分理念與計算的闡述。
BORGES（J.-L.） ／波赫士	*《虛構集》（*Fictions,* 1941, tr. fr., N.R.F.）	混沌、遊戲、差異和重複。

BOULIGAND（G.）／布利岡 合著：DESGRANGES（J.）／德格朗	*Le déclin des absolus mathématico - logiques,* Éd. d'Enseign. sup., 1949.	數學上的差異和問題的認識論。
BRUNSCHWIG（J.）／布朗斯維基	Dialectique et ontologie chez Aristote, *Revue philosophique,* 1964.	亞里斯多德的差異與辯證法。
BUTLER（S.）／巴特勒	*La vie et l'habitude,* 1878, tr. fr., N.R.F. *《烏有之鄉》（*Erewhon,* 1872, tr. fr., N. R. F.）	重複與習慣。
BUTOR（M.）／布托爾	*Répertoire I,* Éd. de Minuit, 1960.	根據雷蒙・魯塞爾的重複與自由。
	*《變》（*La Modification,* Éd. de Minuit, 1957.）	重複與修正。
CAMUS（A.）／卡繆	《薛西弗斯的神話》（*Le mythe de Sisyphe,* N. R. F., 1942.）	重複與同一性。
CANGUILHEM（G.）／岡居朗	*Le normal et le pathologique,* P.U.F., 1966.	生物學上的問題與差異之認識論。
CARNOT（L.）／卡諾	* *Réflexions sur la métaphysique du calcul infinitésimal,* Paris, 1797.	微分計算與問題。

CARROLL（L.） ／卡羅	＊著作全集（Londres, Nonesuch library.）	問題、意義和差異（客體＝x）。
COHEN（H.） ／科恩	《康德的經驗理論》（*Kants Theorie der Erfahrung*, Dürnmler, 1885.）	於《純粹理性批判》裡，強度量的作用。
CUÉNOT（L.） ／居艾諾	*L'espèce*, Doin, 1936.	生物學上的差異。
DALCQ（A.） ／達爾魁	*L'œuf et son dynamisme organisateur*, Albin Michel, 1941.	強度、個體化和生物學的區分化。
DAMASCIUS ／達瑪修斯	*Dubitationes et solutiones de primis principiis*, Éd. Ruelle.	新柏拉圖主義的差異辯證法。
DAMOURETTE（J.） ／達姆賀特 合著： PICHON（E.） ／畢匈	*Essai de grammaire de la langue française*, D'Astrey, 1911-1952.	在語言中微分的「Ne」（非）。
DARWIN（C.） ／達爾文	《物種起源》（*L'origine des espèces*, 1859, tr. fr., Reinwald.）	在生物學上差異的邏輯。

DEQUOY（N.） ／德夸伊	* *Axiomatique intuitionniste sans négation de la géométrie projective,* Gauthier-Villars, 1955.	根據葛利斯，在邏輯學和數學上的正向差距或差異。
DERRIDA（J.） ／德希達	《書寫與差異》（*L'écriture et la différence,* Éd. du Seuil, 1967.）	在非意識、語言和藝術作品裡的差異與重複。
DUNS SCOT（J.） ／鄧斯・司各脫	《牛津論著》（*Opus oxoniense,* Garcia, Quarac-chi.）	單義性、形式上的差距與進行著個體化之差異。
Eco（U.） ／艾可	《開放的作品》（*L'œuvre ouverte,* 1962, tr. fr., Éd. du Seuil.）	擬像、差異和藝術作品。
ELIADE（M.） ／伊利亞德	《宇宙與歷史—永恆回歸的神話》（*Lemythe de l'éternel retour,* N.R.F., 1949.）	重複、神話和信仰。
ELIE（H.） ／艾利	Le *«complexe significabile»,* Vrin, 1936.	在某中世紀邏輯學裡的意義和差異。
FAYE（J.-P.） ／費伊	In Débat sur le roman, *Tel Quel*, 17, 1964. * *Analogues,* Éd. du Seuil, 1964.	藝術作品中的差異和重複。
FERENCZI（S.） ／費倫齊 合著： RANK（O.）／蘭克	《精神分析的發展》（*Entwicklungzieleder Psychoanalyse,* Neue Arbeiten zur artzlichen Psychoanalyse, Vienne, 1924.）	在無意識裡的移情和重複。

FEUERBACH（L.）／費爾巴哈	《黑格爾哲學的批判》（*Contribution à la critique de la philosophie de Hegel,* 1839, tr. fr., Manifestes philosophiques, P.U.F.）	在哲學上差異和開端。
FÉVRIER（P.）／費弗里耶	＊ Rapports entre le calcul des problèmes et le calcul des propositions, *C. R. Ac. des Sc.,* avril 1945. *Manifestations et sens de la notion decomplémentarité,* Dialectica, 1948.	邏輯學、數學和物理學上的差異和否定。
FINK（E.）／芬克	*Le jeu comme symbole du monde,* 1960, tr. fr., Éd. de Minuit.	本體論差異和遊戲。
FOUCAULT（M.）／傅柯	《死亡與迷宮：雷蒙・魯塞爾的世界》（*Raymond Roussel,* N. R. F., 1963.）La prose d'Actéon, La *Nouvelle Reçue Française,* mars 1964. 《詞與物》（*Les mots et les choses,* N.R.F., 1966.）	差異、相似性、同一性。擬像中的差異和重複。
FREUD（S.）／佛洛伊德	多本著作	無意識裡的重複。
	—從 1918 年起的著作	重複、厄洛斯和死亡本能。

GEOFFROY SAINT-HILAIRE（E.）／傑歐弗華聖—伊萊爾	*Principes de philosophie zoologique,* Paris, 1830. *Notions synthétiques et historiques de philosophie naturelle,* Paris, 1837.	生物學上的差異邏輯。
GHYKA（M.）／吉卡	*Le nombre d'or,* N.R.F., 1931.	靜態和動態、對稱和不相稱之重複。
GILSON（E.）／吉爾森	*Jean Duns Scot,* Vrin, 1952.	差異、類似、單義性。
GOMBROWICZ（W.）／貢布羅維奇	*《費爾迪杜凱》（*Ferdydurke,* tr. fr., Julliard, 1958.） *《宇宙》（*Cosmos,* tr. fr., Denoël, 1966.）	混沌、差異和重複。
GREDT（J.）／葛雷德	*Elementa philosophiae aristotelico - thomisticae,* l, Fribourg, 7e éd., 1937.	根據亞里斯多德差異的類比性與邏輯。
GRISS（G.-F.-C.）／葛利斯	* Logique des mathématiques intuitionnistes sans négation, *C. R. Ac. des Sc.*, novembre 1948. * *Sur la négation,* Synthèse, Bussum, Amsterdam, 1948-1949.	邏輯學和數學上的正向差距或差異。

GUEROULT（M.）／蓋魯	*La philosophie transcendantale de Salomon Maïmon,* Alcan, 1929. *L'évolution et la structure de la Doctrine de la Science Chez Fichte,* Les Belles - Lettres, 1930.	後康德主義裡的差異哲學。
	Espace, point et vide chez Leibniz, *Revue de métaphysique et de morale.*	根據萊布尼茲的差距和差異。
GUILLAUME（G.）／吉隆	多本著作	語言裡差異的邏輯。
GUIRAUD（P.）／吉羅	*Psychiatrie clinique,* Le François, 1956, rééd. de la « Psychiatrie du médecin clinicien », 1922.	精神病理學上的迭代和刻板症。
	Analyse du symptôme stéréotypie, *L'Encéphale,* novembre 1936.	
GURVITCH（G.）／古爾維奇	*Dialectique et sociologie,* Flammarion, 1962.	辯證法裡的差異和對立。
HEGEL（G. W. F.）／黑格爾	多本著作	差異的邏輯和本體論（差異、否定、對立、矛盾）。
HEIDEGGER（M.）／海德格	多本著作	本體論差異（存有、差異和提問）。

HEYTING（A.） ／海廷	《數學的直覺主義基礎》（*Les fondements mathématiques, intuitionnisme, théorie de la démonstration,* 1934, tr. fr., Gauthier-Villars.）收錄於《數學哲學》一書中	根據葛利斯，在邏輯學和數學上的正向差距或差異。
HÖLDERLIN（F.） ／荷爾德林	*Remarques sur Œdipe.* *Remarques sur Antigone,* 1804, tr. fr.10/18.	差異、時間形式和頓挫。
HUME（D.） ／休謨	《人性論》（*Traité de la Nature humaine,* 1739, tr. fr., Aubier.）	物理性重複、收縮、改變：習慣的問題。
HYPPOLITE（J.） ／伊保利特	*Logique et existence,* P. U. F., 1953.	根據黑格爾，差異的邏輯和本體論。
JOACHIM DE FLORE ／約阿希姆・德佛洛	*L'Évangile éternel,* tr. fr., Rieder.	重複、普遍的歷史和信仰。
JOYCE（J.） ／喬伊斯	*《芬尼根的守靈夜》（*Finnegan's Wake,* Faker, 1939.）	混沌、差異和重複。
JUNG（C. G.） ／榮格	《自我與潛意識》收錄於《榮格論心理類型》一書中（*Le moi et l'inconscient,* 1935, tr. fr., N.R.F.）	無意識、問題和分化。

KANT（E.）／康德	《一切能作為學問而出現的未來形上學之序論》（*Prolégomè n es,* 1783, tr. fr. Vrin.）	內部的與內在固有的差異。
	《純粹理性批判》（*Critique de la raison pure,* 1787, 2e éd., tr. fr., Gibert.）	在我思和理念裡的未確定、可確定的和確定性。能力的差異。
KIERKEGAARD（S.）／齊克果	《重複》（*La répétition,* 1843, tr. fr., Tisseau.） 《恐懼和戰慄》（*Crainte et tremblement,* 1843, tr. fr., Aubier.）	重複、差異、自由和信仰。
	《恐懼的概念》又譯《焦慮的概念》（*Le concept d'angoisse,* 1844, tr. fr., N. R. F.） 《哲學片段》（*Les miettes philosophiques,* 1844, tr. fr., « Le caillou blanc »）	
KLOSSOWSKI（P.）／克羅索斯基	*Un si funeste désir,* N. R. F., 1963. Oubli et anamnèse dans l'expérience vécue de l'éternel retour du Même, in *Nietzsche, cahiers de Royaumont,* Éd. de Minuit, 1966. * Le Baphomet, Mercure, 1966.	擬像和重複：強度、永劫回歸和同一性之喪失。
LACAN（J.）／拉康	*Le mythe individuel du névrosé,* C. D. U. Écrits, Éd. du Seuil, 1966.	在無意識裡的差異和重複：死亡本能。

LAGACHE（D.） ／拉噶西	Le problème du transfert, *Revue française de psychanalyse*, 1952.	無意識裡的移情、習慣和重複。
LALANDE（A.） ／拉朗德	*Les illusions évolutionnistes*, Alcan, éd. de 1930. Valeur de la différence,*Revue philosophique*, avril 1955.	差異和同一性。
LAPLANCHE（J.） ／拉普朗虛 合著： PONTALIS（J.-B.） ／朋塔歷斯	Fantasme originaire, fantasmes des origines, origine du fantasme, *Les Temps modernes*, avril 1964.	幻想中的差異和重複。
LAROCHE（E.） ／拉候許	*Histoire de la racine NEM - en grec ancien*, Klincksieck, 1949.	根據古希臘的「分布」。
LAUTMAN（A.） ／羅特曼	*Essai sur les notions de structure et d'existence en mathématiques*, Hermann, 1938. *Nouvelles recherches sur la structure dialectique des mathématiques*, Hermann,1939. *Le problème du, temps*, Hermann, 1946.	問題的辯證法理念、微分和理論。

LECLAIRE（S.） ／雷克雷赫	La mort dans la vie de l'obsédé, *La Psychanalyse,* 2, 1956.	無意識裡的差異和重複，與提問之角色（根據拉康理論）。
	A la recherche des principes d'une psychothérapie des psychoses, *Évolution psychiatrique,* II, 1958.	
	Les éléments en jeu dans une psychanalyse, *Cahiers pour l'analyse,* 5, 1966.	
LEIBNIZ ／萊布尼茲	多本著作	差異的邏輯和本體論（連續性和不可分辨的、微分的非意識）。
LÉVI-STRAUSS（C.） ／李維史陀	《憂鬱的熱帶》（*Tristes Tropiques,* Plon, 1955.）	靜態與動態的重複。
	Le totémisme aujourd'hui, P. U. F., 1962.	差異與相似性。
MAÏMON（S.） ／麥蒙	*Versuch über Transzendantalphilosophie,* VOS, 1790.	差異的微分理念和先驗哲學。
MARX（K.） ／馬克思	《路易・波拿巴的霧月十八日》（*Le 18 Brumaire de Louis Bonaparte,* 1852, tr. fr., Éd. sociales.）	重複與歷史。

MEINONG（A.）／邁農	Ueber die Bedeutung des Weberschen Gesetzes, *Zschr. f. Psych. u. Phys. d. Sinnesorg.*, XI, 1896.	差異與強度。
MEYER（F.）／邁爾	*Problématique de l'évolution,* P.U.F., 1954.	生物學上的差異邏輯。
MEYERSON（E.）／梅爾森	多本著作	差異與同一性。
MILLER（J.-A.）／米勒	La suture, *Cahiers pour l'analyse,* 1, 1966.	根據拉康，無意識裡的差異和重複。
MILNER（J.-C.）／米爾內	Le point du signifiant, *Cahiers pour l'analyse,* 3, 1966.	同上。
MUGLER（C.）／穆格列	*Deux thèmes de la cosmologie grecque,* Klincksieck, 1953.	於希臘思想中永劫回歸的角色。
NIETZSCHE（F.）／尼采	全部著作（Krôner）	差異和重複的本體論：權力意志與永劫回歸。
ORTIGUES（E.）／歐爾蒂格	*Le discours et le symbole,* Aubier, 1962.	根據吉隆，語言裡的差異邏輯。
OSBORN（H. F.）／奧斯本	*L'origine et l'évolution de la vie,*1917, tr. fr., Masson.	生命、差異和問題。

世界大局・地圖全解讀
MAPPING THE WORLD

囊括
博客來
誠品
暢銷榜

地緣政治・圖解聖經
史上最視覺系的全球趨勢分析

聯合國 UN 製圖學家 X 20 位地緣政治作家 強強聯手！
突破單一視角的多元地圖 & 最詳盡的世界脈絡分析！
攤開 150 張全彩世界地圖 X 70 張精彩圖表
一次掌握 83 項國際脈動！

直擊衝突核心，地緣政治的入門必修課！

本書將用最強大的地理圖表分析，解答諸多國際議題、地緣糾紛的根源。作者擅長濃縮大量複雜訊息，用一張地圖就能展現政治、人口、經貿、文化……等不同尺度的資訊，同時輔以極有條理的文字說明，清楚梳理事件的「當前現況→演變動向→未來展望」，是所有關注國際局勢的讀者，解讀地緣政治變動情勢的必備讀本！

亞歷克西斯・鮑茲曼、
蘿拉・瑪格麗特◎編著
嚴慧瑩、陳郁雯◎譯
平裝／全彩／定價 1200 元，特價 990 元

傾心推薦 **吳象元、林之晨、范琪斐、楊斯棓、劉必榮、蔡依橙、蔡詩萍**

親愛的歐巴馬總統

珍・瑪莉・拉斯卡斯◎著
吳光亞、聞翊均◎譯
平裝／608 頁／定價 650 元

8,000萬封信，由人民寫給總統的國家日記

「每日 10 信」計畫，
傾聽人民心聲的公僕執政力量

本書收錄上百封美國人民與歐巴馬的通信，透過環繞信件的社會議題與政策過程，描繪出美國自我認同的努力和掙扎，更從人民與領袖之間的關係，觀看「美式民主」社會。

感動推薦 **何榮幸、沈雲驄、林昶佐、柯文哲、胡忠信、胡培菱、范琪斐、范疇、張旭成、張鐵志、郭崇倫、陳其邁、趙少康、蔡詩萍、陳鳳馨、黃益中、蔣萬安、鄭文燦、鄭運鵬、嚴震生、蘭萱**

球暖化文明史

8世紀首度發現溫室效應開始，回溯200
影響人類文明大變化的19個關鍵時刻

北市立圖書館「好書大家讀」入選！
化部中小學生「科學類」優良課外讀物！

時光機，看妙趣橫生的科學史說書人，從
世紀首度發現溫室效應開始，回溯 200 年
影響「人類文明大變化」的 19 個關鍵時刻！

根漢獎得主克里斯
森教授，以歷史為
緯，材料遍及科學
典圖書及論文，歷
的南北極臭氧層紀
、冰河期氣候研
，寫下科學史上視
最全面的暖化文明
。

爾・克里斯欽森◎著
娃◎譯
/ 單色 / 定價 450 元

歷史上的大暖化

看千年前的氣候變遷，
如何重新分配世界文明的版圖

★第 40 次中小學生優良課外讀物推介評選活動
「人文科學類」評審精選

長達五百年的溫暖氣候，讓全球人類文明的消長因而翻盤。

作者運用深厚的考古學知識，交叉比對各種替代性氣候資料，找出各地氣候的相關證據，重現中世紀的大暖化現場！更列舉北極、歐、亞、非與南半球等地的文明興衰，說明大暖化造成的正、負面影響，遠遠大於人類的想像。

布萊恩・費根◎著
黃中憲◎譯
平裝 / 單色 / 定價 380 元

被誤解的台灣古地圖

100+幅世界古地圖，破解12~18世紀
灣地理懸案&歷史謎題

獎作家陸傳傑，精心
集超過 100 張西洋與
方繪製的古地圖，深
解讀、抽絲剝繭、逐
推演，一一揭露與臺
有關的歷史 & 地理
團。不論是因地圖而
，或是因地圖而解，
圖之中隱藏的訊息，
你我想像的更多。透
100 幅世界→亞洲→
臺灣古地圖，我們從世
界的視角再一次重新認
識臺灣。

隨書贈
17 世紀古地圖復刻
書衣海報 & 19 世紀
手繪臺灣輿圖

陸傳傑◎著
精裝 / 全彩 / 定價 880 元

一致推薦
呂捷（歷史教師、暢銷作家）｜涂豐恩（「故事」創辦人）
莊德仁（建國中學歷史教師）｜謝金魚（歷史小說家）

好城市

綠設計，慢哲學，啟動未來城市整建計畫

★ 108 年文官學院「每月一書」選書
★誠品選書、金石堂強推選書、博客來編輯推薦
★誠品、博客來暢銷榜

作者廖桂賢以 17 年時間，從西雅圖開始，足跡踏遍歐亞非各大城市：柏林、哥本哈根、阿姆斯特丹、泉州、京都等城市，以及迦納等國家，搜羅各種精彩案例或值得省思的負面教材，為您帶來一場城市設計和住居新觀念的震撼教育！

廖桂賢◎著
平裝 / 全彩 / 定價 450 元

爆買帝國

野人

從需要到渴望，
消費主義席捲全球600年文明史

萬英鎊的拜金、拜物史詩
論「消費」的歷史、社會觀察巨作

定義你的是你花錢的方式，
並非勞動，而是『消費』！」

費文化研究計畫」主持人，該計算經費高達五百萬英鎊
博，幾乎每個章節都可以獨立成書
彩圖片 ★多張精緻圖表，將歷史簡明圖像化

產的唯一目的與用途。」——亞當斯密《國富論》

貂皮，
貸款，
拜物，
界
級市場？
有多重要？

12 年，主持並記錄有史以耗資 500 萬英鎊的「消費文合 60 多位時尚、地理、法專家學者研究，從 15 ～ 2100 年消費文明史，橫跨地緣階級、公共政策、自然環境、當代科技等面向，從「物質」活中各種花錢買來的物品看消程的改變與影響。

蘭克．川特曼◎著　林資香◎譯
精裝／880 頁／定價 1260 元

狂買推薦　486 先生（團購達人）｜王文靜（商周集團執行長）
楊斯棓（方寸管顧首席顧問）｜劉瑞華（清華大學經濟系教授）

帖木兒之後

1405～2000年全球帝國史

★榮獲當年度 Wolfson 史學獎

首創「歐亞革命」帝國史觀，顛覆了歷史課本的西歐視角，唯一貫穿中西的帝國通史！

作者透過由此得出的歷史視野，探討過去六百年間歐亞歷史上最著名、最撼動人心的事件，讓我們不僅再度感到驚奇，也更清楚認識今日「全球化」世界最顯著的特色——亞洲的偉大復興。

約翰．達爾文◎著
黃中憲◎譯
平裝／單色／定價 650 元

聯合推薦　南方朔 導讀推薦
吳家恆、陳光興、郭重興、傅月庵、辜振豐、劉必榮

停滯的帝國

一次高傲的相遇，兩百年世界霸權的消

★法蘭西學院院士、中國問題專家阿朗．佩雷
特重棒歷史巨著

兩百多年前，大英帝國以向大清乾隆皇帝祝壽名，派出馬戛爾尼勛爵率領的龐大使節團出使國，但實際上意圖與清政府談判以加強兩國的貿易往來。

作者從世界史的角度切入，將這次長達兩年的出使行動，視為東、西方文化的首次撞擊，也成為日後世界霸權版圖劇變的轉捩點。

阿朗．佩雷菲特◎著
王國卿、毛鳳支、谷炘、薛建成、夏春麗、鈕靜籟◎譯
平裝／單色／630 元

內附
大英圖書館珍貴館藏、馬戛爾尼使節團隨行畫師威廉．亞歷山大彩色手稿！

世界金融大歷史3000年

從古希臘城邦經濟到華爾街金錢遊戲

無論是盛世或亂世，都有金錢的力量在背後驅動！顛覆傳統政治史觀，從「經濟社會」角度，改變你曾經以為熟悉的歷史。

本系列書是《世界金融史 3000 年》的姊妹作，從金融與經濟切入，深入解讀中國三千年歷史。除了正史、文學作品，作者還從青銅鼎銘文、各朝代貨幣、竹簡等出土文物，甚至從審判卷宗找出史料，你將發現歷史教科書沒告訴你的真相。

陳雨露、楊棟◎著
平裝／單色／550 元

歷史的個性、歷史的賭

正是時候讀《史記》，看透人生潛規則

勝敗不是兵家常事」，個性才能決定命運，《史記》教你「一手爛牌也能贏」的江湖潛規則

精選《史記》15 個名將、12 個江湖人物，包括四大公子、五大刺客、三大遊俠，從其個性與人生經歷、成敗，彙整 234 個現代職場的關鍵智慧，無論各個位階都能從本書學得趨吉避凶、保身上位的祕訣與應對進退的藝術。

扶欄客◎著
平裝／單色／每冊 400 元

PALIARD（J.）／巴利亞	*Pensée implicite et perception visuelle,* P.U.F., 1949.	差距和深度。
PÉGUY（C.）／佩吉	多本著作	重複、差異、自由和信仰。 重複、變異和風格。
PERRIER（E.）／佩里耶	*Les colonies animales et la formation des organismes,* Masson, 1881.	生物學上的區分化和重複。
PIAGET（J.）／皮亞傑	*Introduction à l'épistémologie génétique,* P.U.F., 1949.	差異與強度。
PLATON／柏拉圖	多本著作	差異的邏輯和本體論（劃分的方法和擬像）。
PORPHYRE／波菲爾	*Isagoge,* tr. fr., Vrin.	根據亞里斯多德的差異邏輯。
PRADINES（M.）／帕迪尼斯	*Traité de psychologie générale,* P.U.F., 1943.	深度、間距、強度。
PROCLUS／普羅克洛	*Commentaires sur le 1er livre des Éléments d'Euclide,* tr. fr., Desclée de Brouwer. *Commentaire du Parménide,* tr. fr., Leroux.	新柏拉圖主義的差異辯證法；理念與問題。

PROUST（M.）／普魯斯特	＊《追憶似水年華》（*A la recherche du temps perdu,* N.R.F.）	在過往經驗裡的差異和重複。
RENOUVIER（C.）／勒努維埃	*Les labyrinthes de la métaphysique,* La Critique philosophique, 1877.	微分計算理論之批判試煉。
RICŒUR（P.）／利柯	*De l'interprétation,* Éd. du Seuil, 1965.	根據佛洛伊德在無意識裡的差異和重複。
ROBBE-GRILLET（A.）／羅柏—格里耶	＊多本著作	差異和重複、轉移和偽裝。
ROSENBERG（H.）／羅森柏格	《新的傳統》（*La tradition du nouveau,* 1959, tr. fr., Éd. de Minuit.）	重複、戲劇和歷史。
ROSNY（J.-H.）aîné.／羅斯尼	*Les sciences et le pluralisme,* Alcan, 1922.	強度和差異。
ROUGIER（L.）／魯吉耶	*En marge de Curie, de Carnot et d'Einstein,* Chiron, 1922.	強度、不相稱和差異。
ROUSSEAU（J.-J.）／盧梭	＊《新愛洛漪絲》（*La nouvelle Héloïse,* 1761.）	在精神生活中重複的企圖。
ROUSSEL（R.）／魯塞爾	＊多本著作	差異和重複、變異和風格。

帖木兒之後

1405～2000年全球帝國史

★榮獲當年度 Wolfson 史學獎

首創「歐亞革命」帝國史觀，顛覆了歷史課本的西歐視角，唯一貫穿中西的帝國通史！

作者透過由此得出的歷史視野，探討過去六百年間歐亞歷史上最著名、最撼動人心的事件，讓我們不僅再度感到驚奇，也更清楚認識今日「全球化」世界最顯著的特色 —— 亞洲的偉大復興。

約翰・達爾文◎著
黃中憲◎譯
平裝／單色／定價 650 元

聯合推薦
南方朔 導讀推薦
吳家恆、陳光興、郭重興、傅月庵、辜振豐、劉必榮

停滯的帝國

一次高傲的相遇，兩百年世界霸權的消

★法蘭西學院院士、中國問題專家阿朗・佩
特重棒歷史巨著

兩百多年前，大英帝國以向大清乾隆皇帝祝壽
名，派出馬戛爾尼勛爵率領的龐大使節團出使
國，但實際上意圖與清政府談判以加強兩國的貿易往來。

作者從世界史的角度切入，將這次長達兩年的出使行動，視為東、西方文化的首次撞擊，也成為日後世界霸權版圖劇變的轉捩點。

阿朗・佩雷菲特◎著
王國卿、毛鳳支、谷炘、薛建成、夏春麗、鈕靜籟◎譯
平裝／單色／630 元

內附
大英圖書館珍貴館藏、馬戛爾尼使節團隨行畫師威廉・亞歷山大彩色手稿！

世界金融大歷史3000年

從古希臘城邦經濟到華爾街金錢遊戲

無論是盛世或亂世，都有金錢的力量在背後驅動！顛覆傳統政治史觀，從「經濟社會」角度，改變你曾經以為熟悉的歷史。

本系列書是《世界金融史 3000 年》的姊妹作，從金融與經濟切入，深入解讀中國三千年歷史。除了正史、文學作品，作者還從青銅鼎銘文、各朝代貨幣、竹簡等出土文物，甚至從審判卷宗找出史料，你將發現歷史教科書沒告訴你的真相。

陳雨露、楊棟◎著
平裝／單色／ 550 元

歷史的個性、歷史的賭局

正是時候讀《史記》，看透人生潛規則

勝敗不是兵家常事」，個性才能決定命運，《史
記》教你「一手爛牌也能贏」的江湖潛規則

精選《史記》15 個名將、12 個江湖人物，包括四大公子、五大刺客、三大遊俠，從其個性與人生經歷、成敗，彙整 234 個現代職場的關鍵智慧，無論各個位階都能從本書學得趨吉避凶、保身上位的祕訣與應對進退的藝術。

扶欄客◎著
平裝／單色／每冊 400 元

搖籃到搖籃【暢銷修訂版】

色經濟的設計提案

博客來選書、誠品選書、金石堂強力推薦
誠品暢銷榜

的設計就像大自然，沒有浪費這回事！
像一下，河流想要怎樣的肥皂？櫻桃樹又會
樣設計一棟房子？

籃到搖籃的設計（C2C
sign）觀點，為我們帶
第二次工業革命！不僅
生態友善，對經濟成長
樣抱持正面思維。無論
產品材質、設計乃至都
規劃，設計之初即考慮
何像大自然一樣，不斷
環利用，依然不減其價
，從搖籃走向搖籃，而
走向死亡。

廉．麥唐諾、麥克．布朗嘉◎著
國21世紀議程管理中心、中美可持續發展中心◎譯
裝／單色／定價350元

寂靜的春天

自然文學不朽經典全譯本

★美國《發現 Discover》雜誌 25 本最偉大的自然科普書籍
★紐約公共圖書館票選十本「科學或自然界的世紀經典圖書」
★ 2017 年度國家文官學院選書
★連續 31 周登上《紐約時報》暢銷榜
★全球銷量突破 2,000 萬冊

本書涵蓋廣泛的科學研究和生態報導，深刻解析有毒化學農藥對環境的深遠影響。

瑞秋．卡森的文字更融合了嚴謹的科學知識，和感性的人文訴求，教育大家從宏觀的生態學角度，了解人類和環境之間的雙向互動關係。

瑞秋．卡森◎著　黃中憲◎譯
精裝／定價380元

環保一年不會死

不用衛生紙的紐約客零碳生活實驗，連包尿
布的小孩和狗都在做的永續溫柔革命！

★台北市立圖書館「好書大家讀」推薦書

本書紀錄柯林一家的「零污染計畫」生活實驗，「環保」不代表就得犧牲舒適的生活，反而還能教導我們學會享受生命、體驗生命。

透過這項實驗，我們將開始反思生命的本質，學習把時間、金錢花在真正重要的人事物上，而不是囫圇吞棗、走馬看花地過生活！

柯林．貝文◎著
謝維玲◎譯
精裝／單色／定價380元

專文推薦　李偉文、孟磊、江慧儀、洪平珊

越環保，越賺錢，員工越幸福！

Patagonia的任性創業法則

★誠品、博客來、金石堂暢銷榜
★《Fortune》雜誌票選「最適合工作」百大公司
★哈佛商學院商業個案研究對象

Patagonia 創辦人伊方‧修納不僅是最任性的老闆，也是最執著的大自然守護者。

60 年創業期間，他堅持用商業解決環境危機，為新創企業提供振奮人心的典範。本書細述該公司從無到有建立獨特 Patagonia 式環境理念的傳奇過程。

伊方．修納◎著
但漢敏◎譯　平裝／

大寫西域 第一部全視角西域48國通史

★中國年度好書榜首

新觀點講述絲綢之路的故事，新視角再現世界四大文明交匯過程，嚴謹史實與傳奇故事的完美融合，一部填補西域人文歷史空白的巨作。

絲路南道 11 國、蔥嶺 10 國、絲路北道 11 國、天山 16 國，打破西域只有 36 國的傳統印象，撈出被黃沙掩埋的砂金小國，捨棄以往西域史書斷代史或單一議題的模式，大寫西域 48 古國的各國通史，帶你一窺西域歷史全貌！

高洪雷◎著

平裝 / 上冊定價 480 元 / 中冊定價 620 元 / 下冊定價 420 元

野人文化
Yeren Publishing House

（不適用於書店門市及網路書店使用；本表歡迎影印放大使用）

書名	定價	數量
爆買帝國	1260	
帖木兒之後	650	
停滯的帝國	630	
世界金融大歷史3000年	550	
歷史的個性	400	
歷史的賭局	400	
全球暖化文明史（二版）	450	
歷史上的大暖化（二版）	380	
被誤解的台灣古地圖	880	
好城市	450	
世界大局·地圖全解讀	990	
親愛的歐巴馬總統	650	
如果歷史是一群喵(1)：夏商周	420	
如果歷史是一群喵(2)：春秋戰國篇	450	
如果歷史是一群喵(3)：秦楚兩漢篇	450	
肥志百科	450	
哲學的故事	630	
改變世界觀的20個偉人和100本書	350	
哲學超圖解	500	
哲學超圖解（2）	630	
西洋哲學史2500年	2000	
從搖籃到搖籃【暢銷修訂版】	350	
越環保，越賺錢，員工越幸福！	450	
環保一年不會死	380	
寂靜的春天	380	
大寫西域(上)	480	
大寫西域(中)	620	
大寫西域(下)	420	
30本以上另有優惠；訂購未滿10本，請加95元郵資		
合計金額		元

商品諮詢及團購專線：
0800-221-029、(02)2218-1417 #1124、1126
上班時間：週一至週五 9:30 AM~6:00 PM

訂購人姓名：

聯絡電話：

送貨地址：□□□

發票統一編號：

（個人免填）

訂購流程

1.付款：請先至郵局劃撥或至ATM轉帳
☐ 劃撥 帳號：19504465
戶名：遠足文化事業股份有限公司
☐ ATM轉帳 (第一銀行大坪林分行)
總行代號：007 帳號：222-10-011475
戶名：遠足文化事業股份有限公司
2.傳真：將訂購單連同劃撥或轉帳收據一起傳真至24小時傳真訂購專線：(02)8667-1065
3.寄書：野人收到傳真並確認收到款項正確無誤後，立即為您處理送貨事宜。

RUSSELL（B.）／羅素	《數學原則》（*The principles of mathematics,* Allen & Unwin, 1903.）	差異、間距、強度。
RUYER（R.）／呂耶	*Éléments de psycho-biologie,* P.U.F., 1946. *La genèse des formes vivantes,* Flammarion, 1958.	生物學的區分化。
	Le relief axiologique et le sentiment de la profondeur, *Revue de métaphysique et de morale,* juillet 1956.	深度、差異、對立。
SAUSSURE（F. de）／索緒爾	《普通語言學教程》（*Cours de linguistique générale,* Payot, 1916.）	語言中差異的結構式邏輯。
SCHELLING（F. W.）／謝林	*Essais,* tr. fr., Aubier.	差異、意志和底。
	《世界時代》（*Les âges du monde,* 1815, tr. fr., Aubier.）	
SCHUHL（P.-M.）／舒巫勒	*Études platoniciennes,* P. U. F., 1960.	柏拉圖的重複、變異和風格。
SELME（L.）／塞爾門	*Principe de Carnot contre formule empirique de Clausius,* Givors, 1917.	強度、差異和熵。
SERVIEN（P.）／塞爾維安	*Principes d'esthétique,* Boivin, 1935.	平等與重複。
	Science et poésie, Flammarion, 1947.	

SIMONDON（G.）／席蒙東	*L'individu et sa genèse physico-biologique,* P.U.F., 1964.	差異、特異性和個體性。
SOLLERS（P.）／索萊爾斯	ln Débat sur le roman, *Tel Quel,* 17, 1964.	藝術作品中的問題、差異和重複。
	* *Drame,* Éd. du Seuil, 1965.	
SPINOZA／史賓諾沙	《倫理學》（*Éthique.*）	單義性、形式上的差別和進行著個體化的差異。
TARDE（G.）／塔爾德	多本著作	差異和重複作為自然和精神的分類。
TOURNIER（M.）／圖尼埃	*《星期五或太平洋上的靈薄獄》（*Vendredi ou les limbes du Pacifique,* N. R. F., 1967.）	他者與差異。
TROUBETZKOI／特　貝茨科伊	《音位學原理》（*Principes de phonologie,* 1939, tr. fr., Klincksieck.）	語言中差異的結構式邏輯。
VERRIEST（G.）／維希艾斯特	* Évariste Galois et la théorie des équations algébriques, in *Œuvres mathématiques de* GALOIS, Gauthier-Villars, 1961.	根據伽羅瓦的問題與確定性理論。
VIALLETON（L.）／維亞勒東	*Membres et ceintures des Vertébrés Tétrapodes,* Doin, 1924.	生物學的區分化。

VICO（G.-B.） ／維科	部分中譯章節收錄於《維柯的《新科學》及其對中西美學的影響》（*La science nouvelle,* 1744, tr. fr., Nagel.）	重複與普遍歷史。
VUILLEMIN（J.） ／于伊曼	*L'héritage kantien et la révolution copernicienne,* P.U.F., 1954.	後康德主義的差異哲學，與科恩闡述的強度量角色。
	Philosophie de l'Algèbre, P.U.F., 1962	根據阿貝爾和伽羅瓦的問題與確定性理論。
WAHL（J.） ／瓦爾	多本著作	辯證法與差異。
WARRAIN（F.） ／瓦瀚	*L'œuvre philosophique de Hoëné Wronski,* Vega, 1933.	根據朗斯基的差異哲學。
WEISMANN（A.） ／魏斯曼	*Essais sur l'hérédité et la sélection. naturelle,* tr. fr., Reinwald, 1892.	生物學上的差異。
WRONSKI（H.） ／朗斯基	＊ *Philosophie de l'infini,* 1814. ＊ Philosophie de la technie algorithmique, 1817, in *Œuvres mathématiques,* Hermann.	微分理念與計算的闡述。

野人文化
讀者回函卡

書　名 ____________________

姓　名 ____________________ □女 □男　年齡 ______

地　址 ____________________

電　話 ______________ 手機 ______________

Email ____________________

□同意 □不同意　收到野人文化新書電子報

學　歷 □國中(含以下) □高中職 □大專 □研究所以上

職　業 □生產/製造 □金融/商業 □傳播/廣告 □軍警/公務員
□教育/文化 □旅遊/運輸 □醫療/保健 □仲介/服務
□學生 □自由/家管 □其他

◆你從何處知道此書？
□書店：名稱 ______________ □網路：名稱 ______________
□量販店：名稱 ______________ □其他 ______________

◆你以何種方式購買本書？
□誠品書店 □誠品網路書店 □金石堂書店 □金石堂網路書店
□博客來網路書店 □其他 ______________

◆你的閱讀習慣：
□親子教養 □文學 □翻譯小說 □日文小說 □華文小說 □藝術設計
□人文社科 □自然科學 □商業理財 □宗教哲學 □心理勵志
□休閒生活（旅遊、瘦身、美容、園藝等） □手工藝／DIY □飲食／食譜
□健康養生 □兩性 □圖文書／漫畫 □其他 ______

◆你對本書的評價：（請填代號，1. 非常滿意　2. 滿意　3. 尚可　4. 待改進）
書名 ____ 封面設計 ____ 版面編排 ____ 印刷 ____ 內容 ____
整體評價 ____

◆你對本書的建議：

____

____

____

____

野人文化部落格 http://yeren.pixnet.net/blog
野人文化粉絲專頁 http://www.facebook.com/yerenpublish

廣告回函
板橋郵政管理局登記證
板橋廣字第143號

郵資已付　免貼郵票

野人

23141
新北市新店區民權路108-2號9樓
野人文化股份有限公司 收

請沿線撕下對折寄回

野人

書號：0NEV1053